奥尔夫
教育研究在中国
Orff Schulwerk in China

从"原本性"到"睿智"
from Elementar to Astutuli

余丹红　主编

from Elementar to Astutuli

浙江教育出版社·杭州

图书在版编目（CIP）数据

奥尔夫教育研究在中国：从"原本性"到"睿智" / 余丹红主编. -- 杭州：浙江教育出版社，2024.1
ISBN 978-7-5722-7384-1

Ⅰ. ①奥… Ⅱ. ①余… Ⅲ. ①学前儿童－音乐教育－教学研究－文集 Ⅳ. ①G613.5-53

中国国家版本馆CIP数据核字(2024)第012974号

责任编辑　李世钦
美术编辑　韩　波
封面设计　钟宸杰
责任校对　张晓斌
责任印务　沈久凌

上海高校"立德树人"人文社会科学重点研究基地——上海市音乐教育教学研究基地资助项目
上海市高水平地方高校创新团队"音乐美育的理论与实践研究"资助项目
中小学艺术国家教材建设重点研究基地自主研究项目

奥尔夫教育研究在中国：从"原本性"到"睿智"

余丹红　主　编

出　　品	上海世音文化传播有限公司
出版发行	浙江教育出版社集团有限公司
地　　址	杭州市天目山路40号
邮　　编	310013
印　　刷	苏州工业园区美柯乐制版印务有限责任公司
开　　本	889mm×1194mm 1/16
印　　张	21
字　　数	210千字
版　　次	2024年1月第1版
印　　次	2024年1月第1次印刷
书　　号	ISBN 978-7-5722-7384-1
定　　价	99.00元

版权所有　侵权必究
如发现印、装质量问题，影响阅读，请与承印厂联系调换。（0512-67606001）

总 序

20世纪80年代以来,我国音乐教育领域产生了一系列深刻的改变:以德国奥尔夫教学法的逐渐进入为契机,我国音乐教育领域开始了放眼看世界的历程。

最初,教学法以其直指人心的力量为我们打开了一扇面对世界的窗户。慢慢地,我们对音乐教育学的概念逐渐扩展到对整个学科领域的探究,音乐教育学领域宽广博大的研究范畴开始呈现:音乐教育史、音乐教育心理、脑科学与音乐教育、音乐教育管理、音乐教育比较研究、音乐课程论、音乐教育评估、音乐教育社会学与人类学、音乐教育哲学、音乐治疗等等——学科意识由此觉醒,音乐教育学领域开始进入空前发展阶段。

至此,学界已就学科疆域与内部体系等结构性问题基本达成共识,音乐教育学学科界定逐渐清晰。

上海音乐学院音乐教育系的前身是1927年设立的国立音乐院师范科。在近一个世纪的风雨历程中,音乐教育专业在时断时续的办学历程中坎坷前行。然而,该专业的教育者们始终不忘初心,为我国培养了一批又一批基础教育专才,并从中产生了我国第一位基础教育领域的音乐教研员,以及大量进入一线教学单位和音乐教育理论研究与音乐推广领域的音乐教育者,对我国的音乐教育发展产生了十分积极的推动作用。

上海音乐学院历任领导都对音乐教育专业的重建、管理与建设给予了最大可能的支持。贺绿汀院长一直心系国民音乐教育,早在20世纪80年代初,便创立了上海市中小学音乐教育研究会;江明惇院长在贺老的大力支持下于1997年重建了音乐教育专业,江院长亲自兼任音乐教育系第一任系主任。他们对国民音乐教育有着深切的期望,对专业音乐学院所应承担的面对社会大众的音乐教育责任有着独到而深刻的理解,因而给予了该学科足够的自由空间,使其能够遵循其特定轨迹健康成长。在上海音乐学院经济困难的岁月,他们没有任何学科藩篱与偏见,给予了诸多雪中送炭式的帮助,使该学科得以迅速成长与发展。

进入21世纪之后，音乐教育系充分继承了自国立音乐院时期师范科的优质教育、精品教育的传统，发挥了上海音乐学院国际化平台的影响力，在学科建设上精益求精，砥砺前行，追求一流。

自2004年开始，上海音乐学院音乐教育系团队在国内、国际音乐教育专业基础与音乐技能等各类比赛中展示了扎实的专业功底：2004年、2014年两次参加教育部主办的"珠江杯"音乐教育专业基本功比赛，均获得五项全能团体冠军、个人冠军；2012年获得美国辛辛那提世界合唱比赛女声组金牌冠军，之前共获得同类比赛金牌六枚。

我们十分重视学科建设的立意与视野，在国内首次正式提出了以音乐教育学理论与实践为专业主干课程的本科教学课程体系，并以此为基础理论框架，进行了课程建设与教材建设，构建了一套扎实的音乐教育学理论课程体系。该学科构建理论在《人民音乐》《中国音乐教育》等刊物上发表之后，引起业内的高度关注与认同。

在上海音乐学院自由开明的学术环境下，音乐教育专业进入蓬勃发展阶段，开始了第一轮理论丛书体系建设。在2010年左右，第一批30本左右的专著、译著与教材相继出版。该轮建设获得上海市教育委员会"教育高地"项目支持。2014年，成果之一的钢琴系列教材获得上海市高校优秀教材二等奖。

之后，音乐教育专业开始进入学科建设的快车道：由我主编的《中国音乐教育年鉴》是我国唯一的音乐教育行业年鉴，被美国哈佛大学、斯坦福大学、伊利诺伊大学和中国香港大学等大学图书馆收藏；由我策划并出品的"中国音乐教育（MEiC）系列纪录片"在腾讯视频、YouTube、Facebook等播出后，得到了国际同行的热情回应，为世界了解中国音乐教育开辟了一条新途径。

2013年开始，由我领衔的上海市"立德树人"重点人文基地"音乐教育教学研究基地"成立；2015年，上海音乐学院"高峰高原"项目"音乐教育学团队"获批成立。上海市教育委员会在政策上、资金上给予较大力度的支持和投入，使音乐教育学科的研究得以顺利往纵深推进。

在这样的发展背景下，音乐教育学研究团队开始加大音乐教育学理论著作撰写与翻译工作的步伐，大批引进国际一流学术出版社如牛津大学出版社（Oxford University Press）、施普林格出版社（Springer）、罗曼与利特菲尔德出版社（Rowman & Littlefield）、GIA出版社（GIA Publications, Inc.）、SAGE出版社（SAGE Publishing）的音乐教育著作版权，批量翻译出版音乐教育学科代表性专著，在音乐教育学领域有效填补了我国与国际前沿研究之间的沟壑——这是争取国际间平等学科对话的必要前提与保障。同时，我们也针对一线教学与社会教育需求，有指向性地为具体受众群量身定制一批具有可操作性的实践型教材。

感谢我研究团队的同仁与朋友们，正是由于大家为共同的目标而忘我奋斗、不懈追求，才使得我们的研究成果落地，一切成为可能。他们是：

中国音乐学院刘沛教授和他的研究团队；

上海思誉文化传播有限公司计乐和他的团队；

浙江音乐学院音乐教育系教师章艺悦、谢铭磊；

华东理工大学王懿、曹化勤；

华东师范大学出版社余少鹏；

上海音乐学院研究生高超、罗中一；

留学海外的学生们：吴悠、顾家慰、郭容、胡庭银、朱丽娜；

以及我亲爱的同事杨燕宜、彭瑜、蒋虹、李易忆等诸位教授和相伴十几年的学生兼同事陈蓉和颜悦。

感谢给予我研究项目支持的坚强后盾：上海市教育委员会基础教育处、上海市教育委员会科研处、上海市教育委员会教研室、上海音乐学院、上海音乐学院出版社、上海教育出版社、上海音乐出版社、浙江教育出版社。

本套新丛书是在上海市教育委员会科研项目的大力支持下付诸实施的。我深知我们今天所做的一切，都是未来音乐教育学大厦的进阶之石。当下我们所做的这些工作，既是时代赋予我们的责任与光荣使命，也是我国音乐教育学学科建设与积累的重要组成部分。

音乐教育事业是一项需要全社会关注与支持，对和谐社会的构建、人格的培养有着重大作用的事业。它所承载的不仅是音乐学科知识的传授，还承载着"人的教育"的神圣命题。成功的音乐教育可给予多元情感体验，从而使人拥有更为丰富而润泽的人生。虽然，它不能一鸣惊人，也不能创造直接的物质财富，然而正是这种"润物细无声"的潜移默化，才真正体现出"百年树人"的意蕴。

这，也就是音乐教育研究最终指向的理想与目标。

中小学艺术国家教材建设重点研究基地主任
上海高校"立德树人"人文社会科学重点研究基地
——上海市音乐教育教学研究基地主任
上海音乐学院音乐教育系主任（2002—2018）、教授、博士生导师
上海音乐学院图书馆馆长（2018—　）

余丹红 博士

2024年1月

目 录
CONTENTS

第一部分　基础理论与研究

1. 卡尔·奥尔夫的"原本性"概念阐释——为中国的音乐教育同行而作
　　……………………………【奥】沃尔夫冈·马斯特纳克，余丹红译　3
2. 奥尔夫教学法原理再释义…………………………………………余丹红　14
3. 走向源泉——再论奥尔夫的原本性思想…………………………尹爱青　20
4. 国外"音乐教学法"有效成分的探究与整合
　　——兼论中国创新性音乐教学理论体系的建设………………任　恺　23
5. 中国传统文化视野下奥尔夫的"原本性"概念阐释………………叶高峰　35
6. 奥尔夫教学法元素在哥伦比亚大学音乐教育项目中的应用与思考……杨丹赫　49
7. 践行"耳朵学习先行"并以创造为核心的音乐教学
　　——莫雷·沙弗尔创造性音乐教学观的多维解析及现实思考…任　恺　60
8. 奥尔夫音乐教学的具身认知意蕴……………………………………毛宇静　73

第二部分　历史与发展

1. 奥尔夫教育（Orff-Shulwerk）进中国四十年回顾…………………李妲娜　83
2. 奥尔夫教学法的核心理念及体系建构探究
　　——1924—1944年德国慕尼黑均特学校的历史追寻…………陈　蓉　101
3. 方庄情缘……………………………………………………………尚永娜　114

4. 奥尔夫教学法的时代意义与中国表达——2022年"教学法研究·中国元素的奥尔夫教学"研讨会的理念与探索 ················· 熊至尧 127

第三部分　中国元素·奥尔夫教学

1. 遗珠重拾——论中国民族民间舞蹈在"原本性音乐教育"中的运用 ······ 陶　源 137
2. 中国元素在奥尔夫教学中应用——以台湾民歌《捕鱼歌》为例 ········ 李晟恺 148
3. 具有中国元素的奥尔夫教学法在剧场音乐教育中的运用 ············ 叶　婷 154
4. 汉语语言韵律节奏在原本性音乐教学中的运用 ················· 黎　莎 164
5. 论钢琴曲《滇南山谣三首》的奥尔夫本土化教学研究 ············· 马　雁 173
6. 奥尔夫音乐教学法在我国学前教育中的实践研究
　　——以威海市古寨(红缨)幼儿园为例的个案研究 ············ 肖　寒、张智瑜 183
7. 多元文化语境下中国传统音乐教学案例探析 ················· 何　璐 200
8. 奥尔夫教学法"原本性"精髓的中国文化解读
　　——返璞归真：身体的解放与心灵的创生 ················· 李　莉 214
9. 奥尔夫音乐教学法的本土化探索——以宁夏山花儿为例 ············ 张韧洁 220
10. 奥尔夫音乐教学法在四川清音中的本土化教学实践研究 ············ 王成兰 228
11. 基于原本性音乐教学理念下的广东民谣教学探究 ··········· 黄俊澎、王炜瑾 236
12. 奥尔夫教学法在小学教学中的实践与思考
　　——兼论中国创新性音乐教学理论体系的建设 ············ 李雪莹、薛琪薪 245
13. 李妲娜原创中国元素奥尔夫课例探析 ····················· 康　涛 253
14. 云南基诺族乐器七科和布姑与奥尔夫音筒乐器的比较研究 ··········· 尚永娜 260
15. 云南少数民族歌舞乐资源的教学开发
　　——佤族儿歌《卷叶子》音乐律动教学研究 ············· 王　妤、刘金丽 270

第四部分　访谈实录

1. 沃尔夫冈·哈特曼访谈——见证历史：奥尔夫教学法在中国 ………… 华怡婷 283
2. 廖乃雄访谈——关于奥尔夫教学法的几个观点……………………… 余丹红 290
3. 李妲娜访谈——星海音乐学院音乐教育专业研究生的培养及课程模式… 何　璐 295
4. 余丹红访谈——奥尔夫教学法：法无定法 ……………………………… 林尹茜 305
5. 陈蓉访谈——一位年轻的奥尔夫教师的思想与经历…………………… 陈佩芸 309
6. 米侯·胡拉汗访谈——立足本土需自信、兼容并包创未来 …………… 任　恺 321

第一部分
基础理论与研究

卡尔·奥尔夫的"原本性"概念阐释
——为中国的音乐教育同行而作

● 【奥】沃尔夫冈·马斯特纳克（Wolfgang Mastnak） 余丹红译

【内容摘要】 该文针对奥尔夫音乐教育思想中的"原本性"（Elemantar）概念，分别从人物生平、社会交往、时代精神、词源学、人类学、心理学等角度予以阐释，以详实的史料与逻辑的论证，全方位解释这个长期以来使我国学界处于"雾里看花"状态的术语。该文对中国音乐教育领域理解奥尔夫音乐思想、研究奥尔夫教学法有重要参考价值。

【关键词】 奥尔夫，原本性，时代精神，词源学，音乐教育

一、引　言

沃尔夫冈·罗舍尔（Wolfgang Roscher）是欧洲自20世纪70年代以来最杰出的音乐教育家之一，也是多元审美教育理论（Poly-aesthetic Education）的创始人。1955年，他到慕尼黑跟从卡尔·奥尔夫（Carl Orff）学作曲。卡尔·奥尔夫从1950年到1960年间负责慕尼黑音乐学院（Hochschule für Musik）作曲大师班的工作。在1982年奥尔夫逝世之前，罗舍尔一直与他保持着专业联系，并就音乐本体研究、音乐哲学和音乐教育等领域的相关问题交换意见。奥尔夫去世后不久，本文作者沃尔夫冈·马斯特纳克开始就读于奥地利萨尔茨堡的莫扎特艺术大学音乐学院（Hochschule Mozarteum），跟从沃尔夫冈·罗舍尔攻读音乐教育博士学位。

当时，罗舍尔与本文作者面对面地谈了许多关于卡尔·奥尔夫的往事，尤其提到在奥尔夫生命的最后阶段，他对自己主要被誉为音乐教育家而颇感不满，因为他的标志性身份是作曲家，而且首先是歌剧作曲家[①]。当然，他对音乐教育的确有着极大兴趣，但并非从教学框架和方法步骤的意义上，而是从哲学和人类学的角度出发，并与"原本性"（Elementar）概念产生深度关联。在这样的背景下，本文就卡尔·奥尔夫的性格、他的精神以及对音乐本质、对人性的深度思考等诸方面来阐明这一术语。

---

① 作者与译者讨论：奥尔夫的确因奥尔夫教学法和《卡米娜·布拉纳》（创作于1935—1936年）蜚声世界，但奥尔夫本人更看重自己的歌剧创作。他的歌剧创作主要有以下几类：
1）基于古文本的歌剧：Antigonae, Oedipus der Tyrann, Prometheus；
2）宗教歌剧：De Temporum Fine, Comoedia de Christi Resurrectione, Ludus de Nato Infante Mirificus；
3）巴伐利亚歌剧：Die Bernauerin, Astutuli；
4）童话歌剧：Der Mond, Die Kluge, Ein Sommernachtstraum。

二、"原本性":传记观点与时代精神

要理解卡尔·奥尔夫对"原本性"一词的使用,必须考虑他的生平背景,他所处时代的哲学、文化社会学发展趋势,以及时代精神等诸要素。

从"世纪末"(fin-de-siècle)到1930年前后,欧洲面临着文化领域的急剧嬗变。人们通常认为,这就是当时称为"进步教育"(Reformpädagogik)的大幅度教学改革的背景(cf., Skiera, 2010)。"改革教育"(reform education)通常被称为"进步教育"(progressive education)(cf., Hayes, 2006)。时代精神最富有特征性的时刻之一就是发现客观存在的真正根源、人性的本质,某种程度上即"生命的纯粹核心"。在这种情况下,"原本性"概念发挥了重要作用,涉及真正的根源和基本原则。卡尔·奥尔夫基金会(Carl Orff Stiftung)曾对这一决定性的观点给予强调说明:

> "奥尔夫教学法"(Orff-Schulwerk)的理念回溯自20世纪20年代的慕尼黑。1890—1930世纪之交的文化背景形成了历史背景……与原始性、原本性的发现有关……"①

在这些宏大思想趋势的背景中,有一个观念十分令人瞩目——节奏美学和舞蹈作为生活与文化的核心。卡尔·奥尔夫与多罗西·均特(Dorothee Günther)于1924年在慕尼黑成立了均特学校(Günther-Schule),奥尔夫在那里发展了"原本性音乐"中关于音乐、语言和律动的整合概念(cf., Kugler, 2002)。毫无疑问,奥尔夫是"原本性音乐"这一理念的发起者,但这种思想与当时的时代精神是完全一致的。从某种意义上说,我们甚至可以认为卡尔·奥尔夫当时正是从音乐人类学的角度处理"原本性"概念,并在此概念里补充了音乐教育中应用的相关特征与细节。

在奥尔夫时代,"原本性"一词的意思是"自然""回归本源""真正"等。奥尔夫提出了一个问题:"原本性"对音乐教育意味着什么?

他认为:

1)简单但引人入胜的节奏非常重要。

2)易于演奏的乐器很重要。他受到非欧洲乐器的启发,设计了奥尔夫木琴、鼓等。

3)音乐、律动和语言是一体化的。例如,在非洲仪式中人们会唱歌、跳舞并使用语言。奥尔夫一直运用这种综合教育理念:音乐、动作和文字。他认为这属于"原本性"。

4)音乐必须通过身体来感受。例如"这种节奏使我们动起来",并激发我们创造出一种"原始小型舞蹈"。

---

① orff.de/orff-schulwerk/idee/:
"Die Idee zu … 'Orff-Schulwerk' entstand in den zwanziger Jahren des 20. Jahrhunderts in München. Den historischen Kontext bildet der Kulturwandel der Jahrhundertwende 1890-1930 … verbunden mit der Entdeckung des Ursprünglichen, Primitiven, Elementaren … "

5）音乐（原本性音乐）不仅要做到意识上的感知，还要亲身去实践。他的确在思考："原本性"在音乐教育中意味着什么。

古尼尔德·凯特曼（Gunild Keetman,1904—1990）是一位曾对自己与生活倍感迷茫的德国年轻人（cf., Gray, 2005）。她加入均特学校后，开始对奥尔夫教学法理念着迷，并着力促进教学理念在实践中的实施。她甚至被认为是奥尔夫教学法的主要创始人（Andrews, 2011）。根据慕尼黑奥尔夫基金会的观点，卡尔·奥尔夫与古尼尔德·凯特曼的合作始于1926年，第一版奥尔夫教学法学校教材于1931年问世。

由于奥尔夫教学法的成功——这个成功包括"教育性广播"①（即从1948年开始的电台广播节目"奥尔夫教学法"），以及由朔特出版社（Schott-Verlag）出的奥尔夫学校教材《为儿童的音乐》（Musik für Kinder，从1950年开始）——术语"原本性"便沿用至今。尽管如此，由于在奥尔夫教育中使用"原本性"一词的人不一定了解其产生的历史背景以及细微差别，于是，误会开始盛传。

三、"原本性"：词源学观点

通过对卡尔·奥尔夫个性的回顾与分析，可以确定他个人专长的四个主要领域。这些领域体现了他（智力）个性的特征：作曲、戏剧、人文主义和（音乐）教育哲学。

他认自己为正宗的巴伐利亚人（Altbayer），与巴伐利亚语言有着深厚的内在联系；同时，他也敬重古老的欧洲语言：拉丁语和古希腊语。因此，它们在他的音乐戏剧作品中起着重要的作用（cf., Rösch, 2003）。

由于他拥有渊博的古代文化和语言方面的知识，我们不得不假定他所理解的"原本性"一词，不仅要考虑时代精神的背景，还要从语言学的角度理解。这个观点对本文有很大影响。此外，在常用德语中，"Elementar"一词更多的是表示"根本的、基本的"概念，并常用于否定句，例如"Du kennst nicht einmal die elemen-taren Fakten!"（"您甚至都不了解基本事实！"）。但是，这很可能不是奥尔夫在音乐教育语境中使用"原本性"时的意思。

从词源学的角度来看，我们首先应阐明拉丁词汇"elementum"（元素）。该名词"元素"是指最基本形式的初级状态，基本原理和基本物质，类似于古希腊语 στοιχεῖον（cf., Renaud, 2020），代表不可约的基本成分和（或）基础存在②。卡尔·奥尔夫很可能在决定使用"原本性"（Elemantar）一词来定义其音乐教育概念的核心特征时就深谙其含义。

---

① 译者注：二战后，奥尔夫在慕尼黑广播电台（后改名为"巴伐利亚广播电台"）开设音乐教学专题，就此开始产生深远社会影响并获广泛好评。
② 在对奥尔夫思想研究中，古希腊概念是重要的：
1）奥尔夫本人喜欢古希腊语，且能够读懂；
2）στοιχεῖον 与 elementar 的内涵意义差不多。在西方的奥尔夫研究中，一般会关注古希腊语与古希腊哲学，它们属于奥尔夫思想的一部分。

罗马时代后的几个世纪,我们遇到了古法语单词"element"(元素)及其在中世纪关于四大元素"火、水、气、土"的用法,它们被认为是构成万物的四种成分。在中国音乐教育领域中,使用"原本性"一词我们必须要特别考虑两个重要观点:

1) 中国的五行概念,虽然也包含了物理/化学/本体论状态的转换原理,但它不等同于我们在西方文化史中所知的"四大元素"概念;

2) 中世纪的"元素"概念,意指一种稳定的复杂物质的基础构成[①]。因此,它与中国道教的基本观念相悖,如我们在《道德经》中所见。而古老的拉丁语术语,尤其是古希腊语的对应词,与道教思想更具兼容性。道教思想使我们可以将奥尔夫的思想与中国古代哲学之间进行比较。

从语言学、词源学、语义学和诠释学的角度来看,翻译这样的关键术语是一项挑战,需要承担陷入误解陷阱的种种风险。该问题也适用于"Elementar"德语词汇的英文翻译。英文中决定选择"原本的"(elemental)一词而不是"初级的"(elementary)是有道理的。在讨论语义差异时,《柯林斯词库》区分"原本的"同义词的两个域:1) 基本的(basic)、根本的(essential)、主要的(principle)、基础的(fundamental)、初级的(elementary);2) 最初的(primal)、起始的(original)、原始的(primitive)、初始的(primordial)。这些词为卡尔·奥尔夫如何理解"原本性"提供了相当适恰的框架。

考虑到所有这些观点,中文翻译为"原本性"似乎是一个恰当选择。尽管如此,最近国际上一直在讨论英文术语"原本性音乐教育"是否真有那么无懈可击。这些讨论也触及到音乐教育更广阔领域中的奥尔夫教育的未来。

四、奥尔夫和"原本性"精神

奥尔夫是一位作曲家,而不是会留下丰富文字作品的小说家或作家。这就是为什么他很少留下有涉及"原本性"一词和(或)解释其含义的白纸黑字。相比之下,其他人倒是撰写了大量文章试图阐明奥尔夫是如何理解"原本性"的。从广义上讲,我们应该区分两种具有不同真理品质的文本:1) 提供关于事物客观(外部)看法的科学文本;2) 主观地提出一些属于研究者本人投射到奥尔夫研究中的思想。

本文作者认为,第一种类型,慕尼黑奥尔夫中心的国立探索与文献研究所(Orff-Zentrum München, Staatsinstitut für Forschung und Dokumentation)可能是最可靠、具有历史导向性的研究奥尔夫及其工作的科学机构。此外,还有例如研究各种奥尔夫相关问题和观点的具有科学性的优秀博士论文。

[①] 作者与译者讨论:在中世纪,最著名的"四大元素"是:火、水、气、土。人们认为元素是所有物质的基本组成部分,彼此不能改变、分裂或转化。作者在这里的含义是:西方中世纪思维与中国传统思维之间有重要区别:于中世纪而言,稳定的事物,不变的事物,永恒的事物非常重要;在中国传统哲学中,事物的过渡和变化非常重要。

伊莎贝尔·温布赫(Isabel Weinbuch,2010)在其博士论文中称,我们无法真正区分奥尔夫的音乐创作(如歌剧)和他的学校教材之间有何区别。"原本性"的观念对他来说非常重要,对他的作品创作也非常重要。而且,温布赫证明了奥尔夫深受人类学和民族学的影响。温布赫的博士论文讨论了这个具有多面性的术语,指出"原本性"既指奥尔夫的作曲理念,也指他的音乐教育思想。

在奥尔夫音乐教育思想的语境中,与这种科学探究相反的是,存在着无数种对"原本性"概念的主观解释。这些作者中有许多自称为"奥尔夫教育家",有些认真地追溯奥尔夫教学法的本源[1],另外的那些却似乎将"奥尔夫"这个名称用于经济目的:"奥尔夫"这个标签很畅销,尤其在中国。另一些作者发现自己处于这些立场之间:他们试图本着奥尔夫的精神提供音乐教育和(或)遵循某种奥尔夫传统。但是,与此同时,它们产生了新的思想和实践模式[2]。于是,如何区分真正的"奥尔夫思想"和"某某人思想"是有难度的。下一部分将讨论这个微妙的问题。

在1963年奥尔夫研究所年鉴中,卡尔·奥尔夫(1963/64,16)对他所理解的"原本性"给出了最深刻的解释[3]:

"什么是'原本性'?溯源拉丁语中的'Elementarius'一词,它属于与起源有关的原始事物。再进一步言,原本性音乐又是什么?它绝不单指音乐。它与运动、舞蹈和语言交织在一起;原本性音乐是您必须参与其中并创作的东西;仅仅聆听

---

[1] 作者与译者讨论:有许多专业的奥尔夫研究人员,例如慕尼黑科学奥尔夫中心主任托马斯·罗旭(Thomas Rösch)博士,他和同事们非常认真地研究了奥尔夫,但是他们清楚地表明自己不是奥尔夫教育者,他们没有提供有关奥尔夫教育的实践课程。那是科学性的研究。

而有些奥尔夫教育者阅读奥尔夫的剧本,并尝试提供他所理解的奥尔夫课程。他们不是科学家,也不是研究人员,但他们认真地尝试着提供他所认为是奥尔夫感觉的课程。当然,这种做法,即他们在课程中所做的,与奥尔夫所做的不一样。但重要的是:奥尔夫不想要他做的那些副本;他更愿意教育者了解他本人的音乐教育理念,并根据自己的思想进行教学。

[2] 作者与译者讨论:有一些成功的奥尔夫教师,他们可能既不是研究人员,也不是科学家。但是他们知道奥尔夫写了什么。他们已经开发了自己的方法与模式,他们的所作所为基于对奥尔夫理念有一定的正确理解。通常,这些教育者了解有关奥尔夫的一些重要事实,并构建自己的关于奥尔夫的主观理论和自己的奥尔夫概念。尽管如此,他们和研究人员之间还是有很大的不同。研究人员通常会说:"根据他在1953年发表的奥尔夫声明,我们可以假设……"但是,奥尔夫教育者说:"如果你以这种方式即兴创作,这就是奥尔夫。"他们的反映方式是不同的。

还有一些人只是使用奥尔夫的名字。他们从未研究过他的文字,不知道他的传记等。他们使用奥尔夫乐器,咯咯笑,并有过度活跃的行为,并通过一些动作来即兴创作。他们说:"我从事奥尔夫音乐教育。但这一切都与奥尔夫无关。"

[3] Was ist elementar? Elementar, lateinisch elementarius, heißt "zu den Elementen gehö-rig, urstofflich, uranfänglich, anfangsmäßig". Was ist weiterhin elementare Musik? Ele-mentare Musik ist nie Musik allein, sie ist mit Bewegung, Tanz und Sprache verbunden, sie ist eine Musik, die man selbst tun muß, in die man nicht als Hörer, sondern als Mit-spieler einbezogen ist. Sie ist vorgeistig, kennt keine große Form, keine Architektonik, sie bringt kleine Reihenformen, Ostinati und kleine Rondoformen. Elementare Musik ist erdnah, naturhaft, körperlich, für jeden erlern-und erlebbar, dem Kinde gemäß.

是不够的,您得作为演出参与者、团队合作者,这是基本前提。这种音乐是'心理前的'(pre-mental, vorgeistig, cf. 由鲁道夫·尼克林释义),没有庞大的曲式,没有建筑学般的概念。它仅显示为小型循环结构,如固定音型重复(ostinato),小回旋曲等。原本性音乐接地气,如大自然般质朴可见。每个人都可以学习并体验原本性音乐,它适合于儿童学习。"

鲁道夫·尼克林(Rudolf Nykrin,2012),1982年至2009年间任萨尔茨堡莫扎特艺术大学奥尔夫学院教授,任教原本性音乐教学法和原本性作曲法两门课程。他对奥尔夫的"原本性音乐"概念进行了阐述。尼克林认为,"原本"是指"一种完全原始的质量"(gänzlich ursprüngliche Qualität),没有任何"时间表达"(zeitliche Ausprägung)[时间表现和(或)类似时间的特性]①,且与年龄无关②。除此之外,尼克林还强调了"原本性"的人类学意义。

卡尔·奥尔夫喜欢诗意的表达方式,他使用的"弗格斯提格(vorgeistig)"一词就特别需要深入理解③。甚至尼克林也承认,解释该术语可能会误入歧途。他认为,在奥尔夫看来,这个"原本性"概念表示的是一种一般的哲学倾向,在一个人的心理发展达到足以理解某种抽象概念,如时间结构,或能够运用关于时间的理性概念之前,这种哲学倾向就已经成立了。

尼克林曾批判性地设问,奥尔夫的"原本性"概念在我们这个时代是否已经过时?他以强调奥尔夫的宽阔视野和对未来发展的期待来消除这个疑问。因此,他文章的最后部分又回归正面观点。

温布赫(2010,70)也引用了奥尔夫关于"原本性"的著名定义,并在她的全书中表明,这一概念不仅适用于音乐教育,还适用于他的音乐创作与个人风格。我们甚至可以假设"原本性"就是他主观音乐哲学的中心问题。

在此上下文关系中,她强调奥尔夫的"原本性"概念在很大程度上涉及人种学和人类

---

① 尼克林的德语单词可有不同的释义。
② 译者注:此处可理解为原本性音乐并不局限某个年龄层,而是某种永恒的童真,它存在于任何时候、任何人的内心。
③ 作者与译者讨论:为什么有时我们很难理解奥尔夫的词义,这与19世纪和20世纪初的德国哲学有关。哲学家和诗人会发明非常个人化的写作风格甚至是新词。他们使用新词的表达,却没有定义它们。奥尔夫没有清楚解释"vorgeistig"是什么意思。有时候,我们可以像小孩子一样去理解事物,我们不分析、不比较、不判断。我们感知到某些东西,感到高兴或害怕,或者发现它有趣或无聊。但我们不了解形式或结构,也不了解其含义或他人对此的看法。但我们能直接感受到它的本质和特征。如,巨响的大鼓。当我们被雷声惊吓时,我们感到恐惧;我们听到木琴发出轻柔的旋律,我们的心灵做出回应。当然,我们会问:为什么奥尔夫没有确切解释?我们知道,在19世纪和他的时代(20世纪),许多思想家认为我们不能机械而准确地定义事物,我们必须用心来理解。我们无法定义生活中最重要的东西,我们不能定义"人"、不能定义"爱",不能定义"生命"。我们可以有个人见解。但是,一个词汇太渺小了,不足以来形容深邃的内涵。这让我想起了我在南京大学所做的工作,我们试图将《道德经》翻译成德语,这绝非易事。我们必须问,什么德语单词最适合《道德经》的深刻思想?这一点与翻译奥尔夫的概念有点相似。我们无法清晰地表述,但我们能够感受到他的意思。

学观点。奥尔夫本意并非构建复杂的作品,而是创造源于人类本质的音乐,以便人人都可以理解(2010,67-69)。在这种语境中,他们还假设他的音乐——例如他的原本性音乐戏剧(Elementares Musiktheater)——不需仰仗常规的欧洲文化,而使用类似于某种跨文化的语言,即"原本性"语言。

"原本性"概念引发了一个问题:"原本性音乐"与被视为音乐文化高峰的西方传统音乐之间的关系是什么?这个问题触及德国哲学,例如赫尔德关于"人民的文化"(Volkskultur)的观念以及个体成长与系统成长之间的关系。从这个角度看,"原本性"原理——[正如均特(1962,422)提到的]——也指向歌德的理论。她在1827年1月17日给埃克曼(Eckermann)的信中说,尽管世界在不断进步,但年轻人还是得准备从"准"零起点开始[①]。

从广义上讲,卡尔·奥尔夫是一位博大精深的人文主义思想家,与现象学的奠基人埃德蒙·胡塞尔(Edmund Husserl,1859—1938)这样的哲学家非常相似,提出了需要跨学科思考的好问题。对奥尔夫思想的回顾与分析,可以清楚地表明:理解"原本性"一词比主观的"后奥尔夫反思"(post-Orff-reflections)更为重要。

五、原本性—奥尔夫教学法—奥尔夫教育

"原本性"概念和"奥尔夫教学法"通常与"奥尔夫教育"的概念紧密相连,以至于人们经常将这些术语看作是同义词。从卡尔·奥尔夫基金会官方网站上的相关标题"奥尔夫教学法——音乐和舞蹈中的原本性教育"中可以看出,将"原本性"概念与教学法概念分离开是不可能的。慕尼黑路德维希·马克西米连大学(Ludwig Maximilians University,LMU)音乐教育专业的迈克尔·库格勒(Michael Kugler)教授总结了一些核心问题,这些问题也点明我们该如何理解"原本性"一词,而非将之理解为简单的循序渐进的教育。

奥尔夫学校教材第一版的标题为《原本性音乐练习》(*Elementare Musik-übung*),库格勒强调指出:奥尔夫教学法教材的第一个系列没有继续出版,是"因为它的音乐具有异国情调、即兴创作的特点,这与纳粹时代的意识形态规范背道而驰"。因而,在中国开始接受原本性音乐教育的过程中,有两点尤其重要:首先,奥尔夫音乐教学法包容了今天我们称之为世界音乐的那些音乐类别;其次,即兴起到重要作用。提到第一部奥尔夫教学法教材《原本性音乐练习》和第二套出版物《为儿童的音乐》,库格勒继续道:

"两套学校教材出版物都基于奥尔夫在艺术和人类学上所倡导的'原本性音乐'概念,

---

① 作者与译者讨论:奥尔夫对哲学和充满睿智光辉的文学作品较为敬仰。因此,他对歌德很感兴趣。在奥尔夫与多罗西·均特合作时,均特曾引用了歌德写给埃克曼信中的一部分。歌德在那封信中强调指出,世界上有两种不同的发展:a)文化的大发展;b)个人的发展。她说文化中没有绝对的起点,文化始终处于动态发展状态。相比之下,每个人都从零开始,需要接受教育、学习文化。但如何开始呢?这个开始与奥尔夫的"原本性"概念有很大关系。我们必须从文化的根源开始。奥尔夫认为他的学校教材可以提供这类素材。

而这个概念是通过教育渠道予以发展的。奥尔夫教学概念的核心是由音乐、语言和律动等元素中的个人艺术活动构成,教材只是为此提供一些课例。如果在不考虑即兴演奏和律动等要素的情况下使用这些课例,奥尔夫教学法可能会出问题。"

库格勒呼吁在奥尔夫教学法中需关注创造力培养(cf., Mastnak, 2018)。同时,实践应从人类学更为广泛的角度出发,基于儿童的个人艺术活动,而不能只聚焦音乐技能和(或)模仿。凡实质上不涉及音乐、语言和律动之间复杂的相互作用的活动就不能称之为奥尔夫意义上的"原本性",也不能反映奥尔夫教学法的精神。

从卡尔·奥尔夫音乐教育原则的发端及其对奥尔夫教学法的深刻影响来看,"原本性"概念始终在音乐教育领域发挥着深远的作用。关于奥尔夫思想流派的进一步发展,韦纳·贝丁格(Werner Beidinger)(2002)称原本性音乐教育为方法整合的概念,苏塞·伯姆(Suse Böhm)(1975)提供了原本性音乐和舞蹈表演课例,而科妮莉亚·菲舍尔(Cornelia Fischer)(2009)则在艺术需求和教育需求两者之间讨论原本性音乐的意义。大量的出版物见证了奥尔夫对深具创造力的音乐教育的巨大影响。

尽管如此,今天我们越是努力探究,我们就越需要厘清新的"奥尔夫模式"真的是奥尔夫思想逻辑发展的结果,还是仅仅使用了他的名字(这种做法可能遵循的是其他与奥尔夫的想法不符的某些原则)[①]。冠以这种"欺诈性标签"可能出于经济目的,或可能是由于自我提升的强烈愿望而为之。音乐教育的世界须保持警醒。

六、音乐教育中的"原本性"

如前所述,"原本性"这个概念不仅是奥尔夫的理念,而且与"世纪末"以来的时代精神密切相关。今天我们必须指出的是,在音乐教育领域中,"原本性"一词也不再局限于卡尔·奥尔夫的历史性概念。2019年,萨尔茨堡莫扎特艺术大学奥尔夫学院音乐与舞蹈教育系副主任安娜·玛丽亚·卡尔彻(Anna Maria Kalcher)和莫扎特艺术大学音乐教育系主任莫妮卡·奥伯斯贝格(Monika Oebelsberger)编辑了一份在各种艺术教育背景下的"原本性"概述。

该书的内容反映了各类"原本性"艺术教育问题,如赫伯特·皮特施曼(Herbert Pietschmann)讨论了整体与局部之间的关系,克里斯蒂安·阿莱什(Christian Allesch)提出了知觉的基本原理,莫妮卡·奥贝尔斯伯格的关于电子化在教育领域的优势和局限性理

---

① 奥尔夫与均特、凯特曼开发了一种音乐教育方式。我们知道奥尔夫教学法,我们知道奥尔夫的广播等。但是,我们真的不知道他、均特或凯特曼到底是如何与孩子们一起上课的,我们只能假设。今天,有许多音乐教育家并没有真正研究奥尔夫的生活和思想,他们参加了一些所谓的奥尔夫课程,他们说"我要做的是奥尔夫音乐教育"。我想许多音乐教育工作者会使用"奥尔夫"这个名字,因为这个名字很吸引人。他们知道没有人(父母和孩子)可以证明这一点。因此,他们只是按照自己的喜好说"这就是奥尔夫",而不管正确与否。

论,马丁·罗赛特(Martin Losert)提出的早期乐器教育的原本性探索,安娜·玛丽亚·卡尔彻提出的原本性原则与创造力,乌里克·格莱纳(Ulrike Greiner)的当代教育中原本性原理的再发现,迈克尔·施瓦兹保尔(Michaela Schwarzbauer)的原本性实体的音乐教育应激状态,以及凯瑟琳·沃尔特-拉格(Catherine Walter-Laager)、苏珊娜·卡默霍夫(Susanne Kammerhofer)、曼弗雷德·费弗纳(Manfred Pfiffner)、杰思敏·鲁塔德(Jasmin Luthardt)和艾迪斯·博夏特(Edith Bosshart)等提出的当代原本性教育中的"原本性"概念。

这本重要的新书清楚地表明,在音乐教育领域讨论"原本性"需要跨学科的方法,涉及美学、哲学、心理学、教育科学等学科。关于本文的核心问题,讨论此主题还要求语言学、诠释学和文化史。理解卡尔·奥尔夫这种具有开创性的想法,在今天仍需从各角度深入全面的审视。

七、个人观点

我个人并不直接认识卡尔·奥尔夫,我们不曾有过会面。但我与他的几位密友非常熟悉,他们跟我讲述过许多关于奥尔夫的信息,他的性格、他的兴趣、他的思想、他的理念、他的精神等。

首先,格特鲁德·奥尔夫(Gertrud Orff),他的第二任妻子(1939年结婚,1953年离婚),是奥尔夫音乐疗法的创始人。通常我们在慕尼黑她的公寓里会面,讨论临床医学方面的论题和公共卫生体系中音乐治疗的问题。在这些会谈中,她常提起她的前夫。她展示了一些私人笔记和注释,这些笔记揭示了他在音乐和教育领域的许多哲学思想。

除此之外,我还是沃尔夫冈·罗舍尔的博士生和助理。另外,因我在莫扎特艺术大学工作,我遇到了赫尔曼·雷格纳(Hermann Regner)[①]。他曾是奥尔夫学院教授,从1963年到1982年间与卡尔·奥尔夫密切合作。在雷格纳去世前不久,他有两件事请我帮忙:一是希望我演奏他的作品《为钢琴与管弦乐队的协奏曲》;二是帮助消除东亚地区尤其是中国对奥尔夫教育的种种误解。由于与他们及其他相关人士的认识,比如与克劳斯·托马斯(Claus Thomas)的接触等,我对奥尔夫的思想有了相对深入的个人见解。

在此基础上,我认为:奥尔夫在深刻思考的基础上使用了"原本性"概念,但对奥尔夫这个词汇的准确定义还需要全面、开放地进行相关性研究。如果"原本性"这个概念能反映出人类生活与音乐的最基本原理,我们就不能仅仅停留在思辨的现象层面,也不能仅仅

---

① 译者注:赫尔曼·雷格纳(Hermann Regner),德国作曲家和音乐教育家,奥尔夫的密切合作者。雷格纳曾任莫扎特艺术大学奥尔夫学院教授、慕尼黑奥尔夫基金会主席。雷格纳(Regner)为钢琴和管弦乐队创作的协奏曲曾有过一个录音,但钢琴家显然并未真正理解该协奏曲的精神。由于录音效果不佳,今天该协奏曲几乎不再播放。雷格纳请作者演奏他的作品,是希望能通过演奏该作品展示他的音乐精神。

表达一种通常称为"主观理论"或"反思实践"的思维方式。

假设奥尔夫不想使人们狭义地理解人类和音乐的"原本性"本质（尽管那极可能是非常深刻的），他想要的是——类似古希腊哲学家们——使后继者越来越多地从他如此富有启发性的思想里受益，其思想的核心是：万物存在的本质，以及音乐的本体论原理。

奥尔夫所说的"原本性"可能远远超出了一个词汇可限定的范畴。应鼓励人类学、心理学、神经科学、量子和天体物理学、跨文化哲学等学科参与其中。

然而，这恰恰是即将到来的中国节奏律动学和原本性教育领域的实际情况（An & Mastnak, 2020）。或许到最后，中国将成为新的原本性音乐教育的发祥地，使卡尔·奥尔夫的音乐教育梦想成真。

参考文献

An, L., & Mastnak, W. (2020). Ästhetik, Rhythmik und Elementare Musikpädagogik. Interdisziplinäre und chinesische Perspektiven. *University of Music Munich – Digital Collection Golden Open Access*. urn:nbn:de:bvb:m29-0000006161

Andrews, S.K. (2011). Gunild Keetman. *American Educational History Journal*, 38(1), 305-320. doi: 64872927.

Beidinger, W. (2002). Vom Erlebnis zum Ergebnis. Elementare Musikpädagogik als methodenintegrierendes Konzept. In J. Ribke & M. Dartsch (Eds.), *Facetten Elementarer Musikpädagogik*, 279-292. Regensburg: ConBrio.

Böhm, S. (1975). *Spiele mit dem Orff-Schulwerk. Elementare Musik und Bewegung für Kinder*. Stuttgart: Metzler.

Fischer, C. (2009). *Gunild Keetman und das Orff-Schulwerk. Elementare Musik zwischen künstlerischem und didaktischem Anspruch*. Mainz: Schott.

Gray, E. (2005). Glimpses at Genius: Keetman the Person, the Composer, the Teacher. *Orff Echo*, 37, 9-10. doi: MAH0001448655

Günther, D. (1962). Was vermag das Orff-Schulwerk in der musischen Erziehung des Kindes *Österreichische Musikzeitung*, 17, 422-430.

Hayes, W. (2006). *The progressive education movement: Is it still a factor in today's schools* Lanham, MD: Rowman & Littlefield Education.

Kalcher, A.M., & Oebelsberger, M. (Eds.) (2019). *Elementar. Künstlerisch-Pädagogische Sichtweisen* [Einwürfe: Salzburger Text zu Musik – Kunst – Pädagogik. Vol. 3]. Münster: LIT Verlag.

Kugler, M. (Ed.) (2002). *Elementarer Tanz – Elementare Musik. Die Günther-Schule in München von 1924 bis 1944*. Mainz: Schott.

Mastnak, W. (2018). Creativity. Neuropsychological conditions, music educational perspectives, and health related benefits. *Musik-, Tanz - und Kunsttherapie*, 28(1), 54-62.

Nykrin, R. (2012). *Carl Orffs „Elementare Musik" und die musikpädagogische Gegenwart*. rudolf-nykrin.at/2012/08/31/carl-orffs-elementare-musik-und-die-musikpadagogische-gegenwartnerelementaren-musik-und-die-musikpadagogische-gegenwart/

Orff, C. (1963/64). Das Schulwerk – Rückblick und Ausblick. In T. Werner & W. Götze (Eds.), *Orff-Institut Jahrbuch 1963*, 13-20. Mainz: R. Schott's Söhne.

Renaud, F. (2020). Stoicheion. In *Brill's New Pauly* [Antiquity volumes edited by: Hubert Cancik and, Helmuth Schneider, English Edition by: Christine F. Salazar, Classical Tradition volumes edited by: Manfred Landfester, English Edition by: Francis G. Gentry]. http://dx.doi.org/10.1163/1574-9347_bnp_e1123390

Rösch, T. (2003). *Die Musik in den griechischen Tragödien von Carl Orff*. Tutzing: Hans Schneider.

Skiera, E. (2010). *Reformpädagogik in Geschichte und Gegenwart. Eine kritische Einführung*. München: Oldenbourg Verlag.

Weinbuch, I. (2010). *Das musikalische Denken und Schaffen Carl Orffs: ethnologische und interkulturelle Perspektiven*. Mainz: Schott Campus.

作者简介

沃尔夫冈·马斯特纳克（Wolfgang Mastnak），德国慕尼黑音乐艺术大学音乐教育系主任、教授，上海音乐学院音乐美育的理论与实践研究团队专家。奥地利人，获五个博士学位：1985年10月24日获得萨尔茨堡大学数学专业的博士文凭（Dr.rer.nat.），博士论文内容：积分方程求解的数值方法；1987年6月25日以优异的成绩获得萨尔茨堡音乐与戏剧艺术大学音乐教育专业的博士文凭（Dr. phil.），博士论文内容：人类学与音乐教育；1993年4月16日以优异成绩获得波兹坦大学心理学与音乐教育专业的博士文凭，博士论文内容：音乐治疗学（Dr. paed.）；1994年6月3日获得波兹坦大学音乐教育专业的博士文凭（Dr. paed. habil.）（与科隆德国体育大学，萨尔茨堡音乐与戏剧艺术大学联合），博士论文内容：音乐教育与音乐治疗的结合领域；2016年3月16日获得德国维藤—黑尔德克大学理论医学专业的博士文凭（Dr. rer. medic.）。1983年9月起在萨尔茨堡任音乐教育专业和数学专业的教师；1996年7月24日受德国巴伐利亚州教育、科学与艺术部任命，担任慕尼黑音乐与戏剧学院音乐教育系讲座教授，无限制合同。后在世界各地举办讲座，如布拉格查尔斯大学、东京学艺大学、伦敦大学、伊斯坦布尔马尔马拉大学等。出版了超过10本的学术书籍，发表了超过300篇学术文章。音乐专长：钢琴演奏（奥地利音乐以及现代音乐）、舞台指导和指挥（特别是现场即兴演奏）、作曲（特别是非传统性曲目）。专业学科领域涉及音乐治疗、音乐教育、音乐分析的心理学方法、神经心理学、心脏疾病的治疗及心身医学。

奥尔夫教学法原理再释义

● 余丹红

【内容摘要】 本文是在长期实践及与奥尔夫协会教师深度接触的基础上，对奥尔夫教学法原理中的体系化、教材的涵盖度以及其他六个相关问题的深入解读。

【关键词】 奥尔夫教学法，体系化，《为儿童的音乐》，创作教学，团队，创造力培养

20世纪80年代，自廖乃雄先生正式引进奥尔夫教学法后，大量有关奥尔夫音乐教育理念的著述出版，如在《奥尔夫音乐教育思想与实践》①一书中，以几个章节的篇幅系统地介绍了奥尔夫音乐教育思想。三十多年的学术成果积累对研究奥尔夫教学法原理提供了直接而有效的帮助。

尽管我国现有的研究成果已较为全面地勾勒了奥尔夫教学法概貌，但是随着时代的发展、奥尔夫教学法在世界各国的广泛传播，以及国际交往和研究的再深入，奥尔夫教学法基本原理依然有一些问题值得深入思考。

本文首先提出的是如下两个观点：一、奥尔夫教学法没有整体概貌说和一般德国学术体系常见的"系统化"概念；二、奥尔夫的学校音乐教材《为儿童的音乐》②不能代表他全部的教学法理念与实践。

沃尔夫冈·哈特曼（Wolfgang Hartmann）是一位长期对卡尔·奥尔夫（Carl Orff）的教育理念进行深入研究、极有经验的实践者和传播者，曾做如下陈述：试图寻找能代表"奥尔夫教学法"核心精髓的关键词，或一言以蔽之地全面呈现其特征，几乎是不可能的③。

奥尔夫本人也认为，"奥尔夫教学法"绝非简单直接的定义可以涵盖。1963年，他作了题为《奥尔夫教学法——过去与未来》（*Das Orff-Schulwerk – Rückblick und Ausblick*）的著名演讲。他陈述了该教学法的发展史，内中谈到均特学校（Günther-Schule）的往事，以及他的教学法在那里最初的萌芽与生长状态④。同时也提及1948年慕尼黑广播电台（后改名为"巴伐利亚广播电台"）学校广播节目的开播，使得奥尔夫教学法开始走进公众视野并

---

① 李妲娜、修海林、尹爱青编著：《奥尔夫音乐教育思想与实践》，上海教育出版社，2011年版。
② Carl Orff, Gunild Keetman, *Musik für Kinder*，学校音乐教材五卷本的《为儿童的音乐》，作为奥尔夫教学法的核心教学素材与文献，被世界各地广泛引用并翻译成各种不同的文字。其中，作者允许各国翻译者与编者在教材中使用本国的音乐素材与文化题材以取代原作中的材料。
③ 本文作者曾在1999年为哈特曼在上海音乐学院音乐教育系集中授课做了一个月的课堂翻译，每天的备课过程即为学术性深度交换。该过程使作者充分了解了哈特曼本人的一些基本思想与立场。
④ 关于该部分历史，参阅陈蓉的《1924~1944年德国慕尼黑均特学校的历史追寻》，《音乐艺术》2017年1月。

大放异彩。其中,他用了一幅被广泛引用的图片"Wildwuchs",具有象征寓意地对他的教学方法做出了形象鲜明的比喻——该词直译为"繁茂生长",而教学法专家玛格丽特·穆瑞(Margaret Murray)则将英文翻译为"野花"。该译文比较委婉,并贴近概念本意,因为"Wildwuchs"这个词也包括杂草以及生长在篱笆和小径附近的所有植物。

由此,我们知道"奥尔夫教学法"并不是一套清晰的、富有条理的、系统化计划的完整呈示——它从来不具备课程特征之一的"渐进性"原则,它是一个开放的、散文诗一般的教学形式。在各种教学法的英文表述中,相比较于柯达伊教学法的 Kodaly System、达尔克罗兹教学法的 Dalcroze Method、戈登的音乐学习理论 Music Learning Theory,奥尔夫教学法采用的术语是 Orff Approach,其中的区别清晰明了并耐人寻味(注意划线部分词汇语义的差异性)。奥尔夫教学法的特殊之处是:即使非系统化,它仍可以切实有效地实行。

除了教学法的系统化问题,业界还广泛讨论奥尔夫教学法是否指他的五册教材《为儿童的音乐》所呈示的内容?教材是否完整地传达了他的教学理念,并涵盖了他的教学实践活动?彼此关系是否可以基本划等号?

首先,我们可追溯"奥尔夫教学法"这个词的词源:"奥尔夫教学法"是一复合词,Schul 是 Schule 的简写,意为"学校";而 Werk 是作品的意思。两者合在一起,一般被理解为"学校教材"。但是在 Orff Schulwerk(中文的对应翻译通常为"奥尔夫教学法")的上下文中,其意义与容量又不仅如此,还应具有更为丰富的含义。

作为比较研究的参照,在差不多同时期的德国作曲家中,在保尔·欣德米特(Paul Hindemith)的著作《器乐教材》(*Schulwerk für Instrumentalspiel*,1927)中也看到了该术语。而且,该词还被厄李希(Erich)和艾尔玛·道夫莱因(Elma Doflein)用作《小提琴教材》(*Geigen-Schulwerk*,1932—1950)的标题。这里有一个基本共性:那就是这三者都没有简单直接地使用练习曲的固定编写方式,而是带有一些与学习者能力相匹配的、开放而鲜活的创作教学。

每年,由莫扎特艺术大学奥尔夫学院(Orff Institute)主办、著名教学法专家开设的"奥尔夫教学法暑期国际课"上,这些由奥尔夫创作的《为儿童的音乐》教材中的内容可能只占教学材料的一小部分,大部分课程内容是由执教的老师以及学员们创作。这些师生来自五湖四海,因而更多的教学素材是来自不同文化背景的歌曲和舞蹈等。

当然,奥尔夫的《为儿童的音乐》中,作为范本的音乐作品的艺术性和审美价值都是毋庸置疑的。但我们必须认识到,与上个世纪中叶比较,我们这个时代对音乐概念边界的划定、音乐门类的认可、音乐传播的方式等,有了颠覆性的变化;更重要的是,这套教材通常很难呈现舞蹈和动作的美感。我们可以看到,在《为儿童的音乐》中,舞蹈仅限于附录的几条注释,而肢体动作与音乐的配合是"奥尔夫教学法"的核心内容之一。在这样的背景下,仅仅使用奥尔夫和凯特曼当年写定的音乐作为固定素材进行教学表达,那就显得局促。

由此我们意识到,试图用教材来定义奥尔夫教学法太过狭隘;必要的做法是,回避简单定义,规避可能存在的迷失与误解。

在以上两点否定之后，奥尔夫教学法原理的核心原则，大概还可以围绕以下几点作进一步的探讨：

一、以人为本，通过创作音乐来学习音乐

卡尔·奥尔夫的音乐教育思想承袭了德国传统教育理念：即学习某一学科领域的内容，从来都不是单纯为掌握技能而努力，而是让学生们体验自身创造力，进而塑造人格。奥尔夫本人称之为"人性的塑造"（Menschenbildung）。

为了寻找每个独特个体对音乐所持有的特定表达方式，"奥尔夫教学法"的主要目标并不限于学习音乐和音乐理论，还让学生们创作自己的音乐，从而达到深度理解音乐的目的。在《为儿童的音乐》五卷本中，那些短小精悍的音乐作品，包括舞蹈配乐和歌曲目的都是为激励学生进行即兴创作，并因此成为音乐课堂教学素材中的范例。

当然，在人格塑造的过程中，老师必然会提供适当的帮助，学生们才有可能创造出属于他们自己的音乐。"奥尔夫教学法"在这一点上，其教学理念堪称极具创意——它并非把学生带入历史上那些宏伟的音乐巨作中去，而是把音乐直接带给学生。

当学生们遵循教学法所提示的路径，把自己当成一名"音乐创作者"来进行音乐体验时，随着时间的推移，他们会被音乐所吸引，并激发去寻找音乐的多样性，从而发现音乐世界的美好与丰富。奥尔夫的理念是通过创作音乐来学习音乐，这与传统的学习音乐从而创作音乐的理念与路径形成了鲜明对比。

二、团队合作与社会化形式

团队合作是"奥尔夫教学法"的重要形式，极具社会化意义。学生之间互相学习，避免强烈竞争及竞争倾向，这是奥尔夫教学法强调的重点之一。

这就要求老师对学生进行相应的引导。在整个课堂教学中，学习的主体是学生而不是老师，老师在其中不应是最突出的一个。这一点，与现代教育学的"以学生为中心"的课堂教学理论不谋而合。

教师应该承担的工作是：为学生指引方向并提出建议。更重要的是，为学生们留出足够空间来共同做出决定、促进彼此之间合作。在团队中，他们可以体验各种互动形式：舞蹈与律动、唱歌以及语言上的交流，等等。

三、音乐本身即综合艺术

关于音乐本身即为综合艺术的观点，奥尔夫本人曾表述如下："元素性音乐从来都不仅仅是音乐，而是以动作、舞蹈和语言形成的统一体。这是一个人可以充分展现自我的音乐，

在音乐里,他不仅仅是一名听众,还是一名参与者"。① 因此,当运用奥尔夫教学法理念进行教学时,我们传授音乐,但同时必须理解:唱歌、跳舞和演奏乐器等,都是同等、互补、相关的艺术表达形式。

奥尔夫本人对古希腊艺术有着十分深入的研究,他了解古希腊露天剧院表演的意义,即实现了不同艺术活动之间的相互作用。芭芭拉·哈泽尔巴赫(Barbara Haselbach)曾阐释过她的观点:在古希腊剧场里,所有艺术的表达形式——从歌唱到朗诵,从舞蹈到乐器演奏,都可根据词语 Musike techne 进行概括与描述:这是两个希腊词,前者意为"音乐",后者曾是欧洲哲学领域专有名词,今指对艺术、科学和技术的理解。两词相连的含义可解释为:从技术的角度来理解音乐,即通过朗诵、舞蹈等其他艺术的表现形式,更好地理解音乐②。

对这种界定广泛的音乐概念,奥尔夫在他的教学法中做了进一步拓展,将音乐与其他艺术表达形式之间建立起联系,比如,音乐与视觉艺术或诗歌,等等。

对此,奥尔夫在均特学校时期的艺术教育合作者、舞蹈家多罗西·均特(Dorothee Günther)曾经有如下表述:"一个对动作敏感的人,也可以体验视觉艺术;如果我们给他一块黏土,他可以通过初步训练即可创作出与动作相关的、造型自然的泥塑。同样,如果给他一支铅笔,他绘制的动作图则可快速捕捉到其潜在的活力。最重要的是——一种自有的潜能将唤醒人们对于过去不熟悉的艺术表达形式的兴趣,人们在其他领域所看到、听到和感受到的一切,能使他对艺术创作产生真正的兴趣,而不是迫于外在压力。"③

四、即兴创作与创造力,以及"奥尔夫乐器"的优势

在西方古典音乐历史中,即兴表演曾是衡量音乐家能力的重要标志,贝多芬初到维也纳时就以高超的即兴演奏声名鹊起;逐渐地,定型的音乐作品成为衡量一名作曲家创造能力的标准。由此,绝大多数活跃的演奏家(除爵士和部分民间音乐之外)都是不断地进行重复演奏。

奥尔夫想要打破这种格局,走一条不同的路:音乐创作就应该是即兴的,从某种意义而言,这是对欧洲音乐传统的回顾与致敬。在奥尔夫教学法的概念中,学生从一开始就能体验创造性活动,在他们自己的即兴创作中发挥这种创造性能力。这种活动往往以木琴演奏固定音型反复(Ostinato)为基础,寻找旋律创作的规律,进行一场即兴编排与表演。

在音乐课上,小型的、易于使用的打击乐器包括条状乐器:像木琴,钢片琴和钟琴等,为

---

① 卡尔·奥尔夫:《奥尔夫教学法:过去与未来》(Das Orff-Schulwerk – Rückblick und Ausblick),选自芭芭拉·哈泽尔巴赫(编辑)《奥尔夫教学法的理论和实践》,"奥尔夫教学法"萨尔茨堡论坛,2011年,第144页。
② 该部分引自哈特曼与哈泽尔巴赫2017年2月8日的谈话。
③ 多罗西·均特:《有乐感的人及其教育(1932)》,选自芭芭拉·哈泽尔巴赫(编辑)《奥尔夫教学法的理论和实践》,"奥尔夫教学法"萨尔茨堡论坛,2011年,第88~90页。

音乐教学提供了一种新的方法与可能性。因此,木琴成了"奥尔夫教学法"的可视化标志。

这些乐器发声原理简单,容易操作。演奏这些乐器对于低龄儿童而言没有太大的技术困难。因此,创造性的音乐教学方法从一开始就是可行的,无需克服技术上的重大障碍,从而可以让学生更好地体验创作乐器音乐的乐趣。另一方面,这些"以动作为导向的乐器"的使用代表着一种与动作和舞蹈有关的教学理念[①]。所以,使用奥尔夫乐器进行教学,是奥尔夫教学法必不可少的环节。

五、教学过程与结果的辩证关系

如果讨论音乐教育职业活动,我们会发现:教师们往往期待学生们的最佳表现,并且希望排练阶段尽可能地短时而高效。以这种方式思考和工作的音乐教师可能需要关注如下问题:课堂中的发展过程尤为重要,因为这是学习发生的阶段。课堂上应该有足够的时间让学生提出自己的想法,还可以让部分学生把自己的想法付诸实践,从而获得个人经验。

这就对老师的教学技能提出了要求。在"奥尔夫教学法"中,聚焦于过程的教学。这意味着教学目标要足够开放,因为其中包括学生对于教学结果提出的建议和做出的创造性贡献,很难在教案写作的时候将目标与结果完全固化。另外,运用奥尔夫教学法进行教学的目的不只是为了让学生参与,而是为了进一步激发他们的创作潜能。

当然,教学过程只有在作品最终完整展示时,其意义才得以凸显,无论这样的展示是在课堂还是在其他特殊场合。必须强调的是:一方面,培养创造力是为了寻求解决方案,过程为结果服务;另一方面,过程具有必需性,选择什么样的过程对于结果的产生是至关重要的。

六、"奥尔夫教学法"的延伸领域及移植问题

"奥尔夫教学法"于1948年9月15日在"慕尼黑广播电台"(后改名巴伐利亚电台Bayerischer Rundfunk)开播,作为一个教育类广播节目而正式诞生。在该节目播出两周年时,节目的目标群体曾被精确定义为如下表述:"奥尔夫教学法"应在奥尔夫的家乡巴伐利亚找到打开小学音乐教育之门的方法。

而今天,奥尔夫教学法的目标人群绝不仅仅是小学的学生们。"奥尔夫教学法"在早期儿童音乐教育和治疗工作领域都确立了坚实地位,并延伸至老年音乐教学和音乐活动领域。

作为一种教育实践,"奥尔夫教学法"的教学理念可以贯彻到其他文化背景的教育中。奥尔夫和凯特曼的教学理念并不局限于巴伐利亚。在"奥尔夫教学法"作为一个教育类广播节目进行第一次无线电广播后不久,就开始了国际宣传。来自其他国家,如加拿大、日本、

---

① 芭芭拉·哈泽尔巴赫主编:《奥尔夫教学法的理论和实践》,"奥尔夫教学法"萨尔茨堡论坛,2011年。

英国或阿根廷的音乐教师意识到奥尔夫的教育理念也可以应用在他们国家的教育体系中。然而,这种方法的移植有一个先决条件:必须从各自的文化背景中选择一些歌曲、舞蹈和语言素材。奥尔夫在世时,会亲自对这些新的本土素材提出必要的修改意见。

1975 年,卡尔·奥尔夫与赫尔曼·雷格纳(Hermann Regner)一起在电台采访节目中谈到:"当你在国外使用奥尔夫教学法,你必须从当地孩子的经验中重新开始。并且非洲孩子的经验和生活经历不同于汉堡或斯特拉松德或来自巴黎与东京的孩子。"[①]

虽然,"奥尔夫教学法"基于创新,但任何对原作的扩展、修改和添加都必须小心谨慎。这就要求奥尔夫教学法的传授者具备相当的音乐知识与技术,并对教学工作有着深入了解与体会。这里需要强调的是,奥尔夫教学法是 20 世纪最杰出作曲家之一的卡尔·奥尔夫的创造物,因而该教学法必然包含了深入浅出的、充分阐释音乐本质的、最具音乐性的教学内容,任何将之演绎为简单游戏与肤浅活动,都可能是对奥尔夫教学法的误读。

当年,奥尔夫曾在《奥尔夫教学法:过去与未来》中引用席勒的戏剧《唐卡洛斯》中的词作总结:"我已经完成了我的过去。"经历了半个多世纪之后,我们有必要对他的思想精髓进行回顾、深入解读,使之在时光变迁中,依然焕发其璀璨之光芒。我们不妨接着席勒的原作,用这部伟大戏剧的最后一句词来归纳,或许,这也是奥尔夫本人的意愿:"现在,做你们的。"

作者简介

余丹红,上海音乐学院教授,博士生导师,曾任音乐教育系主任(2001—2018),现任上海音乐学院图书馆馆长(2018—)。曙光学者(2005),上海领军人才(2020),中国教育协会理事(2023)、中国教育协会音乐教育分会副理事长(2019—),国际音乐教育协会(ISME,2020)理事,中国音乐家协会奥尔夫专业委员会会长(2021—),美国音乐教育者协会(NAfME)国际会员,美国教育研究协会(AERA)会员,捷克音乐教育协会荣誉会员。中小学艺术国家教材建设重点研究基地主任,上海高校"立德树人"人文社会科学重点研究基地——上海市音乐教育教学研究基地主任,上海市高校"音乐美育的理论与实践"创新团队首席教授,《中国音乐教育年鉴》主编,多部国家教材主编,教育部义务教育音乐课程标准制订小组核心成员,教育部义务教育音乐学科学业水平监测组成员。

[①] 赫尔曼·雷格纳:《儿童音乐》中关于"奥尔夫教学法在其他国家的接受程度和适应情况"的评论,选自芭芭拉·哈泽尔巴赫(编辑)《奥尔夫教学法的理论和实践》,"奥尔夫教学法"萨尔茨堡论坛,2011 年,第 220 页。

走向源泉
——再论奥尔夫的原本性思想

● 尹爱青

【内容摘要】 本文探讨了奥尔夫教育体系的核心实质,特别是其原本性思想。奥尔夫的音乐教学方法和内容常被表述为"元素性音乐教育",如果将"元素性"改为"原本性",则更符合奥尔夫体系的理念初衷。原本性思想强调一切事物的最初根源或构成世界的最根本实体,而元素性思想则强调构成事物的必要因素。奥尔夫的音乐教育体系以原本性思想为基础,旨在唤醒和诉诸人们本身所有的、在精神上相互能沟通的东西。本文还讨论了奥尔夫的音乐教育体系如何通过元素性的内容和方式,让人们感受和掌握人类本身所固有的东西,并能决定人的面貌和发展的根本属性。最后,如果只局限于对奥尔夫音乐和教学的元素性分析和归纳,可能会降低奥尔夫体系的哲学思想价值。

【关键词】 奥尔夫教育体系,原本性思想,元素性音乐教育,音乐教学方法。

在探讨和研究奥尔夫教育体系的核心实质时,从可见的论述中常常可以看到将其表述为"元素性音乐教育"并据元素性之意,将奥尔夫的音乐教学方法和内容分析为要素式的素材和模式。如元素性的节奏、元素性的音阶、元素性的调性、元素性的旋律、元素性的结构形式,等等。

笔者认为,如能将"元素性"改为"原本性",则更符合奥尔夫体系的理念初衷。原本,在哲学上是指一切事物的最初根源或构成世界的最根本实体;元素,即要素,是指构成事物的必要因素。元素是组成结构的必要条件,而原本则是统领整体的灵魂。用原本性来表述奥尔夫音乐教育体系的理念基础则更能体现和代表其思想的哲学意义。

1965年,当采访者问奥尔夫"你认为你广泛的世界成果的原因归根结底在于什么"时,他回答道:"在于我总把我创作的主要任务看作是去诉诸人们之中无意识的东西,以及人们在精神上结合在一起的东西。不管他属于哪个种族或民族,人在原本的感受中总是到处相同的。我们如今不再像过去的世纪那样,孤立地处于个别的文化圈子之中……在艺术领域也必须突出那些唤醒一致的、相互结合的意识……"[①] 奥尔夫的体系正是在深深扎根于民族民间音乐沃土的同时,又遵循着人类共同的规律,回归到民族以及人类的各自源泉之中,用符合于人类本质、原始的民族性和人类性的理念,以他独特的音乐教育价值,产生了对世界、对人类的回归,并得到认同。从音乐的本质讲,它是人类对自己的感受、情绪、思想和意识的一种本能的表现,是一种自然的流露。那么,儿童的音乐经验的目的首先不是致力于

---

① 廖乃雄译:《作曲家卡尔·奥尔夫采访录》,《旋律》1965年,第32期,第194页。

让儿童学到什么,而是去启迪和发掘生而有之的智能。与此目的相吻合的学习方式应是以原本、自然、直接的内容和形式作为感受音乐、理解音乐和创造音乐的出发点。因此,儿童的音乐学习主要不是一种表演活动,而首先是一种自我流露和相互交流,是一个由内向外的逐渐扩展和成熟的过程。通过游戏,即兴奏乐,通过语言、动作、表演、音乐的全面结合,自然、自由地创造和表现。正像奥尔夫研究专家维尔纳·托马斯所说:"奥尔夫的思想是建立在人类学的基础上,并以儿童的自然特点和生理特点为出发点。自我运动、自我游戏、说话和发出乐音都是未成年人对自己定位和对世界定位的原始表现,同时也帮助他们获得了社会交际的最初经验。"[①]

奥尔夫对原本性思想的追求,于20世纪20年代就在他的音乐创作实践中强烈地表现出来。他创作简朴的乐汇、旋律、节奏以及形式结构作为最基本的音乐表现要素来表达人类最原本的思想情感。他认为,表达得越具有本质性、单纯性,效果就越直接、越强烈。他自己在解释什么是具有原本性特征的音乐时说:"这种音乐绝不仅仅是音乐本身,它是音乐与动作、舞蹈、语言相结合的,不仅仅是被听,更重要的是积极参与其中。这种音乐是先于智力的……它以简单的序列结构、固定音型和短小的回旋曲形式构成。它是朴实的、自然的,符合生命机能的活动,是能被任何人学习和享受的,也适合于儿童的。"[②] 奥尔夫的音乐教育体系正是以此来诉诸和唤醒人们本身所有的,在精神上相互能沟通的东西。从表面看,这种原本性思想是以一些有关于音乐的节奏、旋律的基本元素为素材,但更重要的是要以富于表现的质感和形式感去给予重新塑造和完成。所以,在他的《学校音乐教材》《节奏与旋律练习》以及凯特曼的《手脚击拍的节奏练习》中所使用的旋律和节奏,虽是单纯、朴素,但都充满着质朴、原始性的表现力,不仅使学生们唱、奏、做自如,更重要的是具有自然、生动、流畅的特征性格和幻想因素。但这绝不意味着原本性思想就是将一切音乐表现要素元素性地简化,使其只适合于儿童的学习。他进一步分析原本性音乐教育的内涵,认为它"出自并诉诸人的本性,绝不只限于儿童音乐教育,应当成为构成一切音乐教育的基础。同时对于专业音乐家的培养,在所有的学习阶段都是必不可少的",并希望能将原本性音乐引进学校,作为一切音乐教育的基础和根本。此外,也作为培养人的品性、促进幻想力、克服交际困难,以及加强一切心理和生理力量的基本手段。[③]

不论从音乐学习的起点、过程,还是到最终目的,奥尔夫都是要通过他的原本性思想,通过元素性的内容和方式,去让人们感受和掌握人类本身所固有的,并能决定人的面貌和发展的根本属性。当然,本质的,也常常是隐蔽的,是通过现象来表现的。所以,元素性的音乐学习则成了原本性思想实施的载体。如果只局限于对奥尔夫音乐和教学的元素性分析和归纳,则可能会对奥尔夫音乐教育体系产生表面化和程式化的理解,会降低奥尔夫体系的哲学思想价值。奥尔夫在对自己的音乐创作和音乐教育实践进行分析后,得出了这样

[①] 摘自金经言:《克莱南教授来华讲学要点》,《中小学音乐教育》,1996年,第5期,第28页。
[②] 尹爱青译:奥尔夫《学校音乐教材——它的出发点和目的》。
[③] 廖乃雄译:奥尔夫《在"音乐生活"会议上的演说》,1966年。

的结构:"对于一切,我关注的最终不是音乐的,而是精神的探讨。"①

由此可见,奥尔夫的原本性思想是以人类的自然本性、人类的原始质朴,以及人类音乐的起源的基点,通过音乐教育,使人们更加自然、自由、自觉地走向音乐的源泉,表现创造,认识自我,完善自我。

作者简介

尹爱青,教授,博士生导师。教育部首届全国高校美育教学指导委员会副主任委员、中国教育学会音乐教育分会理事长、教育部《义务教育音乐课程标准》修订组成员、教育部《高中音乐课程标准》修订组成员、国家基础教育课程教材专家工作委员会委员、全国教师教育课程资源专家委员会委员、第六届教育部艺术教育委员会常务委员、第二届教育部基础教育课程教材专家工作委员会委员、教育部高等学校艺术专业类教学指导委员会音乐、舞蹈类专业教学指导分委会会委员、中国音乐家协会音乐教育学学会副会长、中国音乐家协会第六届教育委员会委员、中国艺术教育促进会理事、教育部体育卫生与艺术教育司"全国高校及中小学生艺术教育论文评选委员会"评委、中国音乐家协会音乐教育学学术委员会副主任、吉林省音乐家协会第六届副主席、第八至第十届吉林省政协委员、全国中小学教师继续教育网国培计划——中西部农村中小学教师远程培训的中小学音乐学科专家、吉林省第12届人大代表、常委,东北师范大学音乐学院教授委员会主任。

---

① 摘自廖乃雄:《国民音乐教育和社会音乐生活的民族意义》,1996年7月。

国外"音乐教学法"有效成分的探究与整合
——兼论中国创新性音乐教学理论体系的建设[①]

● 任　恺

【内容摘要】 本文以"音乐教学法"的有效成分为主题，从所涉问题的时代背景和现实困境入手，以基本教学环节为逻辑线索，试图对国外具有代表性音乐教学法的"有效成分"进行探究，发掘不同音乐教学法的最大价值、亮点及其背后的理论与思想基础，再加以重组和重构，提出有效音乐教学的整体化理论框架。由此，音乐教学就能跳出具体、表面、单一的教学法的限制，以追求有效音乐教学为主题，借鉴不同音乐教学法中的合理的核心价值，在宏观上建立起全局性的整体理论框架，对未来"中国创造"下的创新性音乐教学理论体系的建立展开初步思考，并提出动议。

【关键词】 音乐教学法，有效成分，有效音乐教学，创新性音乐教学理论体系，本土化探究，整合

一、引　言

在音乐教学的发展过程中，无论是在中国还是在外国，都依托各自文明的特点和进程，衍生出一系列教学的方法。其中，国外产生了体系化、理论化的"四大音乐教学法"，乃至延伸开去的更多的有效音乐教学方式，影响颇广。在中国音乐教育实践中，长期以来形成了"口传心授"的"传统"。自学堂乐歌以来，异国音乐文化大规模进入，这种"传统"也迅速为国外教学论、教学法所影响。

这些具体的音乐学科教学法自国外引入后，在音乐教学领域内形成了广泛而深刻的影响。我们在不断借鉴这些方法的过程中，也逐步尝试与中国的音乐教学实践相结合，形成了本土化、中国化的改造，乃至尝试"夺回话语权"。在此基础上，一些学者试图在合理吸收国外教学论及音乐教学法的前提下，结合中国实践，形成具有民族特色、契合民族音乐的特点，适合在中国传播和推广，旨在提升中国学生音乐学习效果和水平的本土化音乐教学法。其中，既有围绕本土化内容为核心的教学法探索，即中国音乐的教学法，也有诉诸本土化创新性方法为核心的教学法探索，即中国的音乐教学法。

当下，多种音乐教学法比较研究和整合研究，其真正的困难在于不同音乐教学法的观念、方法层面存在纵横交织，很难梳理出统一的共性。同时，一线教师较容易拘泥于这些教学法的外在做法，对诸多音乐教学法的内涵和核心价值并未形成全局性的认识。鉴于此，较为合适的办法是摒弃一般意义上的共性发掘和方法的描述及对比，而以有效性为主题，

[①] 本文原载于《中国音乐》期刊 2016 年第 3 期。

取各自所长加以重构。

二、国外音乐教学法的有效成分探究与整合的基础：研究界定与问题剖析

音乐教学法是音乐教育有效模式的理论载体和实践导向。卢笛在学界几种基本界定的基础上提出："音乐教学方法是教师组织和引导学生进行音乐学习活动，师生共同解决音乐教学问题，达到音乐教学目标而采取的各种方式、手段、途径的总称。"[①]这是广义的音乐教学法，其定义的核心在于，依据一定的音乐教学目标而实施音乐教学，同时遵循教与学的规律。

"有效，即指能实现预期目的或有效果。"[②]音乐教学法有效成分的探究，需通过对现有音乐教学法的深层研究，在具体的内容和形式之上，提炼出这些教学法之所以行之有效背后的规律、特点、理念、操作等，从而立体地、全面地整合目前一些重要音乐教学法的有效成分，建立起有效音乐教学的理论框架。

廖乃雄先生在《音乐教学法》一书中认为，对于音乐教育法这一概念，学界长久以来普遍存在一定程度的误读。他指出："'法'一词在中华民族的语言中有两重含义：一是方法之法，二是法则之法……音乐教学法之法，首先应指后者。"[③]显然，按照廖先生的观点，音乐教学法的本意在于探寻方法背后的规律，而不应简单地将目光聚焦于具体的做法与手段，而对于"有效成分"的探索是突破口之一。

当下，音乐教学重要的问题或困境主要源自两个方面：其一在于音乐教学普遍存在的舍本逐末的功利化倾向——违背音乐教育的本来要义，音乐学习的过程、结果、评价更多基于成年人、专业人的立场，忽视学生的需要和身心发展的规律，模糊音乐教育的最终价值取向和归宿；其二则是教育的观念似乎难以摆脱这样一条定律："诉诸于文字的固化观念与动态的现实之间，总是存在一种紧张的关系。艺术过程和教育过程的口传心授显然难以固化，而这些过程一旦诉诸于图文，又往往流于刻板和教条。"[④]这一方面说明"法无定法"，也要求一切方法、原则、体系等都必须与时俱进，在理论和现实之间反复交互、循环发展，以达到理论的活化及与实践之间的融通。

三、基于具有代表性的国外音乐教学法的有效成分探究

国内学者已经尝试将不同教学法的共性加以整合和发掘，从而帮助人们从整体上全面认识音乐教学法。然而在笔者看来，真正决定音乐教学法之间深层关联的主题是"有效性"，

---

① 卢笛：《中小学音乐教学法类型研究》（硕士论文），河南大学，2004年。
② 莫衡：《当代汉语词典》，上海辞书出版社，2001年。
③ 廖乃雄：《音乐教学法》，中央音乐学院出版社，2005年。
④ 芭芭拉·哈泽尔巴赫编，刘沛译：《奥尔夫教学法的理论与实践》，中央音乐学院出版社，2014年。

即不同教学法背后之所以行之有效的内在规律性,并且按照音乐教学的完整逻辑加以重组和重塑。由此,便可跳出简单的教学法之间共性与个性的比较,进行深度整合,进而探寻新的音乐教学模式的理论基础或框架。

(一)"格式塔"是有效音乐教学的逻辑起点

"格式塔"的要点在于"整体",作为西方心理学的重要流派,格式塔心理学一般被认为是认知主义心理学的先驱,其核心观点是"整体大于其部分之和"[1],这一原理在心理学、教育学等诸多领域均有显现。《妙法莲华经·方便品》是中国佛教史上有着深远影响的一部大乘经典,其中有言"聚沙成塔"[2],意指把细沙聚成宝塔,除了表明积少成多之意外,将零散的沙子变成浑然一体的宝塔,亦有将零散构成整体,以整体超越部分的意味。从这个角度来看,我们这种东方智慧用来诠释"格式塔"也未尝不可。由此可见,"格式塔"的整体论观点是东西方不同文化、不同学科在部分与整体交互关系上的共同认识。以此视角来审视国外音乐教学法,笔者发现国外音乐教学法在内容、方法、体系上都具有明显的整体和综合的特点,符合格式塔心理学的一般原则,成为有效音乐教学的逻辑起点。说得明白一点,音乐的内涵也好,儿童的发展也罢,都应该被我们首先看作是和合的整体。

张香君曾做出总结,认为奥尔夫音乐教学法的核心理念包括了"综合性、参与性、娱乐性、生活性、创造性、审美性、本土性"等。[3] 这个说法也道出了奥尔夫教学法内在的整体化逻辑:通过综合还原艺术本来的生存状态,也从某种程度上提升音乐活动的参与性和参与度;这种参与,不仅要使艺术与生活相联通,也要从生活之趣中体现艺术的娱乐价值;这种价值的实现不仅来源于模仿,更来源于创造的自由、新意所带来的自我满足和自我实现,进而体悟音乐之美。所有这些过程,都是与国家、民族、本土文化的独有特点结合在一起,追求浑然天成,而非外在强加。以上逻辑自成一体,使奥尔夫的音乐教学理念突破单一思想"各自为战"的格局,而倾向于形成有机而整体化的"理念"的集合。由此形成观念或理念上的"格式塔",即诸多理念自成逻辑、和谐一体。

奥尔夫还认为:"原本性的音乐是和动作、舞蹈、语言紧密结合在一起的,是人们必须自己参与的音乐。即人们不是作为听众,而是作为演奏者参与其中。"[4] 由此可见,音乐的学习不仅限于音乐本身,而是与音乐的起源状态息息相关的整体有机融合式的学习,即今天所谓的"综合艺术"的学习。就音乐技能而学习技能,就音乐知识而学习知识,从格式塔心理学的角度,便是割裂化的学习,既不符合人的认知特点,也与音乐在艺术生态中的生成方式和存在状态大相径庭。不同艺术学科之间的融合使音乐教学在内容和形式上从属于"格式塔"的基本原理,也体现出艺术学科之间在形式的相异与内涵的相通。这就是奥尔夫为何

---

[1] 莫雷:《教育心理学》,教育科学出版社,2007年。
[2] 弘学编:《妙法莲华经》,巴蜀书社,2002年。
[3] 张香君:《奥尔夫音乐教学法在中国本土化的研究与分析》(硕士论文),南京艺术学院,2010年。
[4] 李妲娜,修海林,尹爱青编著:《奥尔夫音乐教育思想与实践》,上海教育出版社,2002年。

强调要在达尔克罗兹体态律动学——视唱练耳、身体律动、即兴创作三阶段的基础上,提倡把"音乐内部各个领域的内容充分融合起来,使其互相作用,互相促进"①的根本原因,其在深层次上意欲将内容和形式符合格式塔心理学的基本规则,从而更好地实现音乐教学的整体效果。

此外,作为美国本土化音乐教学法的代表性范例——综合音乐感教学法(Comprehensive Musicianship),其核心亦是强调音乐学习的整体性,强调音乐学习中诸多方面的贯通融合,主张通过各种音乐材料资源的综合,采取演奏、演唱、分析和创作等多元化的方式,使不同层次的学生在不同水平的学习中,都能建立起音乐诸概念之间的联系,并促进他们在音乐知识和技能上的发展。由此可见,追求不同层次的整体性和综合性,以"格式塔"来统领音乐教学,并将格式塔的观念运用在具体音乐教学中,避免"见木不见林"的割裂式教育,是提升音乐教学有效性的重要手段和观念,也是一些有效音乐教学方式所追求的重要规律。

综上所述,有效的音乐教学方式势必要在多维度上符合"格式塔"的要求:即整体性的理念群、整体性的内容与形式等。这些既符合和遵循人类音乐活动的基本认知规律,也是音乐教学取得成功的心理学基础和依据,亦是有效音乐教学的逻辑起点。

(二)人本主义与自然主义教育观并举是有效音乐教学的理念基础

1. 音乐教学中人本主义教育观的核心是尊重人的需要和认知规律

人本主义是哲学、心理学、教育学领域的重要思潮,人本主义教育思想主张"情谊教育为主,知识教育为辅,以人的发展为教育的根本目的"②。

从音乐内容的选择上,无论是奥尔夫提倡的"原本性"的音乐,还是柯达伊提倡的民间音乐,都是要将音乐还原到人的原始生活语境中,以最质朴的、可以直观感受和认知的形式来重塑音乐教育的可能性。由此,体现出人本主义的基本内涵。

从教学方法上讲,奥尔夫教学法核心的教学手段之一就是利用"游戏"。奥尔夫说:"所有的音乐教学应当从游戏入手,而通过即兴达到他的目的和成功。"③游戏是其教学方法的重点。显然,游戏教学是孩子们喜闻乐见的形式,符合孩子们的天性,在游戏中既能放松身心,又能获得愉悦感,使投入的专注程度提升。孩子也需在十分放松和身体投入时,想象力和创造力才会喷薄而出,源自内心的力量才能得到积聚和发展。铃木的音乐教学方法也同样提倡"游戏教学"。众所周知,孩子从来不喜欢空洞乏味的说教,而对新奇有趣的游戏趋之若鹜;游戏可以有效激发兴趣,并由此产生积极的教学效果。铃木深知兴趣对于个人成长的极大魔力。他说:"兴趣在人的一生中具有非常重要的地位,甚至是主要的决定因素。"④在达尔克罗兹的体态律动中,游戏化的体态律动亦是无处不在……

---

① 芭芭拉·哈泽尔巴赫编,刘沛译:《奥尔夫教学法的理论与实践》,中央音乐学院出版社,2014年。
② 张香君:《奥尔夫音乐教学法在中国本土化的研究与分析》(硕士论文),南京艺术学院,2010年。
③ 卡尔·奥尔夫著,廖乃雄译:《学校音乐教材——回顾与展望》,中国音乐家协会奥尔夫音乐教育专业委员会、北京师范大学教育系编,1986年。
④ 铃木镇一著,张必译:《神童作坊》,京华出版社,2001年。

显然,游戏只是外显的形式而已,培养兴趣仅是目的,其内核在于游戏背后人本主义观念,即当音乐教学以人为本、顺应天性时而必然采取的儿童化倾向。游戏法是人本主义教育观应用在音乐教学法中最突出的典范,进而告别音乐教学的成人化、专业化倾向。人本主义的关键在于"以人为本""顺势而为",一切行之有效的教育其出发点在于对教育对象的了解、理解、尊重。教学效果不仅局限于结果,更看重获取结果的方式以及结果所带来的不同层面的深远影响。教育不是机械的模仿,亦不是绚丽的走秀,不应追求快速达到既定的外在结果,而在于内部生成对于习得的知识长久的兴趣、尊重、理解和感动。这才是以人为本、尊重人性的教育!由此,人本主义为有效音乐教学提供了合情合理的理念关照,也折射出自然主义的意味。

2. 自然主义教育观是追求人本主义下有效音乐教学的切入点

卢梭是自然主义教育观的提出者。他认为"教育遵循自然天性,也就是要求儿童在自身的教育和成长中取得主动地位……教师只须创造学习的环境、防范不良的影响"。春秋战国时期,老庄思想中有顺应人的自然天性的教育思想。老子曰:"人法地,地法天,天法道,道法自然。"[1] 中西方自然教育观在不同的年代有其不同的表现,但其核心是不变的,就是教育要适应人的天性、教育要遵循自然的本性。[2]

奥尔夫教学法中就在追求人本的前提下,贯穿着自然主义的教育观。奥尔夫认为:"以人的自然本性、人类音乐的起源为起点,通过音乐教育这种独特的方式,使人们更加自然、自由、自觉地走向音乐的源泉,从而达到表现创造,认识自我,完善自我的目的。"[3] 由此体现出了自然主义的属性。追求人本主义就是要尊重个体,着眼于人的发展,在发展的过程中尊重人的"自然成长",追求成长的丰富性和全面性,而不仅仅是追求快速和高效地达到目标。奥尔夫的"声势"强调自然的乐器;达尔克罗兹的体态律动体现了音乐自然而外在的流露;铃木教学法强调的母语教学,从语言的学习来反观音乐学习的方式,也是追求在音乐学习关键期内"自然化的学习"而不是单纯的"后天强加",等等,都反映出有效的音乐教学既要尊重个体、以人为本,也以自然主义教育观为切入点。

追求自然既符合天性,也是人本主义的必然要求。奥尔夫认为:"孩子不需要外在的催促,他们会抓取合意的原始的乐器,拍手、踩脚在他们的世界里是顺从天意的事情……儿童对声音的千变万化的玩耍方式,对声音的轻重、高低、明暗等细微末节的觉察……通过身体的动作(走、跑、跳等),他们获得节奏的秩序;通过呼吸、吐字、哼鸣,旋律构成的基本要素由此而生。"[4] 显然,奥尔夫认为音乐教育的起点不是将成人世界的音乐生活和音乐学习简单地复制在儿童身上,儿童的认知规律和身心发展规律决定了音乐学习是自然而成的。柯达

---

[1] 老子著,老聃,范勇胜译注:《老子》,黄山书社,2002年。
[2] 王文礼:《"道法自然"与"以天性为师"》(硕士论文),河南大学,2006年。
[3] 张香君:《奥尔夫音乐教学法在中国本土化的研究与分析》(硕士论文),南京艺术学院,2010年。
[4] 芭芭拉·哈泽尔巴赫编,刘沛译:《奥尔夫教学法的理论与实践》,中央音乐学院出版社,2014年。

伊也认为："为了满足教学的需要而在书中加入不真实的歌曲,这样的做法是不可取的。"①其背后的核心思想依然是"道法自然",即追求自然的音乐。

萨蒂丝·科尔曼(Satis Coleman)作为美国20世纪初具有影响力的儿童音乐教育家,于1918年在美国哥伦比亚大学教育学院林肯学校进行的"儿童创造性音乐教学"实验,她所强调的也是如此："知识是由个体在自然发展过程中通过个体经验而获得的"。②这种思想背后,除了体现杜威的进步主义教育思想之外,更多的体现出了自然主义的思维。科尔曼进一步强调："儿童天生带有热爱和探索音乐的倾向,只是这种倾向由于后天非自然的强化和训练,大多无法存活。"

教育的本质一定是遵从天性、崇尚自然的,否则,教育的长期价值就会受到损耗,教育的长效机制则无从建立。"年幼儿童继续凭由自己对有趣节奏的兴致,演练大量没有功利目的的动作,只图好玩,只求快乐……最终,教育'神父'露脸了,告诫他们'规矩,规矩'。生命的活力戛然而止……"③一旦孩子的天性被扼杀,教育的负向功能随之产生。一时所取得的"成就"如果偏离自然成长的身心规律,就很难对人的成长产生真正意义上的深远影响。因此,自然主义教育观是追求人本主义下有效音乐教学的必然切入点。人本主义与自然主义教育观并举应构成有效音乐教学的理念基础。

(三)消解学科逻辑的有序化教学是有效音乐教学的操作策略

"儿童发展法是柯达伊教学法的核心理念之一,它是基于儿童自然发展规律和认识事物的先后顺序来安排教学内容和设计教学过程的方法。"④柯达伊的重要贡献在于,这种有序性是以消解学科知识逻辑,建立以学生为中心的有序化学习过程为核心的,而这种有序化的音乐学习来源于生活,也与生活发生着密切的联系。

"学科的逻辑体系与教师的思维走向只能代表成年人对知识的建构,而不是学生基于个体经验的主动建构。缺乏了这种建构,学生对知识的认识仅是一种简单的'复制',导致学生的学习也只能是一种被动接受。"⑤这深刻地折射出当下音乐教育领域中存在的"通病"。学生不是学习的被动接受者,而应是知识的主动建构者。这种建构主义的教育思想清晰地显现在柯达伊教学的基本原则中。

柯达伊教学法在教学顺序的安排上独到的闪光点在于"尊重儿童的发展规律,而不是建立在学科体系的基础上"⑥。学科顺序的本质是音乐本体各要素的理论性关联和呈示方式,其出发点是学科本位而非学习本位。"以学科体系为基础的教学并没有把课程进行的

---

① 洛伊斯·乔克西著,赵亮、刘沛译:《柯达伊教学法:综合音乐教育(第3版)》,中央音乐学院出版社,2008年。
② 伏源:《国外优秀音乐教学法对我国音乐教育的启示》,甘肃联合大学学报(社会科学版),2005年。
③ 芭芭拉·哈泽尔巴赫编,刘沛译:《奥尔夫教学法的理论与实践》,中央音乐学院出版社,2014年。
④ 赖达富:《发展中的柯达伊教学法:实践与探索》,课程讲义。
⑤ 同④。
⑥ 同④。

顺序和儿童的音乐发展特征结合起来,只是按照看似合理的顺序组织教学内容。"① 学科结构往往代表了学科内部的自然逻辑,是成年人眼中知识的存在方式,而非学生学习音乐的方式。例如,音乐教师在音乐启蒙课程中所关注的教学顺序问题,比如在节奏方面,常见教学由全音符展开,过渡到二分音符和四分音符的教授中。从学科顺序的角度无可厚非,然而对于还无法全面洞悉基本拍子的初学者而言,在实践中存在诸多困难。由此,教学顺序的重构和提倡学生学习本位是音乐教学的重中之重,也是提升音乐教学有效性的必然法则。柯达伊从幼儿音乐能力发展特点的角度,制定了一系列教学顺序,总体体现了由易到难,尊重孩子自然认识事物规律的秉性,并辅以柯尔文手势,以直观化的表达消解音乐学科本位下音符高低的抽象性。

在音乐学习内容的安排上,"柯达伊坚信,幼儿音乐教材的来源有三:第一是儿童生活中的游戏、童谣、圣歌;第二是民间音乐;第三是经典的创作音乐,即由著名作曲家创作的音乐"②。这种看似僵化的限定实则反映出柯达伊的音乐学习内容的立体化思维:即从最贴近孩子生活的音乐入手,拓展到生活中自然流淌的音乐,接受音乐母语(民间音乐)的熏陶,再到经典创作音乐,历史与现实、原生与创生就有机地融合在了一起,既保证了音乐学习的生活化,也保证了音乐学习的艺术化。尊重儿童、尊重实践、重视以人为本的有序性,倡导早期教育,强调音乐学科与其他学科的平等地位,消解学科逻辑,以人的认知和需要为前提,贴近生活地安排音乐学习的顺序,这种有序性是有效音乐教学应当具备的操作策略。

(四)心体合一、重视感性是有效音乐教学的过程导向

心体合一,即内在的精神世界与外在身体动作、行为之间广泛的联系。中国传统武术的精髓也强调"内外合一",即内在心智活动和外在形体活动的统一。③ 其与中国人传统思想中的"内外兼修""知行合一"之间亦有着千丝万缕的联系。音乐是情感的艺术,在音乐中洞悉情感,并将个体的精神世界与现实世界之间达到"异质同构"的共鸣,是音乐之所以"无处不在""无时不有"的重要支点。现代生理心理学的重要观点认为"人的内在情绪与外在的身体反应间存在天然的联系"④,而人类学家梅里亚姆所论述的音乐的十大功能,身体反应也位列其中。由此可见,在音乐中达到心体合一、心随体动、有感而发、由外而内,既是音乐学科的本质要求,也与中国传统文化一脉相承;既受到人类生物学、遗传学、生理学的制约,也得到人类学视野下的印证。

20世纪80年代,一些心理学家试图把传统认知心理学从困境中解救出来,把研究的目光转向认知主体的身体,"具身认知科学"应运而生。具身认知(embodied cognition),其核心含义是指身体在认知过程中发挥着关键作用,认知是通过身体的体验及其活动方式而

---

① 赖达富:《发展中的柯达伊教学法:实践与探索》,课程讲义。
② 同①。
③ "内",指心、神、意、气等内在的心志活动和气息的运行;"外",指手、眼、身法、步等外在的形体活动。内与外的和谐统一是武术的基本要求。
④ 多纳德·霍杰斯主编,刘沛、任恺译:《音乐心理学手册》,湖南文艺出版社,2006年。

形成的。① 具身认知作为心理学的新近发展趋向，再一次印证了"心体合一"在认知活动中的"合法性"，由此消解了"身体一元论""身心二元论"的哲学命题，转而进入"一体论"的思维范式，并为此提供强大的心理学支持。

音乐"感动于心"必然投射于"外在之行"，而"外在之行"亦可逆向地有助于内心对音乐自然的、与生俱来的身体化、律动化感受。达尔克罗兹的体态律动就显现出这种内外交互中的"逆向流动"，即生命化的自然律动对音乐内心律动的直观影响。在他的教学体系中，课程以两个重要的线索作为依据："首先，用即兴肢体动作对音乐演奏进行具体描述的理念构想；其次，通过钢琴即兴演奏或歌唱来表现与其他伙伴们律动组合的可能性。在整个学习进程中以音乐与体态律动的相互转化为主要手段执行教学任务。"② 由此，音乐的内与外、虚与实、知与行在律动环节中达到了内在的平衡，音乐教学的有效性即由此出。心体合一是音乐教学有效性所必须诉诸的过程导向。在音乐学习的过程中，这种导向自然是倾向于感性而非单纯理性的；重视心体合一必然追求感性化的音乐学习，从而中和理性化学习所产生的片面性和乏味性。

"人类认知的过程是从感性到理性，再从理性到本质，不断深化和实践的过程。"③ 音乐活动的本质是以感性为主的心理活动的外在显现，音乐的生理心理学基础是音乐所包含的情绪、情感在心理层面和身体层面的协同反应。音乐中的情感源自于生活，是现实生活情感的虚拟化体现。这种情感借由音乐，从心理到身体感官由内及外的反应，将音乐的虚拟情感与现实情感之间打通，并形成循环往复。因此，追求音乐学习的感性，即是将音乐体验生活化，生活情感音乐化的必由之路。

铃木教学法也强调学音乐要从"听"开始，要求学生先听作品，后学理论。④ 铃木总是要求他的学生在学习之初就聆听不同音乐大师所演奏的经典名作，除了其思想中体现的"永恒主义"课程观之外，亦反映出感性经验相对于理性学习的重要性。科尔曼"儿童创造性音乐教学实验"的着眼点也不在于理性的传授知识和技能，而追求自然地直接地诉诸感性，在感性的直接带动下，在制作乐器及奏乐的具体过程中，学会知识、掌握技能。⑤

综上所述，在心体合一的客观规律下，音乐的学习只有诉诸感性，学生才有可能跃升为学习的中心，创造力在学生为中心的感性体验中也才会开启。追求感性的途径可以是多方面的，但共通之处则在于：感性意味着感官参与，意味着多维度的实践。正如瑞士教育家裴斯泰洛奇所言："教学的唯一真谛必须经由感官直接参与"，⑥ 由感官参与而触发感性的音乐学习体验，并以多感官参与作为音乐学习不可逾越的法则，为音乐学习打开了一条从身体

---

① 叶浩生：《具身认知——认知心理学的新取向》，《心理科学进展》，2010年。
② 张香君：《奥尔夫音乐教学法在中国本土化的研究与分析》（硕士论文），南京艺术学院，2010年。
③ 张香君：《奥尔夫音乐教学法在中国本土化的研究与分析》（硕士论文），南京艺术学院，2010年。
④ 李林林：《从奥尔夫与铃木教学法的比较中看我国学前儿童音乐教育》（硕士论文），山东大学，2010年。
⑤ 伏源：《国外优秀音乐教学法对我国音乐教育的启示》，甘肃联合大学学报（社会科学版），2005年。
⑥ 哈罗德·艾伯利斯等著，刘沛、任恺译：《音乐教育原理》，中央音乐学院出版社，2008年。

通往精神世界的永恒道路。心体合一,以达到精神与外在实践的有机统一;重视感性,才能为外在的体验注入内心的感受,由此内外互通,才是有效音乐学习所必须具备的特质和品格,亦是一种过程导向。

(五) 重视创造、实现育人价值是有效音乐教学的落脚点

"即兴创造是每个人具有的应急本能,是散发自心灵的本能反应。即兴性是奥尔夫音乐教学法的核心部分。"[①] 人的本能是值得尊重的,音乐学习的成人化倾向使孩子在音乐学习之初就受到太多的条框限制,使音乐的表达与内心的实际冲动间产生了人为的"间隙",由此无法由内及外地表达音乐、表现自我。奥尔夫音乐教学法的即兴性原则突破的不仅是音乐表现的程式化套路,更是学习者自我挑战、自我发掘、自我提升的重要过程,这种早期经验是人之所以具备主观能动性的重要保障。

萨蒂丝·科尔曼在她的教学法中,注重儿童的音乐经验和音乐教学中的美感教育,推崇儿童主动学习音乐和给予儿童自由表现的机会,也强调即兴创作和培养儿童的创造力。[②] 在达尔克罗兹的教学法中,对于音乐即兴和创造力的培养都是音乐学习重要的落脚点,"即兴创作"是三大板块中的重要环节[③],是个体内在自由地通过音乐表达自我,将内心情感与意志向外传递的重要途径。各种音乐教学法之所以重视创造,是因为创造力的培养不仅是手段也是结果,是音乐学习意欲达到的较高层次的目标,也是有效音乐教学的落脚点之一。音乐学习不是简单的模仿复制和技巧的磨练,其根本要旨在于借助音乐的符号体系,将内在的情绪、情感乃至精神世界的全部能够艺术化、创造化地激发、表现出来。审美的本质是创造,人的"自我实现"也必须借由创造来实现。因此,创造力的培养和生成就成了音乐学习的重要结果和落脚点。

当我们探讨音乐学习的终极价值时,富于创造力是预期达到的结果之一,而终极结果在于音乐的育人价值,即培养社会所需要的、能与他者、社会、自然、环境等和谐共生的、具有完善人格的人。按照音乐教育哲学家艾略特(David Elliott)的观点:"音乐教育包含三种类型,即'育人于乐'(education in music)、'育人知乐'(education about music)、'育人为乐'(education for music),终极目标是实现'以乐育人'(education through music)。上述三种音乐教育在实施中都是直接或间接地关联着'育人'目的,诸如促进人的健康、幸福、快乐,批判的—社会的反思,等等。"[④] 这便是音乐教育的本真,即追求音乐教育的育人价值。音乐教育需要重视育人价值,围绕音乐给人的成长和发展所带来的真正益处,而不是仅仅着眼于音乐表现、音乐技艺等在短时间内"一城一地"的得失。

---

① 张香君:《奥尔夫音乐教学法在中国本土化的研究与分析》(硕士论文),南京艺术学院,2010年。
② 卢笛:《中小学音乐教学法类型研究》(硕士论文),河南大学,2004年。
③ 陈维:《达尔克罗兹、柯达伊、奥尔夫音乐教育体系的主要特征——兼谈学习借鉴国外音乐教学法的思考和建议(上)》,《乐器》,2011年。
④ David J. Elliott and Marissa Silverman,*Music Matters A Philosophy of Music Education*, 2nd edition. (Oxford University 2014)

由此,音乐学习势必需要摒弃单纯对技能、技巧、方法、显在成就的关注,而将目光投向对于个体而言长远的益处。一些教学法大师的观点的确值得我们重视。例如,铃木音乐教育体系并不是要将孩子培养成伟大的音乐演奏家。他指出:"教音乐并不是我的主要目的,我想造就出良好的公民。"[①]借鉴语言习得的规律,在游戏中实现音乐学习之外的育人价值,重视"母亲音乐教育",重视早期学习,成为铃木教学法留给世人的重要启示。李林林在对奥尔夫和铃木教学法进行比较的过程中提出:"它们虽然注重的角度不同……但这两种教学法所看重的都不是技艺的高超,音乐只是手段,对精神的追求才是最终目的。"[②]

　　苏霍姆林斯基也提出:"进行音乐教育的目的不是培养音乐家,而是培养和谐的人。"[③]在很大程度上,对音乐教育中育人价值落脚点的追求奠定了坚实的基础。任何的音乐学习,对于"培养什么样的人"必须是首要考虑的问题,其次才是方法与路径。我们回顾音乐教学法,学习音乐教育学法,整合乃至重构和创生出新的音乐教育体系时,其根本的落脚点在于对于育人价值的把握,或说是建立以探索育人价值为核心的音乐教育模式。这既是音乐教育的终点,亦是音乐教育的起点。诚然,育人价值的提炼和界定,不同文化、民族、国家的教育工作者存在不同的观点,但是,在这当中创造力作为核心育人价值之一应当是毋庸置疑的。因为音乐的本质是创造,而非求同;是人独特性的体现而非简单的共性之会聚。反观当下音乐教育的实践领域,"音乐教师在教学中都是以内容为本,而非以育人为本。他们过于关注音乐课程教材内容的传授,而忽视了音乐课程对于育人的重要性。"[④]这是必须值得深思的问题!

　　无论是创造力的培养,还是育人价值的实现,核心问题在于是否能够突破既有的教学理念和教学评价,以具创造力的心理学理论为标准,重构音乐评价体系。在此基础上,突破过分关注学科逻辑、音乐技能和学习进度的既有做法,从育人目标和育人价值入手,重组音乐教学内容。由此,或许可以解决长久以来意识到但未真正解决的问题,使音乐教育向"有效性"这一终极目标进一步靠近。

四、从探究到整合:对建立中国创新性音乐教学理论体系的思考与动议

(一)理论整合与实践思考

　　上述五点以追求"有效的音乐教学"作为主题,借鉴不同音乐教学法的核心价值,在宏观上建立起全局性的理论逻辑框架,应当作为中国创新性音乐教学理论体系产生的理论前提之一。

---

① 赵冰:《铃木音乐教学法的研究与实践》,广西师范学院学报(哲学社会科学版),2007年。
② 李林林:《从奥尔夫与铃木教学法的比较中看我国学前儿童音乐教育》,山东大学,2010年。
③ 苏霍姆林斯基著,唐其慈等译:《把整个心灵献给孩子》,天津人民出版社,1981年。
④ 鲍翺:《音乐课程与教学的育人价值优化研究》,中国音乐学院(硕士论文),2015年。

近年来,不同的音乐教学法在实践领域显现出综合化和融合化的趋势。例如,当下初步为学术界所关注的"法尔阿本德音乐教学法"就融合了柯达伊、奥尔夫、达尔克罗兹等音乐教学思想及方法,并结合美国本土的音乐教育特点,最终形成了具有美国特色的音乐教育风格,并体现出了美国音乐教育的多元性、综合性。① 不同教学法在具体表现形态和音乐本体学习的侧重点上或许不尽相同,却都试图寻找一条共通的道路:即在凸显音乐本体的同时,合乎学习的教育学、心理学等诸多规律,促使有意义音乐学习的发生,进而追求音乐的育人价值。

音乐教学法首先是人本位的,即一切的音乐学习都要考虑人的特点、人的需要、人的收获;同时,音乐教学法也是音乐本位的,是以驾驭音乐本体为基础目的的,进而促进人的发展和人与他人、社会的和谐共存。在实践领域中,常常被忽视的问题是过分地关注学生对于音乐本体的驾驭能力和驾驭进度,从而模糊掌握音乐知识、获得音乐技能之后的终极目标:即培养完善的人以及人通过音乐所获得的不可替代的"益处"。在柯达伊看来,"学习音乐是一种享受生活的方式"②。这种返璞归真的认识有助于摒弃音乐学习中的功利化倾向,使音乐学习真正回归到本质状态,相较于中国音乐课程标准中对音乐学习"以审美为核心"的基本理念,音乐学习的生活化和回归生活的音乐教育,似乎更有一股纯粹而清晰的力量。对于不同音乐教学法的吸收和借鉴不应简单地、割裂地停留在特定的理念、方法、技巧层面,而忽视了音乐教学法背后对于音乐与人终极关系的调和以及音乐给人带来的长久影响。"真正的音乐学习及其育人价值,在于音乐活动消失之后,在于音乐赋予人类的内在的深刻影响,在于长远留在人的内心的音乐本身及其细腻的构成。"③ 由此,真正有效的音乐学习,所关注的必然是音乐学习过程之后,音乐对于人的终身影响,而不仅是在音乐课堂内外短期之中的点滴收获。这是在音乐教育实践领域必须重视的客观问题。

(二) 对建立中国创新性音乐教学理论体系的动议

近些年来,国内学者开始逐渐从对国外音乐教学法的本土化研究过渡到对中国原生性音乐教育法的探索上,也是中国音乐教育未来的必然趋势:即产生本土化的、适合中国音乐传承,同时兼具普适意义的创新性音乐教学理论体系。

在融合世界优秀音乐教学法的同时,中国创新性音乐教学理论体系首先要以中国传统文化和哲学为基础,"道法自然、回归天性"便是可供借鉴的思想之一。笔者的建议是:世界品质,中国气质。世界品质即对已有国外音乐教学法中显现出来的深层规律的整体把握;中国气质则需以中国传统文化、哲学为根,体现音乐教学内容的民族性和民族音乐教学的科学性,凸显中国化音乐教学理论在原创性基础上的创新性。在民歌(包括语言尤其是方言)中发掘音乐学习的新素材,在中国戏曲的做、念、唱、打中找寻音乐教学的民族化手段,

---

① 谢铭磊:《法尔阿本德及其音乐教学法初探》(硕士论文),上海音乐学院,2012年。
② 伏源:《国外优秀音乐教学法对我国音乐教育的启示》,甘肃联合大学学报(社会科学版),2005年。
③ 刘沛:《"听想":埃德温·戈登音乐教育思想的根基及其意义》,《中国音乐教育》,2015年。

在民间探寻儿童可用的"自然"的乐器等等,都是中国式的音乐教学创新必须探索的问题。例如,李经在《语言、动作、音乐三位一体的母语音乐教学研究——母语音乐教学对奥尔夫教学法的借鉴》一文中提出:"建立中国特色的体态律动学",并尝试"以太极拳的运动语汇"来进行体态律动创新。[①] 这种做法既意蕴传统,又勇于创新,初步达到了中西、古今之融合,值得重视。

  法无定法,音乐教学方法的"泛化"与"活化"是未来音乐教学法研究的基本趋向,本文的研究只是起点而已。未来有效的音乐教学应当"聚沙成塔",追求整体性的音乐教学体系的建立;从功利化地改变人到尊重人自然地改变;从关注教学的学科逻辑到关注学习者的自然学习规律和学习体验;从追求理性和精神世界的丰富,到追求感性及其与理性世界的互通;从单纯地追求结果转向对音乐学习过程、评价的重新审视,追求令人难忘、有意义且利于创造力培养的音乐学习过程和以育人价值为本的教学探索。教学法的本质目的不是加速教育进程、单纯地提高学习效率,而是提升学习体验,促使有意义、有价值、有效学习的发生。顺应人心、自然天成,有效的音乐教学应当追求学习结果的长效性,发掘音乐对于人的发展和人的提升所带来的不可替代的深远影响。这种探索任重而道远……

作者简介

  任恺,中国音乐学院首届博士,副教授,硕士研究生导师,中国音乐学院教育学院基础理论教研室党支部书记、主任,北京师范大学讲座教授。2013 年入选"北京市青年英才计划",2017 年入选"北京市青年拔尖人才培育计划"。公开发表学术论文 20 余篇,多篇论文被人大复印报刊资料转载或索引,两篇论文曾获全国论文评比一等奖,出版学术专著及译著四部,翻译发表乐评百余篇。主持并参与多个课题。2011 年及 2014 年两次获中国音乐学院青年教师教学基本功比赛个人一等奖。2017 年获中国音乐学院第七届"我爱我师"评选活动"我心目中最优秀的公共课教师"。2021 年获中国音乐学院教育教学成果一等奖(团队成员),北京市教育教学成果二等奖(团队成员)。2023 年获第三届北京高校教师教学创新大赛三等奖(团队成员)。

---

① 以太极拳的运动语汇来进行体态律动创新具体包含了三个方面,详见李经:《语言、动作、音乐三位一体的母语音乐教学研究》(硕士论文),西北师范大学,2010 年。

中国传统文化视野下奥尔夫的"原本性"概念阐释

● 叶高峰

【内容摘要】 通过将奥尔夫"原本性"概念在中国传统文化视野下的观照,可以发现,无论在何种文化背景中,无论处于何种历史时期,原本性的音乐教育还原了人与音乐的原始关系,其理念与中国传统文化有着许多共通之处。奥尔夫音乐教育体系的生命力,正在于他充分认识了东西方文化的差异以及音乐专业和音乐教育的本质和价值,通过对"原本性"音乐的理解、表演、体验等方式,唤醒各种不同文化受众的一致、相互结合的意识。作为现代教育工作者,我们要在理解奥尔夫"原本性"概念的基础上,找寻有中国民族原本性特质的教学内容和教学方法,以我国各民族民间的语言、音调和儿歌、民歌为基础,探索、创作我们本土适用的类似教材,并本着再创造和发展的精神,去编写我们自己的、具有本民族文化特色的教材,建立具有中国民族特色的音乐教育体系。

【关键词】 中国传统文化视野,奥尔夫,原本性,阐释

1950年以来,卡尔·奥尔夫(1895—1982)及其同事共同开发的奥尔夫教学法及教材传播到了世界各地,对各个国家的音乐教育领域产生了不同程度的影响。从世界音乐教育的发展看,该教育体系目前已经成为20世纪世界上最受欢迎、最具影响力的音乐教育体系之一,并在相当大的范围内被中国当代音乐教育体系所接受并内化。要在教育实践中恰当地运用奥尔夫教育原理,并与本国文化有机结合、融入,就需要对奥尔夫教育体系理念完整的理解和把握。奥尔夫"原本性"概念是该音乐教育体系的核心部分,我们需要对其内涵准确、全面地理解才可能在奥尔夫教学实践过程中产生应有的教育效果,达到教育目标。

奥尔夫曾在《学校儿童音乐教材——回顾与展望》中关于原本的音乐、原本的乐器、原本的语词形式和动作形式等概念时谈道:"什么是原本的呢?'原本'一词根据其拉丁文elementarius,意即'属于基本元素的、原始素材的,原始起点的,适合于开端的'。"① 那么什么是原本的音乐?他认为原本的音乐"绝不是指单独的音乐,它是和动作、舞蹈、语言紧密结合在一起的。它是一种人们必须亲身参与的音乐,人们不是作为听众,而是作为演奏者(表演者)参与其间。它是先于智能的,它不用什么大型的形式,不用结构;它带来的是小型的序列形式、固定音型和小型的回旋曲形式。原本的音乐是接近土壤的、自然的、机体的、能

---

① 李妲娜、修海林、尹爱青编著:《奥尔夫音乐教育思想与实践》,上海教育出版社,2011年版,第33页。

为每个人学会和体验的、适合于儿童的"①。自从 20 世纪 80 年代初,廖乃雄等人将奥尔夫的音乐教学法介绍到中国②,对我国音乐教育改革起到了极大的推动作用。同时,该教学法如何有效地与中国传统文化相结合,达到平衡、统一,并融合创新,是值得深入研究的课题。本文意在通过对奥尔夫音乐教育理念中的"原本性"概念在中国传统文化视野下的观照、理解和阐释,来探讨奥尔夫教育理念在中国的普及、发展对中国民族音乐文化的延续和发展的实践意义。

一、音乐的起源论

奥尔夫"原本性"概念之——动作、舞蹈、语言紧密结合。

(一)音乐文化的起源

中国历史长河的源头和中华文明的滥觞可以追溯到先秦文明,人们逐水而居,音乐就像水和空气一样融入人们的劳动、诗歌、舞蹈、宗教、巫术等各个方面,表现了人们的情感、认识、思想和意识形态。根据甲骨文史料记载,夏、商时期的祭祀与占卜活动大都伴以乐舞,并且乐舞还成为当时部落之间交流的重要媒介③,如黄帝时的《大卷》《咸池》《云门》、尧时的《大章》、舜时的《韶》等乐舞。《尚书·尧典》有"诗言志,歌永言,声依永,律和声。八音克谐,无相夺伦,神人以和。击石拊石,百兽率舞",记载了劳动、宗教、诗歌、舞蹈在中国文明的起源时就已经互相融合。《乐记》亦有记载:"比音而乐之,及干戚羽旄,谓之乐也。"其意为把音按照一定的结构关系进行演奏,再加上舞蹈,就叫做乐。④ 有考古学家认为,"人类的音乐活动在极其遥远的过去就是全体人类的一种特征"⑤。西方研究者对音乐的起源和进化也有类似观点,如约翰·布莱金等一批民族音乐学家认为:"从全球的许多音乐来看,我们有理由推测,音乐与语言甚或宗教类似,是人类这个物种的专有特质。"⑥ 理查德·瓦拉谢克认为:"音乐和语言都起源于共有的、原始的交流阶段,音乐来自于原始的'舞蹈—游戏'。"⑦ 以此观照奥尔夫的"原本性"音乐中包含的动作、舞蹈、语言紧密结合在一起的重要因素,其含

---

① 莉洛·格丝朵芙:《罗沃尔特音乐家传记丛书——奥尔夫》,人民音乐出版社,2006 年版,第 59 页。其中关于"原本性"的概念阐释,在该论著中翻译为"原始性",李妲娜、修海林、尹爱青在《奥尔夫音乐教育思想与实践》中翻译为"原本性"。
② 王丽新、钟恩富:《奥尔夫音乐教学法本土化研究》,东北师范大学出版社,2015 年版,序。
③ 杨赛主编:《中国历代乐论选》,华东师范大学出版社,2018 年版,第 3 页。
④ 吉联抗,阴法鲁:《乐记译注》,音乐出版社,1958 年版,第 1 页。
⑤ Huron,"Is music an Evolutionary Adaptation?"。见芭芭拉·哈泽尔巴赫主编,刘沛译:《奥尔夫教学法的理论与实践》,中央音乐学院出版社,2014 年版。
⑥ G. F. Miller, "Evolution of Human Music through Sexual Selection," in *The Origins of Music*, ed. N. L. Wallin, B, Merker, and S.Brown (Cambridge: MIT Press, 2000), p. 335. 参见芭芭拉·哈泽尔巴赫主编,刘沛译:《奥尔夫教学法的理论与实践》,中央音乐学院出版社,2014 年版,第 85 页。
⑦ 约瑟夫·乔丹尼亚,于浩、毕乙鑫译:《人为何歌唱》,上海音乐学院出版社,2014 年版,第 57-58 页。

义"包括了人与音乐的互动,人对音乐赋予的力量作出的有思想的反应"① 等。这些都可以成为奥尔夫"原本性"音乐概念的内涵。

(二) 音乐教育的起源

在氏族社会中,乐舞活动往往与社会民俗活动紧密相连,音乐教育也与社会的普通教育密切相关。根据河南舞阳贾湖出土的原始乐器骨笛,以及与宗教祭祀有关的文物,我们可以初步判断该时期就已经存在有某种音乐教育行为。操持骨笛者的"巫"的身份大多从事当时的祭祀礼仪活动。祭祀是当时人们最基本的艺术活动与精神活动,其中必然包含乐舞的表演。而这些乐舞活动的传承,自然是需要音乐教育的存在。所以,"乐"的教育往往被视为社会教育本身,于是在古代社会中乐教就有着其他艺术教育形式所无法取代的地位。"乐"是集诗歌、音乐、舞蹈于一体的艺术形式,音乐的表演过程本身也是传授音乐知识和技能的过程。在与此相关的道德规范、风俗习惯的习得之外,各种音乐感知力也在此实践中获得。② 西周的音乐教育着眼于人的德育、智育、体育,以及美育的全面培养,以礼乐教育为主体。其教育从个体行为与观念的养成入手,达到外在行为与内在心理、憧憬意识与情感体验的一致。③ 具体实施上是礼乐教育互为表里,各有侧重,即"乐所以修内也,礼所以修外也"(《礼记·文王世子》)。西汉史学家司马迁在《史记·乐书》中有"正教者皆始于音,音正而行正"的教育观点。可见音乐教育除了音乐感悟能力的培养,更多的是道德规范的养成和习俗的传承,而这些教育理念对中国后世教育具有深远的影响。从这个意义上说,奥尔夫的"原本性"音乐的实施过程中,需要体现出这种"原生"教育的道德培养和风俗传承的价值。

二、音乐的体验论

奥尔夫"原本性"概念之——原本性是一种人们必须亲身参与的音乐,人们不是作为听众,而是作为演奏者(表演者)参与其间。

(一) "物动心生"说

《乐记》记载:"凡音之起,由人心生也。人心之动,物使之然也。感于物而动,故形于声,声相应,故生变,变成方,谓之音。"通读《乐记》可以发现其关于音乐起源可以用"物动心生"说来概括,即物动→心动→心感气生→情动→音起→比音而乐之→"手之舞之,足之蹈之",从而描述了"物动心感"和"音由心生"的音乐形成过程,即情以物迁,物因情变,情变而乐

---

① 芭芭拉·哈泽尔巴赫主编,刘沛译:《奥尔夫教学法的理论与实践》,中央音乐学院出版社,2014年版,第71页。
② 修海林:《中国古代音乐教育》,上海教育出版社,1997年版,第7页。
③ 同②,第13页。

成。① 这一音乐体验过程是需要各个感觉器官的参与才能更好地由"物"至"心"至"情",使身体产生共振。音乐体验除了听觉,如果有更多的感觉器官加入,能产生更好的体验感觉。

对于音乐学习来说,音乐与身体动作之间的密切互动运用是有心理学和生理学理论根据的。从心理学的角度来说,动作是完成某种心理行动的手段,也就是说,想完成任何一个心理行动,都需要去完成一系列的身体动作。② 个体在完成每一个身体动作任务时,都有很多心理与身体方面的成分,两者是分不开也划分不清楚的,在执行身体动作任务时就已经是在执行心理任务了。因此,身体动作的感官刺激等外在信号能进一步刺激触发身体内在的体验感觉和情感。③ 从戏剧表演的角度说,"情动于衷而形于外";还说"容动而神随,形现而神开",完成一个心理活动往往需要完成一系列身体动作。身体动作可以作为完成某种心理动作的手段。它是带有从属性的,是以心理任务为依据的。因此,身体动作可以影响心理动作。④ 从生理学的角度来说,"身体—情绪"这一事实与处理音乐听觉印象的大脑加工过程有关,即传入耳中的音乐刺激将首先在小脑的运动感知和协调中心处理,然后在大脑的听觉中枢和负责感官及运动的大脑皮质区域三个相邻区域进行处理,身体的各处区域以及我们运动时用到的肌肉都会在大脑的感官区域和运动区域中反映出来。⑤ 阿尼茹达·帕特尔认为,人类是地球上自发与音乐节奏联动的唯一物种,由音乐引起的联动信号(聆听、表演、跳舞的关键特征)可以自动进入脑干和皮质区域,激活运动行为和情绪反应,特别是愉快的感受。音乐心理学家尤斯林和斯洛博达指出,即使对音乐的显性反应加以抑制,听众仍可能在潜意识中采取行动。简言之,身体与音乐节奏同步是我们生就的一种倾向,而情绪的反应也与之相伴。正是节奏那极具感染力"传染性",造就了音乐的"身体—情绪"维度。⑥ 而这一维度的体验,在音乐教育范畴被称为律动,即指学生伴随音乐做出有规律的身体动作⑦,是身体与音乐节奏有机融合的训练和游戏。

律动的加入是奥尔夫教学法中有机的组成部分,除了使用手势和全身运动来传达他们对音乐的理解外,学习者还需要积极地参与到体验中,通过自身的体验来构建对音乐概念的理解。⑧ 音乐学家丽萨认为,音乐所能唤起的情感体验远远多于对它认识上的把握。⑨ 奥尔夫教学通过各种感官器官加入的活动,使接受者得到更好的"身体—情绪"的音乐体验。如通过音乐流畅的、按节拍划分的、缓慢和飞快的、柔软和僵硬的动作,让接受者体验节拍、

---

① 顾易:《〈乐记〉与中国美学》,广东高等教育出版社,2022年版,第12-13页。
② 苏静编著:《戏剧形体表演》,延边大学出版社,2018年版,第29页。
③ 萨古鲁著,林麟译:《内在工程》,中国青年出版社,2018年版,第96页。
④ 苏静编著:《戏剧形体表演》,延边大学出版社,2018年版,第30页。
⑤ 梅西尔德·福克斯:《德国当代音乐教学法》,上海音乐学院出版社,2019年版,第14页。
⑥ 戴维·埃利奥特、玛丽莎·西尔弗曼著,刘沛译:《关注音乐实践——音乐教育哲学》,中央音乐学院出版社,2018年版,第343页。
⑦ 任志宏:《音乐教学论案例分析》,知识产权出版社,2017年版,第47页。
⑧ 杰基韦金斯著,韩若晨、何旸译:《教音乐、学音乐、懂音乐(第3版)》,人民音乐出版社,2019年版,第113页。
⑨ 于润洋:《现代西方音乐哲学导论》,人民音乐出版社,2012年版,第424页。

节奏、速度,感受音乐的时间;通过例如走路、跑步、跳跃、爬行、踩脚等动作,感受不同的音乐"步态"。跟着轻拍或重拍的音乐旋律来律动,使接受者感受到自身重量,培养他们对不同节拍的感觉;在指定空间里做大幅度和小幅度、高和低、波浪状和锯齿状动作,使接受者体验旋律线条的走向和特点等。[①]这些都契合了《乐记》所记载的"物动心生"的发生规律。

(二)"天人合一"说

中国传统文化是人类文化史上的重要组成部分。中国传统音乐艺术和音乐思想生长在中国特有的政治、经济和伦理土壤上,它的产生和发展及其性质、特点、形式和功能都与中国传统文化密切相关。中国传统文化讲究人格,审美方式推崇追求人的心理体验和悟性;他们把自然理解为生命的统一体,人与自然的关系是"天人合一"。[②]中国的先民们早就注意到"天时、地利、人和"的协调统一。不论是儒家的"上下与天地同流"《孟子·尽心》),还是道家的"天地与我并生,而万物与我为一"(《庄子·齐物论》),都把人和天地万物紧密地联系在一起,视为不可分割的共同体,从而形成一种主观力量,促使人们去探求自然、亲近自然、开发自然。

宇宙与音乐。中国古人们把自然灾害解释为上天、上帝等神灵的愤怒,但是到了东周,人们转而认为宇宙是按照一定的章法运行的,人类社会是宇宙的一部分,被包含在宇宙之中,当时的瞽官们探索到宇宙规律蕴含在音阶中。管乐器、弦乐器,还有编钟等打击乐器所发出的音阶具有超越时空的普遍性,音阶的高低变换规律也可以通过数学计算出来。天文和音律告诉人类,宇宙是个秩序井然的体系,是无可替代的章法。[③]《法言·五百》记载"史以天占人"[④],"史官利用占星术预测从天道推移到未来祸福吉凶等事,而同样司天道的瞽官则通过吹奏管乐,根据音色占卜未来,称为吹律、听声"[⑤]。

"气"与音乐。中国古代人们认为,天上的至高神和地上的人类之间,命令、赏罚、供奉、祈祷都是垂直式的。这个形态的世界观为了能够从一个更为复杂、高维度的角度来解释世界,"气"这个概念出场了。史官们通过观测天文、气象的经验积累,孕育了把宇宙视作气的循环这种世界观。[⑥]而音乐的本质也就体现在"气"上,即"同声相应,同气相求"。"同声相应,同气相求"出自《周易·乾·文言》。同声相应,同气相求,如情感相通、同频共振、心心相印而共鸣,通达、通气;它反映出音乐与人情感的感应和共鸣。孔子35岁时在齐国同乐师议论音乐,听到《韶》乐时说,"学之,三月不知肉味";还说:"不图为乐之至于斯也!"这就是孔子与音乐的同声相应,同气相求。阿·西蒙斯的音乐观也是如此:"音乐是血一样的炽热,有无以言表的激情;我们聚坐在一起,领悟着自己的心声。"这就是西蒙斯与音乐

---

① 梅西尔德·福克斯:《德国当代音乐教学法》,上海音乐学院出版社,2019年版,第12-13页。
② 吴大鹏:《中西音乐的文化审视与对比研究》,江西科学技术出版社,2017年版,第67页。
③ 浅野裕一著,吴昊阳译:《古代中国的宇宙论》,江苏人民出版社,2020年版,第25-28页。
④ (西汉)杨雄著,韩敬译注:《法言》,中华书局,2012年。
⑤ 浅野裕一著,吴昊阳译:《古代中国的宇宙论》,江苏人民出版社,2020年版,第29页。
⑥ 同⑤,第33-35页。

的同声相应,同气相求。①

自然与音乐。中国音乐特别强调音乐的源泉源于大自然,上古人民从与大自然的长期、广泛的接触中,感受到许多悦耳的声音,从中加以汲取、筛选、概括和提高,从而创作出种种乐曲,说明音乐的诞生离不开生活、离不开大自然。②近代欧洲从神权禁中解放出来的艺术家们也有中国上古先人那种对音乐的感受。威·康格里夫就认为音乐具有能使猛兽温顺的魔力③。马·普赖尔也认为音乐的力量是非常神奇的,可以驱赶和驯服凶猛的野兽,可以让恶狼、野猪克制愤怒,可以让雄狮的愤怒消失,对着歌者洗耳恭听。④凶猛的狼、野猪、雄狮在音乐面前兽性顿消,何况人乎?中国《尚书》也有记载"击石拊石,百兽率舞"场景。既然动物在美妙的音乐面前也会共鸣,至于具有美意识的人,就更能共鸣了。老子《道德经》记载:"有物混成,先天地生,寂兮廖兮……人法地,地法天,天法道,道法自然。"⑤老子认为在天地产生之前就已经有"道"存在了,"道"是天地之根,是天地之母,"渊兮,似万物之宗"⑥,"宗"就是宗主、根本的意思。"音声相和,前后相随。是以圣人处无为之事,行不言之教,万物作焉而不辞,生而不有,为而不恃,功成而弗居。夫惟弗居,是以不去。"⑦老子认为,任何事情都是相互依存的,音与声相互应和,前与后相互追随。圣人应顺应自然,听凭万物兴起而不加干预,遵循自然规律。作为儒家文艺美学的经典,《乐记》受到《易传》的影响,既追求宇宙自然和谐的真善(道),又崇尚大乐的理想之美。《乐记》行文中使用的大部分词汇在具体语境中,既象征或意味着事物的圆满和生命的畅达,又彰显了天地、宇宙、自然和人的和谐,肯定了社会事物和自然事物的积极价值。它展示了生活的美好和幸福,因此在真与善的统一中凸显了美的意义。正如日本学者笠原仲二所说,自古以来中国人对美的存在形式的对象是在物质或姿态方面是使人情绪高涨的要素,或者说是能够象征生命力的饱满、旺盛之物。⑧从美学史的角度来看,美的历史生成自古以来就是与善紧密联系在一起的,离开了善,也就无法谈美。因此,天人合一实质上也体现了中国古代的一种生存智慧,蕴含着中国特色的人生哲学。⑨

沃尔夫冈·马斯特纳克是奥尔夫生前好友兼团队成员沃尔夫冈·罗舍尔的学生。他在《卡尔·奥尔夫的'原本性'概念阐释》一文中谈到,奥尔夫非常尊重拉丁语和古希腊语这两种古欧洲语言,他的"原本性"的概念可以从该两种语言的词源学角度来看,指的是最基本的形式、基本原理和基本物质的初级状态,"表示不可约的基本成分和(或)基本存

---

① 罗利建:《情感美学——论美和美感》,中国经济出版社,2014年版,第151页。
② 同①,第150-151页。
③ 《早晨的新娘》第1幕第1场第1行(1697年)。
④ 《所罗门》第2卷第67行。
⑤ 老子著,汤漳平、王朝华译注:《老子》,中华书局,2014年版,第95页。
⑥ 同⑤,第16页。
⑦ 同⑤,第8页。
⑧ 笠原仲二著,魏常海译:《古代中国人的美意识》,北京大学出版社,1987年版,第58页。
⑨ 华文、薛永武:多维人文学术研究丛书《〈乐记〉精神研究》,中国书籍出版社,2020年版,第73页。

在"①。奥尔夫也曾说过:"音乐始于人自身内。"威廉·凯乐在《原本的音乐——定义初探》中认为:"原本的音乐运用的乐器或是人的身体,或是人体直接可及的乐器。哲理隐含的意味极其深刻——这些乐器具备原生态的性质,富于想象力的音响直接来自人体,在学习者的手上和口中游刃有余,使人体与乐器之间融为浑然一体的境界。"②人体乐器的运用和人体直接可及的乐器性质使人与乐器浑然一体。管乐器在演奏过程中与嗓音浑然一体;人体打击乐活动拍手、跺脚、捻指等,其响度范围与人体的作为所能够达到的程度相一致,恰好符合人的自然声响状态。我们从奥尔夫的为人、生平事迹以及他的爱好等可以看出,求实是他的人生哲学,原本和自然是他的最高追求。他曾明确说过:"对原本性的、天然的回归,那简直是我本性中固有的,这不是……一种推测,这对我来说是理所当然的。"③因此,我们对于奥尔夫"原本性"音乐的理解以及体验的感觉,要从最原始的、最基本的角度来阐释,这与中国的"天人合一"观念是相一致的。

(三)"左琴右书"说

文人阶层是中国社会的一个特殊群体,他们在很大程度上代表着中国传统文化的发展和演变方向。文人在周代作为社会的精英阶层称"士",需受六艺的教育,要求打仗、驾车、音乐、舞蹈等皆能。"兴于诗,立于礼,成于乐",士即使是布衣、隐士也要具有诗乐情怀,终身不已。文人阶层因其所受的教育和社会地位,大多思想深刻,才藻富赡,以琴棋书画修身,以诗词歌赋养性。琴是汉文化中地位最高的乐器,被文人视为高雅艺术的代表,有"士无故不撤琴瑟"和"左琴右书"的说法,是文人雅集时弹奏或吟唱时的伴奏乐器。④文人阶层在聚会或独处时,以琴相伴,弹唱结合,人人亲身参与,这与奥尔夫"原本性"概念的参与性是相契合的。

具有代表性的"词"是介于诗、曲之间的一种文学题材,始于梁代,形成于唐代而极盛于宋代,通常由两阕长短不一的句子组成,可以合着音乐歌唱。据敦煌曲子词的考察以及《旧唐书》记载"自开元(唐玄宗年号)以来,歌者杂用胡夷里巷之曲",可以看出,词先在民间艺人中传唱,民间的优伶乐师根据歌词和音乐节奏的需要,创作改编一些长短不一的曲词,之后,由于文人的参与,开始走进庙堂,形成了宋代上至王公显贵,下至引车贩浆之流无不以作词、唱词为荣的景象。⑤每首词都有词牌,如《如梦令》《蝶恋花》等,原来都是曲调之名。词这一艺术形式其诞生之时起就是与文学语言紧密结合在一起的,文人与歌者一起吟唱,参与其中,正与奥尔夫所说的"与语言紧密结合在一起的,是一种人们必须自己参与的

---

① 沃尔夫冈·马斯特纳克著,余丹红译:《卡尔·奥尔夫的"原本性"概念阐释》,音乐艺术,2020年第3期。
② 威廉·凯乐在《原本的音乐——定义初探》一文中的观点。见芭芭拉·哈泽尔巴赫主编,刘沛译:《奥尔夫教学法的理论与实践》,中央音乐学院出版社,2014年版,第47页。
③ 廖乃雄:《论音乐教育》,中央音乐学院出版社,2010年版,第475页。
④ 许净瞳编:《中国传统文化概论》,陕西师范大学出版社,2016年版,第169页。
⑤ 王海晨:《图像里的中国文化的殿堂》,上海科学技术文献出版社,2019年版,第92页。

音乐"有异曲同工之妙。奥尔夫还特别强调"言语是音乐学习的开端",也就是说音乐学习是从言语训练开始的。他的《音乐诗》借助语言形象,通过诗歌中音乐言语的运用来传递对世界各样基本主题的领悟和阐释。① 诗歌能激发情感完全在于它的节奏;而节奏就是格律。莎士比亚的诗剧经常遇到很紧张的时候,他就用押韵来描写。② 中国古代的诗词更是讲究格律,闻一多先生认为其"从视觉方面的格律有节的匀称,有句的均齐;听觉方面的有格式、有音尺、有平仄、有韵脚"③,姚永朴认为:"大抵文章一类有一类之格,又一篇有一篇之格。"④ 中国古代除了诗词歌赋有一定的格律要求,一般的文论对格律也是有要求的。如老子《道德经》采用韵文的形式来宣传哲理,该书"韵脚独密,字句简短并相对整齐,显然是为便于传唱而有意为之"⑤。并且对形式布局上也是有要求的。曾文正《日记》云:"古文之道,谋篇布势,是一段最大功夫。布局须有千岩万壑重峦复嶂之观。"⑥ 文人写作,要求"戒律不可不知","文之当作与否,古人亦极不苟"⑦。综上,中国文人的创作有着严格的要求,其布局与格律等需符合音乐的审美,这与奥尔夫所说的"原本性"中的"音乐与语言的自然融合",亦是异流同源。

三、音乐的表现论

奥尔夫"原本性"概念之——原本的音乐是接近土壤的、自然的、机体的、能为每个人学会和体验的、适合于儿童的。

(一)接近土壤的音乐

1. 音乐节律的原始性。约瑟夫·乔丹尼亚在《人为何歌唱》中有观点认为,人类歌唱的起源可能是为了吓退侵略者和竞争者的一种手段。节奏统一的人类的歌唱或呐喊,声音会更大,可以向掠食者强烈地传递群体统一和决心坚定的信息。一个大群体成员重复节奏性的身体动作,一起大声有节奏地朗诵——歌唱——叫喊,是把人类群体中的成员强力联结在一起的一种极度有效的方式,可以达到一种"战斗恍惚"的状态,达到很好的"集体认同"的效果。⑧ 这样,我们就可以更好地理解节奏所蕴含的原始力量,在教学活动中发挥节奏教学的独特魅力。

---

① 芭芭拉·哈泽尔巴赫主编,刘沛译:《奥尔夫教学法的理论与实践》,中央音乐学院出版社,2014年版,第62-63页。
② 闻一多:《唐诗杂论诗与批评》,生活·读书·新知三联书店,2021年版,第203页。
③ 同②,第206页。
④ 姚永朴:《姚永朴讲文学研究法》,河海大学出版社,2019年版,第133-137页。
⑤ 老子著,汤漳平、王朝华译注:《老子》,中华书局,2014年版,序,第13-14页。
⑥ 同④,第137页。
⑦ 同④,第140页。
⑧ 约瑟夫·乔丹尼亚著,于浩、毕乙鑫译:《人为何歌唱》,上海音乐学院出版社,2014年版,第71-73页。

节奏教学的情感激发。在包括音乐在内的原始人类的艺术活动中,经常存在同一个人既是创作者又是鉴赏者的情况。他们参与创作与表演,同时在此过程中享受音乐带来的情感体验。音乐能引起运动器官的兴奋,能刺激人体的感觉和激发人的想象力,这种作用在古代和今日都是相同的。可以说,音乐节律具有某种"暗示"作用,可以唤起各种情绪,并可直接地被人们所体会。如果说音乐的本质在于它能唤起人们的感情,那么,这种本质从古至今可以说是一脉相承的。也许人类的情绪本来就具有节律性,当音乐的节律作用于我们的情绪中枢时,很可能就会使我们情绪的内在节律产生共鸣。因此,当音乐节律作用于我们的听觉器官时,无形中也就刺激了我们的运动中枢,令我们或是和着节律而舞,或是在心中模仿着有节奏的舞蹈而舞,我们的情绪也因此而亢奋起来。① 因此,我们在教学过程中需要把握住节奏这一重要教学内容,发现其原始性和中国本土原始音乐的契合之处,通过节律的原始性让接受者能够更好地体验情绪、体验中国本土音乐的美感。

2. 教材内容的原始性。奥尔夫所著的《学校音乐教材》自1954年出版以来,已传播到世界各国,并作为典范和榜样被广泛使用,激励着各国的音乐教育工作者。② 研究奥尔夫的教材,发现奥尔夫的教学过程可以从自由朗诵开始,然后进行歌唱,结合童谣朗诵、圣歌、民歌演唱与游戏歌曲等。紧接着,逐步将歌曲的节奏转化为身体打击乐或声势(捻指—鼓掌—拍腿—踩脚),然后转移到无固定音高的打击乐器上,最后使用奥尔夫乐器。这个理念是一个由易到难的过程,并始终融入即兴创作——从已知走向未知的领域。③ 这一过程是从儿童所处文化中的简单歌曲开始,这些歌曲简单易学,所涉及的概念始终是在儿童理解的范围之内。因此,学生在整个过程中的体验是伴随着成功和快乐。奥尔夫在其所编教材中也有意识地不沿用西方几百年来早已习惯了的大、小调功能和声体系,而遵循人类音乐以及儿童音乐原本的音乐语言,从两三个音出发,通过五个音的漫长阶段,发展到六个音和七个音的自然音阶,同时应用了自然音阶上的各级和弦。这样就保持着基于五音为主的调式特征,不陷入以主—属为主的大、小调功能和声体系。④

中国的音乐教材受奥尔夫教学理念的影响深远,教师在选择教材,或者在理解教材内容时,需要理解奥尔夫的这一理念,并能够根据接受者的实际情况,合理利用教材或创编教材,使学生通过这些教材内容的欣赏与表演获得成功的艺术体验和文化熏陶。

3. 民歌内涵的原始性。奥尔夫所编的教材音乐的内容,很多选取的内容都接近古老的民歌。⑤ 民歌源于人们生活的种种需要,也完全体现个体独一无二的原创性,它体现了与艺术和人性最亲密、最自由的关系,同时也以最简洁的方式,呈现了人性的本质和艺术的本

---

① 山松质文著,李志平编译:《音乐与人生》,甘肃少年儿童出版社,1990年版,第9页。
② 余丹红主编:《音乐教育手册》,上海音乐学院出版社,2013年版,第60页。
③ 哈罗德·F.艾伯利斯、洛丽·A.库斯托代罗编,刘沛译:《音乐教育的重要课题——当代理论与实践》,中央音乐学院出版社,2017年版,第193页。
④ 同②,第59页。
⑤ 同②。

质。"民歌不仅能反映现实,是现实社会的一面镜子,还能反映历史,是活的历史'化石'。"①马克思曾说过:"古代的歌谣是他们(这里指日耳曼人)唯一的历史传统和编年史。"民歌除了反映现实,体现其人文情怀,反映历史,具有较高的认识价值外,还具有群体性特征和传统文化特质。传统文化是一种价值取向,是肇始于过去,融透于现在、直接通向未来的有意识的趋势和存在。所谓传统文化,必须是在社会机体组织和人的心理、生理结构中具有生命力和潜在影响力的东西,这些作为人的普通心理和生理素质积累起来的因素,时刻规范和支配着人们未来的思想和行为。② 由此可见,民歌体现了中国文化的原本性,也反映了中国各个区域的群体的历史生命轨迹和深厚的文化传统,具有非常明显的"原本性"特质。奥尔夫音乐教育理念认为,音乐活动中相应的语言或方言的韵律韵味、吐字速度和声音特征会对原本的音乐的方方面面产生影响。因为"原本的音乐与语言之间在所有方面已经高度融合。"③而各地的民歌就是音乐与语言的"原本性"的高度融合的产物,具有本土性的特质。奥尔夫在一次访谈中说:"在国外开展奥尔夫教材和教学法的工作,你必须以本地孩子的经验为依据,一切从头开始。"④本地孩子的经验有哪些?大部分应来自家庭、社会、学校对其的影响。而本土民歌就是其中重要的部分,也是孩子们最好理解的一部分。所以,民歌教学的"原本性"与奥尔夫的理念是相一致的。

(二)即兴表演的音乐

英国著名心理学家温尼科特说:"个体只有在创造中才能发现自我。"奥尔夫关注创造性和即兴性,从其教学法最初的概念来看,他是把创造和思想寓于音乐和动作之中。创造性与自由是一对孪生兄弟,只有感受到自由才能进入创造性的空间里。自由是创造性发展的土壤,创造性是自由身上长出的翅膀。我们身体可以外显地创造出无穷无尽的动作、身体姿势,流动的形、静止的态。我们身体内在的情绪和情感可以创造不断变化的身体,内心复杂多变的感受,激发身体无限的可能性。学会用身体体验创造性、用身体实现创造性是发挥创造性的捷径。⑤

即兴性、创造性的表演和参与正是奥尔夫"原本性"概念的重要部分。即兴表演是创造性体验的最佳方式之一。奥尔夫会要求接受者做一些较为自然的、他们玩耍时随处可见的动作,类似于蹦、跳、跑、旋转等,其教学过程是要求接受者将自由玩耍的动作与即兴创作相结合,用语言与演唱反响整个过程。幼儿实际上是音乐的天生创造者,他们经常在演奏

---

① 李智萍、陈博健:《音乐的文化阐释——中国民族音乐特征及人文色彩》,人民出版社,2018年版,第155-157页。
② 同①。
③ 威廉·凯乐在《原本的音乐——定义初探》一文中的观点。见芭芭拉·哈泽尔巴赫主编,刘沛译:《奥尔夫教学法的理论与实践》,中央音乐学院出版社,2014年版,第49页。
④ 此番话出自赫尔曼·雷格纳对奥尔夫的一次访谈,那天适逢奥尔夫80岁生日。见芭芭拉·哈泽尔巴赫主编,刘沛译:《奥尔夫教学法的理论与实践》,中央音乐学院出版社,2014年版,第84页。
⑤ 王宇赤:《身体的痛,是心灵的伤》,文化发展出版社,2019年版,第13-15页。

时唱歌,有时也会创造出复杂难懂的音乐段落和织体概念。① 所以,我们在教学的过程中,即兴创作要贯穿于孩子玩耍的整个过程,让他们在具有中国特色音乐作品的音乐游戏中,发挥自身天性,创造出他们自认为有趣的、有新意的一系列节奏动作。② 这些教学体验的内容和过程,要尽可能地鼓励孩子们根据他们对中国文化的理解进行即兴创作,相信他们很多时候会给教师意想不到的惊喜。

中国传统记谱法导致的音乐表演的即兴性。中国古代的音乐由于记谱法的局限性,无法做到像现代的五线谱一样对音高、时值、力度、音色的准确记录。如古代使用最多的工尺谱,乐音的音高是用十个谱字及其变形符号来表示,音色在乐谱中一般用文字来说明。乐音的时值和力度符号通常采取两种方式,一种是利用谱字的大小和谱字间的距离来表示时值,第二种是利用板式来表示时值和力度。③ 民间音乐的记谱更为简洁,音乐乐谱大都只记录骨干音或演奏指法,并非是精确的量化谱,都需要演奏或演唱者的再度创作④。这些记谱方式都存在着一定的不精准性,表演者根据记谱,每个人都会有自己的理解,因此,演唱或演奏都存在着一定程度的即兴性。奥尔夫教学中以节奏主导活动,用语言和演唱反响整个过程,即兴创作贯穿于孩子玩耍的整个过程,发展他们自身的天性。⑤ 原本的音乐在此处表现为一种即兴艺术,用于"对已有的音乐创作作品在结构上的装饰"。⑥ 在音乐的活动中,奥尔夫"原本性"理念认为:"乐谱上的音符不应当成为乐书人类歌唱的圣旨。只要在复含教育理念的'原本的音乐'的典型性质,就可以能够对欧洲音乐传统创立的具有统治地位的文明羁绊有所冲击,并再生出多样化的表现形式,其中既能保留'原本的音乐'的典型性质,又可以创造出它所要求的个性特征。"⑦ 由此可见,这两者都存在着发挥个性的即兴成分,这也可以理解为"原本性"的一部分。

中国民间音乐的即兴性。中国传统音乐历来具有"死曲活唱、死谱活奏、定谱不定音、定板不定腔"的即兴创作传统。⑧ 音乐学家丽萨认为,许多东方音乐文化中存在着大量的即兴性音乐。传统的民间音乐并不具有音乐作品所具有的那种稳定的结构,它在结构性质上是变体性的。其根源在于民间音乐在演奏的流传过程中因为即兴的表演不断地发生变化。这些变化涉及音程结构、节拍节奏结构等最基本的构成要素,几乎每一首流传下来的具有

---

① 杰基韦金斯著,韩若晨、何旸译:《教音乐、学音乐、懂音乐(第3版)》,人民音乐出版社,2019年版,第114页。
② 哈罗德·F.艾伯利斯、洛丽·A.库斯托代罗编,刘沛译:《音乐教育的重要课题——当代理论与实践》,中央音乐学院出版社,2017年版,第193页。
③ 陈根方:《智能音乐学与中国音乐数字媒体论》,文化艺术出版社,2018年版,第28页。
④ 刘志民、何婷:《当代高校音乐艺术教育研究》,湖南师范大学出版社,2019年版,第108页。
⑤ 哈罗德·F.艾伯利斯、洛丽·A.库斯托代罗编,刘沛译:《音乐教育的重要课题——当代理论与实践(2017年版)》,第193页。
⑥ 威廉·凯乐在《原本的音乐——定义初探》一文中的观点。见芭芭拉·哈泽尔巴赫主编,刘沛译:《奥尔夫教学法的理论与实践》,中央音乐学院出版社,2014年版,第48页。
⑦ 同⑥,第49页。
⑧ 刘志民、何婷:《当代高校音乐艺术教育研究》,湖南师范大学出版社,2019年版,第108页。

相同歌词的民歌旋律都有大量的变体。①李吉提认为"即兴是中国民间音乐的灵魂",她在《中国传统音乐结构分析概论》中将"即兴变奏"放入音乐发展手法的范畴中研究认为"中国传统音乐中的即兴变奏发展手段,不仅可以展示音乐的演唱演奏技术,也最容易反映出民间音乐家们处理音乐的灵性"②。由此可见,中国的民间音乐一直存在着创造性和即兴性表演特质,这与奥尔夫的教育理念亦达到了契合。

（三）情感表达的音乐

音乐、舞蹈、诗歌和绘画都是人类情感的直接载体,而音乐是通过变化的旋律和节奏使情感语言达到极致,通过听觉达到人类交流情感的目的。丽萨认为音乐是人与人之间的一种"表达物",它作为一种特定的符号系统,总是要向人们说些什么,表达些什么,意味些什么。它是某种意义的声音载体,具有某种"语义性"。③奥尔夫认为其教学法的实施并非是一项"理性的、预设的程式或工作",因为它更像是让孩子们自由想象的过程。自由想象是孩子的天性,是他们自我表达的一种方式,也是他们学习和参与音乐的一种自然而然的方式。④虽然音乐的表达缺乏明确性和单义性,但是通过节奏、旋律、织体等音乐语汇,可以在一定程度上表达情绪和情感。

亚里士多德在《政治学》中说,节奏和乐调能反映出愤怒和温和、勇敢和节制以及一切相互对立的品质和其他性情。⑤卢梭认为音乐是可以唤起人们对某些事物所引起的情感体验,使人的心灵接近所描述的事物本身所创造的意境。他认为音乐的诉说可以抒发感情、描写情景、表达事物,从而带给人们足以感动的情感。⑥康德也认为音乐的"每个意图的实现都和愉快的情感结合着"⑦。音乐起源于情感又表达于情感,莎士比亚在他的《罗密欧与朱丽叶》中,借剧中人物之口表达了他的情感美学观:"悲哀伤痛着心灵,忧郁萦绕在胸怀,唯有音乐的银声,可以把烦闷推开。"⑧

中国的《乐记》也认为音乐的目的就是表达感情。它说"唯乐不可以为伪"。它还具体地阐释道:"凡音者,生人心者也。情动于中,故形于声,声成文,谓之音。"在《乐化》篇中记载"夫乐者乐也,人情之所不能免也。乐必发于声音,形于动静,人之道也"。《吕氏春秋》亦有个生动确切的比喻:"乐之有情,之若肌肤形体之有情性也。"人孰能无情？正是情之所在,才产生了音乐和艺术。《乐记》一再说:"凡音者,生人心者也。""乐者,心之动也。"这"人心"、这"心之动",所指的都是感情。它还说:音乐是"先王本之情性"(《乐言》),这"情性",

---

① 于润洋:《现代西方音乐哲学导论》,人民音乐出版社,2012年版,第413页。
② 王丽丹:《中国传统音乐研究》,吉林人民出版社,2019年版,第64页。
③ 同①,第424-425页。
④ 哈罗德·F.艾伯利斯、洛丽·A.库斯托代罗编,刘沛译:《音乐教育的重要课题——当代理论与实践》,中央音乐学院出版社,2017年版,第193页。
⑤ 吴大鹏:《中西音乐的文化审视与对比研究》,江西科学技术出版社,2017年版,第63页。
⑥ 同⑤,第64页。
⑦ 康德:《判断力批判》,邓晓芒译,人民出版社,2009年版,第236页。
⑧ 罗利建:《情感美学——论美和美感》,中国经济出版社,2014年版,第151-152页。

更是人的感情。① 中国原始民间会因狩猎劳动的情感满足而愉快地唱"断竹,续竹,飞土,逐肉"。八十岁的老人在道边唱:"吾日出而作,日入而息,井而饮耕田而食。帝力于我何有哉!"总之,古代在劳动中有牧歌、种植歌来表现劳动中的愉悦;战争中有战歌以鼓舞士气;男女恋爱有情歌表现爱慕之情;婚礼有嫁歌、迎亲歌表现新婚的喜庆;丧事有丧歌、哭歌表现哀悼之情;宴席聚会有祝酒歌以表欢庆之情;儿童玩耍有儿歌相伴更显童趣和喜悦。② 总之,对于音乐对情感的表达,奥尔夫的理念与中国传统文化的内涵是相似的,我们可以理解其原本性的内涵为通过传统的、原本的音乐来表达人类相通的、最本真的情感。

四、结　语

通过将奥尔夫"原本性"概念在中国传统文化视野下的观照,可以发现,无论在何种文化背景中,无论在哪个历史时期,原本性的音乐教育还原了人与音乐的原始关系的本真。原本性音乐以最简单和自然的方式使参与者获得一种原本的体验,它可以锻炼音乐接受者的核心结构和相应的动机、理解水平和心智发展。③ 任何一种教育理念都是与自我、社会和世界的认识是不可分割的。奥尔夫音乐教育体系的生命力,正在于他是一个心怀全人类的音乐家和教育家,充分认识了东西方文化的差异以及音乐专业和音乐教育的本质和价值,通过对"原本性"音乐的理解、表演、体验等方式唤醒各种不同文化受众的一致、相互结合的意识④。奥尔夫认为人在原本的感受上总是到处都一样的,我们时代的人们由于现代交往的工具而彼此接近,不再孤立地处于各自的文化圈内,通过对"原本性"音乐的体验,人们在政治、经济、艺术等领域都可以达到互相理解。奥尔夫的音乐教育体系是像传递火把一样把最根本的、原本的东西从古代传递到现代来。他认为"一切摩登的东西通过实践,都必然无条件地变成不摩登,而原本性的东西却会由于它的没有时间性而在全世界的一切人中间得到理解"。⑤ "重新认识发现并发挥旧中之新(奥尔夫音乐教育中正充满着这种旧中之新),始终是我们永无穷尽的人物,借以去实现返回到未来。"⑥

作为现代教育工作者,我们要在理解奥尔夫"原本性"概念的基础上,找寻有中国民族原本性特质的教学内容和教学方法,以我国各民族民间的语言、音调和儿歌、民歌为基础,探索、创作我们自己适用的类似教材,并本着再创造和发展的精神,去编写我们自己的、具有本民族文化特色的教材,建立具有中国民族特色的音乐教育体系。

---

① 蒋孔阳:《蒋孔阳全集》,上海人民出版社,2014年版,第587页。
② 罗利建:《情感美学——论美和美感》,中国经济出版社,2014年版,第151页。
③ 芭芭拉·哈泽尔巴赫主编,刘沛译:《奥尔夫教学法的理论与实践》,中央音乐学院出版社,2014年版,第71页。根据海因里希·罗特的说法。
④ 廖乃雄:《论音乐教育》,中央音乐学院出版社,2010年版,第471页。
⑤ 同④,第476页。
⑥ 同④,第467页。

作者简介

叶高峰，台州学院艺术与设计学院副院长，副教授。台州市重点创新团队领衔人、台州市宣传文化"四个一批"人才。

国际音乐教育协会会员（ISME），中国音乐家协会会员，台州市音乐家协会副主席。

曾经带团参加中德建交40周年庆典音乐会，在西柏林音乐厅和维也纳金色大厅展演。曾多次带团赴韩国大田市广域西区参加文化交流演出。曾受邀参加美国ACDA世界合唱指挥大会。

主持省部级课题、省一流课程多项。创作无伴奏合唱组曲《和合——寒山与拾得》、抗疫歌曲《中华大爱》等作品，策划、执导《歌声礼赞祖国》快闪等活动在央视网、浙江卫视、浙江广播电台、学习强国等平台播放。策划并参与合唱套曲《盛世和合》的创作，该作品在杭州首演并推广，深受好评。有十余篇论文在国内音乐学权威期刊发表。

奥尔夫教学法元素在哥伦比亚大学音乐教育项目中的应用与思考

● 杨丹赫

【内容摘要】 本文通过对哥伦比亚大学教师学院中两门具有代表性的实践型音乐教育课程的具体讨论，分析并阐释了奥尔夫教学法元素对于幼龄儿童音乐启蒙与创造性高等音乐教育的实际功用与方法论价值，揭示了奥尔夫教学法元素与奥尔夫教育理念在音乐创造力、儿童社会化成长、即兴演奏、当代音乐实践、开放式课堂等领域的作用与意义。

【关键词】 哥伦比亚大学，奥尔夫教学法，音乐启蒙，音乐创造力，奥尔索普

引　言

20 世纪 80 年代以后，奥尔夫教学法经由廖乃雄先生传入中国，已成为基础音乐教育的专业象征。我国高等音乐教育界同样对奥尔夫教学法与奥尔夫教学原理十分关注，其研究成果多聚焦于奥尔夫教学法的"中国本土化"实用面向——即国内幼儿早教、中小学音乐课堂、器乐课堂、普通高校与艺术类高校音乐课程中奥尔夫教学法的创新实践等，以应用研究与实证研究为主，兼有少量高等音乐研究者对奥尔夫音乐教学法进行体系化、理论化的提炼与思考[1]。但想知晓当代国际音乐教育界对奥尔夫教学法的关注与研究，我们仅能在中文文献中找到少量有关 2008 年美国奥尔夫大会年会的综述评论[2]，而其他关注欧美及亚洲他国奥尔夫教学法的文献尚不多见。

20 世纪以来的美国在学校和专业音乐教育领域都具有突出建树，同样也是国际范围内奥尔夫音乐教学法实践与研究的重镇之一。除了高校中音乐教育专业对奥尔夫教学法的关注，美国奥尔夫协会（American Orff-Schulwerk Association，简称 AOSA）成了此领域的支柱产业。协会成立于 1968 年，在全美 46 个州中都设有分部，每年举办"美国奥尔夫协会专业发展大会"（AOSA Professional Develpoment Conference，即美国奥尔夫年会），并提供三个级别的奥尔夫教师继续教育课程与资格认证项目[3]，形成了行业协会强力辅助奥

---

[1] 近十年来较有代表性的高校研究论文包括：王丽新、钟恩富：《奥尔夫音乐教学法的本土化研究》，东北师范大学博士论文，2012 年；陈蓉：《奥尔夫教学法的核心理念及体系建构研究——1924—1944 年德国慕尼黑均特学校的历史追寻》，载《音乐艺术》，2016 年第 3 期；余丹红：《奥尔夫教学法原理再释义》，载《人民音乐》，2018 年第 10 期；沃尔夫冈·马斯特纳克著，余丹红译：《卡尔·奥尔夫的"原本性"概念阐释——为中国的音乐教育同行而作》，载《音乐艺术》，2020 年第 3 期，等。
[2] 喻娟：《探索艺术综合的无限可能——2008 美国奥尔夫年会观感》，载《人民音乐》，2009 年第 3 期。
[3] 见美国奥尔夫协会官网信息。

尔夫教学法专业发展的学科机制。在这种成熟的行业运行模式下，奥尔夫教学法已然内化成了美国学校一般音乐教育（general music eduaction）中的基础教学理念。

笔者于2019—2020年度作为访问博士生在美国纽约哥伦比亚大学（以下简称"哥大"）教师学院（Teachers' College）的音乐教育项目中进行学习，有幸参与了音教项目的全部公选课程。哥大教师学院中的音乐与音乐教育项目（Music and Music Education Program）是美国具有代表性的综合性大学音乐教育学位项目，拥有音乐硕士、音乐教育硕士、音乐教育博士等多个学位点，可见其专业实力。项目中名为"为儿童设计音乐体验"（Designing Musical Experiences for Children，由 Patricia A. St. John 博士[①] 授课）与"音乐教育中的创造力与问题解决"（Creativity and Problem Solving in Music Education，由兰德尔·奥尔索普博士[②] 授课）的两门研究生课程均深度使用了奥尔夫教学法元素，且课程融合了大量音乐实践与创意课程设计，独具特色。因此，笔者选择以这两门音乐教育课程作为范例，深入讨论奥尔夫教学法元素在美国儿童音乐早教启蒙及创造性高等音乐教育层面的音乐课程中的实践应用、教学理念与方法论价值。

一、兼收并蓄的美式儿童音乐教学法

St. John 博士所教授的"儿童音乐体验设计"课程是一门联合哥大附属幼儿园的"教学实习"课程，选课的音乐教育专业研究生能够获得对幼儿园小朋友亲自执教的机会。在为期三个月的课程中，除了前三节课以讲授和学生研讨为主，余下的每周都有6-8名来自哥伦比亚附属幼儿园的3-5岁学龄前儿童来到课堂中，由 St. John 博士或两人一组的课程学生充当幼教，进行45分钟的完整音乐启蒙课程。来到课堂上进行音乐启蒙的小朋友们有着不同的家庭和种族背景，包括华裔和韩裔美国儿童；在课堂中进行实习教学的研究生们同样有着截然不同的教育和文化背景——小学音乐教师、器乐专业表演者、来自世界各国的留学生以及如笔者本人这样的音乐教育理论研究者。这个"实习课堂"的组成仿佛是纽约城市的缩影，带有多方法、多种族、多文化、多语言的融合特点。

1. 带有奥尔夫元素的"融合性"儿童音乐教学法

在"儿童音乐体验设计"课程的研讨部分中，St. John 博士明确提出了她对美国目前主流的儿童音乐教学法的理解——这是一种折中的、融合的、兼收并蓄的方法（eclectic approach），其中必然带有奥尔夫教学法的元素，结合综合音乐素养教学法（comprehensive musicianship）、儿童发展心理学与美国本土音乐文化而成。绝大多数美国音乐教师并不会直接使用"奥尔夫教学法"或"达尔克罗兹教学法"为自己的音乐启蒙课进行方法论上的界

---

① Patricia A. St. John 博士：哥伦比亚大学教师学院兼职教授，ISME儿童早期教育委员会主席。
② Randall E. Allsup 博士：哥伦比亚大学音乐教育教授。

定,也会避免将儿童音乐课程与某种严格的"教学法体系"直接挂钩①。笔者以为,这个观点十分合理,且拥有充分的理论依据。中国音协奥尔夫分会会长余丹红教授就曾对奥尔夫教学法做出评述,认为其"并不是一套清晰的、富有条理的、系统化计划的完整呈示……而是一个开放的、散文诗一般的教学形式",但"即使非系统化,它仍可以切实有效地实行"②。我们可以这样认为,奥尔夫教学法没有固定的教学流程和法则,但有其明确的原则和特点,如强调音乐创造与即兴、关注身体与音乐的互动、使用奥尔夫乐器、期望儿童通过音乐学习提升团队合作能力等等,这些要素也完全被如今美国通行的儿童音乐教学法所借鉴吸收。

在哥大教师学院的儿童音乐体验设计课程中,St. John 博士与实习教师们面对 3-5 岁的学龄前儿童,教学目的并非是儿童在具体音乐技能上的显著提升(如演唱音准、听音音准、乐器演奏等技能),而是儿童在音乐环境中的身体律动感、跟随拍点进行音节念唱的节奏感、对于不同乐器和物品所发出声音的敏感度等与音乐相关的基础感官能力开发。事实上,这些目标恰恰也应和了奥尔夫教学法的三个核心元素——音乐、语言和律动③。可以说,奥尔夫教学法的音乐理念与遗产是所有普通音乐教育的起点,并可以与大量新方法与新受众进行融合。在下文中,笔者也将继续深入发掘"美式融合性奥尔夫"儿童音乐课程的范式与特色。

2. 儿童音乐启蒙课程的"游戏规则"与教师法则

图 1 "儿童音乐体验设计"课程中,St. John 博士正在带领儿童收拾奥尔夫乐器,
摄于 2019 年 10 月 23 日

纵观大约为期两个月的实习课程,从表象而言,旁观者似乎很难界定"儿童音乐启蒙课

---

① 2019 年 12 月 4 日 St. John 博士的课堂讨论。
② 余丹红:《奥尔夫教学法原理再释义》,《人民音乐》,2018 年第 10 期,第 70 页。
③ 沃尔夫冈·马斯特纳克著,余丹红译:《卡尔·奥尔夫的"原本性"概念阐释——为中国的音乐教育同行而作》,《音乐艺术》,2020 年第 3 期,第 174 页。

程"与"音乐游戏"之间的区别,这也是许多国内家长困惑于儿童音乐早教班的真正教育质量的重要原因之一。就笔者和其他实习教师们在哥大课堂中的教学参与,笔者认为,音乐启蒙中确实有相当程度的"游戏"成分,优秀的音乐早教教师往往是一个能熟练与儿童一起玩耍的共同游戏者,但同时是深谙游戏规则与教学法则的教育引导者。

儿童音乐课程中首当其冲的"游戏规则"有关"重复练习"。儿童对于重复和固定的模式有着更高的接受度和安全感,因此每堂音乐课都需要具有固定的环节、开场活动与结束仪式。在本堂课程中,45分钟的授课时间一般被分为以下三个环节:

(1) 奥尔夫乐器与各类打击乐器的探索时间(10-15分钟):孩子们进入音乐课堂的热身游戏,尝试各类乐器的声音,在教师的引导下进行敲击、拍打、刮奏、摩擦等各种运动,体会声音的高低强弱、渐强与减弱、持续与静止等效果;在教师的引导下自由想象声音的形态、可能发出这类声音的各种物体、乐器的内部构造、乐器中可能藏有什么等。此环节结束后需要孩子自行将乐器归类并放回相应的收纳位置(见图1)。

(2) 开展主体音乐活动(25分钟):以唱念或唱歌游戏(vocal play)及身体音乐活动(movement activity)为主,兼有舞蹈派对、乐器游戏、讲故事游戏等。一首新的儿歌往往会至少出现在两周相邻的课堂中,并不定期复习之前学过的歌曲和身体动作。此环节中,儿童的情绪和身体往往会被充分调动,精神高涨。

(3) 小睡与回顾环节(5-10分钟):全体儿童和教师伴随着舒缓音乐躺下休息,闭眼聆听音乐,平静身心。最后复习今天所作的音乐活动、所学歌曲与所用乐器,结束课程。

在课堂不同环节的衔接中,每次均可演唱同样的开场与收尾曲调,逐渐让儿童养成一个曲调对应一个课堂固定内容的习惯,例如St. John博士的课堂中有固定出现的"收拾乐器歌"、"打招呼报数歌"和"再见歌",有效串联课堂内容、增加音乐性并维持秩序。

其次,音乐启蒙课的目的是让孩子感受音乐中的基本元素,如拍点、强弱、节奏与律动,课堂中的音乐活动材料均优先服务于儿童对音乐基本元素的把握。因此,儿童教学中并不过分强调"音乐作品"的完整或"音乐性"的表现,教师可以在课堂中即兴对音乐活动进行"退阶"改编,例如让不愿开口唱歌的孩子使用"唱念"(chant)的方法念出音节和词汇,训练节奏感和咬字;让手指小肌肉不发达的孩子不直接使用打击乐器,而是用跺脚、挥手等大肌肉动作感受拍点,同样可以起到音乐基本元素训练的目的。身体活动、感受律动、唱念表达是儿童音乐课堂的中心,而非反复排练的完整歌曲和舞蹈"节目"。

与音乐活动同等重要的是儿童在音乐中激发出的想象力。幼童的想象力往往天马行空,而专业的音乐教师必然能将儿童的想象力与和声音紧密相关的事物紧密联系起来。St. John博士的课堂中最常见的儿童想象力场域发生在乐器使用和身体动作编排中。在环节(1)中,打击乐器绝没有标准的使用指南,而是音乐游戏的道具——鼓槌可以变成拐杖,撑在地上发出沉闷的咚咚声;可以变成擀面杖,在平地上搓揉摩擦;可以变成指挥棒,在空中挥舞并敲击……这个活动中孩子们调动自己的生活常识,用乐器玩耍"过家家",同时发挥了乐器的各种可能,这与奥尔夫教学法中的"自制乐器"活动不谋而合[①]。在环节(2)中,由于所有的音乐活动都会伴随着身体动作,儿童的声音感知和肌肉掌控都得到了充分发展。教师会主动引导儿童关注音乐中的连音、跳音、级进、跳进、颤音、滑音等元素,让孩子们想象"如何用自己的身体来表示"这些听到的音型,并鼓励自创的舞蹈动作。

教师作为课堂音乐游戏的参与者,关注儿童本位,但同时也要清晰梳理自己的教学计划。课堂中的每个音乐活动都需要有明确的教学安排,如 St. John 博士要求实习教师们在课前要系统写明教案,具体内容包括教学目标、音乐技能、音乐概念、所需教具、教学过程(如开场介绍、教师演示、热身活动、儿童即兴想象与音乐参与、总结),以及音乐目标之外的教学意义。由于这一部分内容与普通音乐教师的基本教学流程十分类似,笔者在本文中就不再赘述。

(3)社会化成长与包容性教学

奥尔夫音乐教学法中,儿童的社会化成长与相互合作能力被认定为教学中的重要面向[②],这一特质同样在哥大的儿童音乐课程中被予以强调。6-8 人的小班化教学是一个非常亲密的团体,两个多月的每周音乐课堂让笔者等实习教师们完整观察到了学龄前儿童们的社交过程。儿童中有强势的领导者、活跃的展示者、任性的顽皮者、羞怯的聆听者……而每种人格的孩子都能在课堂中得到足够的教师关注与同辈交流,从而通过音乐课完成了大量社会化成长的"功课"。从笔者的课堂观察笔记中可知,每一次的儿童音乐课堂都会出现"音乐外"(extra-musical)或意料外的教学内容,包括让孩子学会"分享"的概念(尤其针对强势儿童)——分享更有趣的乐器、分享自己表达和展示的时间、分享教师对自己的关注;让孩子学会"合作"与"轮流"的概念——同一首歌曲如果有伙伴一起参与,轮流增加声部,会有更加丰富有趣的音乐效果;让孩子了解"安全范围"与"社交距离"的概念——高速挥舞乐器和激烈蹦跳会有伤害性,一定要避开伙伴……学龄前儿童的音乐早教课少不了状况百出,但孩子的社会化交往能力却在集体音乐氛围中快速成长着。

与儿童社会化成长相对的则是教师的包容性教学(inclusivity)。"包容"这个词在美国音乐教育语境中一般用来指代针对特殊残障儿童的教育,但也包括对各个来自不同文化、族裔与家庭背景的学生的包容,以及对于课堂中所使用的广泛音乐流派与风格的音乐的包容[③]。对于学龄前幼儿而言,大量的音乐经验发生在家庭之中,而音乐作为文化的一种象征物与儿童本人的身份息息相关。音乐教师面对一个小型班级,必须努力发掘每个孩子的家庭、社区、文化与音乐偏好,并适时地在课堂中对多样的音乐偏好都进行涉猎,这是一个教师必须在课前做好的"背景调查";而课堂中更加多元的音乐风格元素又能够反过来对儿童产生影响,让其获得更加具有包容性的音乐审美与偏好。对于美国纽约这样人口构成极

---

① 陈蓉:《音乐教学法教程》,上海音乐学院出版社,2013年,第193页。
② 同①,第200页。
③ 哈罗德·F.艾伯利斯、洛丽·A.库斯托代罗编,刘沛译:《音乐教育的重要课题——当代理论与实践》,中央音乐学院出版社,2017年,第18页。

为复杂的城市,包容与多元是每个教育环节都会遇到的课题,这对中国音乐教师同样具有深刻的启示。

二、奥尔夫元素与创造性的高等音乐教育实践

由兰德尔·奥尔索普博士所教授的"音乐教育中的创造力与问题解决"课程是针对音乐与音乐教育专业研究生与博士生所设计的一门包含大量现场排练、即兴、创作与研讨的实践型课程。奥尔索普博士作为美国当代音乐教育领域重要的"开放教育哲学家"与活跃的创造力课堂实践者,他的课堂对音乐表演与音乐教育的传统范式都提出了极大挑战①。由于笔者于2021年已撰写他文对奥尔索普的音乐教育哲学理念进行专门探讨,因此本部分就其课堂中的学生音乐实践,讨论奥尔夫教学法元素在高等音乐教育专业课堂中的角色与转化。

1. 固定音型、音乐即兴与当代音乐

美国自1994年颁布第一版《国家核心艺术标准》以来,就严格制定了普通学校音乐教育(preK-12年级)中的音乐创造力和即兴能力的成就标准。以1994年版《标准》为参照,小学四年级的学生需要能够即兴创作"简单的节奏与旋律固定音型伴奏"、"简单的旋律加花"与"短小的歌曲和器乐曲"②;以2004年版《标准》为参照,小学四年级的学生需要能够"在给定的调性和拍号中即兴创作节奏与旋律乐思,进行演示并用标准或图像记谱法进行记录"③。

"即兴创作"与"固定音型"(ostinato)不但是美国国家核心艺术标准中音乐创造板块的关键词,也是奥尔夫音乐教学法中的核心教学内容④,同样还是奥尔索普教授面对成年研究生群体擅长使用的教学活动。虽然哥大教师学院的音乐教育项目中所录取的美国本土研究生与留学生大多具有良好音乐理论与器乐演奏基础,但这一群体有其共同的特质——均属于"古典训练音乐家"(classically-trained musician),即大多是通过一对一的器乐小课而获得专业表演技能,而非美国《国家核心艺术标准》中定义的具有"艺术素养"的音乐家。"艺术素养"要求学生能够通过四项创造性实践活动进行音乐想象、探索、建构与反思⑤,这正是"创造力与问题解决"课程的中心理念。因此,奥尔索普依然将以固定音型即兴创作作为高等创造性音乐教育课程的起点和底层基础。

---

① 杨丹赫:《美国音乐教育家兰德尔·奥尔索普的开放音乐教育哲学观念与实践》,《音乐艺术》,2021年第4期,第127页。
② 刘沛编著:《美国学校音乐教育概况》,上海教育出版社,2011年,第130-131页。
③ National Core Arts Standards Prek-8, pp.1-2.
④ 余丹红:《奥尔夫教学法原理再释义》,《人民音乐》,2018年第10期,第71页。
⑤ 国家核心艺术标准联盟,徐婷译:《美国国家核心艺术标准》,上海音乐出版社,2018年,第14页。

图 2　作曲家斯蒂夫·莱奇的《拍手音乐》（部分）

相比于儿童奥尔夫教学法，此课程面对拥有丰富音乐经验的成年学生，奥尔索普通过美国严肃作曲家的作品来引入"固定音型"在当代音乐创作中的角色，立刻将学生带入当代音乐的语境。奥尔索普常用的两首教学音乐分别是美国简约派作曲家斯蒂夫·莱奇（Steve Reich，1936—　）的《拍手音乐》（Clapping Music，1972）与 20 世纪上半叶的美国先锋派作曲家亨利·迪克森·考威尔（Henry Dixon Cowell，1897—1965）的《微弱的固定音型》（Ostinato Pianissimo，1934）。其中莱奇的当代经典《拍手音乐》由两个声部组成，从头至尾只需拍即可演奏，织体清晰，通过两声部平移交错不断重复的 12 拍固定音型来造成丰富有趣的节奏效果（见图 2）。奥尔索普会让班级同学分为两个声部，经过简单操练后随即开始表演，同时很快引入对简约派音乐概念的讨论，并让学生以小组的方式即兴演奏一小节的节奏型，通过循环、平移、叠加、力度变化等方式创作自己的多声部"拍手音乐"。奥尔索普通过一部恰当的教学音乐，很快串联起了音乐史、音乐风格、节奏训练、小组即兴等环节，打造出一个高效的音乐创造力课堂。

美国作曲家考威尔为打击乐重奏组谱写的作品《微弱的固定音型》则在音乐史上小众许多，但同样是音乐史上的先锋经典。两分半钟的作品名为"固定音型"，但复杂程度大大超过《拍手音乐》。打击乐器声部繁多，固定音型的循环也随着音乐发展不断加长（阶梯式固定音型），带有强烈的加美兰音乐色彩。奥尔索普首先让大家在没有背景信息的情况下仔细分辨打击乐器的种类与名称（大鼓、大锣、木鱼、邦戈鼓、马林巴、木琴、钟琴以及日用碗具等），再猜想音乐风格与创作年代，随后通过重复聆听分辨固定音型的循环长度、织体的增值与减值，并尝试对无音高打击乐的声部进行记谱。显然，这一首教学音乐所带来的课程挑战困难许多，要求学生运用听觉进行作品分析与风格探索，随后再分成小组用现代风格进行以固定音型为基础的即兴排练与表演。显然，奥尔索普教授通过这部作品和后续的即兴演奏环节更多侧重在课堂中对当代"先锋"音乐进行引入与实践，让学生思考是什么历史事件与风潮让美国作曲家会对"神秘东方色彩"及东南亚音乐产生兴趣？作曲家将日用餐具"饭碗"作为打击乐器选择是哗众取宠还是别有深意？先锋音乐是离我们的生活更远还是更近？笔者在本课堂中除了上述两位作曲家之外，还接触并表演了约翰·凯奇（John

Milton Cage Jr., 1912-1992)、梅尔塞·坎宁安（Merce Cunningham，现代舞蹈家）、斯蒂芬·桑德海姆（Stephen Sondheim, 1930-2021）、纽约哈林区的嘻哈音乐等等，这对课堂中的"古典式训练音乐家"们是一种强烈的音乐刺激，同时带着清晰的教育理念：音乐必须与当代人的生存方式与生命体验发生联系，才是有生命力的音乐。

2. 开放的"非标准化"记谱尝试

奥尔夫本人曾提出，学校音乐教育应该是"开放式"的，其中包括教师与学生之间开放的师生关系、教与学的转化、从生活环境中获得乐器与音乐素材等[①]。这一观点正与奥尔索普教授所提倡的"开放音乐教育哲学"与创造力课堂的实践高度契合。但在奥尔索普教授眼中，传统的音乐教育范式中还有更多内容值得挑战，其中就包括音乐的承载物——标准记谱法。笔者通过一年间在美访学的课程与见闻，深刻感受到了科技进步（如 iPad 上的库乐队 app、作曲音频素材库等）对于音乐教育产业的冲击，许多美国中学生通过库乐队学习乐器与作曲，使用现成的音乐片段与素材进行组合、编辑，甚至用四台 iPad 进行"电子乐队"演出，直接跨越了真实的器乐学习和五线谱上的作曲过程，通过"数字捷径"抵达了自我音乐表达的目的，令人叹为观止。而上文中已经提及，代表美国主流音乐教育理念的《美国核心艺术标准》对于幼儿园前至 8 年级的（prek-8）音乐创造标准中反复提及儿童可以使用标准或图像记谱法（iconic notation）来记录自己的乐思与创作[②]。因此，笔者认为音乐教育从业者对于标准记谱法的改造与反思是极有必要的。

奥尔索普在创造力课堂中用了四周的课时对"非标准化记谱"问题进行了深入思考与创造性实践。显然，标准记谱让抽象的音乐成为"文本"，便于传播、继承、学习、改进，这是数百年欧洲艺术音乐的宝贵遗产。然而在创造力课堂中，创作与即兴成为音乐实践的主体，关于音乐的思考不再首先通过阅读谱面，这也一度让班级中的"古典音乐家"们束手无策，因为他们无法对自己将演奏的内容进行全盘掌控。此时，"开放"的意义再一次被提及——音乐家进行演奏的不一定是一个尽善尽美的"作品"，可以仅仅是音乐发生的过程，拥有开放性的结果。转换一个角度，课堂学生将要成为开放的音乐教育者，面对不同的学习受众时，传统记谱也可能成为音乐参与的阻碍，因此教育者们同样需要思考记谱法是否也可以具有开放的形式。

奥尔索普教授的"非标准化记谱"活动需要班级每位学生首先使用自创的记谱法谱写一首多声部重奏曲目，乐器种类以班级同学所擅长的乐器（包括钢琴、小提琴、管乐等）及打击乐为主。作品完成后，创作者需要在课堂中现场分发自创乐谱，并有 20-30 分钟的时间指挥同学读懂乐谱、排练并演出。此外，创作者需要说明自创乐谱需要在真实授课环境中所适用的学生年龄层，如学龄前、小学阶段、中学阶段或成年乐团，班上同学在排练与表演中也会模拟不同年龄段演奏者的表演状态。可以说，这个音乐创造活动融合了音乐作曲、指挥排练、创意记谱这三大环节，这也是普通器乐专业与音乐教育理论专业学生在日常学习中鲜有涉猎的创造性实践内容。

---

① 陈蓉：《音乐教学法教程》，上海音乐学院出版社，2013 年，第 186 页。
② National Core Arts Standards Prek-8, pp.1-2.

图 3　笔者本人的"非标准化"记谱成品（乐曲的引子部分二小节）

简化拍号、象形音高、使用色彩是"非标准化记谱"中几类最主要的尝试，也是目前儿童音乐教育实践中通行的图像记谱法之一。以笔者本人的乐谱为例（见图3），节奏方面：演奏者无需学习拍号概念，只用跟随谱子最上方的横轴数字就能知晓这是一首"四拍子"乐曲；音符时值等同于横轴格子的宽度，一个长方块即半拍，简明易懂。音高方面：纵轴代表音高，按音高高低依次排列此行乐谱中将要出现的音高。不同高度的方块音高组成旋律后能够形成自然的旋律起伏，观感上也较为接近游戏界面，增加趣味性。由于美国学生习惯直接演唱音名，因此每个格子都标记了对应的音名，一目了然。色彩方面：每个声部拥有自己颜色和图案，演奏者拿到谱子后只需跟随一种颜色就能完整找到自己的声部，同时也能看到与自己同时演奏的其他声部的内容，方便排练时跟随对照。总体而言，笔者的创意乐谱遵循了传统作曲的基本规则，具有清晰的曲式结构，使用了明确的中古调式，排练与演出过程也较为顺利，整体呈现出一个完整的"作品"形式，这也是班级中多数学生所选择的办法——用创意记谱的手段达到常规的音乐作品呈现的目的。

图 4　"音乐教育中的创造力与问题解决"课程中的开放式绘画记谱，摄于 2019 年 12 月 5 日

部分学生的非标准化记谱则尝试了真正的"开放"形式,获得的也是纯即兴的音乐成果,一位来自纽约本地学生的创意记谱是这类记谱的代表。她使用了纯粹的绘画来引领音乐,伴随着画笔的动作,乐手们开始音乐即兴,并根据不断变化的笔触、运笔速度和整体的画面意象(image)来把握音乐的细节与走向。除了给定的节奏律动,每个乐手都需要发挥自己的主观能动,在指挥的示意下随时在"乐团首席"和"跟随者"的角色之间切换。笔者认为,这种天马行空的音乐记谱与团队即兴正是最能体现奥尔索普教学特色的一种创造性音乐实践活动,"在形式、主题和风格上往来穿越、远近混融,充满了奇思异想"[①]。此时的记谱法已经成为音乐实践过程中的一个部分,与观众听到的音响结果彼此交织,互为因果,彻底解构了古典音乐中的"文本"与"作品"。

虽然这类即兴音乐实践带有强烈的当代实验艺术属性,而从音乐教育者的眼光而言,"非标准化"记谱与现场演出是一个真正的过程主体、学生本位的教学活动。大量学生在"非标准化"的音乐环境中尝试了自己从未接触过的管弦乐器,学生之间互为教师、现场学习,理论专业学生开始张口演唱,做音乐(music making)的过程被高亮展示,而奥尔索普的"教师"身份逐渐隐去,转化成了开放课堂的组织者和辅助人。这是一个无可替代的音乐实验场,一个真正的开放式课堂,奥尔夫教学理念中的"开放性"也得到了前所未有的转化。

结 语

上文中,笔者详细阐述了哥伦比亚大学教师学院中两门独具特色的实践型课程,虽然教学受众与音乐素材大不相同,下至三岁幼童的儿歌童谣,上至音乐教育学研究生的当代音乐实验,但奥尔夫教学法的元素却自始至终贯穿其中。在儿童音乐启蒙课程中,奥尔夫教学法是整个教学过程的根源与基础,音乐元素性教学、身体律动、奥尔夫乐器、音乐想象力、社会化成长……这些扎根于奥尔夫教学法中的核心元素同样在美国当今的儿童音乐启蒙课程中占据主导。而在针对研究生层面的高等音乐教育课程中,奥尔夫教学法中经典的"固定音型"则成了即兴演奏与当代音乐学习的起跳板,让古典音乐家式的学生们也能玩转音乐。

我们若能通过具体教学实践看到哥大音乐教育课程中奥尔夫教学法的方法论价值,则更能发现其意义——音乐作为一种综合艺术,除了音乐本身,还需要融合身体、动作、舞蹈、朗诵;音乐除了在乐谱中成为作品,更是声音被制造的过程。因此,音乐教育需要即兴演奏与音乐创造。课堂中的音乐素材只有和本土文化产生关联才有生命力。因此,音乐教育者应当带领学生聆听并创造属于当下的音乐。纵观国内外音乐教育实践,作曲家、教育家奥尔夫本人与奥尔夫教学法已然成为当代音乐教育原理中重要的思想源流之一。通过奥尔夫教学法,我们可以真正触及创造的、合作的、包容的、多元的音乐教育理想。

---

① 徐承、汪洋:《"创造力"美育话语的源与流》,《美育学刊》,2022年第3期,第22页。

作者简介

杨丹赫，上海音乐学院音乐教育系讲师，上海音乐学院音乐教育学博士、美国哥伦比亚大学访问博士，本科毕业于复旦大学英语系。在《音乐研究》《音乐艺术》《中国音乐》《钢琴艺术》等期刊上发表论文、译文、书评多篇；出版译著《企鹅人生系列：莫扎特》《音乐教育研究方法导论》《冬之旅》等；获批 2022 年度上海"浦江人才"计划。主要研究方向有音乐美育理论与实践、音乐教育哲学、音乐教育基础理论、器乐表演与教学法等。

践行"耳朵学习先行"并以创造为核心的音乐教学
——莫雷·沙弗尔创造性音乐教学观的多维解析及现实思考①

● 任 恺

【内容摘要】 莫雷·沙弗尔（Murray Schafer），加拿大作曲家、作家、音乐教育家、环保主义者。他于20世纪60年代初便开始投入音乐教育工作，并将自己的教学实践和尝试命名为"创造性音乐教育"（Creative Music Education），强调音乐教育应从广义的耳朵训练和关注听觉环境入手。在笔者看来，沙弗尔是沿着"聆听音响、分析音响的主观感受及内在意义—创造声音—分析和反思创造"的基本路径，开创了一条基于创造力培养的音乐学习途径，折射出一种催生创造性的音乐教学观。莫雷·沙弗尔创造性音乐教学观：强调"声景"的重要性，主张在音乐学习中凸显社会责任感和环境意识。他意识到了音乐听觉环境的重要性，认为要提升敏锐的音乐听觉，就必须解决实际社会环境中的"声污染"问题。因此，他提出了"清洗耳朵"的观点，直面音乐学习者所面临的错综复杂的音乐听觉环境。他建议所有年龄段的学生都要积极审视生活中的声音环境。他将生活世界中的声音视为"声景"（soundscape），并认为人类就是作曲家，"声景"也是一种音乐创作，同时要培养人们对声景做出批判性判断，进而改善"声景"。

【关键词】 耳朵，音乐学习，音乐教学，创造性，教学观，音乐听觉，听觉环境，声音

莫雷·沙弗尔（Murray Schafer），加拿大作曲家、作家、音乐教育家、环保主义者，于20世纪60年代初便开始投入音乐教育工作，并将自己的教学实践和尝试命名为"创造性音乐教育"（Creative Music Education）：即强调从广义的耳朵训练和关注听觉环境入手。在笔者看来，沙弗尔是沿着"聆听音响、分析音响的主观感受及内在意义——创造声音——分析和反思创造"的基本路径，开创了一条基于创造力培养的音乐学习途径，折射出一种催生创造性的音乐教学观。

当时，沙弗尔的做法被业界视为具有实验性质的探索，带有先锋派的意味，对于当时的教育保守派而言，这种教学风格自然略显激进。然而，对今天的音乐教育实践而言，却影响颇深、独具价值。如今，学界热切关注音乐创造力的培养，不断尝试有效音乐教学模式的建构，沙弗尔的音乐教学观所体现的价值、意义，恰与我们的现实诉求不谋而合。

本文写作的目的有三：

一种半个世纪前被视为激进的教学观，无疑，其理念、方法、实践在当时的时代条件和社会背景下，具有超前性，但在21世纪的新时期，或许恰好是合适的，甚至是必不可少的。这是笔者研究沙弗尔的目的之一。

---

① 本文原载于《中国音乐教育》2016年第10期、第11期。

音乐作为一种艺术形式,其创造性内涵毋庸置疑。全球范围内,不断有学者呼吁,要在教学中提升学生的音乐创造力,乃至于通过音乐学习提升人的广义的创造力。近年来,这方面的成果颇丰:从国际主流的积极心理学家契克森特米海(MihalyCsikszentmihalyi)在创造心理学研究中提出的"心流"(Flow)理论,到国内青年学者的一些有益洞见,如中国音乐学院赵亮的硕士论文《专业院校节奏教学中学生的音乐创造性思维研究》(2008),喻意的博士论文《中小学音乐创造力教学的理论研究与实践探索》(2015)等,都显现出对创造力、音乐创造力以及基于创造力培养的音乐教育模式等课题的浓厚兴趣,并有所斩获,引发同行关注。同时,传统意义上的"四大音乐教学法",无不凸显音乐创造的意味。而沙弗尔更以"创造性音乐教育"来统领并践行他的教育观,对于当下国内音乐教育界高度关注的音乐与创造力培养之热点而言,其研究价值不言而喻。这是笔者研究沙弗尔的目的之二。

笔者通过中国知网等学术数据库,检索结果发现,国内音乐教育界并未关注到沙弗尔在音乐教育学科领域的贡献,放眼其在整个音乐学科领域中的研究,也仅有寥寥几十篇文献,所涉内容均与沙弗尔在作曲方面提出的概念、贡献及理论应用相关,对其"创造性音乐教学观"介绍和解读几乎凤毛麟角,相较于沙弗尔对音乐教学的独特价值和贡献而言,并不相称。这是笔者研究沙弗尔的目的之三。

在中国,对国外音乐教学观念、方法、体系的借鉴,展开国际性比较研究,并给予本土化践行应属"新常态"。从早先"四大音乐教学法"的引入,到近来对埃德温·戈登、阿尔法本德音乐教学法的关注,整体研究视野不断扩大。然而在笔者来看,依然有许多重要的西方音乐教学经验尚未落入国内同行的视域之中并展开应有的借鉴和研究。例如,萨蒂丝·科尔曼(Satis Coleman)始于1918年的具有前瞻性的"儿童创造性音乐教学",穷尽国内学界的相关研究,以此为主体的探索仅有一篇文献。显然,就一种具有创新意味的西方教学模式而言,国内研究的人不多,研究的深度、广度显然也不足。我们在借鉴国外音乐教学的有益经验时,如果限于奥尔夫、柯达伊、达尔克罗兹和铃木等主流国外音乐教育方法和体系,那么,在音乐教育和教学不断发展与创新的今天,这些"主流观念"既有帮助,也有束缚。

我们对西方音乐的研究不能局限于"欧洲中心"的"主流",而需放眼到"世界音乐"的广阔空间中,并引发多元文化的教育在业内的重视。同理,在音乐教学最为基础和核心的教学观念、方法及操作层面,自然也需多元。这既是文化演进的方向,亦是教育发展的必然。音乐教学自然不能超脱这种基本的潮流和发展趋向。同时,谁也不能断言当年的先锋、今天的"小众"不会跃升成明日的"主流"。因此,对沙弗尔创造性音乐教育观的研究,及对主流音乐教育体系之外的音乐教学观念、方法、体系的探索和引入,理应引起重视。在奥尔夫等国外音乐教学法已经得到较为充分研究,并产生一定程度本土化的契机下,新的多元研究视角势必将开启。

笔者认为,对于沙弗尔创造性音乐教学观所蕴含的价值和现实意义,实有必要进行发掘、研究和推广。因此,本文将以沙弗尔创造性音乐教学观的形成为切入口,从教育观的主体、特色及基于现代学习概念、教育模式的多维解析等方面展开,发掘沙弗尔在音乐教学中的核心概念和方法的历史价值和现实意义,并结合中国现实教育问题展开思考。

一、莫雷·沙弗尔创造性音乐教学观的历史溯源

在中国,莫雷·沙弗尔留给音乐界的印象,通常是现代加拿大作曲家的身份。他在音乐教育领域的贡献却鲜为人知。事实上,从 20 世纪 60 年代开始,沙弗尔在小学、中学、大学的音乐教学实践中,逐渐形成了一套由他自己命名为"创造性音乐教育"的教学观念,并产生了相应的教学方法、教具和实践。当时,"人们认为它具有实验性、先锋性并略带激进,尤其在音乐教育保守派的眼中,更是如此"[1]。然而,沙弗尔的探索与尝试依然得到了学界的认可。斯蒂芬·亚当斯(Stephen Adams)在 1983 年给沙弗尔的传记中,赞扬他对公立教育的深刻理解以及富有"创新性的课堂教学技术"[2]。伊恩·布兰德尼(Ian Bradley)则认为,沙弗尔作为一名教师,"富有感染力、能够引发学生的思考、激发学生的灵感,并拓展学生对音乐环境的敏锐感觉"[3]。

1964 至 1975 年间,沙弗尔出版了五本"小册子",其中包含了沙弗尔对"创造性音乐教育"的概念性解释。1976 年,这些成果重新印刷出版,"合五为一",构成了《创造性音乐教育:现代教师手册》(Creative music education: Handbook for the modern teacher)一书[4]。1986 年,沙弗尔又出版了《有思想的耳朵:音乐教育文集》(The thinking ear: Complete writing on music education),进一步拓展和完善了自己的思想。在这本书中,沙弗尔自称是"包含了我全部音乐教育思想的终极著作"[5]。在这些著作中,沙弗尔的音乐教育观包含了两个明确的主题:鼓励学生的创造力;在音乐训练中强调听觉训练。约翰·培特(John Paynter)认为感知和创造是沙弗尔音乐教学的核心,它提示人们,音乐教育必须首先关注学生的听觉敏锐性,并鼓励学生具有适度冒险的精神和勇气[6]。在当时的时代背景下,绝大多数保守的教育工作者认为学习音乐应当关注音乐理论及历史,并通过相应的课程教学模式来实现学习价值。许多教师也拘泥于教育中知识的传递,并视其为重心;而沙弗尔从个人的学习经历出发,对此类观点嗤之以鼻。

这些著作的问世,加上 1992 年《一种声音的教育:听赏和音乐创造的 100 种练习》(A Sound Education: 100 Exercises in Listening and Sound - Making)一书的出版,沙弗尔的思

---

[1] Adams, *Murray Schafer* (Toronto: University of Toronto Press, 1983), p. 20.
[2] 同[1]。
[3] Bradley, *Twentieth century Canadian composers* (Agincourt, Ontario: GLC Publishers, 1977), p.191.
[4] Schafer, *Creative music education: Handbook for the modern teaching* (New York: Schirmer Books, 1976), p. 35.
[5] Schafer, *The thinking ear: Complete writings on music education* (Toronto: Arcana Editions, 1986), p.viii.
[6] Paynter, "*Personalities in world music education No. 13 – R. Murray Schafer,*" International Journal of Music Education, XVIII (1991), pp.40-44.

想逐渐脉络分明,渐渐成形,并不断在多层次的音乐教育实践中得以应用。这些思想,我们可以将其称为"沙弗尔创造性音乐教学观"。

二、莫雷·沙弗尔创造性音乐教学观的多维解析

沙弗尔的音乐教学始于1964年。当时他受邀参加一个为期两周,名为"音乐感"的音乐夏令营,学生年龄在13至17岁之间①。沙弗尔敏锐地察觉到,"学生在音乐合奏时只顾看谱,几乎不听别人的演奏"②。由此,沙弗尔意识到,他需要引导学生"打开"自己的耳朵,在正式的音乐训练之前就对周围的声音保持敏锐性③。他开创了一种名为"清洗耳朵"(Ear Cleaning)的训练,希望"引导学生注意到那些他们从未真正去聆听的声音"④,然后,再开始进入音乐课堂,进行正式的音乐学习。

显然,这种观念强调:耳朵的"学习"先于音乐的学习。这也成为沙弗尔创造性音乐教学观的逻辑起点。

(一)莫雷·沙弗尔创造性音乐教学观的主体:践行"耳朵学习先行"的音乐教学模式,突出基于师生合作学习、强调自我表达、释放个人潜能的音乐创造力培养

沙弗尔创造性音乐教学观的核心,在于他的音乐学习观。沙弗尔认为,儿童应该通过音乐聆听和"音乐实验",使音乐对他们逐渐产生吸引力并为之心潮澎湃,而这些应先于学会读谱或演奏乐器而发生⑤。因此,在沙弗尔的心目中,听觉体验的积累和音乐兴趣、偏好的发生是正式音乐学习开始的先决条件。学会聆听并培养敏锐的耳朵,是学习音乐的重要前提。这种观点与裴斯泰洛奇的"感官教育思想"如出一辙。

作为裴斯泰洛奇在美国的最早追随者之一,纳夫早在1830年波士顿举行的美国教学研究会上,提交了《裴斯泰洛奇音乐体系的原则》一文,开宗明义地强调:"声音的教学先于符号的教学……引导学生用聆听和模仿声音的方式,来观察其中的异同和优劣效果,而不是首先解释这些内容。"⑥ 此外,沙弗尔的观念与其他著名音乐教育法的常见做法也有诸多相似:无论是铃木的母语音乐教育,还是埃德温·戈登的音乐学习关键期理论,都强调早期音乐学习中听赏经验的获得和积累。例如,"'Audiation'(听想)作为戈登音乐教育理论

---

① Schafer, *Creative music education: Handbook for the modern teaching* (New York: Schirmer Books, 1976), p. 35.
② Adams, *Murray Schafer* (Toronto: University of Toronto Press, 1983), p. 20.
③ Schafer, *Ear cleaning: Notes for an experimental music course* (Don Mills, Ontario: BMI Canada, 1967), p.1.
④ 同③。
⑤ Schafer, *The rhinoceros in the classroom* (London, Ontario: Universal Edition Canada, 1975), p.6.
⑥ 哈罗德·艾伯利斯、查理斯·霍弗、罗伯特·克劳特曼著,刘沛、任恺译:《音乐教育原理》,中央音乐学院出版社2008年版,第32页。

和实践的核心,也体现出音乐本性的音乐学习底线"①,而听想实现的先决条件,正是听知觉的不断历练。与沙弗尔的观念相比,戈登更关注听觉经验的储备和积累,由听知觉转入升华为听想,坚守音乐学习的学科底线;而沙弗尔则更关注通过提升听觉的敏锐性和丰富性,产生音乐学习的兴趣,并为音乐创造提供素材和基础。沙弗尔的观点对于过分重视音乐知识和音乐技能培养的音乐教育模式而言,颇具正本清源的意味:既然音乐是听觉艺术,那么对于耳朵的训练显然应居首位并贯穿始终,不仅先于音乐学习发生,也需早于其他音乐学习内容和形式而展开。

在《有思想的耳朵:音乐教育文集》一书中,沙弗尔提出:"培养探究和创造力才能,是为了提高学生的思考能力,并自己建筑起庞大的知识体系。"②他认为,合作学习应当替代单一的课堂教学。在传统模式下,学生被视作是空着脑袋走进教室,而教师拥有全部答案。沙弗尔提出,师生之间应当建立起"学习共同体"。③这种观点类似孔子提倡的"教学相长"。沙弗尔进一步指出,教师的本质是终身学习者,必须始终"保持敏感性,不要过于强势,还要乐于接受变化"。④换言之,在沙弗尔的理念中,学生从教师身上有所习得,而教师也能从学生身上获益良多,师生的差异仅在"闻道有先后"而已,这种想法与韩愈的思想不谋而合。在今天,这种师生之间分享式的学习模式被称为"合作学习"或"关联学习",是当代教育思想和实践的重要财富。⑤

沙弗尔建议通过"创造性的音乐创作"。鼓励学习者通过音乐表达自我,并以此作为音乐教育课程的核心。⑥他的主要观点其实并不涉及音乐学习中具体的音乐类型,而是强调音乐教学的核心在于通过课堂培养学生的好奇心。⑦沙弗尔的主要目的是要通过音乐创作,发现每一个学习者的创造性潜能,同时引发学生对环绕四周的声音的充分注意。⑧沙弗尔称他的音乐教育体系"不是定义为使耳朵更敏锐,就是定义为释放出潜在的创造力能量"。⑨培特(1991)认为,沙弗尔视音乐为"创造性聆听的艺术"。按照沙弗尔自己的说法,"对声音的敏感性和知觉的可能性是音乐的基础,也是音乐教育的基石",由此"我们必须学会静

---

① 刘沛:《"听想":埃德温·戈登音乐教育思想的根基及其意义》,《中国音乐教育》,2015年第2期,第4-6页。

② Schafer, *My life on earth and elsewhere* (Erin, Ontario: The Porcupine's Quill, 2012), p.vii.

③ 同②。

④ Schafer, *The thinking ear: Complete writings on music education* (Toronto: Arcana Editions, 1986), p.viii.

⑤ British Columbia Ministry of Education, *Personalized learning in BC*, http://www.bced.gov.bc.ca/personalized learning/, 2011.

⑥ Schafer, *Creative music education: Handbook for the modern teaching* (New York: Schirmer Books, 1976), p. 35.

⑦ Adams, *Murray Schafer* (Toronto: University of Toronto Press, 1983), p. 20.

⑧ Schafer, *The rhinoceros in the classroom* (London, Ontario: Universal Edition Canada, 1975), p.9.

⑨ Schafer, *Ear cleaning: Notes for an experimental music course* (Don Mills, Ontario: BMI Canada, 1967), p.1.

下心来,使用我们的耳朵"。[①]

20世纪60年代,在沙弗尔致力于创造性教育观并展开教育实验的同时,美国诞生了两项重大的音乐教育研究,都间接佐证了他的观点——当代音乐计划:音乐教育中的创造力培养,即所谓的CMP,当时在全美许多学校展开一系列子项目研究,通过学习音乐来提升学生的创造力和创新精神。[②]这些实验项目包含了一系列创造性的音乐体验,利用非传统的方法来进行音乐即兴和音乐创作。[③]学习者因而有机会去自主发现音乐的各个要素,而不是别人来告诉他们音乐是什么。无独有偶,美国2014年版艺术教育国家标准中,亦在"艺术过程"中将"创造"列在首位(美国于2014年出版了国家核心艺术标准,详见网络版www.nationalartsstandards.org)。可以看到,无论在过去还是现在,美国音乐教育界重视创造力的培养是一以贯之的。"当代音乐计划"主要强调学习者应当在合奏以及合唱中聆听其他人的音乐,音乐能力才会不断地增加。学生在包含与音乐听赏密切相关的创造、表演的经验中得到提升和锻炼,进而对学习产生兴趣和动机。[④]这也印证了沙弗尔所强调的基于听觉体验的音乐创造力培养模式,这种"听觉"至上的音乐教学观把一切音乐学习的起点设置为对音乐的聆听,而音乐创造成为学习的重要目的,强调学习者的主观感受和主体地位。

1965年,曼哈顿威尔音乐课程方案(MMCP)同样印证了沙弗尔的观点。[⑤]在这个项目中,研究者比较了两种不同的音乐学习方法。一种是鼓励学生在掌握记谱法之前尽可能多地接触实际音响,并展开音乐创作;另一种则要求学生利用记谱法来完成音乐创作,然后再大量接触音乐音响。比较的结果显示,后者的教学效果不甚理想。露西·格林(Lucy Green)作为近年来活跃在国际音乐教育界的重要学者,着力研究非正式的音乐学习。在她看来,音乐技能和知识获得的主要方式是通过耳朵的学习而非局限于乐谱的审读。由此可见,无论是在过去还是现在,沙弗尔建立起来的"先听后学"的模式,本质上符合有效音乐教学模式的一般规律,而"耳朵学习先行"更成为其思想的核心,值得进一步引发学界重视,尤其是在中国音乐教学实践中。

显然,从沙弗尔本人的陈述和同行评议来看,沙弗尔创造性音乐教学观存在两个明显的导向:第一,突出"耳朵学习先行",强调敏锐耳朵的培养和塑造,这是沙弗尔音乐教学观的逻辑起点。第二,将音乐创造力的提升作为音乐教学的核心环节和归宿,构成沙弗尔音乐教学观的逻辑终点。

---

① Paynter, "*Personalities in world music education No. 13 – R. Murray Schafer,*" International Journal of Music Education, XVIII (1991), pp.40-44.

② Contemporary Music Project, *Experiments in musical creativity: CMP3* (Washington, DC: Music Educators National Conference, 1966), p.23.

③ 同②。

④ 同②。

⑤ Thomas, *Manhattanville Music Curriculum Program: Final Report. United States Department of Health Education and Welfare* (Office of Education, Bureau of Research, 1970), p.5.

(二)莫雷·沙弗尔创造性音乐教学观的特色:强调"声景"的重要性,主张在音乐学习中凸显社会责任感和环境意识

在沙弗尔的创造性音乐教学观中,他意识到了音乐听觉环境的重要性,认为要提升敏锐的音乐听觉,就必须解决实际社会环境中的"声污染"问题。因此,他提出了"清洗耳朵"的观点,直面音乐学习者所面临的错综复杂的音乐听觉环境。他建议所有年龄段的学生都要积极审视生活中的声音环境。他将生活世界中的声音视为"声景"(soundscape),并认为人类就是作曲家。"声景"也是一种音乐创作,同时要培养人们对声景做出批判性判断,进而改善"声景"。① 沙弗尔认为,人人最终都有能力去设计声景,并使之具有审美价值,而这也应当引发每一个现代教师的兴趣。② 他进而提出,应当激发学生"对他们自己的生活环境中的声音近乎痴迷地聆听"。③

沙弗尔的高明之处在于,就音乐学习而言,耳朵是最重要的器官,在"耳朵学习先行"的观念指导下,训练具备敏锐性和分辨力的耳朵刻不容缓,而影响耳朵"好坏"的场域既在音乐课堂之内,更在广义的社会生活之中。因此,训练耳朵并不是单一的音乐课堂的任务,而需从日常生活中开始历练。"声景"的观念把音乐与音乐之外的声音融为一体,让音乐课堂走入社会生活,使聆听与创造兼收并蓄。继而,广义的声音环境(声景)与狭义的声音环境(音乐)"经脉"相通,拓展了音乐学习的时空格局。

此外,围绕人类面对的声污染现实,沙弗尔希望他的学生能够关注这一问题的严重性,并激发学生解决问题的动机,并由此促进学生的批判性思维和问题解决的能力。所以,沙弗尔的这些理念被音乐教育界视为"个人社会责任感"的研究源头。

个人社会责任感的一般定义,是"一种为了他人和社会而选择的个人付出行为"。人应当具备伦理观,对他人和环境起到积极的作用。④ 今天,鼓励学习者有更多的社会责任感是教育者的重要责任,几乎所有的教育政策中都有此类表述。而在20世纪60年代,尽管沙弗尔并未直接提出个人社会责任感这一概念,但其思想内核不仅影响了后来的教育政策,也对课程发展起到了一定的点睛作用。从1964年开始,沙弗尔在他的音乐教学实践中陆续融入社会及环境问题,而我们最早关注到将个人社会责任感加入学习的文件来自1968年的《赫尔—丹尼斯报告:生活与学习》(*Hall-Dennis Report: Living and Learning*)。沙弗尔的教学显然是超前的。从课程观上看,这种思想应与社会改造主义课程流派的观念近乎一致。社会改造主义课程观是以布拉梅尔德(Theodore Brameld,1904-1987)为代表的改造主义教育思想,产生了一定的社会影响。这种课程观强调课程内容应该围绕一系列的社会问题来选择,以问题为中心设计核心课程的课程理论,而在音乐课堂中主张融入社会

---

① Schafer, *The rhinoceros in the classroom* (London, Ontario: Universal Edition Canada, 1975), p.9.
② Schafer, *The thinking ear: Complete writings on music education* (Toronto: Arcana Editions, 1986), p.8.
③ Schafer, *Ear cleaning: Notes for an experimental music course* (Don Mills, Ontario: BMI Canada, 1967), p.1.
④ Berman, "*Educating for social responsibility*," Educational Leadership, III (1990), pp.75-80.

和环境问题,由此来培养学生的个人社会责任感,这的确是个创举。

应当说,沙弗尔的音乐教学在坚守音乐学科本位,强调听觉的作用,培养敏锐且具有分辨力的耳朵的同时,在课程价值和意义的追寻上却颇具发散性和开放性,力求立足于音乐而非止于音乐。柯林·伊托克(Colin Eatock)描述沙弗尔是"在环境主义流行之前就已是一位环境主义者"。[1] 作为一名环境主义人士,在音乐课程中融入社会和环境问题,自然有其内在的合理性。在一定程度上也恰好印证了音乐学习可以承载的内容,其实比我们想象的要更为宽广。或者说,当我们追问音乐教育的育人价值时,在音乐本体价值之外,其他育人价值的开掘存在诸多可能性和发挥空间,社会责任感、环境意识都有可能在多维度的音乐课程核心素养的发掘中,在综合课程的形态下得以实现。

强调"声景"的重要性,突出社会责任感和环境意识,构成了沙弗尔创造性音乐教学观的突出特色,也为音乐课堂教学的拓展和延伸,并与社会现实产生更紧密的联系时,提供了契机和值得借鉴的范例。

(三) 从现代学习概念和教育模式诠释莫雷·沙弗尔创造性音乐教育观

在沙弗尔的学习理论中,强调批判性思维和元认知。沿着这条线索,我们发现,沙弗尔在《有思想的耳朵:音乐教育文集》一书中提到:"为什么音乐这个学科的教学不能在教授音乐的同时,释放创造性的能量、通过感知来训练思维并分析自身创造力的能力呢?"[2] 这也在文字上较为精确地描述了沙弗尔在课堂中的教学行为。他使用许多音乐练习来鼓励学生进行音乐创造,并激发学生对音乐的充分反应,一个音乐片段在教学中采用"听赏、分析、创造"的顺序来依次展开教学。[3] 这种教学模式主要在两本沙弗尔的著作中频繁提及:《清洗耳朵》(Ear Cleaning, 1967)和《一种声音的教育:听赏和音乐创造的100种练习》(*A Sound Education: 100 Exercises in Listening and Sound-Making*, 1992)。正如沙弗尔所说的:"我们所有在声音上的投入究竟能取得什么样的结果,应当在经验层面,通过创造声音这一活动本身和审视我们所创造的结果给予证实。"[4]

除了激发元认知,沙弗尔的创造性音乐教育观还融合了其他一些同行的音乐理论。沙弗尔的方法包含了通过多层次的实践来实现"体验式学习"的初衷。他认为,对于音乐而言,听觉接触是音乐教育中必不可少的核心环节。[5] 沙弗尔和其他一些加拿大作曲家一起,在20世纪70年代创造了"音乐盒子"(The Music Box)——一种多媒体音乐教育套件。"音乐盒子"包含能够发出各种噪音的工具、书籍、小册子、提问卡、不常见的古代乐器等,学

---

[1] Eatock, "*Murray Schafer at 75 an appreciation*," Queen's Quarterly, I (2009), pp.98-115.
[2] Schafer, *The thinking ear: Complete writings on music education* (Toronto: Arcana Editions, 1986), p.viii.
[3] 同②。
[4] Schafer, *The rhinoceros in the classroom* (London, Ontario: Universal Edition Canada, 1975), p.6.
[5] 同④。

生可以探索并使用这些工具来创作自己的音乐作品。① 尽管在 20 世纪 60 年代，体验式的学习对于教育而言并非开天辟地，其源头至少可以追溯到美国教育家、哲学家杜威在 1902 年的实用主义教学观。然而在音乐课堂中，这种尝试的确充满新鲜的意味。1965 年，曼哈顿威尔音乐课程方案（MMCP）进入全美的许多学校，人们发现除了极少数个例外，音乐教育似乎存在一个紧箍咒：在这个行业中，绝大多数人当面临如何去学习音乐，成为什么样音乐学习者，如何思考、如何对音乐做出反应，怎样完成音乐学习，怎样听赏音乐，如何接受或拒绝一种音乐及学习行为等都高度趋同。② 而沙弗尔的音乐课堂在当时正是"不随大流"的少数"个例"，并早在 1964 年就突破了过时观念的桎梏。与露西·格林（Lucy Green）在 21 世纪基于研究建立起来的教育模式相比，我们发现两者间恰如异曲同工，而沙弗尔整整提前了 50 年。露西·格林在 2008 年提出的"非正式学习"理论，正是需要音乐学习者整合欣赏、表演、即兴、创作同时发生、融为一体，强调个人创造力的培养。③

除了体验式学习，在沙弗尔的"音乐盒子"中还包含了许多现行的学习理论。

我们可以认为：音乐盒子的使用强调的是学生自己动手，通过与其他学生和教师的合作来建构丰富的知识并培养技能。建构主义教育理论鼓励学习者产生自己的想法，然后通过合作来将这些原创的想法加以丰富，发展成为完整的新主意。④ 沙弗尔所采取的教学方法恰好符合这种思想。

此外，在沙弗尔的观念中，教师应当营造一个能够唤醒学生好奇心的学习环境，正如他所信奉的"教育应当为学生提供实验和探索发现时所需的全套方案"。⑤ 这种推崇激发好奇心的观念与"探究式学习"的概念同样存在交叠。后者的基本模式在于，教师通过提问来为学生提供一种学习的机会。从 20 世纪初的杜威的教育观到 60 年代的萨其曼（Suchman, J. R.）对杜威理论的完善（详见萨其曼在 1962 年发表的 Creative Thinking and Conceptual Growth 一文），再到 21 世纪研究导向的课程，我们看到了这种以激发好奇心为核心的教学方法的百年发展历程。沙弗尔认为，每一个音乐教师的上乘之作，就是在学生心中点燃音乐的星星之火，以期形成音乐的燎原之势。⑥ 这不禁使笔者想起了苏格拉底的至理名言："教育不是灌输而是点燃火焰。"亚当斯（Adams）认为，在沙弗尔的教师观中，通过提问和对话

---

① Such, *Soundprints: Contemporary composers* (Toronto: Clarke, Irwin & Company, 1972), p.139.

② Thomas, *Manhattanville Music Curriculum Program: Final Report. United States Department of Health Education and Welfare* (Office of Education, Bureau of Research, 1970), p.5.

③ Green, *Music, informal learning and the school: A new classroom pedagogy* (Surrey, UK: Ashgate, 2008), p.10.

④ Scardamalia, *Collective cognitive responsibility for the advancement of knowledge. In B. Smith (Ed.), Liberal education in a knowledge society* (Chicago: Open Court, 2002), p.75.

⑤ Schafer, *The thinking ear: Complete writings on music education* (Toronto: Arcana Editions, 1986), p.viii.

⑥ Schafer, *Creative music education: Handbook for the modern teaching* (New York: Schirmer Books, 1976), p. 35.

的模式来完成教学,其本质就是苏格拉底式的智慧。① 由此产生的结果是学习者得到激励,并开始主动地设计他们自己的学习体验。

自我指导学习或者说主动式学习也是今天流行的概念,这意味着学生有机会控制他们自己的学习。2000 年,学习的科学发展委员会(The Committee on Developments in the Science of Learning)发布了一个研究,强调"主动学习对于将所学知识迁移到新的问题和情景时能起到更好的效果"②。彼得·萨奇(Peter Such)在他为加拿大六位作曲家写的传记中提到,沙弗尔"信奉启发式的教学方法,教师设置问题或建立一种环境,然后学生利用自己的时间,按照自己的步调来完成一次有趣的探索之旅"③。沙弗尔认为,教师必须学会成为"催化剂",参与到学生的发现式学习中,而不是决定具体的学习进程。④ 这也与露西·格林的思维如出一辙。后者认为,自我指导式的学习方法从一开始就让学习者选择他们所要学习的音乐,而取代教师来选择音乐作品"强制"学生来学习。

沙弗尔的教育思想中还涵盖了全纳教育的思想基础。沙弗尔认为每一个学生都可以学会创造音乐;同时呼吁,每一个人都有接受音乐教育并获取经验的权利,这与学习者是否具有技巧和能力无关。每一个学习者都需要鼓励,并给予他们不断发展的机会。沙弗尔在 1975 年曾访学于澳大利亚,在那里传播他的音乐教育思想。索恩科特(Southcott)和伯克(Burke)新近的一篇研究描述了沙弗尔当时的言论:"他强烈呼吁教室里的每一个学生都有受良好教育的机会,而不是把目光聚焦在少数具有天赋并有望成为职业音乐家的学生身上。"⑤ 这不仅和中国现行的《音乐课程标准》中"面向全体学生"的理念本质相同,也与美国 2002 年的教育改革法案——"不让一个孩子掉队"(No Child Left Behind)所折射的观念不谋而合。当沙弗尔在二十世纪六七十年代推行全纳教育理念时,传统音乐教育界也出现了一种革命性的转向,摆脱"发现音乐天才并将其锻造成艺术大师"的旧观念。面对这种变化,用沙弗尔的话来说,"音乐教育应当关注那些具有平均智力水平的人所能收获的裨益。由此,普通人聚集的学校等地方是更为合适推行音乐教育的地方"⑥。英属哥伦比亚教育部门在 2011 年发布的《英属哥伦比亚的个性化学习》一文中就指出:"当我们快速浏览过去 26 年的教育,我们发现'对全部学习者而言全纳的、平等的且人人可及的教育',不仅受到当今教育研究结论的支持,同时也受教育政策的鼓励。"⑦ 确实,来自多方的呼声力主一

---

① Adams, *Murray Schafer* (Toronto: University of Toronto Press, 1983), p. 20.
② Bransford, J. D., Brown, A. L. & Cocking, R. *How people learn: Brain, mind, experience, and school (Expanded ed.)* (Washington, DC: National Academy Press, 2000), p.13.
③ Such, *Soundprints: Contemporary composers* (Toronto: Clarke, Irwin & Company, 1972), p.139.
④ Schafer, *The rhinoceros in the classroom* (London, Ontario: Universal Edition Canada, 1975), p.6.
⑤ Southcott, J., & Burke. H, "An 'attunement for change': R. Murray Schafer and the introduction of creative music teaching in Australia," *Canadian Music Educator*, II (2012), pp.19-26.
⑥ Schafer, *Creative music education: Handbook for the modern teaching* (New York: Schirmer Books, 1976), p. 35.
⑦ British Columbia Ministry of Education, *Personalized learning in BC*, http://www.bced.gov.bc.ca/personalized learning/, 2011.

种新音乐教育研究的诞生,格祖艾斯(Gouzouasis)等学者更是提出,"音乐课程如果不建立在全纳教育的理念基础上,就是一种不道德的行为。"①

以个性化的儿童为中心的学习模式是沙弗尔创造性音乐教育观体现的另一个内在含义。与他思想中"全纳性教育理念"的脉络一样,在沙弗尔的教育观中也呼吁以个性化的儿童为中心的学习。沙弗尔说道:"我总是感觉到,音乐作为一种艺术形式,应当是每一个的个性都得到闪耀的机会。我更乐意将对音乐的观点退回到使每一个的声音都有被其他人听到的机会。如果你打开《有思想的耳朵:音乐教育文集》一书,你会发现这本书正是按照这样的思想来编著的,课堂里的每一位学习者都能在书中找到适合自己的练习。"②21世纪的音乐教育工作者瓦克瓦(Vakeva)和韦斯特隆德(Westerlund)也完全同意这样的观点。他们认为,在一个基于民主模式的音乐教育中,应当让学习能够满足每一个学生的个人需要,而不是满足教师的需求。③

三、莫雷·沙弗尔创造性音乐教学观的现实思考

总之,沙弗尔的创造性音乐教育观遵循这样一个基本路径:聆听音响,分析音响的主观感受和内在意义,然后创造自己的声音并分析和反思自己的创造。沙弗尔并没有严格界定并体系化他的教学方法,而是更多地表达观念并践行之,虽然不如主流的体系化音乐教学法那样清晰明了,但也在一定程度上避免了"招式分明"方法在推广、吸收、借鉴中存在的教条风险。在"创造性音乐教育"的大旗下,梳理合理的音乐教学观和音乐能力发展方向,遵循"法无定法"的基本规则,为音乐学习中的创造和探索提供巨大的空间,这是沙弗尔创造性音乐教育观具有强大生命力和未来开拓空间的基石。

沙弗尔在著作中也开宗明义地指出,他对音乐教育的表述"是描述性和而非规定性的"。

如果我们寄望于从沙弗尔的思想中找到"精准的药方",来一次"头痛医头、脚痛医脚",那么既容易陷入固步自封的境地,也扭曲了沙弗尔的本意。正如中国太极拳所强调的"无招胜有招",具体的方法或者说招式自然更易学习、借鉴,但对于学习者而言,缺乏自在自成的生命力与发展性。沙弗尔的本质目的在于激发每个学生的音乐创造力,而要实现这个目的,最简单、最直接、最有效的方式,便是让学生大胆地、无拘束地去聆听声音、创造音乐。

---

① Gouzouasis, "*Where do teachers and learners stand in music education research? A multi-voiced call for a new ethos of music education research,*" University of British Columbia, Vancouver, BC, MayDay Colloquium 25 (2013), p.3.
② Achilles, "*Music making beyond the classroom,*" Music Educators Journal, IV (1992), p. 36.
③ Väkeva, L. & Westerlund, H, "*The 'method' of democracy in music education,*" Action, Criticism, and Theory for Music Education, IV (2007), pp.96-108.

反观国内的音乐课堂教学,鼓励音乐创造有时只是一节音乐课堂在历经读谱、演唱、欣赏、互动之后的"点缀"之作,容易流于形式,且收效甚微。音乐教师总是过分关注创造的功利性,并为"创造"设下成规。然而,每个人与生俱来的音乐创造力往往先于学校音乐教育,且早已根植于每一个人的内心之中,亟待后天的恰当环境予以催生。

创造的经验和体验才是创造力的真正基础,并非单纯依仗音乐知识和音乐技能。不恰当的音乐知识、技能的学习,不仅不会促进创造力的发展,反而会抑制创造力的发挥空间。想象孩童初学游泳时遭遇的场景:迫使自己浮于水面之上源自一种求生本能。此刻的最佳策略不是讲解理论或限于岸边练习,而是使其进入水中激发其潜能,一切将会水到渠成。音乐教师必须知道,孩子在进入音乐学习之前就已身处音乐的环境中,人天生对于音乐就具备创造的潜能和意愿,教师所要做的不是通过音乐学习去束缚它,而是通过音乐学习去释放它,顺应人的本性去提升它。当学生处于创造过程时,他往往是快乐的、自由的,这种无拘无束正是童心所向。当人面对乐谱按照老师的要求和成规来体验和学习音乐时,音乐学习的乐趣和自在天成的潜能又何从提起?沙弗尔的创造性音乐教学观,在聆听、分析、创造的外表下,根植其中的是沙弗尔对于每一个生命体最基础的尊重,亦折射出至凡至简、直指人性的光辉。

50多年前,沙弗尔的教学方法被视为激进的革命派,正是这种前瞻性,使其中许多的观念、方法依然可以作为21世纪教育策略的重要组成部分,并加以借鉴。通过人类学习和音乐教育的研究不断深入,我们深刻意识到,沙弗尔创造性音乐教学观可谓历久弥新。沙弗尔音乐教学观在"耳朵学习先行"和创造力培养为主体的观念指引下,其中所具备的合作学习、社会意识、元认知学习、体验学习、建构主义、自我指导学习、个性化学习、探究式学习、全纳性学习等观念,恰好是现代教育观的先知先觉。

结　语

本人在研究沙弗尔创造性音乐教学观时,恰逢美国加州大学北岭分校音乐系教授约翰·怀特纳(John L. Whitener)博士来中国音乐学院讲学。怀特纳在美国高校专门负责音乐教师培养,亦在中学兼职担任管乐队指挥。这种双重身份使他对美国高等音乐教育和基础音乐教育都十分熟悉。讲学的第一天,怀特纳教授以《基于创造力培养的音乐课堂教学新模式:聆听、即兴和创作三位一体的音乐教育》为题,表达了他对音乐课堂教学的主张:一方面,他极其强调即兴、创作在音乐课堂教学中的地位。在他看来,节奏和旋律的即兴是贯穿在音乐课堂教学始终的主线;另一方面,怀特纳又坚持认为,音乐课堂教学的最佳途径便是通过"耳朵"来教音乐——教师只需打出一定的节奏型学生就可以就此展开模仿,直到学生自己创造节奏来一领众合;教师提供歌词,一句一句地教唱,学生就能用耳朵学会所有的乐句,而在音乐学习的初始阶段几乎完全不使用乐谱。怀特纳认为,音乐是听觉的艺术,过多使用耳朵之外的感受器官来洞见音乐的信息,既是多余的,也不利于真正的音乐学习的发生。他还认为，随着信息技术的发展，人们甚至可以根据手机里录制的音乐来模仿学习，乐谱的重要性对于初级音乐学习阶段而言，其重要性自然不可与过去同日而语。乐谱的使用是在用耳朵学会歌曲之后，当需进一步厘清旋律走向和音乐细节时，才更富意义。笔者再三求证，在美国音乐教育界，关于这种做法是怀特纳的个人风格还是普遍情况，怀特纳的回答是：这是美国音乐教育界的共识！由此，当我们反观沙弗尔的创造性音乐教育观时，我们发现，学习音乐从耳朵入手，培养音乐创造力，从历史角度看，具有超前意识的观念；从现实层面看，又与国际视角下音乐教育的实践导向基本吻合。因此，关注沙弗尔的音乐教育观，并将其应用在中国教育场景下，其价值和意义尽在不言中。

反观中国基础教育中的音乐课堂，对乐谱和教材的使用确实略显过度。我们总寄望于对乐谱中的每一处细节充分发掘、制造教学"亮点"，在有限的音乐素材中寻求教学价值的最大化，在一定程度上也偏离了音乐学科和音乐艺术的听觉本质和创造本位。其实，中国音乐历史上的"口传心授"也不正是"耳朵学习先行"的典范吗？这种近乎模仿的学习是朴素珍贵的中国传统。

这种貌似质朴的音乐学习方法，是对音乐学习听觉本质和学科底线的恪守。如果将以音乐创造作为核心加入其间，那么这种"口传心授"、回归听觉本质、音乐本体的教学模式，就颇具大道至简的意味，简易朴素但直指人心。套用一句流行话语：简约但不简单——离开了乐谱、多媒体等学习素材和辅助手段的课堂教学，需要更为高超的教学技艺来把控音乐课堂，核心便是唤起人的创作本能和追求快乐的本性，音乐课程方可顺利实施，收获真谛。

沙弗尔强调"耳朵学习先行"的课堂教学，回归音乐学习本源，以音乐创造力的培养贯穿始终，主张师生合作、教学相长，强调音乐课堂小环境与社会生活大环境的统一，培养具有环境意识、社会意识、关心社会问题的主动学习者，又贯通元认知、体验式学习、建构主义、探究式学习、自我指导学习、全纳教育、个性化学习等概念，与现代学习理论和教育模式所蕴含的内在规律吻合。这些，既是沙弗尔创造性音乐教学观带给我们的启示，也是未来音乐教育尊重规律、回归传统、回归音乐、道法自然的必然选择。

作者简介

见第 34 页。

奥尔夫音乐教学的具身认知意蕴

● 毛宇静

【内容摘要】"回归自然"的世界观带给传统技术主导的灌输式音乐课堂新的挑战,奥尔夫教学法本着追寻儿童本真的"原本性"音乐教育理念,从音乐的本原出发,发挥人的本能作用,调动身心共同参与音乐体验。具身认知思想具有具身性、情境性、体验性等表征,主张身体回归教学主体地位,身心合一塑造完整人格。奥尔夫音乐教学法回归人与音乐的本身,本文以具身视角对教学法中的特点原理与教学内容进行探析,发掘其中蕴含的具身思想意义,结合二者教育理念及方法,为具身课堂中奥尔夫音乐教学法的运用实践提供理论支持。

【关键词】奥尔夫音乐教学法,具身认知,音乐教学

奥尔夫音乐教学法引入带给传统"静听"课堂前所未有的新的挑战与尝试,打破常规固化的教师单一灌输体系,让新时代音乐课堂在游戏乐趣的模式中行进,还原音乐本身的动态之美,启发音乐教育探索新的教学模式,进一步促进学生的音乐感知、创造能力。奥尔夫主张音乐教育的对象应是人本身,让音乐回归人本身,接近于人本能、自然,音乐教育应当是集语言、动作、舞蹈于一体的内含"原本性"的音乐,鼓励人们自由地参与到音乐之中。回归"人"本身,重视"人"本身同样蕴含着具身认知的理论核心,倡导身心相融、身心共同参与进学习之中,在身体实践体验中收获音乐的意义。

一、具身认知理论内涵

具身认知产生于 20 世纪后期西方学界的后现代思域变革之中,最早源于哲学领域对身心二元论进行批判的产物。最终梅洛·庞蒂在反对西方传统身心二元论的旗帜下,将"身体"从西方学界的枷锁中解脱,提出"身体主体"的系统概念。21 世纪初,在西方具身认知思潮如火如荼之时,我国学界开始关注这一研究领域,涉身性在哲学、认知科学和语言学研究领域掀起研究热潮。

具身认知的核心特征为认知的具身性,提出认知不是脱离身体的抽象活动,而是需要依赖于身体的生理和神经结构的活动方式。[①] 它强调身体参与到认知的每个环节,认知是通过身体的体验及其活动方式而形成的。具身离不开两大核心——"身体""环境"。经由身、脑和境三者相互作用,后人的认知才会产生。因此,认知是身体的认知,身体是嵌于环

---

① 胡万年、叶浩生:《中国心理学界具身认知研究进展》,《自然辩证法通讯》,2013 年。

境的①。在认知过程中的大脑嵌入身体,身体嵌入环境,只有经历这一完整过程,人的认知才可得到延伸,并使之具象化。身体在与世界的互动中拓展形成了认知的不同性质和种类,认知、知觉和行动是一体化的过程,是认知与身体、与身体的构造与功能、与身体的感觉运动系统紧密交织在一起的。具身理论强调身体是一个具体的身体,是一个活生生的、与自然环境和文化环境交互作用的有机体,绝非机械的、承载心脑的简单容器。②

传统教育中"身体问题"日益显现,在教育界其他学科密切关注"身体"研究的大背景下,音乐教育学界也逐步开展了对"身体"的研究。"脱离身体、只谈心脑"的静式身体缺席的教育建构于西方传统身心二分论的基础之上,因此我国课堂教学中的"身体"一直处于被压抑之中,学习过程的核心是大脑,肢体中只需运用双手书写,其他身体部位与学习无关。具身认知的出现带给传统教育全新的身心观,倡导"身体"回归教育教学。

二、奥尔夫音乐教学原理的具身特征

奥尔夫教学法自20世纪末引入中国,其运用和推广经过一代代音乐教育学者的努力,在新时代全新的教学改革中又进入了一个新的发展阶段。奥尔夫音乐教育体系是集音乐教学中动作、歌唱、演奏、创作和表演等内容的有机综合性音乐教学体系,其教学最终目的就是使孩子们能够跟随音乐歌唱、演奏、舞蹈,同时也要掌握读谱、记谱的基本音乐技能。具身认知理论认为,人的认知过程具有默会性、体验性与情境性等特性,启示学生在课堂亲身参与到各种教学活动中,将身体认知融入到教育教学中,充分发挥身体在学习中的作用。

奥尔夫音乐教学法遵循儿童的身心发展规律,倡导"原本性"的音乐教育。"它绝不仅是单纯的音乐,它是和动作、舞蹈、语言紧密结合在一起的,是人们必须自己参与的音乐。"③ 奥尔夫"原本性"音乐教育的原理体现为综合性、参与性、娱乐性、生活性、创造性、审美性、本土性等,倡导学生主动参与音乐实践体验活动中,使学生在身体参与中快乐地感受音乐,从而喜爱音乐、主动学习音乐。接下来将从奥尔夫音乐教学法原理中的综合性、参与娱乐性、创造性三大方面探究其中蕴含的具身思想内涵。

(一) 综合性

奥尔夫认为音乐是一种综合的艺术,是动作、舞蹈、语言三者有机统一的集合整体。④ 奥尔夫"原本性"音乐教学中的综合性与当前音乐课程改革中提倡的学科综合的理念相呼应,在充分调动身体的感官知觉基础上,将听觉、视觉、肌肉动作和大脑思维有机整合,形成对于音乐全面的身体感知。主张在教学实践中利用音乐、动作、语言三者的有利特点,将三

---

① 牟聪:《具身认知哲学视角下的教学改革》,《教学研究》,2018年。
② 叶浩生:《西方心理学中的具身认知研究思潮》,《华中师范大学学报(人文社会科学版)》,2011年。
③ 李妲娜、修海林、尹爱青编著:《奥尔夫音乐教育思想与实践》,上海教育出版社,2002年。
④ 同③。

者紧密有机结合,发挥音乐综合艺术的优势,从"身"出发,浸润感染人的情感,达成塑造美好人格的目标。

传统音乐教育理念中音乐在静态中被欣赏和理解,被固化为"听觉"的艺术,教学中依靠学生的主观思考和想象来认识音乐,并不是与真实世界中所体验的音乐联结,这样的直接后果就是缺乏身体参与和体验。奥尔夫音乐教学法则突破这一静听式课堂束缚,结合做游戏、拍手、唱歌等游戏教学形式,将音乐教学与舞台剧、小音乐剧等综合性艺术形式相结合,充分调动孩子们认知与感知能力,发挥个体本能作用,从人的自身体验开启有效教学。[①]具身认知理论强调音乐教育要回归身体,而回归身体就是要将音乐融入生命体验之中,在身心一体参与中将音乐和个体交融,从而获得整体性的音乐经验。

因此,奥尔夫音乐教学法将音乐与身体的语言、动作机能相联结,综合运用多样化的音乐实践体验形式,使音乐外化于身,内化于心。这一综合性原理既是实践教学手法的综合,也是身心多感官的整合统一。通过音乐、语言及舞蹈的多样性结合,能够培养学生自主联结创造能力,发掘个体身体独特的音乐特性。

(二)参与娱乐性

实践活动始终贯穿于奥尔夫音乐教学的全过程,强调让学生亲身参与实践活动中,主张教师积极引导学生自主发现探索,鼓励学生勇敢地发挥个体想象力实践。奥尔夫音乐教学法以儿童身心发展规律为基础,以学生"享受娱乐"为主,寓教于乐,开展"趣味性"与"教育性"并重的音乐教学活动,学生参与在游戏中完成音乐教学,其教学方法的重点在体验探究。

具身认知理论认为,认知依赖于身体与环境的对话、互动,在身体感官、身体体验以及身体经历等多层面交互中生成。[②]而奥尔夫音乐教学法是由最基本的节奏、旋律等音乐元素开始,在多样的实践探索体验中配合肢体动作、语言等构建丰富的音乐框架,完成音乐知识的理解。奥尔夫音乐教育营造学生快乐、愉悦的音乐课堂氛围,为身体活动构建自由的环境,在此沉浸地体验音乐的律动,参与游戏与表演。孩子们的表演与音乐旋律、节奏相结合,在身体组织的协调中逐渐加深对音乐的感知。

教学法中的参与性特性与具身所倡导的涉身性、体验性不谋而合。音乐天然就拥有着比其他学科进行"具身"学习更有利的条件,音乐中的节奏、旋律的律动引发学生身体产生动作、肌肉的反应。奥尔夫教学法正是通过身体的律动将音乐内化,让学习者获得由心智到躯体的音乐感受,让学生亲自参与到活动当中自己去创造音乐,真正达到音乐以美育人的作用。

---

① 李萍:《奥尔夫音乐教学法在中小学课堂中的运用》,《音乐时空》,2014年。
② 辛辛:《具身认知理论对音乐教学的启示》,《当代音乐》,2018年。

(三) 即兴创造性

在奥尔夫音乐教学课堂中,不再是传统音乐教育的讲授、问答模式,而是教师引导以学生自主活动、创造为主,而即兴又是其创造的主要形式,即兴奏乐,发挥学生幻想性,唤起潜在的音乐本能。奥尔夫以简单的音乐元素为基础,目的为追求内在的即兴音乐创编与外在的综合音乐表现,更多地在音乐教学中结合音乐的听觉感受、音乐表现和即兴创作,回归音乐学科的本源。①

想要具备即兴创造性的条件,奥尔夫教学法倡导开放自由的教学环境与教学主体关系。具体化理论认为环境或情景是一个必不可少的认知条件。知识的学习,是身体和具体的环境相结合的过程。知识来源于情境,它不是一个单独的个体,是来自于特定的文化情境,与世界、生活、环境的对话与互动。教师创设"互动、启发"式的情境,把教室空间的自主性更多地给予学生,让学生在自由的空间中体验,教师与学生的身体在教学中共存,在身体互动中实现对话与相互理解,激励学生透过自由的和富有创造性的音乐表现去释放与生俱来的创造力。

学生的内在想象力、创造力只有通过感官肢体,外化于身体才最终能够实现创造力的具体化。身体是心与外界互动交流的基础。奥尔夫教学法用节奏、旋律和动作等去激发、培养幻想与创造力,引导其身心参与实践并自主地感受体验同时加上创造性极强的即兴唱、奏教学内容,在身体歌唱、动作中使创造能力具体展现,从而真正实现学生音乐表现力、想象力及反应能力的综合性全面发展。

三、奥尔夫音乐教学内容的具身特征

奥尔夫音乐教学法以节奏为基础,从游戏入手,进行动作、乐器演奏及语言朗诵歌唱训练等综合教学内容。传统意义上的音乐课一般仅仅是欣赏、演唱,只需要大脑记忆旋律、嘴巴演唱歌曲,身体其他部位无需参与到音乐学习中。这一传统"身心二分"的学习模式使学生的自主性和创造性降低,学生更无法激发音乐潜能、培养音乐灵感、增加音乐体验、提升音乐能力。②而奥尔夫音乐教学法教学内容以游戏为中心,主张自由、自主探索,这其中蕴含着具身音乐教学的核心思想——身体参与,接下来将从奥尔夫音乐教学法的动作、乐器及语言教学三大方面进行具身特征探究:

(一) 以身为器——动作(声势律动) 教学

人的身体是音乐传收的主要载体,在音乐演唱、创作中,身体更是作为首要的"乐器";在音乐教学中,"身体"是无法取代的。具身认知启示在课堂教学中学生亲身参与到各种教

---

① 庞婉芳:《奥尔夫的音乐教学思想及其当代价值》,《四川戏剧》,2019年。
② 荣国芳:《具身认知下的初中音乐教学策略探究》,《中学教学参考》,2021年。

学活动的过程中,将身体认知融入教育教学中,提倡回归身体的音乐教育,使身体成为音乐学习的核心,并参与到整个学习过程中。奥尔夫正是提倡将人的身体作为乐器,以身体为基础,启发身体本能作用,培养学生即兴创造能力。因此动作训练是重要的教学内容之一,在教学中运用身体各部位进行动作,如利用声势(拍手、跺脚、捻指、拍腿)等方式,用身体律动进行节奏训练。

声势是用身体作为天然乐器,通过拍、打、跺等身体行为发出不同力度的声响的一种手段,从身体各种动作之中让学生探索不同的声音、区分不同的声音,感知身体声音的奇妙,激发学生自主探索身体声音的兴趣。[①] 身体与认知的双重参与,就是要在音乐教学中运用实践教学手法,鼓励学生参与到各种形式的身体活动中来。以节奏为基础,结合人身体的律动,综合唱、奏、动、听多种音乐教学形式,将复杂、抽象的音乐知识转化为简单、有趣的身体语言,鼓励儿童将内心对音乐的感受,通过身体的动作表现出来。声势教学以"人体为乐器",无须借助其他实际乐器,也无须深厚的音乐理论技巧基础,在基础教育阶段容易实现且能够加深学生对基本节奏的感知力,锻炼孩子们的身体机能,为后续音乐教学中的乐器演奏等学习奠定基础。

奥尔夫音乐教学法的原则是让学生"动"起来,鼓励学生用自身独特的"身体语言"来表现音乐律动,将身体作为节奏体验实践的工具。在实践活动中播放律动性强的音乐,感受到这样节奏强烈的音乐时身体会产生动作,肌肉会有反应,从而增强节奏意识,自主参与到活动中。通过身体的律动将音乐概念内化,让学习者获得由心智到躯体的音乐感受。

身体动作是人类与生俱来的能力,婴儿伴随着啼哭手脚就会摆动。声势便是人类宣泄、表达、交流的最原始、直接的方式,它无需依靠语言便可达到目的。而传统身心二分的教学模式却限制人类本能的身体动作,抛弃身体之于人的重要作用。奥尔夫"原本性"的音乐教育,从人的本性出发回归身体,运用声势动作教学开发学生身体本能,将音乐的形式通过身体的动作表达出来,发挥身体感官直觉的作用体验音乐,真正做到具身的核心思想——涉身体验,为具身课堂的构建提供有效、生动的模式。

(二) 以器体验——乐器教学

音乐是需要亲身参与、具有实践特性的艺术。奥尔夫乐器演奏是奥尔夫音乐教育体系中极其重要的一部分,也是奥尔夫教学法的一大特色。它分为无固定音高的打击乐器和旋律性的音条乐器两大种类。[②] 奥尔夫设置的乐器组合内,除竖笛外均采用打击的方法,无须学生掌握高超的乐器演奏基础,最主要的是简单易学,让学生轻松上手,自主演奏,激发学生的身体互动本能,增加音乐的主体交互性。

奥尔夫乐器的设计以儿童身心发展为根本,满足各阶段学生对乐器的操作能力,使所有学生都能够加入到乐器演奏之中。各个乐器的音色不同、所用的节奏规律不同,在实践

---

① 李萍:《奥尔夫音乐教学法在中小学课堂中的运用》,《音乐时空》,2014年。
② 李妲娜,修海林,尹爱青编著:《奥尔夫音乐教育思想与实践》,上海教育出版社,2002年。

中学生根据音色、节奏进行即兴创作，激发学生的想象力与创造力，提高学生的学习积极性与主动性。使用这些操作简单易学的乐器进行教学为学生提供了亲自参与音乐活动的机会，也为他们提供了即兴创作和表演的空间。具身认知理论强调实践体验，倡导在"动"的音乐课堂之中通过身体体验来获取音乐抽象的理解，在身心交互的音乐实践中激发对音乐的热情。乐器教学正是发挥学生身体作用，以简易、充满乐趣的各类乐器调动学生身体的具体参与，真正实现动态的音乐课堂教学。

随着教学实践推进，奥尔夫乐器教学不断发展进步，突破客观条件的限制，鼓励教师、学生自主探索引进新的乐器材料，从生活中发现音乐的美好。教室中的桌椅、空瓶子等实物，在生活中、教室中一切可奏、有声的材料都可发挥想象力编制成乐器。这些自制的乐器不仅丰富了音乐教学的教学材料，也培养了学生的动手能力和创造能力。因为具身化的知识学习是身体和具体的环境相结合的过程。它不是一个单独的个体，而是来自于特定的文化情境，与世界、生活、环境的对话与互动。运用环境中可利用的材料实践创造，既是想象力的外化，也是与具体情境交互的结果。

（三）以言引奏——语言教学

语言是人类直接交流的最简单的方式，儿童的语言能力训练是教育的重点。音乐作为抽象化的艺术，创设语言情境可以使音乐具象化，同时具身认知提到表意动作是身体体验形成，而其实质上与语言、交流活动密切相关。教师首先运用语言讲述音乐故事，在语言表达中赋予音乐情绪，引导学生对进一步学习产生兴趣，树立感知音乐的正确审美情绪。奥尔夫创造性地在音乐教育中引入语言教学，在音乐教学中结合朗诵、诗词、童谣、儿歌等模块，运用语言要素发现语言中蕴含的节奏魅力。

在奥尔夫音乐的语言教学中包含节奏朗诵、嗓音及语气等训练，将语言与音乐、节奏相连，调动语言对于音乐学习的应用价值。语言教学的基础也是建立在节奏上的，通过节奏变幻的朗诵游戏，提升学生对节奏及语言韵律感的掌控能力。教师设计多样的语言节奏游戏，让学生参与到实践中，到最后可以自主创新设计语言节奏模式，使节奏内化于心。而嗓音作为个体独特的乐器，具有多样性与可塑性。在教学中发挥个体嗓音的不同特性，在模仿、创作中培养对音乐节奏的把握能力及感知能力，也让学生了解自身嗓音的特点，加深对身体感官的体验。

具身的教育中暗含着隐喻的情绪性，个体的语气对人的情感的抒发有着不同的作用；不同的语调、声音强弱在不同的场合可以表达不同的意义。教师通过包含个人情感语气的语言将教学内容传递给学生，同时学生在体验参与音乐中，用语气表达内心的感情，使课堂教学能够有效地进行。

结　语

奥尔夫音乐教学法以其"原本性"的自然教育理念，带给音乐教育教学新的机遇，其内含的身体本真性智慧，带给音乐教育教学新的挑战。音乐带给人们不仅是美的感知，更重要的是在体验美的过程中塑造美的人格。完整的人是身与心的交融，是身心共同发展。奥尔夫音乐教学法回归身体，探究在身体之上的有效教学，为具身认知思想的身体核心教学提供了行之有效的建构路径。音乐源于内心外化于身，回归身体本真性的教育是对音乐最自然的最真挚的体验，是音乐教学的必由之路。

作者简介

毛宇静，女，汉族，1999年6月，籍贯安徽宿州，本科毕业于安徽师范大学音乐学院，现为安徽师范大学音乐学院音乐与舞蹈学专业在读研究生。主要研究方向：音乐教育学。研究生在读期间先后在《中国音乐教育》等期刊发表多篇学术论文。主要奖励情况：2022年国民音乐教育大会"万叶杯"论文评选活动"高校在读学生组 一等奖"、2022—2023学年安徽师范大学优秀研究生。

第二部分
历史与发展

奥尔夫教育（Orff-Shulwerk）进中国四十年回顾

● 李妲娜

【内容摘要】 本文作者从自己的视角出发回顾了奥尔夫教育体系在中国的发展历程。以十年为一个单元，共分四个单元，每个单元介绍几个重要的专题。这些专题包括奥尔夫教育体系在中国的起步阶段、1990年代的发展、2000年代的国际合作以及2010年代的本土化发展。作者强调，奥尔夫教育体系的发展不仅得益于国内外专家的共同努力，也得益于中国音乐教育的改革和开放。最后，作者期待奥尔夫教育体系在中国的未来发展，能继续传承和发扬奥尔夫的教育理念，为中国音乐教育的发展做出更大的贡献。

【关键词】 奥尔夫教育体系，音乐教育改革，中国音乐教育，音乐教师教育

余丹红教授给我的这个题目《奥尔夫教育（Orff-Shulwerk）进中国四十年回顾》，想在四十五分钟里把这样一个题目讲完，实在是一个大的挑战，我只能以自己的经历这样一个视角讲一点。挂一漏万是必然的，期望大家来共同书写。

本文的介绍是以照片为主展示，以十年一个单元，共分四个单元，每个单元将有几个重要课题介绍：一、1980年代（廖先生的贡献、施耐德夫人、奥尔夫学院、赴美赴德考察）；二、1990年代（南方谈话、奥尔夫学会成立、1995年奥尔夫诞辰100年、1995年培训、上海音乐学院、中央音乐学院）；三、2000年代（国际大会、中央音乐学院、星海音乐学院、外教、教学）；四、2010年代（2011年国际大会、2013年课标、2014年成都中心、2017年全国大会、吟诵、网课）。回顾这四十年历史，目的是继往开来再创辉煌。

1978年，十一届三中全会后，我国开始改革开放，如春风吹遍大地，给我国带来了更多的机遇和发展。

"教育要面向现代化，面向世界，面向未来。"邓小平的三个面向指示（见图1），为我国教育、包括艺术教育的发展以及整个改革开放指明了方向，也是我们这四十年实践遵循的指导思想。

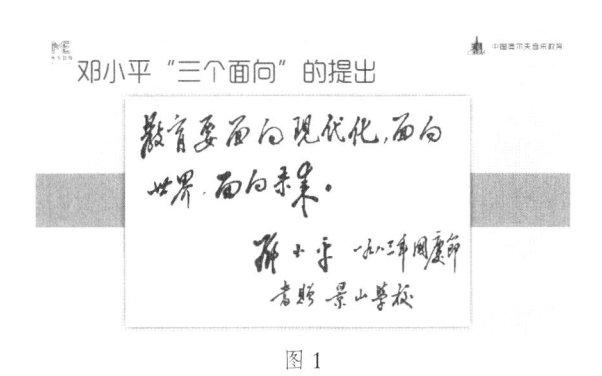

图1

一、1980 年代

20 世纪 80 年代,是奥尔夫教育在中国的第一个十年,也是奥尔夫教育在中国的起步阶段。

1980 年,廖乃雄先生(见图 2)赴德考察,并于年底在慕尼黑拜访了卡尔·奥尔夫先生。1981 年,他回国后开始在国内介绍"奥尔夫教育(Orff-Schulwerk)",是将奥尔夫教育引进中国的第一人。

图 2

图 3

卡尔·奥尔夫(Carl Orff,1895—1982)是德国著名作曲家、音乐教育家,也是一位非常热爱大自然的人。古尼尔特·凯特曼(Gunild Keetman,1904—1990)是奥尔夫的重要合作者之一,是奥尔夫教育理念的创造性实践者(见图 3)。

"Orff-Schulwerk"这个叫法在国际通用,是奥尔夫自己创造的词,包涵太多意义。翻译成中文有各种叫法:"体系""教学法"……,是对它的一个认识过程。咨询过奥尔夫研究专家库克勒,他认为翻译成中文还是"教育"更贴切一点。因此,下面介绍将用奥尔夫教育这个译名。关于什么是"Orff-Schulwerk",这不是本文要讲的内容。

但有一点要特别强调的,库克勒说:"奥尔夫的音乐、言语与动作的统一观,首先是受到研究文献的影响,而不是来自古希腊的音乐理念,奥尔夫早期论文显露的民族音乐学视角,体现在库尔特·萨克斯的民族音乐学对其的影响。……"

因此,我们可以在非欧音乐体系外的非洲、东南亚民族民间音乐中,找到大量对于奥尔夫创造这个体系的重要灵感来源。印尼甘美兰乐器的演奏,常常就是即兴地。

1981年,廖乃雄教授从德国回国,开始积极为奥尔夫在国内的传播和推广做出努力。图4中的是我们收集到的部分内容。

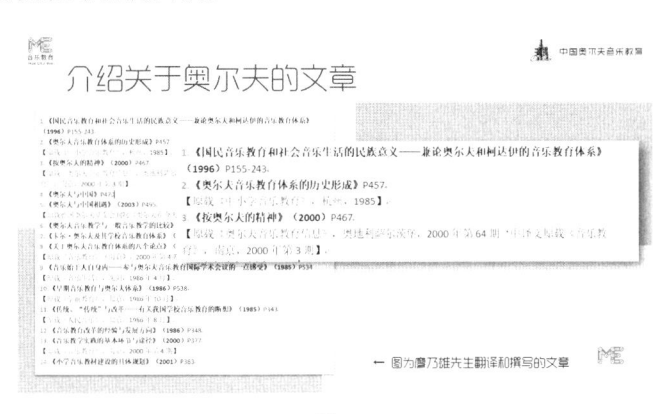

图 4

1. 廖乃雄先生回国后开始了大量介绍奥尔夫教育的工作,撰写、翻译大量文章。

2. 有关奥尔夫教育的部分著作(见图5)。在20世纪80年代改革开放之初及之后的20余年内,这些著作使我们了解了丰富、新鲜的国际音乐教育信息。

图 5

3. 讲学:1981年后,廖乃雄教授曾赴南京、杭州、无锡、扬州、广州、西安、哈尔滨、大庆、郑州、昆明等多地讲学,介绍在德国的音乐见闻与奥尔夫教育。

4. 廖乃雄先生也积极组织外教来华讲学,如施奈德夫人、哈特曼等(后面会有详细介绍)。

5. 组织留学生(屈海英、洪寒冰、李健、童昕、邓琳、陈蓉、余丹红等)和中国音乐教育代表团等到奥尔夫学院学习、考察。(见图6)

图 6

6. 组织有关奥尔夫教育的研修与研讨会议，如 1996 年上海高级班研修和研讨会，并多次组织培训活动，包括三个月集中的培训班，培养了第一批奥尔夫教育的积极分子，如陈蓓蕾、曹冰洁、孙幼莉、张富元、牛晓牧、邓琳等等；策划组织了 2002 年北京奥尔夫周——"倾听世界的心声"奥尔夫国际研讨会；编写本土化教材《中华奥尔夫教材》（全套五册）、《把古诗词唱起来》等音乐启蒙教材；廖教授还在中央音乐学院音教系实验这些教材；创作了《桃花扇》大合唱。这些工作说明廖教授的国学功底有多厚，体现了他对本土化这个事业的极度关注。我在上海曾亲眼目睹过，他把创编的这些教材拿给民族音乐学家江明惇院长并向其请教的场景。

廖乃雄教授把奥尔夫教育带进中国，数十年来为此做了大量的工作，对推动我国的音乐教育改革是功不可没的。

在推动这一进程中，上海音乐学院的江明惇院长、万里老师、郁文武老师等等，以及后来的高建进主任（院长）、余丹红主任等都为此做出了巨大贡献。

1985 年，廖乃雄教授首次邀请了德国优秀的奥尔夫教师施奈德夫人，在上海、南京、广州举办了三个奥尔夫教育的培训班（见图 7、8）。

图 7　　图 8

1986 年，廖乃雄教授再次安排，由刚刚成立的中国音乐家协会音乐教育委员会和北京师范大学教育系联合邀请施奈德夫人到北京、西安培训，来自 23 个省市 874 人参加北京两期培训。

在结业汇报时进行了本土化的展演。当时还专门出了一本有关奥尔夫教育的资料集。在北师大教育系的龚主任和李晋媛教授的大力支持和领导下,培训取得圆满成功。

邀请外教介绍奥尔夫教育,令改革开放之初的中国同行直接面对世界艺术教育发展的趋势,大开眼界,掀起了音乐课改革的第一个热潮。

1986年,生产出品了第一套国产奥尔夫乐器。

1988年,经由廖教授联系,在奥尔夫基金会的资助下,由中国音协音乐教育委员会与北京师范学院(后来的首都师范大学)音乐系,联合邀请奥尔夫学院沃尔夫冈·哈特曼(Wolfgang Hartmann)、彼得·库巴斯(Peter Kubas)、曼努艾拉·维德曼(Manuela Widmer)三位教师来京举办了两周培训(见图9、10)。

图9

图10

本次培训参与的学员共四百余人,图10为哈特曼给中国小学生上课。国内的老师首次看到了如此自由放松而有趣的音乐教学,受益匪浅。

这次培训分正式学员(ABC三班)和观摩学员两部分。

图11

图11为A班学员结业照,后面是B班、C班学员。大家可以看到,几乎当时(20世纪80年代中)设立音乐教育专业的高师、音乐院(北京师院、上海师大、南京师大、湖南师大、西南师大、东北师大、中央音乐学院、中国音乐学院、沈阳音乐学院、北京联合大学等及许多中师)均派出青年教师前来学习。

在这次的结业汇报中,学员创编了大量本土内容节目,如《小老鼠上灯台》《三个和尚》《猴子捞月》等。

图 12

中国音协副主席李凌、赵沨(见图 12)也亲临结业会,同时姚思源教授、音乐系钱方平主任也应邀出席。中央音乐学院院长赵沨在会上致辞时说:"……国外好的经验为什么不能学?你吃牛肉增加了营养,也并没有长出犄角。"音乐界前辈们的出席与讲话,旗帜鲜明地支持在音乐教育改革中向世界开放的态度。

该培训在全国特别是高等教师教育界中反响极大。为高校教学法和省市教研员培养了一批接受过奥尔夫师资培训的教师。他们中的许多人后来成为音乐教育界的重量级精英,如曹理、谢嘉幸、许卓娅、郑莉、赵易山、张荫尧、尹红、赵华等。培训会后,常州的秦德祥老师将上课的课例做了整理和分析,出版了题为《元素性音乐教育》的课例集。

1986 年,中国函授音乐学院成立,首开奥尔夫教学法课,并由李妲娜任教,课程内容还包括了汪培元教授的柯达依教学法和马淑慧博士的综合音乐感教学法等课程,学员发展到数千人。

1986 年,在第一届国民音乐教育改革研讨会上,全国评选唯一的优秀音乐教师,上海的陈蓓蕾在会上做奥尔夫教学展示。后来她还在电视上也做了奥尔夫教学展示。

1988 年,美国奥尔夫学会会长玛瑞·莎洛克来华考察,并在北京、西安举办培训,当时她正在做题为《奥尔夫教育在亚洲》的课题研究。

1988—1989 年,由廖教授牵线,中德音乐教育交流项目启动。

中国音协派出中国音乐教育代表团赴德考察音乐教育两个月和六个月(杨力、郁文武、李妲娜、丁振华两个月,马慧铃、邓琳、朱咏北、梁晶、匡慧、郑中华、蔡小霞六个月)。其间安排了到萨尔茨堡奥尔夫学院去考察学习。奥尔夫夫人热情接待了代表团,并赠送了宝贵的资料。

1980 年代中期,中国音乐家协会成立了"音乐教育委员会",国家教委成立了"艺术教育委员会",并专门设置了一个有关艺术教育的司级职位和艺术处,这大大加强了对艺术教育的重视和对艺术教育改革的推动。在这样的大好形势下,奥尔夫教育开始红红火火地发展。

1989 年,在北京召开第四届国民音教会期间,经中国音协音教委批准通过,"奥尔夫学会"起动筹备。

1991年6月2日,国内唯一的音乐报刊《音乐周报》发表了一个"奥尔夫教育专版"(见图13),介绍了奥尔夫教育的相关理念和课例。

图 13

1991年8月9日—19日,由奥尔夫学院派曼努艾拉和库巴斯老师再次来北京,在首都师范大学举办奥尔夫教学法第二期培训活动,培训学员七百余人,又一批高校教学法课的老师前来学习,如尹爱青、雍敦全等。

在培训班期间,台湾省的奥尔夫学会会长陈慧玲等老师为大家做了讲座,专门介绍了台湾省奥尔夫教学情况。从此,大陆和台湾的同行,加强了沟通交流,共同探讨中华文化的传承。

在第二期培训班期间中国音协奥尔夫学会(筹备组)发展了第一批会员,共410名,并推选了学会的第一个领导机构,由李妲娜任小组组长,组员曹理、郁文武、郑莉、许卓娅、吴国本、李燕诒等。

1991年9月—1992年2月,应美方邀请,中国音乐家协会副主席、音乐教育委员会主任李凌、副主任李妲娜赴美九个城市考察音乐教育,并参加了美国奥尔夫协会年会(见图14),右起陈惠玲、李妲娜、奥尔夫夫人、玛瑞·莎洛克(美国奥尔夫协会主席)、陕西省音乐教研员杨友德。李妲娜在会上做了《阿细跳月》的教学展示,奥尔夫夫人和李凌副主席亲临观看。

在美期间,会见了周文中、加德纳、胡德等教授,考察收获颇丰。

图 14

二、1990年代

1980年代末的一些风波,动摇了一些人对改革开放的认识和决心,并引起了不少争论。

1992年1月,邓小平的南方谈话从政治上肯定了改革开放大方向,坚定地指出:"……实践证明,只有改革开放才能救中国……""摸着石头过河"等指示更是指出了前行的艰难和正确的道路。

一些人对改革开放的认识不足,也造成了一些人对国外这些新的教学理念、方法的不同看法。

1990年代初,特别是一些权威专家在全国音乐教育会议上、教材审订中,以至教学教研活动中对奥尔夫、柯达伊由于没有真正理解就断然拒绝。什么"闹尔夫""崇洋媚外"大帽子扣下来,"奥尔夫过时论"盛行,对国外教育的理念方法在还不知其真实内容前就已排斥在中小学教育教学之外,把刚刚燃起的改革热潮打压下去……高师的课程改革几十年原地打转,不接地气,仅在"教学法"课上照本宣科一念了之。

但在中国音乐家协会、老一辈音乐家吕骥、李凌、赵沨、丁善德等大力支持下,一批执着者仍在坚持学习、实践。从1992—1995年奥尔夫学会(筹备)的各项活动受到限制,艰难前行。

1993年8月16日—21日,中国音乐家协会音乐教育委员会与开封市教委联合举办《1993年奥尔夫教学法师资培训班》活动,特邀台湾著名奥尔夫教师刘嘉淑、郑又慧前来讲学,共有180余人参加了这次培训。

1993年培训期间召开了中国奥尔夫学会的第二届年会,宣布了经通讯选举产生的理事会名单:选举了理事长李妲娜,副理事长李燕诒、郁文武、许卓娅、朱崇慧、吴国本。常务理事九名,理事36名,并发展了一批新会员。

1993年根据民政部关于社团组织新规定,中国音协奥尔夫学会正式更名为"中国音乐家协会奥尔夫专业委员会"(简称:中国音协奥专委),成为中国音乐家协会下属二级学术社团组织,会员1260人。

1995年6月12—17日为纪念"卡尔·奥尔夫一百周年诞辰",在中国音协大力支持下,由中国音协音教委主办、奥尔夫专业委员会承办的大型纪念活动在上海举行。

第一,出版了《奥尔夫在中国》纪念专刊(中英文各一版)(见图15)。奥尔夫夫人、时任奥尔夫学院院长雷格纳教授,以及中国音协的副主席李凌、赵沨、丁善德,还有廖乃雄教授都为此专刊题了词。

图15

奥尔夫夫人在题词说道：……今天，当中国的孩子们和教师们采撷这件珍宝时，他们将立足于本国的几千年的古老文化传统，去完成肩负的重任，那就是，通过即兴、变奏和创作，使这一遗产焕发青春，古为今用。我深知，卡尔·奥尔夫曾十分赞赏中国的文化和艺术。他的在天之灵一定会以极大的热情关注着中国同行们以奥尔夫教学法为动力去完成自己的使命……

雷格纳在题词中讲道：中国的美学理论和奥尔夫教学法的基本思想是相通的……他的音乐和他的教学思想在中国并不陌生。我们和所有的中国同行一起为我们的合作感到高兴，它将使我们双方受益匪浅。

第二，由上海乐团首次在华公演奥尔夫的名作《卡尔米娜·布拉纳》。

第三，邀请国际著名奥尔夫教师沃尔夫冈·哈特曼先生（奥地利）来沪讲学，共培训学员四百余人。哈特曼先生后来是奥尔夫基金会常务负责人，曾多次来中国。

第四，活动期间召开了第三届年会，汇报了学会近期的工作和学会今后工作的建议。

第五，6月以中国音协的刘晓英为团长，李燕诒为副团长，同周淑曹、王英奎、蔡苏妹共五人组成的中国音乐教育代表团赴萨尔茨堡奥尔夫学院，参加纪念奥尔夫一百周年诞辰活动（见图16）。

图 16

图 17

第六，7月7日—16日由李妲娜任团长、姚文任副团长率中国音乐教育代表团，赴澳大利亚墨尔本参加纪念奥尔夫一百周年诞辰国际研讨会活动（见图17）。代表团23人，其中包括16名上海的小学生艺术团成员。除演出外，李妲娜还以中国秧歌为素材做工作坊。中国代表团此行引起极大轰动，得到高度赞誉。参会也开阔了我们的国际学术视野。

奥尔夫教育在中国的发展，在20世纪90年代的前半叶是一个低谷时期。当时主要靠中国音协和老一辈音乐家的大力支持，艰难前行。

转机是从蒙台梭利进入中国幼教界开始。当时因幼教还没进入义务教育体制，高校（以北师大学前教育专家引领）、民间机构，特别是学具企业联合推动，一度形成了非常火热的局面。当时外教培训时强调蒙台梭利教法因为比较静，一定要结合奥尔夫。许多幼教机构就来找奥尔夫学会要求合作搞培训，借此机会，奥尔夫教育又开始了新的征程。

1995年9月—1996年7月，在北京崇文三幼范佩芬园长鼎力支持下，中国音协奥尔夫专业委员会在京举办第一届"奥尔夫教学法幼儿师资培训班"活动（长年班）。由李妲娜、李燕诒、吴国本任教。该培训特别参照了美国版的《Orff-Schulwerk》（第一册幼教版）在该园进行教学实验。

从1995年起，中国音协奥尔夫学会的培训开始以国内老师为主进行。

长年班培训利用周末和节假日，每期50单元，从1995年第一届开始，连续七年没有中断，共举办了七届（至2003年）；后期参照国际惯例改为十天20单元课程。内容以经典课例介绍奥尔夫教育（Orff-Schulwerk）的初级教学内容及教育理念，同时还有学员教学实验展示、讨论会。每届结业均有一场学员的创编节目展演。

1996年开始在中央音乐学院周海宏教授等专家的支持下，第二届至第七届长年班均在中央音乐学院举办。

为了深入学习奥尔夫教育，我们还举办过几届二期（即第二个一年班）。一批新的人才得到锻炼，辐射开来，开始了通过开设培训班进行传播的方式。很可惜，这支队伍成员现在的年龄都在55岁—75岁（当时是30—50岁），青黄不接。

1997年，上海音乐学院音乐教育系恢复，由江明惇院长兼任系主任（50年代在贺绿汀院长亲自关怀下成立师范科，后来在上海担任教研员的郁文武即毕业于此）。

1999年，在廖乃雄教授的积极促进下，中央音乐学院成立音乐教育系，由廖教授任名誉主任。

此后，上海音乐学院、中国音乐学院的音乐教育系成立之后，在课程上进行了大胆的改革试验。特别在引进国外新的教育理念和方法上，同时结合本土文化和教学实习，站在世界艺术教育前沿的新高度上培养人才，探索音乐教育改革之路。

1999年，奥专委与东方爱婴机构合作，由陈淑宜老师授课，开启了奥尔夫亲子教育课程，并出版了国内第一套奥尔夫亲子课录像教材。（见图18）

图18

1999年，全国第三届教育大会召开。虽然在教育改革前20年来也取得巨大的进步，但历史和现实还有诸多要解决的大问题。新世纪即将到来，面对新的战略挑战，旧的问题没有解决，更新更大的问题也需要我们去面对，教育改革进入深水区。

第三届教育大会的主题是全面推进"素质教育"。《人民日报》1999年6月23日的社论指出："大会提出的教育观念，教育体制，教育结构等滞后于时代的发展，不适应新世纪的要求……"这些话至今仍如此新鲜，如此急迫……

当时江泽民同志有一句话给我留下了深刻的印象,一直铭记在心:"要把创新能力的培养,提高到关系中华民族兴衰存亡的高度来认识。"这是我们一直以来坚持的理念。20余年过去了,我们的艺术教育中关于"创新能力"的培养究竟做得怎样?!

三、2000—2011 年　新世纪新面貌

继上海音乐学院、中央音乐学院音教系、继续教育学院之后,星海音乐学院音教系、研究生部,均开设与奥尔夫等教育体系相关的新课程,继续引进、派出。这是认真学习、努力实践的十年。

2000 年新世纪开局,教育部启动了《新课标》研制。其中与艺术有关的开设了三个组——艺术课题组、音乐课题组,美术课题组。曾经参与过奥尔夫教学研究的一批老师,如管建华、杨丽梅、修海林、李妲娜、郑莉、李燕怡、牛晓牧等都进入到艺术课题组的研讨会。滕守尧为组长、杨立梅为副组长。

教育专家张华博士在大会上特意讲道:这一次的课标设置有两个亮点:一个是自然科学课题组,另一个就是艺术课题组。它体现了我们在教育上追赶世界前沿步伐的决心。奥尔夫教学中的综合性课例"春节""鼓文化"等课例都收入"综合课 100 例"中。

2000 年,奥尔夫国际高峰论坛在德国召开,中国音乐家协会李妲娜率中国代表团参加。图 19 的右侧照片:与奥尔夫夫人在高峰论坛上再见面。

会议期间,除高峰论坛(主要介绍各国奥尔夫教育进行情况)外,还举办了培训班活动及各国代表交流的表演。图 19 右下是美国团照片(左起古德金、索菲娅、哈瑞……);图 19 的照片中是中国代表团表演的民俗风(右起李妲娜、叶思敏、余丹红、杨立德、范佩芬、彭小琪);最后的彩带舞引起全场轰动,观众纷纷参与。

图 19

图 20

2001—2003 年,奥尔夫学院连续三年派出教师(哈特曼、曼努艾拉、安吉尔)在北京中央音乐学院举办培训班(见图 20)。学员以中央音乐学院和上海音乐学院音教系学生为主,同时招收了少量来自全国的学员作正式学习,并招收了一批观摩学员。这是一项高质量高水平的活动,对推动奥尔夫教育在中国的发展打下了基础。

在第三次培训期间，奥尔夫基金会特意为廖乃雄先生颁发了奖章，表彰他为奥尔夫教育作出的巨大贡献。

从1985年起至90年代，在奥尔夫基金会、奥尔夫国际论坛及奥尔夫学院支持下，大批外教来华讲学。从施奈德夫人到1988年的哈特曼、库巴斯、曼努艾拉等外教的培训，使我们对奥尔夫教育从一无所知到有了初步了解和认识。

大师们的大量经典课例使我们站在一个更高的起点上，在学习、实践中少走了许多弯路！朱迪·邦德、古德金、索菲娅、安吉尔、沃尔夫冈·史密斯等众多专家的到来，其中不乏大师级专家，带来大量国际艺术教育的新信息、新发展。大家可以想象一下，如果我们从1924年的均特时期开始，或者从1950年代奥尔夫、凯特曼他们的五卷本开始实践，（当然也需要学习了解）我们走到今天，会跟国际的距离相差多大。这就是站在巨人的肩膀上，"借鉴"的价值和意义！许多人口口声声说："这是外国的东西，我们要走自己的路！"正如中央音乐学院的老院长赵沨说的："你吃牛肉获得的是营养，也没有长出角呀。"幸运的是，这些大师级的外教从他们一开始进入，就在帮助我们寻找怎么"本土化"的路子……没有他们无私的帮助，不可能有我们今天的发展。

这些帮助还包括朔特出版社（社长彼得·汉森·斯特雷克尔博士）以及音条乐器制造厂商49工作室（伯纳德·贝克·恩克）以及SONOR公司等的大力支持（见图21）。

图 21　　　　　　　　　　　　　　图 22

2001年在清华大学举办的奥尔夫师资培训活动的另一个意义是引起了清华大学校领导的高度关注（见图22）。刘沛教授为此受领了在综合大学开设"创造性综合艺术教育"精品课程的任务。我们在清华大学就此开了两学期课，受到大学生热烈欢迎，并且引发思考，结业时他们以《人性的解放》为题做小结……

2000年，中央音乐学院继续教育学院在院领导安平教授、宋谨教授亲自安排下，开设以奥尔夫教学法为主的教学法课，特聘李妲娜执教（后期李燕谊加入）。该课程每届一学期，共六届，至2006年。在这个课程中，也同时加入柯达伊的一些方法；特别在本土化方面进行了更多探索，包括中国的宗教音乐等等。每期均有一场结业汇报表演。为我会培养了一批奥尔夫教学的骨干。

在《撒向2005年的第一把种子》的报道中，当记者问到奥尔夫在中国传播为何慢的问题时，杨立梅说："许多人对国外的东西有种莫名其妙的排斥，说奥尔夫是'闹尔夫'，主观上是抵触的……"王安国说:"虽然奥尔夫教学法还没有成为中国音乐教育中的主流,但并不等于说奥尔夫教育思想没有在我们的教学法中有所渗透,让奥尔夫本土化依旧是个漫长的过程,这是需要妲娜他们努力的……"

图 23

2002 年,《奥尔夫音乐教育思想与实践》(李妲娜、修海林、尹爱青编著)在上海教育出版社出版(见图 23)。该书是全国教育科学"八五"规划项目"学校美育理论与实践研究"丛书之一。1996 年完稿,为丛书中最后出版的一本。

参照国际上奥尔夫师资培训方法,我们从一年期改为十天一期的培训,充分利用寒暑假和周末;而两三天的短期班主要是请外教做专题培训,作为常规培训的补充与继续学习。

教育改革的关键其实在于教育观念的转变,核心问题是师资培养和课程建设,近 40 年的历程是我们学习、实践的过程,通过培训师资探索艺术教育改革之路。

其中开设常年班:七届(1995—2003 年);

十天班:115 个(2002 年 8 月—2022 年 11 月);

短期班:61 个(1984 年—2021 年 7 月);

外教班:54 次(1985 年—2019 年 8 月);

讲座:27 次(1981—2020 年)。

2005 年,李妲娜等应邀参加全美奥尔夫协会年会(见图 24),代表中国做报告,介绍奥尔夫教育在中国的发展;同时还搞了一个小型照片展览,与同行进行广泛交流。

图 24

图 25

2006—2013年,星海音乐学院研究生部开始招收音乐教育研究生,采用导师组方式,由李妲娜(客座教授)、刘沛、管建华、蔡乔忠教授担任导师(见图25)。管建华、刘沛、蔡乔忠三位教授以国际前沿教育理论为指导,李妲娜以实操教授奥尔夫教育理念、方法为主,培养了六届研究生。同时带领研究生到幼儿园、中小学及音教系本科实习。通过上讲台、上舞台、论文写作,培养了一批实操型的音乐教师。

十年之后,国内年轻一代教师纷纷出国参加欧美加等国的奥尔夫教育培训、国际会议,扩大视野、提高自身素养。如曹利、陈蓉、何璐、尚永娜、黄沙玫、张贝特、刘姝、马夕然、蔡霞、周志娟等。图26为许卓娅带团赴奥尔夫学院参观,李妲娜、李燕诒赴新加坡培训华人教师。

图26

1992年,邓小平在南方谈话中谈到:"空谈误国,实干兴邦。""改革需要的是操作性和务实精神。"从20世纪90年代开始,在奥尔夫教育同仁们的努力下,特别是进入21世纪,中央音乐学院、上海音乐学院、星海音乐学院、首都师大、河南大学,以及奥专委,通过请进来派出去的学习方式,对奥尔夫教学进行了大量的实践探索。30多年的实践,为我们留下大量的教学影像资料。

例如:《小老鼠》混合节拍合说,如果用唱的方式去同时演绎三种节拍,那将是非常难的事情,但是说话是人人都会的。所以我们用《小老鼠》这样一个儿歌,进行混合节拍的合说,就变成很容易,使我们音乐课的含金量大大提高。(见图27)

图27

时间来到了 21 世纪的头十年,奥尔夫在中国是遍地开花、前程似锦,但也呈现出乱象丛生、鱼目混珠的现象,而进入体制是一个难题。

哈特曼教授早就预言到:"将来奥尔夫在中国会有很大的发展,相信你也管不了。但是你应该去'树标'……"意思是努力去探索这个"奥尔夫教育"的真谛。但是三十多年中,我们难进体制,即在中小学和音乐教师教育中难见踪迹,这是值得我们去反思的。

从 2000 年起,世界教育有两个新的信息传进中国:社交能力和具身哲学(特别是动作教育的理论及教法)。

奥专委设立中国奥尔夫网站(见图 28)。

图 28

图 29

2010 年,为纪念中国音协奥尔夫专业委员会成立 20 周年,特别出了一本纪念册《奥尔夫在中国》(见图 29),并被带到了 2011 年的北京国际音乐教育大会和 2013 年奥尔夫学院成立 50 周年纪念活动上,李妲娜和王甘赴萨尔茨堡参加了 50 周年的纪念活动。

2010 年,北京举办第二十九届世界音乐教育大会,星海音乐学院研究生团队一台音乐会全部由研究生自创自演,吹奏、跳、唱、画体现了他们对"从生活出发""本土文化及综合教育"的探索,展现了一代新型音乐教育工作者的风采,其中多位学生现已在教学单位中成为教学骨干。图 30 为该音乐会最后一个节目《威风锣鼓》。

图 30

四、2010 年代

2011 年夏,奥专委增补中国音乐学院博导刘沛教授、美国耶鲁大学人类学博士、北京小橡树幼儿园园长王甘为副会长,大大增强了奥专委的领导力和影响力。

2012 年 4 月,奥专委派出中国代表团赴加拿大温哥华参加加拿大奥尔夫年会。

21 世纪开始,师资培训也越来越规范,分为三个级别(一至三级)。2012 年《美国奥尔夫音乐教育协会(AOSA)教师教育课程标准》公布。

参照美国奥尔夫音乐教育协会教师教育课标,2013 年我会经过 30 年的实践对奥尔夫教育的一些理念与教学原则进行了更深一步探讨。经部分骨干参与,也制定了一个中国的《奥尔夫教育(Orff-Schulwerk)教师教育课程标准》,并发表在网站上。这个课标既体现了"以人为本"的育人原则,又对具体的"综合艺术"学科教学有详尽的建议;后因为教育部收回了教师级别证书发放权,这个课标就没有得到贯彻。

2014 年 7 月,在成都成立了奥专委成都中心、金娃娃教育咨询有限公司成立,这是首个以奥尔夫教育师资培训为主的一个培训基地。

至此,北京、西安、广州(2011 年)、成都四个培训基地,作为骨干区域扩大培训。

2014 年,芭芭拉·哈泽尔巴赫主编的《奥尔夫教学法的理论与实践[第一卷:经典文选(1932—2010 年)]》由奥专委副会长刘沛教授翻译、中央音乐学院出版社出版面世。该书是为奥尔夫学院成立 50 周年而编辑的,是奥尔夫教育理论研究的一本经典之作,对于我们的研究和教学有极重要的参考价值。

2016 年 9 月 29 日至 30 日,首届奥尔夫教育骨干教师会在成都举办,共有 20 余位骨干教师参会。大会特别对原本性教育中如何继承传统文化进行了交流,也是下一年全国会的准备与动员会。

经过三十余年的学习实践,中国音协奥专委已经在全国凝聚团结了一个年轻的骨干教师团队,其中绝大多数是三四十岁的硕士,更有一批年轻的博士、副教授成员在高校任职。由于海归们的充实,质量、数量在不断增加。

2017 年 7 月,在成都召开第一届奥尔夫教育大会,吸引全国四百余人参会。(见图 31、32)

图 31

图 32

2010 至 2020 年新冠疫情之前,国外优秀的奥尔夫教育教师继续不断来华讲学,带来新思路、新信息。特别是针对我国艺术教育的薄弱环节,如艺术综合教学、课堂打击乐教学、动作教育,引进国际专家,令我们的教学保持新鲜活力。

"吟诵"进入奥尔夫教学,开启了本土化的新阶段。"本土化"向"从本土出发"转变。这方面在我们音乐教育课程中几乎是空白。

自1995年第六届国民音乐教育研讨会提出"以中华文化为母语的音乐教育"以来,中国民族音乐、中国传统音乐涌现出大量的最新研究成果,如《音腔论》《中国乐理》《词乐曲唱》等论著,需要我们重新来认识自己的文化传统,甚至是要补大量的功课。从音乐教育工作者的角度来说,我们有太多传统文化的课需要去补(比如我们会用四声说话,却不会唱"腔音")。更难的是怎样"教"!"让孩子们喜爱"……这是一个新的探索历程的开始。

2020年10月—2021年5月,由李妲娜主讲《原本性艺术教育》50单元网课正式上线。这个"原本性"(elemental)是奥尔夫的理念,是我们几十年学习、研究、实践的核心探索。而"艺术"(Art)涉及跨学科教学,在国际奥尔夫教育界也有近三十年的研究发展。

2021年10月,经中国音协批准,原会长李妲娜辞职,由上海音乐学院余丹红教授接任奥尔夫专业委员会工作(见图33),开始了新征程。

图33

2022版新课标发表后。教学的大方向是素质教育。

关键在落实:"以人为本""从本土(生活、文化)出发""跨学科的综合教学""创造性""主动参与"……这些都是奥尔夫进中国之后,几十年来我们的实践的具体内容,现在是通过新的课标来引领教育改革实践的新征程。

这十年来,在以习近平同志为总书记的党中央领导下,所有的业绩都是踏踏实实,一步一个脚印走出来的,才取得如今这么辉煌的成就。

教育、教学不接触孩子,不去上课都是空谈。

教育里的内容非常丰富复杂,而我们面对的孩子几年就有很大变化,需要十年几十年的探索改革过程。特别是高师,在课程内容的改革上,以及对实施这些课程的教师的培养上,都有大量的工作需要去做。

路是一步步走出来的。我们这一次探讨的只是这些改革过程中的一个题目。通过理论的探和实践的经验积累,一个个突破,扎扎实实前行。

鸣　谢

在奥专委新领导余丹红教授亲自领导下,经过三个多月集中突击(包括资料收集选编)完成了此稿,特别感谢以下各位的辛劳支持:雷若愚、尚永娜、王亚、张小龙、刘莉艳、杨佳一……总算有个初步成果。(见图34)

图 34

作者简介

李妲娜,1941年生于缅甸仰光。1966年毕业于中央音乐学院管弦系。1968—1973年在天津葛沽农场。1973—1978年任广播乐团演奏员。1978—1997年任中国音乐家协会理论创作委员会、表演艺术委员会秘书;1986年任中国音乐家协会、音乐教育委员会秘书、常务副主任。1989年参与筹建中国音乐家协会奥尔夫专业委员会,1993—2021年任会长。曾任中央音乐学院继续教育学院、星海音乐学院研究生部、四川音乐学院艺术教育系客座教授、硕导,中国音乐学院校外名师讲座教师。2000年参与教育部"艺术课标"组工作。从事奥尔夫教育、教学研究与实践36年,其多部奥尔夫教学法专著成为国内该领域的指导用书,如《奥尔夫音乐教育理论与实践》《走向未来的音乐教育》(合著)。录有《原本性艺术教育网课》共50单元。

奥尔夫教学法的核心理念及体系建构探究
——1924—1944 年德国慕尼黑均特学校的历史追寻

● 陈 蓉

【内容摘要】德国奥尔夫教学法(Orff-Schulwerk)是 20 世纪欧洲三大音乐教学法之一,创始人卡尔·奥尔夫(Carl Orff)关于"原本性音乐与舞蹈(das Elementare Musik und Tanz)"教学理念成型于 1924 年在慕尼黑与多罗西·均特创办的均特学校(Günther-Schule)。本文从均特学校的历史、课程,以及关于音乐、舞蹈、教学方法的实践和研究以及教材出版等方面探究"原本性音乐与舞蹈"思想的物质基础和思想根源;追溯奥尔夫教学法的摇篮"均特学校"以多罗西·均特的名字命名的历史事实;解析均特学校在 1924—1944 年间宣传和推广奥尔夫教学法的途径和方法等。

【关键词】多罗西·均特,卡尔·奥尔夫,均特学校,原本性音乐与舞蹈

1924 年,多罗西·均特[1](Dorothee Günther)与卡尔·奥尔夫(Carl Orff)在德国慕尼黑创办了均特学校(Günther-Schule),这一学校被看作是卡尔·奥尔夫"原本性音乐与舞蹈(das Elementare Musik und Tanz)"教学法的摇篮。正是在均特学校,奥尔夫完成了他关于"原本性(Elementare)"概念的思考。

从均特学校创办起,卡尔·奥尔夫与多罗西·均特不仅共同进行了"音乐与舞蹈"教学方法的探索与实践,还同古尼尔德·凯特曼(Gunild Keetman)[2]等人从实践应用的角度写作了系列教材,其中最为著名的是卡尔·奥尔夫和古尼尔德·凯特曼著述的《为儿童的音乐》(*Musik für Kinder*)(五卷本)。

然而,值得注意的是学校是以多罗西·均特的姓氏来命名,而非后来蜚声四海的卡尔·奥尔夫。本文将追寻 1924—1944 年德国慕尼黑均特学校的发展历史,从中探究如下问题:什么是奥尔夫关于"原本性音乐与舞蹈"核心理念的思想基础?以及什么是"原本性"的实践方式?

---

[1] 多罗西·均特(Dorothee Günther,1896—1975),表现主义舞蹈家,原本性舞蹈创始人之一,1924 年与著名德国作曲家、音乐教育家卡尔·奥尔夫创办均特学校。
[2] 古尼尔德·凯特曼(Gunild Keetman,1904—1990),德国奥尔夫教学法先锋人物,卡尔·奥尔夫的终生合作伙伴,《为儿童的音乐》(五卷本)作者之一。

一、多罗西·均特及其与卡尔·奥尔夫的交集

(一) 多罗西·均特的职业生涯

多罗西·均特于1896年出生于德国盖尔森基兴（Gelsenkirchen）；作曲家卡尔·奥尔夫1895年出生于慕尼黑。他们有着极为相似的成长背景，其孩童时代都经历了推翻威廉二世的社会和文化的变革。作为舞蹈家的多罗西·均特自青年时期起就对身体运动的可能性探索、动作记忆以及舞蹈教育等做了深入的思考。均特是一个才华横溢且颇具创新意识的女性；除舞蹈之外，她在大学期间还修习了艺术史和解剖学。在她的舞蹈表演、教学生涯中，她强调："舞蹈的教学应注意如何运用肢体以及减少因身体运动所产生的对身体的伤害，这是作为舞蹈演员最基本的需要。"[①] 舞蹈演员首先应充分了解自己和自己的身体，掌握动作运动的生理规律，在此基础上才能通过身体运动表达内心情感、塑造角色。1919年，均特获得德国门森迪克体操（Mensendieck Gymnastik）协会颁发的体操教学资格证书，从此开始了她在"有机的身体运动教育（Frage nach einer organischen Bewegugnserziehung）"[②] 方面的探索。

作为舞蹈演员的均特，在20世纪初的德国已颇有专业声誉，先后在柏林、慕尼黑、汉堡等地做讲座，致力于"关注身体运动"的舞蹈教学。她借鉴了鲁道夫·拉班（Rudolf Laban）[③] 的"动作理论（Laban Movement Theory）"，梳理了埃米尔·雅克·达尔克罗兹[④]（Emile Jaques-Dalcroze）"体态律动（Eurhythmik）"教学法的实践思想。均特对舞蹈教学的研究关注人和人的身体，与奥尔夫之后"原本性音乐"着眼于"人"对音乐的感受不谋而合，为"原本性音乐与舞蹈"确立了思想基础。

均特最早的工作是体操运动教学，与"原本性音乐与舞蹈"不同的是，在体操运动教学中音乐是次要的，也很少谈及身体对情感的揣摩和表达，直到均特在学习拉班动作理论时才明确了动作和音乐之间的关系。拉班动作理论解析了"动作是舞蹈的基本单位，舞蹈的形式可以摆脱传统中音乐对舞蹈的束缚而独立存在，不依附于音乐才能出现。同时舞蹈也可以是音乐表现手段之一，使人从视觉中获得精神的力量，形成生动的情感体验"[⑤]。当均特从拉班及德国表现主义舞蹈家玛丽·威格曼（Mary Wigman）[⑥] 关于舞蹈与音乐关系的思考

---

① Dorothee Günther, *Der Tanz als Bewegungsphänomen*, Reinbek, 1962, S. 21.
② Dorothee Günther, *Neue Wege der Musikerziehung*, Typoskript mit hs. Korrekturen 1933, 3 Bl. S. 3.
③ 鲁道夫·拉班（Rudolf von Laban，1879—1958），匈牙利现代舞理论家、教育家、人体动律学和拉班舞谱的发明者、德国表现派舞蹈创始人之一。
④ 埃米尔·雅克·达尔克罗兹（Emile Jaques-Dalcroze，1865—1950），音乐教育家，瑞士达尔克罗兹教学法创始人。
⑤ Jean Newlove, *Laban for Actors and Dancers, putting Laban's Movement Theory into Practice, A step-by-step Guide*, Routledge, 1993, p. 101.
⑥ 玛丽·威格曼（Mary Wigman，1886—1973），德国表现主义舞蹈的先锋人物，是魏玛德国文化中的代表人物之一。

中受到启发之后,她提出了一种新的表现音乐的手段,以改变过去的舞蹈文化更注重于视觉审美感受而不强调充分的音乐感受的状态。均特对达尔克罗兹的"体态律动"教学方法进行了长时间的学习研究。她十分推崇达尔克罗兹对"动作表现音乐元素"实施有效性的深刻思考和教学应用实践方案。自此之后,她开始形成自己对音乐和舞蹈的见解,将舞蹈行为想象为表达音乐的手段,同时也作为音乐创作的一种途径,认为舞蹈也可以是"有声的"。

(二)均特学校成立的历史缘由

均特最初遇到奥尔夫是在 1923 年。当时德国音乐理论家柯特·萨赫斯(Curt Sachs)[①]推荐奥尔夫参与克劳迪奥·蒙特威尔第[②]的歌剧《奥菲欧(L'Orfeo)》的德语歌词修订整理工作,期间奥尔夫遇到了身为舞蹈演员的多罗西·均特。工作之余,均特向奥尔夫分享了自己对于舞蹈、戏剧、音乐的喜爱。她非常欣赏奥尔夫的工作方式以及他对音乐的理解和创作风格,也十分赞同奥尔夫对文艺复兴时期和巴洛克时期的舞台戏剧的分析和见解。她饶有兴致地向奥尔夫介绍自己的所学所想,并告诉他,苦于为舞者的身体感知所写作的音乐素材极少,使她还无法进一步实践她的想法。这些思想感染了当时的卡尔·奥尔夫。奥尔夫认为这将是一个改变历史的思考,立即表示希望能够和均特合作,并提出将钢琴、打击乐器和舞蹈结合起来,甚至可以融舞者和演奏者为一体,使音乐和舞蹈突破性地相互浸润。均特为之振奋,不久之后提出成立一所学校来实践自己对于舞蹈、音乐的追求。奥尔夫十分钦佩她的专业热情,表示希望能共同参与到学校的筹备工作中。均特甚感欣喜,1924 年 9 月 1 日均特学校在巴伐利亚首府慕尼黑的路易森大街 21 号(Luisenstraße21)正式成立,多罗西·均特为校长(Dorothee Günther: Als Gründerin und Leiterin der Günther-Schule-München)[③],卡尔·奥尔夫为合作人。

学校建立初期,舞蹈和音乐课程的设置和教学分别由均特和奥尔夫独立负责。均特将舞蹈课程分为舞蹈和律动两个部分,其中舞蹈课程的核心内容以表现主义舞蹈以及拉班动作理论、门森迪克体操理论为主,重在了解身体运动的生理规律以及如何通过动作表现内心情感。律动课程较多参考达尔克罗兹的体态律动内容,核心为通过动作表现音乐作品中的各种音乐元素。在学校里,奥尔夫承担音乐理论和作曲教学,也为律动课程写作了很多音乐素材。均特学校的教学核心理念是:音乐与舞蹈作为一个整体(Musik und Tanz als Einheit),寻找身体自然感受和表达音乐、学习音乐的途径。[④]这所学校由于两位名声显赫的导师以及新的教学理念吸引了很多生源,之后不断扩大并搬迁至考尔巴赫大街 16 号(Kaulbachstraße 16)。自 1988 年至今,那里成为"奥尔夫研究中心"(Orff-Zentrum

---

[①] 柯特·萨赫斯(Curt Sachs,1881—1959),德国音乐学家。
[②] 克劳迪奥·蒙特威尔第(Claudio Monteverdi,1567—1643),意大利著名作曲家。
[③] Maja Lex, Graziela Padilla: *Elementarer Tanz (Band 1 bis 3)*. Wilhelmshaven 1988, S. 43.
[④] Michael Kugler, *Die methode Jaques-Dalcroze und das Orff-Schulwerk Elementare Musikübung Bewegungsorientierte Konyeptionne der Musikpädagogik*, Band 9, Peter Lang, 2000, S. 157.

München）。

奥尔夫和均特关于"舞蹈应能让听到的音乐视觉化""舞蹈也可以成为音乐创作的方式"的观点在当时是一种大胆的尝试。他们致力于将音乐与舞蹈紧密结合,期望形成一种具有普适性的、回归于人本的教学方法。正因如此,奥尔夫教学法的理念在成型时命名为:"原本性音乐与舞蹈(das Elementare Musik und Tanz)"[①],而非仅为"原本性音乐教学法",在均特学校建立初期音乐与舞蹈的关系就已言甚详明了。奥尔夫不赞同模式化的音乐教学,也反对机械地学习音乐技术就是音乐学习的全部内容。在均特学校期间,他们努力突破"技术学习"的桎梏,尝试用更广的视域来看待和理解音乐。"原本性音乐与舞蹈"的核心理念也就在均特学校的20年中得到的确立,使奥尔夫成为了继达尔克罗兹之后的20世纪音乐教育的先锋人物。

二、教学法概念、"原本性"理念的成型

在1924—1929年的五年间,奥尔夫身份发生了变化,他开始研究教学,为课堂创作。也正是教学中的体悟,让奥尔夫想到均特学校不应该仅仅是一个教学场所,应该还是新教育观点的诞生地。他认为自己和均特要超越现状,必须提炼出属于自己的教育理念。于是,奥尔夫在1932年正式提出Schulwerk的概念以及他的"原本性音乐与舞蹈"的观点:

"我将Schule和Werk两个词进行了合成。Schule指的是学校,而werk指的是和学校教学相关的所有事务等。均特学校教学的内容要通过新的教学方法去实现。我把这种方法总结为Musik-und Tanzpädagogik,即音乐与舞蹈教学方法,这种教学方法的核心是Elementare,即'原本性',我们需要让音乐回归音乐本体,回归到每一个人。因此,Orff-Schulwerk的全称为:奥尔夫学校教育之音乐与舞蹈教学方法(Orff-Schulwerk — das Elementare Musik-und Tanzpädagogik)。"[②]

在1924—1926年间,奥尔夫几乎每天都去均特的课堂;他着迷于均特的舞蹈,更欣赏均特的教学,学生的成长使他感悟到"教育"的巨大力量。他看到了教育的生机,清楚地意识到教育在战后还有希望,舞蹈、音乐能够让战后的孩子们摆脱恐惧和纷扰,能够帮助人们重新燃起拥有美丽家园的希望。当均特带着学生们在小花园中舞蹈时,他总是兴奋地跟着一起演奏和歌唱,学生们似乎忘记了战争的伤痛,音乐和舞蹈使他们的生命更充实。

奥尔夫再次对"音乐与舞蹈作为一个整体"的教育思想进行了思考,均特学校的教学让他更坚定了推进"音乐与舞蹈"教学方法的信心。然而在1930年前后,奥尔夫对均特学校的教学突然产生了些许担忧,他不希望均特学校正在探究的新的教学方法未来沦陷为一

---

① Günther-Schule. *Meisterklassenabsolutorium am 4. Juli 1929. 1. Bl. Typoskript*, München, Orff-zentrum.

② Barbara Halsenbach, *Carl Orff und die alten Meister*. In: Bayerische Akademie der Schönen Künste, Jahrbuch 2-1. München 1988, S. 238.

种单一的技术操作模式,教学方法的形成应需要清晰地体现核心观点并能使方法在核心观点的推动下成为"火种"被延绵不断地传承。

均特对达尔克罗兹教学法很有研究,在律动课程中大量使用"体态律动"的方法。奥尔夫对于达尔克罗兹用"动作表现音乐元素"的思考十分钦佩,应均特的要求,他在律动课上充当伴奏,即兴演奏均特要求的音乐片段。奥尔夫发现,教师必须对音乐作品有全面的且深入的理解,具备分析、表演、即兴和创作的能力。

"'原本性'在字面上可以理解为'元素性的',用最基本的方法发现组成音乐的元素,分析它们、表现它们、重组它们,让它们从个体成为团体,再用更广一些的眼光看待它们组合之后的形态,发现它们相互依存、相互作用的关系……音乐的基本元素,如节拍、节奏、旋律、和声或旋律音高的组织排列等都能够在音乐语言中寻找到归属。学习音乐就像学习语言,学习发音就是学习音色,学习说话就是学习节奏。"①

奥尔夫对均特的律动课程进行了辩证的思考,律动课程中律动者和音乐演奏者被区分开,是否可以有一种更契合的方式将两者结合？由于奥尔夫强调"即兴"在音乐学习中的重要性,均特便尝试让律动者持手鼓为自己的动作进行伴奏,此时律动者即是演奏者,律动者可以即兴演奏让动作成音乐的产品,律动者也可以即兴律动,使音乐成为律动的产物。奥尔夫对这种尝试非常惊讶,称她为"表现主义"的实践者。奥尔夫认为新的教学方法必须围绕着"人"进行,用自己的身体演奏和舞蹈。自此,奥尔夫将这种理念概括为"Elementare"。

"原本性"原文为 Elementare,英语中翻译为 Elemental,曾有人理解为 Elementary（即"普通、初级的"）是非常错误的；奥尔夫将他的"原本性音乐和舞蹈"基本定义为两个层面的涵义：

1. 从"元素"入手的音乐与舞蹈教育

1）音乐元素是音乐作品的基石,动作元素是了解身体、构成舞蹈和律动的根本。奥尔夫和均特认为了解音乐的构成、了解动作的产生是学习音乐和舞蹈的基础。无论教学以怎样的形式出现,又使用了哪些教具或乐器,活动的形式是一种载体,一种组织教学的途径,学生们经历和体验的核心内容一定是"元素"。用身体去表现或是创作音乐必须从感受声音的强弱、速度的快慢、旋律音的高低,感受音色、调性的变化等开始。

2）重视"过程"的教学。艺术的体验来源于教师在教学过程中的循序渐进,奥尔夫非常注重教学过程的建构,称教学过程中的每一个环节为"Baustein"②（译为"基石"）。教学必须有严谨的逻辑,各环节的逐层递进必须在教学过程中得以逐渐显现；只有当过程清晰缜密了,最终呈现的教学成果才是完整的。

3）手段的多样性。奥尔夫强调同一音乐元素或是教学材料可以使用多种手段进行强

---

① Gunild Keetmann, *Elementarer Tanz*. In: Orff-Institut Jahrbuch 1962, S. 36.
② Michael Kugler, *Die methode Jaques-Dalcroze und das Orff-Schulwerk Elementare Musikübung Bewegungsorientierte Konyeptionne der Musikpädagogik*, Band 9, Peter Lang, 2000, S. 240.

化。材料本身不是唯一的教学目的,用多种方式呈现材料的过程中的不同体验和经历才更有价值。因此,使用奥尔夫教学法时教学目的往往是具有多元性、动力性的。英语中将奥尔夫教学法译为"Orff Approach"而不是"Method",也正是因为奥尔夫教学法手段的多样性,而非使用一种方式解决所有教学问题。

2. 从人的本性出发的音乐与舞蹈教育

1）奥尔夫提出音乐教育也是人的教育。普通学校音乐教育不应该仅是培养具有高超技能的艺术家,而应该是具有审美能力和良好品性的人。奥尔夫提出的"原本"即是"人"必须从了解自己、了解自己的文化开始,进而了解同伴、所处的社会。

2）以"人"为本的创新意识培养。奥尔夫认为"人"是"社会"的基本元素,每一个孩子要首先要认识自己,了解现有的经验和习得的知识,鼓励他们创作属于他们自己的作品。

3）"合作式"学习。奥尔夫教学法的课堂活动提倡合作,学生们在合作过程中感知他人的存在,培养合作的意识,学习领导与被领导等品质。

4）回归"游戏性"的教学环境。游戏没有年龄界限,它们时而有趣、时而神秘、时而具有挑战,能引发学生们的好奇心和探索精神。

奥尔夫对于"原本性音乐与舞蹈"理念的提出是在1930年,当时均特认为奥尔夫能从均特学校的实践探索中提炼出核心理论着实是伟大的。但她也有所顾虑。她认为新理念的提出必要经得起实践的检验,或许均特学校的经验尚未能为"原本性"提出有力证据。1931年之后,慕尼黑均特学校对于"原本性音乐与舞蹈"进入了完善的关键期。在这段时间内,奥尔夫了解了德国普通学校音乐教学的情况,聆听教师的困惑。当他发现德国音乐教育的诸多弊端时再也无法遏制自己迫切希望改善整个德国音乐教育观的冲动,下定决心将新的音乐教学理念在学校音乐教育中推广。奥尔夫十分清晰地意识到均特学校的教育理念和教学方法的改善会为教育注入新的生机,决定着手写作学校音乐教材。虽然均特在关于普通学校音乐教学课程教材写作的方式上与奥尔夫本人的意愿有所分歧,但仍然十分努力地敦促奥尔夫完成他的第一份奥尔夫学校音乐教学的草稿。

1930—1933年间,均特学校主要由均特负责所有教学事宜,均特学校的毕业生古尼尔德·凯特曼留校并参与了教学工作。期间,奥尔夫邀请了一些演奏家参与均特学校的教学,自己花了大部分的时间在各地开办讲座宣传"原本性音乐与舞蹈"的理念,分享均特学校的实践经验。

奥尔夫自1932年5月起开始规划写作奥尔夫学校教育的系列教材,这些教材多以均特学校的教学曲目为主。尽管当时均特对出版表示担忧,而奥尔夫坚持认为要尽快地让人们了解"原本性"的思想和实践成果。均特学校的活动深深吸引了德国著名的朔特（SCHOTT）出版社,他们认为这些教材使得"原本性音乐与舞蹈"理念不仅仅是一种哲学思考,还是一种能够被普通学校使用的教学方法,因此极力想促成与奥尔夫的合作。奥尔夫计划先投石问路，便首先出版了《节奏、旋律练习（Rhythmisch-melodishe Übung）》[1]。这是一本较薄的书册，他将此书作为即兴教学的基本内容，书中的曲目都为1930—1932年奥尔夫在全德进行讲座课程的内容。

1932年8月，奥尔夫协同凯特曼等人相继出版了系列教材，包括《打击乐练习之手鼓（Übung für Schlagwerk: Handtrommel）》[2]、《竖笛和打击乐演奏曲集（Spielstücke für Blockflöten und kleines Schlagwerk）》[3]，几经修订，最终在1932年底正式出版。同年七八月，奥尔夫在斯图加特以及柏林举办了讲座，听取了很多教师的建议并把即将出版的内容在这些教学讲座中进行了尝试。均特将所有出版的材料在短短的半年内进行了多次实践，以使找出其不足，使出版物更具实用性。

对于教材的出版，均特持较保守的态度。虽然非常理解奥尔夫希望将"原本性音乐与舞蹈"的理念在全德进行宣传的迫切愿望，但在均特学校不到十年的摸索中是否已经形成体系化的教学经验和坚实的核心思想，均特有所顾虑。她没有接受同奥尔夫一起进行演讲的邀请，也没有采纳出版社请她写作教材的建议。直至1962年多罗西·均特才写作了她的专著《舞蹈，一种运动现象（Der Tanz als Bewegungsphänomen）》[4]，详细介绍了她在均特学校的研究。1932年前后，奥尔夫在全德展开宣传讲座时表示，虽然这种教学理念本身仍然需要长时间的实践检验，但是，如果能引起部分人的兴趣，使得他们愿意加入共同实践的队伍，对"原本性音乐与舞蹈"已是具有积极意义的。奥尔夫非常坚持要将已有的教学材料出版，认为让政府、学校、家庭了解"原本性"的理念必须要有文本成果的提供。如果人们了解这一理念却无从着手实践这种教学法，那么这种方法将是空洞的，只有理论的依托和材料的支撑相辅相成才会给教师们实践的动力。

1930—1932年间，奥尔夫关于"原本性音乐与舞蹈教学法"的讲座成效是显而易见的。1935年的卡米娜·布拉纳（Carmina Burana）又使他的名声如日中天，因此全德的音乐教育学者对奥尔夫的熟悉程度胜过均特。不难发现，在1932年之后出版的系列教学中，以卡尔·奥尔夫和古尼尔德·凯特曼写作的教材为主，均特没有独立出版过教材，甚至在1933年之后在均特学校的记载中凯特曼的角色地位渐渐取代了均特。二战结束之后，均特回归于舞蹈事业，创办自己的舞团，"原本性"的教学理念由奥尔夫和凯特曼执着坚持着。但奥尔夫从未忘记均特给予的帮助和支持，多次在论文、著作、电台广播中提及多罗西·均特的贡献。在奥尔夫教学法形成的过程中，多罗西·均特关于"原本性舞蹈"的实践成就了最终的"原本性音乐与舞蹈"。

毫无疑问，讲座的开设为奥尔夫在音乐教育界打下了扎实的基础，使他成了教育界的焦点。他极力推广的"原本性音乐与舞蹈"和均特学校被越来越多的人所知。奥尔夫一生

---

[1] Carl Orff, *Rhythmisch-melodishe Übung*, Schott, Mai, 1932.
[2] Hans Bergesse, *Übung für Schlagwerk: Handtrommel*, Schott, 1932.
[3] Gunild Keetmann, *Spielstücke für Blockflöten und kleines Schlagwerk*, Schott, 1932.
[4] Dorothee Günther: *Der Tanz als Bewegungsphänomen*, Reinbek 1962.

最为重要的合作者、均特学校的创始人多罗西·均特在此期间不断地实践着奥尔夫为学生写作的课程作品,给奥尔夫及时的实践反馈。她组织学生进行演出,展示均特学校的教学成果。虽然均特并不认为课程已经成熟,甚至对奥尔夫的宣传有所迟疑,但作为合作者她始终全力支持,不懈努力地实践着二人建校初关于"音乐与舞蹈作为一个整体"的理想:

"音乐与舞蹈必须是一个整体,不存在谁依附于谁,它们可以相互转化,相互迁移。对从'元素'入手的教学过程的建构和对'人'的启发和培养是我提出的'原本性音乐与舞蹈'的核心。强调有逻辑性的系统教学以及多手段的方法是均特学校探索目标。我不是在进行传统的技能教学,而是希望通过激发学生兴趣和音乐感潜移默化地实施教学,注重学生的自主性和创造性。我从不抛弃音乐本体,也不将舞蹈作为音乐产品。均特提出舞蹈的主导地位让我万分欢喜,作曲者是舞蹈家是多么激动人心。我不认为作曲是遥不可及的,即使是孩子也可以有即兴和创作,显然这取决于老师的引导和教学方法。"[1]

三、均特学校的音乐课程管理:音乐教育体系的雏形

奥尔夫在均特学校时期,负责音乐教学大纲的制定、教学内容的编写、作曲以及教师教学评价等。学校刚开办的两年内最先开展的乐器课程包括钢琴课程和定音鼓课程,这两门乐器课程和音乐理论、音乐史相互结合。奥尔夫和均特在方法上从不将音乐与舞蹈割裂看待,认为教学过程中应体现多元的教学目标。他们主张实施律动和舞蹈与音乐表达和创作相融合的教学方式。除了学科教学目标外,对学生创新意识的培养以及在教学中与他人合作的能力均被列入了均特学校的教学目标。奥尔夫除了把握音乐课程的设置,还亲自负责教钢琴课。从1926年开始,钢琴家、大键琴演奏家 A. B. 斯皮克纳[2]参与了均特学校乐器教学的工作,最为突出的是"钢琴即兴课程"的开展。这一课程成了均特学校的重点,它有效地帮助学生学习和声功能、钢琴演奏技巧,同时发掘学生的创作能力:

"所谓'富有音乐天资的人'也是需要音乐经验的。这些经验包括音乐的学习经历、体验经历等。学生学习演奏钢琴时可以探索钢琴发出的各种音色,通过听觉去发现音色之间的差别,想象不同音色所带来的意义。学习演奏的同时就可以学习创作,即使是有限的音符同样也可以进行即兴演奏。他们会在探索、即兴、创作中发现有趣甚至是'奇怪'的音色,这些都将成为音乐经历。要给学生提供的就是这样积累音乐经验的课堂环境,鼓励学生去探索、发现,也会教学生探索的方法。音乐和舞蹈都是创新性的,而所有人都能成为音乐和舞蹈的创作者。"[3]

古尼尔德·凯特曼任教期间对各种打击乐器的音色进行了探索,并突破性地将其中部

---

[1] Barbara Halsenbach, *Körperarbeit und Tanz in der Günther Schule*. In: Orff-Schulwerk-Informationen (Salzbug), Nr. 43, Juni 1989, S. 6.

[2] A. B. 斯皮克纳(Anna Barbara Speckner,1902—1995),德国大键琴演奏家。

[3] Gunild Keetman, *Discovering Keetman: rhythmic exercises and pieces for xylophone*. New York: Schott, 1998.

分特殊的甚至略显奇怪的音色应用在教学练习中。她在均特关于"舞者也可以是音乐的创作者"的启发下,尝试让学生在舞蹈的同时探索乐器的演奏方式,将动作和音色结合在一起,使得音乐来源于舞者。音响的出现是对舞蹈者本身身体状态的一种反映,动作与动作之间的连接也是音乐的连接,舞者在身体运动的同时也在作曲。这种形式在当时是非常具有创意的,甚至达尔克罗兹都借鉴了这种方法。奥尔夫为了能进一步对教学方法进行研究,他停止了之前传统模式的钢琴课,开设了"乐器即兴演奏课程",每次教学过程他都录制下来并进行分析。他提出:"对这些乐器的音色探索发掘了乐器本身的可能性,扩大了听觉的感受。"[①] 此时,均特也注意到奥尔夫所创建的即兴课程"拓展了学生对声音的空间以及身体动作空间的思考"[②]。

均特学校早期的乐器即兴课程是由奥尔夫和斯皮克纳共同设计和策划的"钢琴即兴课程",后逐渐拓展到其他乐器。相较这一时期德国其他学校的音乐课程,即兴课程的开设无疑独树一帜。早在20世纪初,达尔克罗兹也提出了教师即兴演奏能力的重要性,但和达尔克罗兹不同的是,奥尔夫旨在让学生进行即兴演奏,乐器也由最初的钢琴逐渐拓展到音条类乐器以及无音高打击乐器上。同时,均特将"即兴"的概念引用至舞蹈与律动教学,突破了乐器即兴课程原有的形式范围,巧妙地实现了"原本性音乐与舞蹈"的存在方式。奥尔夫将这种课程清晰地阐述为演奏(表演)技巧和即兴创作的融合。[③]

打击乐器课程的开展是均特学校乐器合奏课程、乐器即兴课程以及舞蹈律动课程的基础。1926年,学校的乐器课程中的乐器从原来的钢琴、大键琴拓展为诸多无音高的打击乐器。在此之后,均特学校又添了非洲乐器以增加音色的异国风格,奥尔夫改良了非洲音高乐器使之成为著名的奥尔夫音条乐器。奥尔夫的"原本性音乐"的要义之一在于尝试各种乐器音色和演奏方法的可能性,探索并发现新的音乐。

最初均特的律动课中大量运用达尔克罗兹体态律动的方法,旨在用动作表现音乐元素,强调作为视唱练耳课程的手段。均特认为达尔克罗兹将其"体态律动"与舞蹈区分开,而律动和舞蹈本身并不冲突。律动课程中动作用于准确地表现音乐元素,而舞蹈课程中保留原本对于不同时期、地域、文化的舞蹈风格特征,也强调身体的练习。均特具有专业舞者的背景,她提出身体运动可能性越多样表现音乐元素的形式也会越丰富,律动和舞蹈是相辅相成的。

奥尔夫本人并没有亲自实践律动或舞蹈教学,这些都仰赖于均特的努力。均特对身体、动作有着独特的见解,她在拉班动作三元素:时间、空间、力量的基础上提出了基本动作"词汇",如行走、跑、跳等,以及如何运用这些"词汇"组成"句子"的方法:

---

① Barbara Halsenbach, *Carl Orff und die alten Meister*. In: Bayerische Akademie der Schönen Künste, Jahrbuch 2-1. München 1988, S. 223.
② Gunild Keetman. *Discovering Keetman: rhythmic exercises and pieces for xylophone*. New York: Schott, 1998.
③ Carl Orff and Arnold Walter. *The Schulwerk: Its Origin and Aims*. Music Educators Journal, Vol. 49, No. 5 (1963): S. 74.

"音乐有诸多元素,作曲家将他们不断地重组进行创作。舞蹈也可以拥有元素,我称它们为'词汇',它们可以组成语句表情达意。当'词汇'丰富了,那么无论是表现音乐元素的律动还是即兴舞蹈都将多姿多彩。"[①]

在达尔克罗兹之后,对于音乐与舞蹈、律动的各种流派也开始有着不同的发展方向。均特潜心研究的"原本性舞蹈"在当时的舞蹈界也褒贬不一,承担着很大的风险。奥尔夫本人并不具备舞蹈背景,对于"原本性音乐与舞蹈"的思考都只能停留在理论层面,即便在达尔克罗兹教学法中能获得一些经验,但奥尔夫本人却无法直接实践。在实现这一理念的过程中均特作出了巨大的贡献。均特将表现派舞蹈对于身体的解放扩大到了教学领域,她建议即兴舞蹈课程中音乐者应理解舞者的意图和情感。均特开创了"原本性舞蹈"的实践方法,音乐与舞蹈相互主导的关系。这一创新之举使得奥尔夫关于"原本性舞蹈"的思考更为精准。至 1935 年,均特学校的教学大纲包括以下四个部分:

1. 德国门森迪克教学:从生理学和肌理学的角度了解身体机能,以及身体运动的可能性探索。

2. 音乐节奏律动教学:借鉴达尔克罗兹体态律动教学法,由奥尔夫为此课程创作音乐作品。

3. 拉班动作理论教学:现代舞教学,丰富舞蹈经验。

4. 音乐理论基础与创作

均特和奥尔夫在教学中仔细地设计"原本性舞蹈"课程的教学目的,确切地将课堂中学生的身体反应和情绪详细地记录下来。在了解每一个教学内容的教学效果之后,奥尔夫从作曲技术的角度对音乐进行再次的调整,包括速度、乐句、节奏等,以便更好地和动作相结合,均特则考虑动作的功能以及对解放肢体的动作设计。这些都反映在 1926 年均特学校的教学大纲和教学材料中。

身体律动的功能方向可以由以下几个主题内容:

1. 呼吸和放松练习

2. 平衡练习

3. 基本练习和拓展活动

4. 行走、跑动、跳跃练习

音乐与节奏练习的身体动作设计方向表现在以下几个主题内容方面:

1. 技术技巧

2. 即兴

3. 拉莫第二组曲律动教学

4. 身体准备和加强阶段

5. 弗朗身体节奏学习

6. 巴托克组曲律动教学

---

① Dorothee Günther: *Der Tanz als Bewegungsphänomen*. Reinbek 1962, S. 11.

均特还提出了"自由空间（Freiraum）"[①]的概念。这一概念来源于对人类身体意识的唤醒，身体可以在空间中自由伸展，同时思考如何使用身边的空间。均特强调动作之间的联系，她提出"流动的动作（Plastic Bewegung）"[②]。均特强调教师应该在即兴课堂中提示学生根据主题动作动机进行思考和探索，使动作流畅没有拼接的痕迹。

1929 年，均特学校组成了"均特舞蹈团"，多罗西·均特和玛雅·莱克斯（Maja Lex）[③]作为舞团的舞蹈编导，古尼尔德·凯特曼作曲。凯特曼在演出中加入即兴演奏和即兴舞蹈，这种方式在当时是一种突破。1936 年，均特学校受邀参加"奥林匹克青年音乐节"，并在柏林奥林匹克运动会开幕式上演出，玛丽·威格曼等著名的舞蹈家参加了这次演出。这个时期，由于均特杰出的管理能力与舞蹈思维，均特学校的音乐与舞蹈教育经营得有声有色，成为十分重要的音乐教育中心与教育思想的萌发地。

1944 年，二次世界大战临近尾声，德国即将战败。最终兵临城下，均特学校被迫关闭。所有的乐器、教学材料、手稿大多因炮火而焚毁。

结　语

德国奥尔夫教学法关于"原本性音乐与舞蹈"的核心思想并不仅来自于卡尔·奥尔夫的研究，在其创立的过程中，多罗西·均特与奥尔夫的地位应是比肩齐声的。均特将门森迪克、拉班、达尔克罗兹的系列理论和实践结合在一起，形成了一种不仅是综合性的舞蹈，更是音乐与舞蹈融合的特殊形式，进而提炼为一种教学方法，实现了"原本性舞蹈"。虽然均特借鉴了达尔克罗兹体态律动教学法的部分实践方法，但她对于"原本性舞蹈"的思考则更多地着力于打破音乐与舞蹈的学科界限以及重新确立两者的主导地位。

奥尔夫强调"原本性"的音乐结构，以扎实地围绕音乐元素进行音乐教育。均特为实现"原本性舞蹈"，在拉班动作理论的基础上提出身体运动的基本动作"词汇"，利用这些动作"词汇"的不同组合，如同作曲家对音高的组合一样进行舞蹈创作。均特认为，"原本性舞蹈"的含义在于使音乐与舞蹈更具包容性；借鉴达尔克罗兹体态律动教学法中对音乐元素的准确表现，她强调了舞蹈也可成为音乐主导。

因此，本文力图强调多罗西·均特是实现"原本性舞蹈"思想与实践的第一人，她的历史地位是不容小觑的。非常遗憾的是，我国的音乐教育学者在对于奥尔夫教学法的研究中极少提及多罗西·均特的卓越贡献，这将有碍于对"原本性音乐与舞蹈"理念的全面理解。

其次，我国自 20 世纪 80 年代以来将"Orff-Schulwerk"译为"奥尔夫音乐教学法"，而非"奥尔夫音乐与舞蹈教学法"，忽略了"舞蹈"这一艺术形式与音乐之间在奥尔夫教学法中非比寻常的关联。诸多学者片面地以为奥尔夫教学法扎根于节奏，或因奥尔夫音条类乐

---

① Gunild Keetmann, *Elementarer Tanz*. In: Orff-Institut Jahrbuch 1962, S. 36.
② 同①, S. 37.
③ 玛雅·莱克斯（Maja Lex，1906—1986），德国表现主义舞蹈家。

器在课堂中的使用而更关注它的课堂器乐教学。奥尔夫教学法的内容是丰富的,研究奥尔夫教学法必须将音乐与舞蹈比量齐观。奥尔夫教学法中所使用的舞蹈或律动被大多数学者认为与达尔克罗兹教学法中的"体态律动"没有差异,即将身体作为一种表达音乐元素的途径最终为音乐学习服务,这是将"Orff-Schulwerk"误译为"奥尔夫音乐教学法"的重要原因。而均特所苦心经营的"原本性舞蹈"与"体态律动"最根本的差异在于,前者强调身体动作的"即兴"以及作为音乐的主导进行"创作"的可能性,而后者则以最大程度地准确地表现音乐中的多种音乐元素为目标。两位对于"动作"角色的思考是有显著差异的。

当奥尔夫首度提出"即兴"在"原本性音乐"中的重要作用时,均特开始让学生进行"即兴舞蹈"。达尔克罗兹体态律动教学法中,动作在于尽可能准确地表现音乐元素,需有严格的控制和规范。而均特的"即兴舞蹈"则使音乐与舞蹈的主导地位相互转换,舞者可以成为作曲者,强调舞者的意图。"原本性音乐与舞蹈教学法"中的"音乐与舞蹈"并非指两个独立的学科,而是指成为两种融合为一体的艺术形式的教学手段。舞蹈的独特身份并非在于分离舞蹈与音乐,而在于用身体动作来组织音乐的内容,音乐作品可以是对身体动作的回应。

音乐教育研究者们必须明确,"原本性音乐与舞蹈"所主张舞蹈的价值不取决于音乐,它不是音乐的附属产品,均特创立的"原本性舞蹈"致力于塑造服从舞者意图的作曲家。音乐和身体运动之间的关系并非稳定的,受文化、时代等的影响。19世纪末之前,音乐与身体运动之间没有找到突破性的理论视角,直至20世纪初,达尔克罗兹正式提出"体态律动"可以帮助确定和规范音乐与身体动作之间的关系。但达尔克罗兹仅仅是一个起点,对于很多舞者和音乐者来说,探索音乐与身体运动的融合性是巨大的挑战。均特坚持身体运动具有无法想象的神秘力量,能使音乐感的获得更加显著。因此,音乐与舞蹈在奥尔夫教学法中是一个整体。

再次,奥尔夫和均特不断强调"原本性"以确定元素的起源形式,这些元素不拘泥于任何文化载体,植入了每个民族内。"原本性音乐与舞蹈"是具有普适性的,即使我国尤其是汉民族缺乏舞蹈性的身体运动,舞蹈在生活中的功能性作用也日益衰退。但借鉴"原本性音乐与舞蹈"的教学方法即为唤醒人类最为原本的一种体验和表达方式,也打开了一个获得音乐经验的通道。"原本性舞蹈"并非要求中国学生表演西方舞蹈,而是关注于组织身体力量探索更适当的运动空间,身体的力量是动态的、变化的,支配着情感和精神。身体运动没有特定的叙述形式,"原本性音乐与舞蹈"也不是在做特定的表演,旨在鼓励不同民族建构出属于自己的身体表达方式。

"原本性"鼓励每个人回归"自我"、尝试探索,通过对已有音乐、舞蹈元素的内化和重组形成多变的形式,以获得更多的审美体验。近一个世纪以来,"原本性音乐与舞蹈"在全球已凸显其适宜性。它不受地理位置、文化背景的束缚,用一种朴素的方式展现各民族"美"的文明。

最后,完整解析"原本性音乐与舞蹈"之后必须明确卡尔·奥尔夫是"原本性"核心思想的提出者,而多罗西·均特、古尼尔德·凯特曼等人是实践者。他们从"原本性"的萌芽阶段至备受关注之时为其付出了巨大的努力,奥尔夫教学法的创立是集体的智慧而非一人之力,"原本性音乐与舞蹈"强调课堂中的合作意识也无疑体现其初衷。

2011年,前奥地利萨尔茨堡奥尔夫学院院长芭芭拉·哈泽尔巴赫教授(Prof. Barbara Haselbach)在奥尔夫学院建院60周年之际发表演说,多次强调多罗西·均特、古尼尔德·凯特曼等人的贡献以及正确地看待"原本性"的重要性。自此之后,德奥诸多高校将"奥尔夫教学法"课程更名为"原本性音乐与舞蹈"课程。

作者简介

陈蓉,1981年出生于上海,音乐教育学博士,上海音乐学院音乐教育系副教授,硕士研究生导师,执教音乐教学法。中国奥尔夫协会奥尔夫专业委员会副会长、国际音乐教育协会(ISME)会员。2002年至2014年间访学于奥地利奥尔夫音乐学院、瑞士日内瓦达尔克罗兹学院、美国茱莉亚音乐学院等。2006年至2011年参加美国奥尔夫教学法研究年会、亚太地区音乐教育研讨会、国际音乐教育年会等,举办多场工作坊与音乐会。自2009年起在《音乐艺术》《交响》《音乐教育年鉴》发表论文,并出版《音乐教学法教程》《声势——音色、节奏和身体》《跟我摇摆》《从头到脚玩音乐》等著作、教材。

方庄情缘

● 尚永娜

【内容摘要】 本文探讨了母语音乐教育在中国的发展和挑战,特别是在音乐教师教育方面的问题。作者首先回顾了母语音乐教育在中国的发展历程,然后讨论了音乐教师的知识结构和培训需求。尽管母语音乐教育的理念已经在音乐教育界得到了广泛的认同,但在实践中仍然面临着许多困难,特别是音乐师资的知识结构亟须调整。为了解决这个问题,作者提出了"中国原本性母语音乐教育师资培训班"的设想,希望通过这种方式培养更多的母语音乐师资,推动母语音乐教育在中国的发展。最后,作者强调了文化自信在音乐教育中的重要性,呼吁音乐教育界应该更加重视本土音乐文化的传承和发展。

【关键词】 母语音乐教育,奥尔夫教学法,中国音乐教育,文化自信

那晚,一走进北京方庄芳群园三区那个熟悉的院子,我不禁触景生情,想起往昔总是迎来送往、热闹非凡的李妲娜老师家,以及十多年前与李老师家人朝夕相处的一幕幕,顿时眼睛就湿润了。这里也是中央乐团老团长、中国音乐学院老院长、新中国音乐教育界的先驱者李凌先生的故居。

一、我与李妲娜老师的缘分

2005年9月,我读研二。那是我人生中最灰暗的日子,面临着学业、家庭、经济、就业等各方面压力,一时间陷入了抑郁,每天都觉得意志昏沉、生无可恋,感觉自己像陷入了泥潭一样无法振作。2006年春季开学,我从河南赶到北京求学,由于我是谢嘉幸老师作为河南大学兼职硕士生导师时招收的硕士研究生,不受中国音乐学院学分和课程的限制,所以就常去中央音乐学院、北京大学、北师大、首都师大等学校去看演出、听讲座。有一天,我在中央音乐学院小演奏厅听音乐会,偶然发现许多学生都热情地上前跟一位老太太打招呼,后来一问才知道,她就是我久仰大名的李妲娜老师!更令人激动的是,我了解到李妲娜老师每周都在中央音乐学院上奥尔夫课,而且从不拒绝外来旁听者。于是第二天我就在热心同学的带领下,悄悄地来到了李妲娜老师上奥尔夫课的室内体育馆。李老师亲切的话语让我如沐春风,她的课堂也让我耳目一新——我长到这么大,还从来没上过如此有趣的音乐课!我的执着遇到了李老师的热情,好学的我和乐教的李老师像磁石一般互相吸引,从此撞出了火花,最终成就了我们这段深厚的师生情缘!

2006年6月11日,在导师谢嘉幸老师的推荐下,我随妲娜老师来到她方庄的家里,为撰写硕士论文准备资料。李老师家十多平方米的书房里,四周都是各种书籍、资料,几乎填

满了整个房间、无处下脚。后来我将部分资料归拢了一下,腾出了一个放单人弹簧床的地方,就这样一住就是36天,我满载着李老师积累了近三十年的奥尔夫教学资料和她的嘱咐回到了开封,同时带回了她事必躬亲、坚忍执着、真抓实干的孺子牛精神,也带回了她对学生慈悲仁爱、言传身教、爱生如子的教育情怀。

图1　2006年,我住进李妲娜老师家

图2　李妲娜老师带我去天坛公园并亲自为我拍照留念

2007年6月,我以八万字的论文《李妲娜奥尔夫教学研究》通过硕士学位答辩,并以李老师设计的经典奥尔夫课例《鸭子拌嘴》通过了应聘考试,顺利进入河南大学艺术学院任教。

图3　2007年6月,硕士论文预答辩后我与两位恩师在谢嘉幸老师家合影留念

回想我人生最低谷时期,李妲娜老师用一位65岁老教师在奥尔夫课上的激情四射、摸爬滚打、对音乐教育近乎痴迷的状态消解了我的孤僻、迟钝、消沉、自卑和冷漠。三个多月的奥尔夫课也对我发挥了神奇的音乐治疗作用,使得我不再胡思乱想、杞人忧天,还时常在快乐的奥尔夫音乐游戏中忘却烦恼,感受着"活在当下"的美好。2006年6月11日,经过几个月奥尔夫课的熏陶洗礼,当我住进李老师家时,我已基本走出了情绪的低谷。李妲娜老师不仅教授我知识和技能,还教我怎么做老师、如何为人处世;她不仅提升了我的学业水平,还教我了音乐教育学术之"道";她不仅是我专业上的恩师,还是我人生的导师,也是救

我于危难之中的恩人。这也是为什么在我毕业多年以后,还一直把妲娜老师当作亲人,保持着密切联系的原因。

从 2007 年硕士毕业至 2013 年我再到北京读博;从 2005 年第一次受邀到李妲娜老师的方庄家里做客,她的小外孙典典还是刚满月的小婴儿,直到 2022 年 8 月我再次来京住在李妲娜老师家梳理资料、采访口述。在这 17 年的光阴里,我无数次地到北京、成都开会、学习,经常与李老师通长途电话,后来她学会了用微信语音、打视频电话等,便与我分享一些或有趣或学术的内容,并且常常对我提醒、教诲、批评,激励着我在各方面不断提高。有这样的好老师在身边时时提携,我真是倍感幸运和幸福。

图 4

图 5

图 6

图 7

(注:图 4-7 分别是 2005 年、2009 年、2017 年、2022 年我与李妲娜老师的合影)

二、读博期间再续师生缘

2013 年 9 月,我开始到中国音乐学院读博,12 月 10 日恰逢中国文联、中国音乐家协会、中国国家交响乐团、中国音乐学院、中央音乐学院等五家单位联合举办"李凌先生一百周年诞辰系列纪念活动"。

在李老师的指示下，我协助《人民音乐》编辑部主任张萌博士做了一些会议前的采访工作，其中印象最深刻的是到北京市亚运村干杨树小区采访前文化部部长周巍峙先生。周老先生当时98岁了，安然坐在轮椅上，思路依然清晰，说起对李凌先生的印象，看得出他在努力追忆和默默怀念。他说："李凌为人很好，特别会做统一战线工作，能团结人。"老人的一番话，让我想到母校中国音乐学院的那段峥嵘岁月。1964年，在周恩来总理的批示下，在北京城北部的苇子坑建立了一所旨在传承中国传统音乐、弘扬民族特色文化的高等音乐学府——中国音乐学院。1980年，李凌先生主持中国音乐学院工作，从中央乐团聘请了金铁霖等一批歌唱家建立了声歌系，聘请了蒋风之等民族器乐演奏家建立了器乐系（国乐系），聘请了南京艺术学院毕业的硕士高材生杜亚雄先生建立了民族音乐学系，后来又从中央音乐学院聘请了吴灵芬教授建立了合唱指挥系，从而培养了一大批民族声乐歌唱家、民族器乐演奏家、民族音乐学家和指挥家。我能有幸去拜访这些老艺术家、老前辈，都是托李妲娜老师、李凌先生的福，从他们身上，我感受到了艺术家们的博雅风范和长者们的慈悲胸怀。

图8　李凌先生和周巍峙在方庄家中研讨　　图9　与李老师家亲戚华人女作曲家陈怡合影

2013年12月10日，纪念李凌先生诞辰100周年纪念音乐会在北京音乐厅举行，我记得当晚的演出单位是中国国家交响乐团。在这场音乐会上，四位中国著名的指挥家先后登台，当年被李凌先生看好的青年指挥家邵恩、陈燮阳已是两鬓白发；视李凌先生为"伯乐"的75岁钢琴家刘诗昆激情演奏了柴科夫斯基的《第一钢琴协奏曲》，88岁的指挥家严良堃（已于2017年6月18日逝世）缓缓登台，深情指挥了钢琴协奏曲《黄河》；93岁的老指挥家韩中杰（已于2018年4月3日逝世）被人搀扶着，坐在椅子上颤巍巍地指挥了李凌先生好友马思聪的《思乡曲》，在场的观众无不为他怀念老领导的情怀而动容。

记得指挥家邵恩在李凌思想研讨会上说："前两天乐团排练的时候大家出奇地认真、出奇地卖力，不但不发牢骚，还提了很多建设性意见，我觉得奇怪，怎么回事？后来有人说，是'李凌的阴魂不散'（意思是大家被他的人格魅力所感召）。"李凌先生生前就人缘很好、乐于助人，鼓励、培养了一大批中国音乐界的栋梁之才。因此，在他逝世十周年、离开中央乐团三十多年以后,团友们依然会深情地怀念他。音乐会上,80岁的女中音歌唱家罗天蝉老师深情唱起了她的代表曲目《打起手鼓唱起歌》,赢得了观众满堂的喝彩声,只见李妲娜老师兴奋地在观众席上向她招手,彭丽媛老师也一边鼓掌一边露出了钦佩的笑容。

　　音乐会次日,我和歌唱家罗天蝉老师一起参加李凌先生"跋涉人生"文集发布会。她在大巴车上悄悄告诉我说,为了参加这场演出,她在家吊了半年嗓子,每天坚持练习发声。她说:"李凌先生是她的伯乐和恩师,没有先生的关怀、鼓励和悉心培养,就没有我的今天。"我不禁在想,古人云"天道酬勤",这些名师、大家固然天赋很高,但是如果没有他们自己长期不懈地努力,以及发现"千里马"的"伯乐",谁又能攀登上艺术高峰呢?

　　2014年初,李妲娜老师决定卖掉北京方庄的房子,举家搬迁至成都(她丈夫葛治洲先生的老家),家中有大量的物品需要处理,尤其是她的书房里、卧室里到处堆满了书,无法都搬到成都去,李老师有意将她书房里积攒多年的书籍资料赠送给某所大学,在我的积极争取下,她答应送给我的工作单位河南大学艺术学院。

图10　　　　　　　　　　图11

　　2014年3月9日,我院党委会委托韩梅院长带我赴京,到方庄家中拜访了李妲娜老师,表达了我院领导及师生的感激之情,并承诺妥善保管这些珍贵的资料,邀请她在合适的时间莅临我院讲学指导。同年12月,我又多次带领河南大学的几名音乐教育专业研究生来到方庄李老师家帮助整理资料。这些书籍的分类整理,对李老师来讲是一个浩大的工程,当时已73岁的她和研究生们一起,戴着口罩和手套,坐在书籍的海洋里日夜兼程,经过近一个月的分类、整理、打包、物流,最终将57箱、共2300公斤重的书籍和音像资料运送到我院。

图 12　　　　　　　　　　　　　　图 13

2015年5月4日，河南大学邀请李老师前来讲学，并在音乐厅举行了隆重的捐书仪式，原校党委副书记王凌教授授予了李老师捐赠证书及"河南大学荣誉教授"的聘书，河南大学校园网也及时报道了整个仪式并给予高度评价。

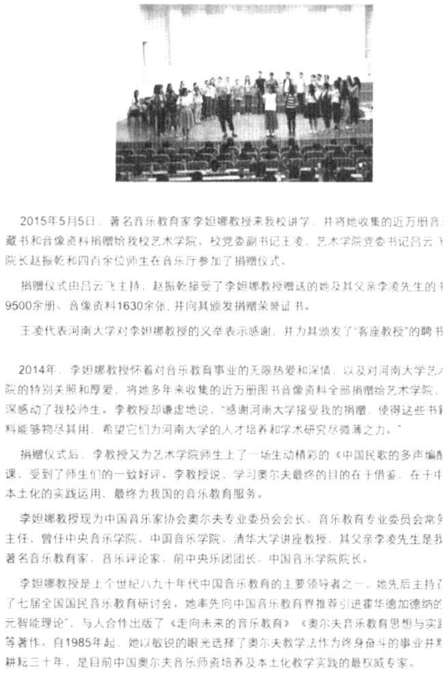

图 14　　　　　　　　　　　　　　图 15

图 16　　　　　　　　　　　　　　图 17

三、出身名门，家风优良

李妲娜老师是李凌先生的长女，也是家中姊妹四人中唯一继承了父亲音乐教育事业的孩子。她20世纪60年代毕业于中央音乐学院管弦系小提琴演奏专业，自1985年起担任中国音乐家协会音乐教育专业委员会副主任。她是二十世纪八九十年代，我国举办的七届国民音乐教育研讨会的主要组织者。1993年，她在开封当选为中国音乐家协会奥尔夫专业委员会会长。1995年，李妲娜老师全家人搬入方庄这套房子，汪婆婆和公公以及李老师一家三口是同一个单元的三楼，门对门的两套房子，中间打通了以后成了一大套房子，李老师一家三口与公公婆婆共同住在这套房子里，这一住就是二十年。现在看起来这套房子很是狭小破旧了，布局也不合理，客厅居中无窗比较阴暗，绝大多数卧室在北面，常年不见阳光。葛晓姐出嫁后，她的卧室常被当成客房，供李老师的学生和南来北往的亲戚朋友们暂住。汪婆婆住在对面的那套房子里，也是客厅在南、卧室在北，南面有一个小阳台，种满了她喜爱的花草植物。

图 18

图 19

汪婆婆是李凌先生的遗孀，上海人，一生无儿无女，退休前是一名中学政治教师，是一个爱看书、爱写作、有着文学理想和教育情怀的知识女性。贤淑温婉的她和热情直爽的李老师性格迥异，她俩年龄仅相差13岁，又是继母和养女的关系，所以在一起生活时也难免有磕磕绊绊。但我发现这是一个真正的知识分子家庭，两位老人共同的特点就是知性、善良、宽容，因此才能够多年来和谐相处并惺惺相惜。平时，李妲娜老师一家人偶尔去饭店吃顿饭，也都带着婆婆和保姆一起去；婆婆如果不去，她们就会打包捎回来让婆婆在家吃。李老师还常鼓励婆婆说："你和老爸之间有那么多有趣的故事，有空尽量整理一下，会是很好的史料。"2003年，李凌先生去世后，李妲娜老师承担起了汪婆婆的养老任务，直到现在，81岁的妲娜老师还坚持每个月给94岁的汪婆婆经济补助，让我切身感受到了李老师的宽广胸怀和无私大爱。中华民族尊老爱幼的优良传统在这个家庭里充分体现，我作为学生、晚辈，也深受她们的言传身教影响，谨记在心、受益匪浅。

2006年时，李老师已经退休多年，家里也添了第三代（外孙典典），偶尔遇到李老师的女儿葛晓姐带儿子回娘家,那就是一大家子四代同堂了。在方庄这个200平方米的家里,不知珍藏了李凌先生、李妲娜老师多么巨量的书籍资料,接待过多少的中国文化艺术界文人雅士、宾朋好友,暂住过多少外地的亲戚朋友、同仁及学生;直到2014年李妲娜老师举家搬往成都,这所房子才终于有了前所未有的安静。

图20　藏族歌唱家才旦卓玛与李凌先生　　　　图21　歌唱家胡松华与李凌先生

是啊,这座旧房子承载了李老师一家人的喜怒哀乐、悲欢离合,也见证了他们与亲友学生的谈笑风生、迎来送往,有过太多美好的回忆。周巍峙、胡松华、才旦卓玛、刘诗昆等文化艺术界名流都曾前来拜访过李凌先生,可谓"谈笑有鸿儒、往来无白丁"。

2004年12月10日,在人民大会堂举行的《跋涉人生——纪念李凌文集发布会》上,由时任中国音乐家协会主席的徐沛东宣读了这篇纪念文章,文中饱含深情地写道:"李凌老师是我最尊敬的老师之一,我是他众多学生中的一员……他把唯一一张音乐会的门票给了我,连他女儿都没去看。"她所说的这个"女儿",就是李妲娜老师。是啊,在李凌先生的音乐教育生涯中,提携、扶持、培养的音乐家数不胜数,团结人、帮助人、培养人、成就人,"横眉冷对千夫指,俯首甘为孺子牛",这正是先生的伟大之处。

据李妲娜老师说,新中国成立前她家就是地下党组织的聚集地,经常有各路"亲戚"来访、不定期暂居,家里南来北往的客人不断成了她们家的一个传统。几十年来,数不清有多少学生从这套昏暗破旧的房子中走出,汲取了主人寄予的信心和力量,在音乐的道路上走得更加稳健、走向了音乐事业的巅峰。

四、不忘初心,砥砺前行

1995年我考上大学,开启了一名音乐师范生的学习道路。同年12月,在中国音乐教育界具有里程碑意义的"第六届国民音乐教育研讨会"在广州召开,当时的李妲娜老师年仅44岁,时任中国音协音乐教育委员会副主任,是大会的主要组织者。据李妲娜老师介绍说,当时由管建华教授首先提出"以中华文化为母语的音乐教育"这个大会论题,樊祖荫、杜亚雄、王耀华、管建华、谢嘉幸、郑莉、杨立梅、薛艺兵等教授均围绕论题发表了文章。根据我所查阅的文献,当时的大讨论对于"母语音乐教育"的概念解读和理论阐释深入且广泛,至今看来也不过时。然而20多年过去了,中国的音乐学院(包括高师院校)依然在以欧洲音乐体系为标准培养人才,如人类学家吉尔兹所说"就像是在自己家门口放了一群别人家的羊",中国的民族音乐教育体系至今尚未建立起来,国内音乐界一味奉西方文化为圭臬,缺乏文化自信而不自知的境况令人担忧。

客观地说,自1995年"母语音乐教育"的概念提出后,音乐教育界从思想上无疑统一了思想、提高了认识,但真正落实到教学实践当中,却是困难重重,首先面临的就是音乐师资的知识结构亟须调整的问题。培养中小学音乐师资的高师院校一直以来就是以欧洲音乐体系为内容和标准在培养人才,许多中小学音乐教师对自己家乡的传统音乐一无所知,更不用说去教学生热爱家乡的音乐文化了。正是基于培养母语音乐师资、期待"星星之火可以燎原"的考虑,我才于2017年元月举办了几期"中国原本性母语音乐教育师资培训班"。

"中国原本性"的概念最初也是我的博士导师管建华教授给我的博士论文命题,"原本性"是借鉴奥尔夫"原本性音乐教育"的概念,体现出"借鉴世界三大音乐教学法教授中国传统音乐"的教学理念,试图从教学实践层面落实弘扬传统音乐、建立民族音乐教育体系的实际问题。正如李妲娜老师所说:"音乐教育是一门实践艺术,我们需要理论家的理论支撑,比如我会拉管建华、刘沛、蔡乔中一起培养硕士研究生,但我国需要更多能在一线扎扎实实做教学、躬身践行搞实践的音乐教育人才。"[①] 我对李妲娜老师的这番话深表认同,再好的教育理念也要靠广大一线教师落到实处。但符合母语音乐教育要求的音乐师资从何而来?专业音乐教育和国民音乐教育、高校音乐教育与基础音乐教育该如何互相助益和滋养?谁来做这些具体的工作?

樊祖荫老师在2016年5月的中国音乐学院博士论坛上听了我的论文演讲后说:"建立'中国母语音乐教育体系'是个大工程,需要团结一大批音乐界人士长期不懈地努力。很高兴你能以此为题,做一些实实在在的工作。"黄凌飞教授是云南艺术学院民族音乐学者,她说:"弘扬母语音乐文化需要践行者,如今国家提倡、政策扶持、专家支持,弘扬传统音乐文化正当其时。永娜加油吧!我支持你!"[②]

---

① 根据2016年6月19日我和李妲娜老师在她成都家中的谈话整理。
② 2016年12月2日,云南艺术学院黄凌飞教授在昆明宾馆与我的谈话。

图 22 　　　　　　　　　　　　　　图 23

图 24 　　　　　　　　　　　　　　图 25

（注：图 24、25 是 2017 年 1 月，中国原本性母语音乐教育培训班先后在乌鲁木齐、北京、郑州举办）

实际上，在多年的实践过程中，我身边还聚集了很多音乐院校及中小学的音乐老师，她们一直都在默默关注、认真学习一些音乐教育与教学法发展的前沿动态。也许是"天时地利人和"的缘故，2017 年初，我在 24 小时内一口气设计了乌鲁木齐、北京、郑州、昆明等四期"中国原本性母语音乐教育师资培训班"[①]，并邀请了十多位音乐师资培训专家，就连颇有个性的著名民族音乐学家、年逾古稀的杜亚雄教授也同意出山为我的培训班讲课。他说："你干的是正事儿，我当然要支持你！"[②] 赵塔里木教授曾评价说"这四期班的地点找得很有代表性"，并鼓励我做好这次母语音乐教学实践的"田野考察"工作。这对我这个小小的博士生来说，是何等的鼓励和支持！除了感动和感恩，只有脚踏实地干起来，才能不辜负这些师长们的期望！

2017 年 1 月 1 日，"中国原本性母语音乐教育师资培训班"在乌鲁木齐首次开班。当天早晨下了鹅毛大雪，来自全疆各地的 18 位音乐老师和研究生汇聚在一所民办幼儿园暖意浓浓的大舞蹈教室里，开始了为期三天的快乐学习。我当时由于重感冒已经咳嗽将近一个月，并有了轻微哮喘的迹象，但通知发出了、场地租好了、老师聘来了、学员报名了，我不

---

① 其中前三个班都如期完成，昆明班因招生人数太少而取消。
② 2016 年 11 月 1 日在杭州育华国际学校杜亚雄教授与我的谈话。

敢退缩也不能退缩！新疆是我出生的故乡，我把乌鲁木齐作为培训班第一站，有一份特殊的情怀在其中，所以第一炮必须打响！乌鲁木齐班结束后，我在乌市郊外的南山度假区休养了几天，病情有所好转后就立即飞回了北京。在随后十多天里，我又在北京和郑州各举办了五天的师资培训班，其间可以说克服了重重困难才把这个艰巨的任务完成。困难不仅仅是指招生的困难，也包括一些师长和同行的不理解甚至诘问。在中国这样的社会环境下，只要你去做事，就一定要准备好接受非议和批评，但我不愿意把时间浪费在与别人争辩上，懂我的人不必解释，不懂我的人解释也没用。我只坚信自己做的事情是对的就去做了，总觉得有一种使命感推动着我，必须要完成这个任务，当时也不知我心中哪来的这股坚定的信念！

  2021年五一节期间，我在北京举办了奥尔夫与柯达伊教学法中国本土化师资培训班，特邀杜亚雄教授、吴灵芬教授前来培训班授课。杜亚雄教授因刚刚做完手术，坐在轮椅上，每天由工作人员推着前来授课，令人无比感动！吴灵芬教授原本约定讲一个小时，但她太热爱音乐教育事业、太喜欢跟老师、学生们分享自己的亲身经历和宝贵经验了，结果从下午两点一直讲到六点。在晚宴上，我们又畅聊到九点多，她依然意犹未尽、兴致勃勃。当我们说要用车送她回家时，她却坚持自己打车回家，令人感动和敬佩！

图26

图27

图28

图29

（注：图26~29是2021年5月，中华母语音乐教育师资培训班在北京举办）

在举办一期期音乐师资培训班的过程中,我曾遇到过重重阻力和种种非议,让我时常想起李凌先生、李妲娜老师等前辈艰难办学的往事。20世纪80年代,时任中国音乐学院院长的李凌先生办起了社会音乐学院(1981年)、中国函授音乐学院(1984年),同时培养专业及普及性音乐人才。当时新中国文艺事业已在"文革"中被打压得千疮百孔,但他不顾办学条件简陋,积极招募学员培养人才。彭丽媛就是李凌先生在广州聆听音乐会时发现的一个歌唱好苗子,遂选拔她到中国音乐学院学习,后来她成为中国第一位民族声乐硕士。

我还想起了1985年李妲娜老师接触到了德国奥尔夫教学法之后,在廖乃雄教授的鼓励下,44岁的她毅然走上了学习和传播奥尔夫教学法的道路,期间不知经历了多少人说她"崇洋媚外",听了多少冷言冷语、讽刺挖苦。但李老师对此不管不顾,用她的话就是"我才没功夫搭理那些人呢!"李老师说:"老爸一辈子谦卑谨慎、弯腰做人,'文革'时不是照样受到了不公待遇和打击吗?你能管好自己怎么做,还能管住别人的嘴怎么说吗?以前老爸总说我的缺点就是爱夸夸其谈,他希望我少说多做,真正沉下心来埋头苦干。"应该说,李妲娜老师真不愧是音乐名家之后,丝毫没有辱没家族和时代的使命。三十多年来,她孜孜不倦地做着奥尔夫教学法师资培养和培训工作,请国外专家来华讲学、走出国门参加学术会议,一心一意培育人才,如今"奥尔夫在全国已遍地开花了"[①]。

李妲娜老师常说:"八十年代邓小平同志提出的'面向现代化、面向世界、面向未来'始终是我的教育指导思想。我们学习奥尔夫的最终目的是为了借鉴他国经验、开展好中国音乐教育事业。"[②] 自1985年进入中国音乐家协会音乐教育专业委员会工作至2021年她卸任中国音乐家协会奥尔夫专业委员会会长一职,李老师投身音乐教育事业的36年,也是她引领中国奥尔夫音乐教育界蓬勃发展的36年。她以20世纪80年代邓小平同志提出的"面向世界、面向现代化、面向未来"为指导思想,以1999年全国第三届教代会提倡的"培养学生创新精神与实践能力"为信念,以2000年亲自参与九年义务教育《艺术课程标准》的制定为契机,以"它山之石可以攻玉、星星之火可以燎原"的决心,以极强的事业心躬身践行、以"俯首甘为孺子牛"精神在中国不遗余力地传播奥尔夫音乐教育数十载,培养了一大批优秀的音乐教师和青年学子。

进入新世纪后,李妲娜老师依然退而不休,"老骥伏枥,志在千里",先后以北京中央音乐学院、广州星海音乐学院、成都金娃娃教育培训中心为奥尔夫教学实践基地,培养了一批又一批奥尔夫青年师资人才。李老师总能让我们有幸站在巨人的肩膀上,随时了解世界音乐教育发展的前沿动态。她不忘初心、牢记使命,带领奥尔夫专委会这支队伍披荆斩棘、砥砺前行,最终使得奥尔夫教学法在中国遍地开花、在音乐教育界深入人心。

目前,奥尔夫教育已在中国广泛运用于高校、中小学、早教、幼教、音乐治疗、企业文化团建等各个领域,让无数一线音乐教师成为播种爱与美、传递音乐和欢乐的使者,让千千万万的青少年儿童爱上音乐课。李妲娜老师今年81岁了,她为音乐教育事业奉献了

[①] 2016年9月30日,李妲娜老师在成都举办的中国音协奥尔夫专业委员会首届骨干教师会议上语。
[②] 2006年6月,李妲娜老师在北京方庄家中与我的谈话。

后半生的精力,投入了极大热情,也取得了累累硕果,对于中国奥尔夫音乐教育事业更是厥功至伟。

正如习近平总书记所说的,中国文化应"不忘本来,吸收外来,面向未来"。李妲娜老师也常引用习近平总书记的那句话——"空谈误国,实干兴邦"。我近年来所开办的"中国原本性母语音乐教育师资培训班",正是秉承了李妲娜老师的教育理念,试图培养一批懂得传统音乐、又掌握现代教学方法的音乐师资,使他们能够借鉴开放灵活的外国音乐教学方法开展好中国民族音乐教育,从而弘扬中国优秀传统音乐文化。因此,当身边所有人都惊讶于我为何非要坚持举办各类音乐师资培训班时,只有我自己知道,这股坚定的信念和力量是从何而来!

写到此,我不由得想起几天前看的那部电影《无问西东》。这部本为清华大学百年校庆而拍摄的影片,多个场景触动了我的泪点。也许是因为我从中看到了"明德新民、止于至善"的大学精神,"自强不息、厚德载物"的人文精神,以及"学高为师、身正为范"的师者情怀。由此,我好像找到对李老师的方庄故居念念不忘、一再探访的原因了,就算是我对音乐教育理想的一种"朝圣"吧。谨以此文,纪念那些不该被遗忘的恩师们!

作者简介

尚永娜,河南大学音乐学院音乐教育专业硕士生导师,中国音乐学院艺术学博士。国际音乐教育学会(ISME)会员,国际柯达伊学会会员,中国音乐家协会奥尔夫学会理事,中国少数民族音乐学会理事,河南省音乐家协会会员。曾十余次赴奥尔夫学院、柯达伊学院、纽约大学、肯塔基大学、旧金山学校学习三大音乐教学法,曾四次代表河南大学参加世界音乐教育大会,曾应邀赴香港教育学院、中国音乐学院、浙江音乐学院等二十多所高校讲学,主持或参与全国各地师资培训班百余场。发表学术论文35篇,参编教材、著作、论文集8部,主持、参与科研课题10余项,2015年被评为"河南省教师教育专家",2021年被聘为"中原名师合作导师"。

奥尔夫教学法的时代意义与中国表达
——2022年"教学法研究·中国元素的奥尔夫教学"研讨会的理念与探索

● 熊至尧

【内容摘要】 文章聚焦2022年"教学法研究·中国元素的奥尔夫教学"研讨会,对会议进行分类和梳理,提炼了主题发言、实操课例、研讨论文、专家论坛的主要内容,并进一步归纳奥尔夫教学法在当下的时代意义以及本土化的表达方式。

【关键词】 奥尔夫教学法,中国元素,音乐教育

2022年9月26—28日,中国音乐家协会奥尔夫专业委员会、上海音乐学院共同主办的"教学法研究·中国元素的奥尔夫教学"研讨会以线上形式举行。该会议自八月正式发布通知以来,腾讯研讨会两千人的报名上限便迅速满额。会议得到了音乐教育领域各方的高度关注,中国音乐家协会副主席、上海音乐学院院长廖昌永,中国音乐家协会副主席、哈尔滨音乐学院院长杨燕迪,上海音乐学院前任院长江明惇,中国教育学会音乐教育分会理事长蔡梦,德国慕尼黑音乐与戏剧大学教授、北京师范大学特聘教授沃尔夫冈·马斯特纳克等分别致开幕词,对大会的召开寄予期望。

奥尔夫专委会会长、上海音乐学院余丹红在开幕式上对会议的基本立意做了如下阐释:

"作为对我国当代音乐教育学科发展有着巨大历史意义的奥尔夫教学法,在改革开放之初直接启发了我们的学科意识与学科觉醒。这种启蒙意义在过去、现在和未来都将显示其力量。奥尔夫教育协会在全世界几十个国家均有设立。对奥尔夫教育理念的深入研究与本土化发展的尝试,是其生生不息的源泉与动力。改革开放四十多年之后,我们目前对音乐教育学学科架构有了全面的理解,并真切地看到了世界上各种不同的教学方法对于推动音乐教育的意义所在。因而在21世纪的今天,我们没有理由摒弃音乐教育领域宝贵的思想遗产,同时我们也肩负改革与创新的使命,如何让一切富有创意的理念与实践经验在中国的土地上开花结果。这种责任意识,将是我们未来事业发展的内在动力。"

奥尔夫本人认为,教学法犹如一颗"火种",能在历史长河中不断迸发新的生命力[①]。这种理念为奥尔夫教学的中国化提供了理论与实践的可能。因而在当下我们需要思考的是,

---

① 李妲娜、修海林、尹爱青编著:《奥尔夫音乐教育思想与实践》,上海教育出版社,2011年版,第33页。

从时间维度上看,奥尔夫教学法在当下教学语境中的研究意义究竟为何?从空间维度上看,奥尔夫教学法中是否可能融入更多的中国化元素?

面对这些问题,为期三天的"教学法研究·中国元素的奥尔夫教学"研讨会通过立体化的会议架构,从历史回溯、教学实践、学术研究、教育与传播、跨学科研究等多重角度,尝试探索当前奥尔夫教学法的时代意义与中国式表达。

一、探寻来路:回溯发展历程

作为中国音乐家协会奥尔夫专业委员会具有阶段性意义的一次盛会,总结奥尔夫教学法在中国四十年发展历程当属重要内容之一。

在此次大会的"主题发言"中,奥尔夫专委会前会长李妲娜和中国音乐学院的刘沛,分别进行了题为"奥尔夫教育进中国四十年回顾"和"奥尔夫教学法与上海音乐学院音乐教育专业建设"的发言。

李妲娜在发言中对奥尔夫教学法在中国的发展历程进行了简明扼要的梳理:从时任上海音乐学院音乐研究所所长的廖乃雄,在20世纪80年代系统引入奥尔夫教学法体系以来,经贺绿汀、江明惇等历任上海音乐学院院长的大力支持,奥尔夫教学法的理念、方法、工具、课例等内容逐渐走向了全国。她的讲述以十年为一个阶段,用翔实丰富的图片和生动鲜活的事例勾勒出了奥尔夫教学法在中国起步——前行——扎根——壮大的历史图景。作为助推奥尔夫教学法在中国发展的亲历者,李妲娜的发言内容颇具历史价值,尤其是有关廖乃雄先生的传播工作、奥尔夫教学法国内师资的早期培养、欧美专家交流活动等相关信息,都是不可多得的史料,对奥尔夫教学法本土发展史的梳理有着重要意义。

如果说李妲娜的总结侧重于概览式的宏观回顾,那么刘沛的发言则聚集在上海音乐学院音乐教育系这一焦点上。他系统地回顾了上海音乐学院音乐教育系的发展过程,并重点梳理了上海音乐学院音乐教育系在奥尔夫教学法本土传播过程中的重要作用。他认为,在当时并未形成清晰的音乐教育学科建设的概念时,以上海音乐学院引入奥尔夫教学法为契机,推动了学界对学科体系建立的思考、对音乐教育中国传统文化的思考,以及如何与世界同行、成就接轨并对话的思考等。此外,他还在发言中以"道法自然"这一充满中国传统哲思的理念作为奥尔夫教学法的注脚,指出奥尔夫教学法在顺应儿童"好动"天性、遵循音乐自然表达规律等方面,可以用我国的道家思想进行解读。

主题发言中归纳的内容不仅从不同维度总结了奥尔夫教学法在中国传播与壮大的过程,也同时使本次研讨会的重点议题——探索中国文化语境下奥尔夫教学法的内在意义——有了一个颇具启发性的开端。

二、因时而变：再思核心观念

奥尔夫教学法为何能够获得持续发展的动力、为何可能与中国音乐元素相融？这与奥尔夫教学法的核心要旨——"原本性"内含的广博智慧有着密切联系。奥尔夫曾说："一切'时新'的东西，为时间所决定都会不时新，原本性的东西却以它的没有时间性，在全世界各处得到理解。"[①] 可见，"原本性"的思想由于触及音乐艺术自身最为基础的发展规律和运作逻辑而具备了超越时间的恒定价值，围绕这些内容，又可以根据不同的使用环境延展出不同的思想内涵。由此我们要问，在大力弘扬优秀传统文化的今天，还能对奥尔夫教学的理念进行何种具有中国色彩的解读？还能对奥尔夫教学法的具体操作步骤进行哪些具有中国色彩的尝试？对此，不少与会论文提供了有益思路。

台州学院叶高峰的《中国传统文化视野下奥尔夫的"原本性"概念阐释》从音乐的起源论、音乐的体验论、音乐的表现论三个角度出发，在我国传统文化及音乐中寻找与奥尔夫教学法理念相契合的要点。作者认为，奥尔夫的音乐教育理念之所以具有生命力，正在于它充分认识了东西方文化的差异以及音乐专业和音乐教育的本质和价值；西北师范大学李莉的《奥尔夫教学法"原本性"精髓的中国文化解读》一文同样从中国传统文化出发，将奥尔夫教学法中的原本性、儿童观、教学设计、创造性意义等，用"道法自然""顺木之天，以致其性""虚往实归""生生不息"等颇具我国传统哲学意味的词语进行归纳，探索了奥尔夫教学法与我国传统文化之间可能存在的交汇点。

此外，还有从不同角度对奥尔夫教学法的教学内容进行反思与拓展的尝试性研究。如上海心音合唱团的叶婷、李玮捷的《奥尔夫教学在剧场音乐教育中的运用》将奥尔夫教学法运用到"剧场"这一环境中，通过各种"沉浸式"的音乐活动，凸显了奥尔夫教学法中"整体艺术"的观念，丰富了中国文化元素在音乐互动中的使用方式；中央音乐学院陶源的《遗珠重拾——论中国民族民间舞蹈在"原本性音乐教育"中的运用》和安徽师范大学音乐学院毛宇静的《奥尔夫音乐教学的具身认知意蕴》为奥尔夫教学法实践提供了新的研究视角：前者从奥尔夫教学法的发展历史出发，回溯了"原本的舞蹈"，并立足于我国传统的民族民间舞提出了"原本性舞蹈"的概念，后者则从"具身认知"的观点切入，强调了奥尔夫教学法在综合性、参与娱乐性和即兴创造性上的具身特点；中国音乐学院任恺的《国外"音乐教学法"有效成分的探索与整合——兼论中国创新性音乐教学理论体系的建设》以"有效性"为关键概念，对以奥尔夫教学法为代表的诸多教学法进行共性研究，提出取各家之所长并基于本土文化加以重构的观点；武汉音乐学院黎莎的《汉语语言韵律节奏在原本性音乐教学中的运用》站在语言学角度对口语中的韵律和节奏进行细致分析，并把方言诵读的短语与声势进行排列组合，形成了颇具表现力的课堂作品；金华市青少年宫李晟恺的《中国元素在奥尔夫教学中的应用——以〈捕鱼歌〉为例》和云南民族大学马雁的《论钢琴曲〈滇南

---

① 李妲娜、修海林、尹爱青编著：《奥尔夫音乐教育思想与实践》，上海教育出版社，2011年版，第43页。

山瑶三首〉的奥尔夫本土化教学研究》分别将奥尔夫教学法融入到本土歌曲与器乐曲的教学过程中,并都设计了音乐要素建构、即兴等环节,再次验证了利用奥尔夫教学法进行中国音乐作品教学的可行性;上海工程技术大学松江附属泗泾实验学校肖寒、张智瑜的《奥尔夫音乐教学法在我国学前教育中的实践研究——以威海市古寨(红缨)幼儿园为例的个案研究》则通过实证研究方法,从幼儿园教学实践中寻找教学法中国式路径;河南大学尚永娜的《云南基诺族乐器"七科"和"布谷"与奥尔夫音筒乐器的比较研究》将我国少数民族乐器与奥尔夫音筒乐器在制作方式、音色等方面进行全方位的比较,并以此为切入点,提出我国少数民族歌舞与奥尔夫音乐教育可在不同领域、不同内容上相互借鉴学习的观点;上海音乐学院杨丹赫的《奥尔夫教学法元素在哥伦比亚大学音乐教育项目中的应用与思考》则从比较研究的视角,探讨了哥伦比亚大学音乐教育项目中使用中国元素进行的奥尔夫教学,其角度新颖,观点独特,从一个侧面反映了中国传统文化传播的深度与广度。

三、因地制宜:探索本土元素

除了在理论上对奥尔夫教学法的核心理念和内容进行本土化解读之外,研讨会还集中展示一系列用奥尔夫教学法教授中国音乐作品的课堂实例。这些课例从不同角度入手,将或具有中国文化特色或根植于本土的音乐材料辅以奥尔夫教学法进行教学尝试。

在所有展示课例中,以"声势律动"和"乐器"这两个角度作为主要切入点的课例较多。前者如陈蓉的"奥尔夫歌唱教学的本土素材探索"、许卓娅的"藏族圆圈舞专题交流"、叶婷的"羌家乐"、顾家慰的"我的家在日喀则"、聂新悦的"包子、剪子、锤"、何璐的"娃娃跳月"等;后者如彭瑜的"锣鼓经";韩瀚的"节奏与节拍训练";刘嘉雯、黄沙玫的"粤剧锣鼓与锣鼓经";王颐的"丰收锣鼓";黄家婧的"器乐演奏";王越的"十面埋伏"等。

在以"声势律动"为切入点的课堂中,教师们发挥了奥尔夫教学法的综合性特点,将演唱、念诵、音乐游戏等内容和肢体动作相结合。同时,教师还根据选取的音乐作品的特性衍生出不同的课堂特色。如聂新悦的"包子、剪子、锤"紧扣教学对象的年龄特点,在音乐游戏中凸显核心教学内容,使歌曲的节奏、旋律潜移默化地浸入孩子的心间;再如何璐的"娃娃跳月",将传统民歌"阿细跳月"中的旋律与身体表达,作为连接中国文化与墨西哥文化的切入点,为一节平凡的音乐课带来了深层的文化意义。在以"乐器"为切入点的课堂中,教师们展现了奥尔夫教学法中的层次性特点,即围绕不同作品中最为重要的音乐要素,环环深入、层层建构。如彭瑜的"锣鼓经"从极具代表性的京剧锣鼓经入手,示范锣鼓经的唱法和奏法,并以此为基础介绍潮州大锣鼓、湖南土家族打溜子;再如刘嘉雯、黄沙玫的"粤剧锣鼓与锣鼓经"将粤剧锣鼓经与声势相结合,在感性认知的基础之上依次拓展教学内容,有效地深化了教学对象的理论知识;再如詹燕君的"'映山红'奥尔夫本土化教学案例",以《映山红》为核心,通过奥尔夫乐器组合探索、情境创设、即兴编创等环节,探索了新型的传统音乐表现形式。

除了上述两种角度之外，还有从即兴角度切入，如黎莎的"奥尔夫即兴教学在音乐课堂中的运用"、谢呈的"音乐导向的动作即兴"等；从声音的强弱、速度的快慢角度切入，如李燕的"山谷静悄悄"；李莉、郑敏燕的"体验不同意境中的力度和速度"等；以歌曲演唱和情感感知为主的课例，如王静的"花蛤蟆"；陈芷欣、刘悦的"修鞋匠"；董富贤的"岭南春早"；王迪的"游子吟"等。

在这次会议中，还有一个非常明显的特点，就是对教学法的普遍探究，而不局限于奥尔夫教学法。最为典型的例子是上海音乐学院王海灵的"柯达伊教学法初探"，生动演绎了柯达伊首调唱名法精髓，在行云流水般的转调练习中，学生们展示了出众的音乐能力。这种充满音乐技术性愉悦感的展示过程，预示着教学法研究的未来趋势——法无定法，融合性使用各种不同的教学法，使音乐教育的质量获得提升。

四、立足时代：拓宽未来路径

除了对奥尔夫教学法的理念和实践开展诸多讨论之外，音乐教学法未来的整体发展态势也是本次研讨会的重点之一。对此，大会专门设立了以"教学法在音乐教育学科体系中的地位与作用"和"教材开发与资源共享——融媒体时代的教学法研究与开发"为主题的论坛。

在"教学法在音乐教育学科体系中的地位与作用"论坛中，来自一线的教育工作者们就"教学法"在基础教育阶段和高等教育阶段中的重要性提出了各自的看法，其中既包括历史回溯、现状研究，也包括经验总结和问题归纳。

华东师范大学教授、上海市音乐教研员席恒从实际音乐教学情况出发，认为由于教学内容、方法和时间等原因，造成了当前基础音乐教学流程多固化、模式多僵化的困境，并据此提出应当在遵循音乐审美规律和学习规律的前提下，根据教学内容、学情差异等实际情况，灵活运用各种教学方法，做到"教有教法、教无定法"；西安市铁一中学罗琦以"中小学教学法实践的思考与期盼"为题目，总结了"文化式""技能式""体验式"三种不同类型的音乐教学法课堂，随后根据自身的经验提出了"音乐教学受文化课教学模式影响""音乐教学实践受学校教研及教学环境影响""教师教法缺乏目标引领、教学实践碎片化""中国元素在音乐课堂中被忽视"等问题，并围绕此提出凸显音乐课堂特色、构建"中国元素"音乐教学法理论体系、教研部门以音乐教学法为教研重点、推进音乐教学评价等期望；北京教育科学研究院程郁华认为，应处理好"中国元素"和"教学法"之间的关系，即认清本土音乐材料的特性与不同教学法背后的本质特征及关键理念，并基于"立德树人"的根本任务和艺术课程的核心素养创设音乐教学活动。

专业院校作为培养音乐教师的重镇，其音乐教学法的课程开设与实施情况，关乎基础音乐教学的质量和长期发展。浙江音乐学院教务处副处长王丹琴以"作为一门课程的教学法"为题，回顾了音乐教学法的发展历程，并结合当前部分高校的音乐教学法课程设置，总结了高校专业教师人才培养的经验教训;南京师范大学教授向文以"核心素养引领下高校音乐教育专业教学法发展的新趋势"为题,指出了高校中的音乐教学法课程,由单一目标走向综合目标、持续受大教育学科影响、国外教学体系与中国元素全面融合、高校与中小学音乐课堂智联互通等新趋势;台州学院叶高峰则从高师人才培养和中小学艺术人才培养两个角度总结了奥尔夫教学法的优势和作用;杭州师范大学曹登银聚焦于高校音乐教育专业中的教学法课程设置,比较了多所院校相关课程的开设情况以及具体课程安排;首都师范大学郑莉强调了基层音乐教师对教学法核心理念掌握的重要性,并积极呼吁高校音教人才投身到一线教学实践当中,做到理论和实践的双向支撑。

在"教材开发与资源共享——融媒体时代的教学法研究与开发"论坛中,来自媒体行业的出版人,对教学法的未来发展提供了更多传播媒介上的可能。上海音乐出版社王媛媛立足于"融媒体"的意义解读,指出当前的出版行业正处于将文字、影像、声音、图片、乐谱等不同媒介进行融合出版的时代,而在未来的教材出版中,更加数字化的模式将为教学法的研究与实践带来更多变化;浙江教育出版社李世钦以"课程、教材开发的工具和发展方向——从融媒体时代到元宇宙时代"为题,介绍了在"融媒体时代"下的 AR 技术,以及"元宇宙时代"下的 720 度全景课程、虚拟人物课程、VR 课程等技术在音乐教学法实践中的尝试;上海音乐学院出版社鲍晟从目前奥尔夫教学法的图书类型入手,将主要流行的图书分为理论类和实践类,并针对未来奥尔夫教学法的图书类型提出了自己的期望,如开发带有中国元素的奥尔夫音乐教材、拓展具有中国色彩的奥尔夫教学法素材类图书、灵活运用融媒体平台等。

同时,会议安排的教学法跨学科研究呈现了新的理论与实践版图:华中师范大学的赵洪啸以"万物皆乐器"为题,对奥尔夫教学的创造性思维进行了纵深拓展,赢得了极高的关注度;四川音乐学院马夕然以"乐在其中——音乐促进儿童心理健康"为题,对奥尔夫音乐治疗问题进行了论述,体现了深刻的社会责任与情怀;上海音乐学院顾未晞的"声势律动在'礼乐'融合教育中的实践",将奥尔夫教学与中华传统礼乐结合,展现了年轻一代对中华优秀传统文化的敬意,同时也体现了教学法研究新锐的文化底蕴与专业素养。

为期三天的大会,内容结构安排精密,体现了深刻的学术内涵与务实求真的工作态度。会后回放的会议视频更是令广大音乐教育工作者受益匪浅。大会聚焦精准,效率品质堪称一流,令笔者深感国内学界对奥尔夫教学法在研究、总结、运用上的多样性与会议组织工作严密性,这使得这次大型网络会议展现了非同寻常的优秀品质。

奥尔夫专委会会长余丹红认为,奥尔夫教学法是一个开放的、散文诗一般的教学形式[1]。正是由于这一"开放"的特性,才使得奥尔夫教学法能够在今天被赋予更多具有时代烙印的解读和中国特色的表达。期待在不久的未来,奥尔夫教学法将持续以一种与时俱进的焕新之姿勃发于中国音乐教育的蓝图之中。

---

[1] 余丹红:《奥尔夫教学法原理再释义》,《人民音乐》2018 年第 10 期,第 70 页。

作者简介

熊至尧,上海音乐学院音乐教育学博士,中国音乐家协会奥尔夫专业委员会会员。主要研究领域包括音乐教学法、音乐教育比较研究等。曾获评《中国音乐》第一届硕博研究生优秀毕业论文(音乐教育)、第七届"中国—东盟"当代音乐周乐评比赛第一名、第八届"上音院社杯"音乐评论"学会奖"三等奖、《音乐时空》全国双年期刊奖"理论文章"类一等奖、第二届"琴台杯"音乐评论比赛一等奖等,2023年"万叶杯"全国音乐教育论文比赛高校学生组一等奖,并在《中国音乐教育年鉴》《中国音乐》等刊物中发表多篇文章。

第三部分
中国元素·奥尔夫教学

遗珠重拾
——论中国民族民间舞蹈在"原本性音乐教育"中的运用

● 陶 源 （指导教师：童昕教授）

【内容提要】 本文回溯了奥尔夫教学法发展历史中对"原本的舞蹈"的遗落，提出"原本性舞蹈"这一概念，明确原本性舞蹈的界定和具体特点，从舞蹈与音乐的关系及其对音乐教育的作用角度阐释原本性舞蹈的功能和意义，继而探讨中国民族民间舞蹈与原本性舞蹈不谋而合的四个特点：原始的自然性、鲜明的节奏性、乐舞的融合性及自由的即兴性；并以教学实例说明在奥尔夫教学法本土化的过程中，原本性舞蹈应立足中国文化、发扬民族精神。

【关键词】 奥尔夫教学法，原本性舞蹈，中国民族民间舞蹈元素，音乐教育

提及奥尔夫教学法，人们往往会联想到"原本性音乐教育"（Elementarer Musikpädagogik），也会将关注的重点放在"原本性音乐"这一概念上。实际上，奥尔夫教学法不仅注重"原本的音乐"，也重视"原本的舞蹈"。在奥尔夫看来，富有节奏感和表现力的身体动作与器乐演奏、有表情地歌唱同等重要，这也是奥尔夫与舞蹈家均特一起创办学校的重要原因。"原本的舞蹈"是奥尔夫教学法中不容忽视的一部分，笔者认为可将奥尔夫教学法中舞蹈的部分称为"原本性舞蹈"，本文将围绕此概念展开论述。

一、原本性舞蹈的溯源

回眸历史，奥尔夫教学法在初创阶段将舞蹈作为最主要和极重要的部分，这在1924年建立的均特学校（Günther-Schule）的教学与人才培养模式中有明确体现。但是，由于奥尔夫教学法的第二阶段处于二战的社会动荡期，战火硝烟的严酷冲击使均特学校没能幸免于难，再加上奥尔夫教学法作品录音集"音乐诗"（Musica Poetica, 1975）和其重要出版物《为儿童的音乐》（*Musik Für Kinder*）仅限于听觉、理念和直观乐谱的传达，不能满足舞蹈需要借助视觉、听觉及亲身体验的动觉来传达的条件。因此在这一阶段，舞蹈作为奥尔夫教学法起源的重要元素受社会背景和传播条件的制约被遗落搁置了。直到1961年奥尔夫学院成立，被遗落的舞蹈元素才被重新纳入其教学体系中，虽然在此之前古尼尔德·凯特曼（Gunild Keetman）和特劳德·施拉特内克（Traude Schrattenecker）两位女士延续了均特学校时期的动作教育传统，但其产生的影响收效甚微，人们一度将奥尔夫教学法误解为仅仅是音乐的教学方法。

多罗西·均特（Dorothee Günther）是奥尔夫志同道合的好友，曾写过一篇文章，题目

便叫做《原本的舞蹈》①。在这篇文章中笔者看到原本的舞蹈与原本的音乐之间的共性。同原本的音乐一样,原本的舞蹈是自然的、简单的、动感的、有创造性的。在这里,我们必须明晰的一个问题是:原本的舞蹈与原本的音乐是并行不悖、相辅相成的关系,且两者缺一不可。失去了原本的音乐,原本的舞蹈便没有了听觉引领和时间架构而沦为"狂魔乱舞";失去了原本的舞蹈,原本的音乐也必将变得枯燥乏味、大失光彩,无异于"和尚念经"。总之,两者都寓于奥尔夫教学之中,构成奥尔夫教学的重要组成部分。

二、原本性舞蹈的功能和意义

奥尔夫从人类艺术文明发展的广阔视角回溯历史,看到了音乐与舞蹈同根同源,得出了"感于内心,动于身体——音乐源于动作,源于舞蹈"的观点,于是进一步倡导在教学上应当"让音乐和动作回归同根"②。这再一次印证了上述原本性舞蹈与原本性音乐之间水乳交融、不可割裂的关系。

在《论儿童的音乐和非专业的音乐》这篇文章中,奥尔夫指出:"音乐源于人的内心,教学也必然如此。音乐教学的开端,不是乐器,不是手指,不是姿势,不是和弦。音乐教学的起点,来自内心的寂静、自我的倾听——涌动的脉律、奇妙的呼吸。"笔者看来,这"涌动的脉律、奇妙的呼吸"是来自每个人与生俱来的身体能量和原始的身体冲动,而这正属于原本性舞蹈的范畴。均特也认为:外在表达的释放标志着内在的精神自由,自由的精神和松弛的身体是一切作为的关键。由此可见,原本性舞蹈有一个非常重要的功能——用松弛的身体表达自由的精神,使人将内心深处的感动不受拘囿地释放出来。

进一步讲,这种功能也为音乐教育的开展提供了有利条件,体现在以下三点。

(一)原本性舞蹈使音乐要素学习具象化、可视化

通过原本性舞蹈,学生可以将音乐的各个要素用身体展现出来,比如身体动作的速度变化可以展示音乐节奏的快慢变化;教学中用手自然地划出旋律线条可以展示音乐旋律的高低起伏;空间的移动能够展示音乐乐句的长度;舞蹈动作的重复能够展示音乐结构的循环往复等等。将抽象的音乐听觉具象化、可视化能够使学生更轻松地记忆音乐、理解音乐。

(二)原本性舞蹈使音乐情感体验更畅快、更自然

原本性舞蹈用联觉感知的方式来打开学生体验和表达音乐情绪、情感的围墙。音乐的律动触发身体的脉动产生动作的冲动,这种冲动在单一依靠听觉(听)、声觉(唱)的音乐教学中被禁锢而得不到释放。正如《毛诗序》中"情动于中而形于言,言之不足故嗟叹之,嗟

---

① 多罗西·均特:《原本的舞蹈》(Elemental Dance),《奥地利音乐杂志》(Osterreichische Musikzeitschrift),1962 年第 9 期。
② 卡·奥尔夫:《论儿童的音乐和非专业的音乐》(Thoughts about Music with Children and Non-professionals),1932 年(原版),2002 年,第 178 页。

叹之不足故咏歌之,咏歌之不足,不知手之舞之,足之蹈之也"的经典论述,可见舞蹈是人内心情感最自然、终极的释放。通过原本性舞蹈,学生的音乐学习便增加了动觉感知的渠道,他们可以通过身体的运动,畅快地体验与表达他们感受到的音乐情绪与情感。

（三）原本性舞蹈使音乐创造思维更灵活、更开阔

学生在原本性舞蹈的过程中能够获得音乐创造的灵感与启示。比如,身体的运动可以创造出各种各样的节奏,或许是学生之前从未听过、唱过的节奏,但身体已经表现了出来,于是便可把这种节奏有意识地移植到音乐的创造中用歌唱或奏乐表现出来。再如,舞姿在高、中、低空间的变换或许也能为创造音乐旋律的发展走向提供一种参考；动作幅度的变化或许为创造音乐时的强弱力度变化提供启发；动作的循环重复又或许能为创造音乐的结构安排提供思路……原本性舞蹈在身体上体现的多种可能性可以为学生音乐的即兴创造提供灵感、拓宽思路。

通过原本性舞蹈,可以使音乐要素的学习具象化、可视化；使音乐情感的体验更畅快、更自然；使音乐创造的思维更灵活、更开阔。通过原本性舞蹈我们能够实现原本性音乐的激活,由此可见原本性舞蹈对于音乐教育的重要意义。

三、原本性舞蹈的界定和特点

笔者通过查阅文献与影像资料发现,奥尔夫教学中的舞蹈教学理念受到了达尔克罗兹节奏教育、拉班动作教育及表现主义舞蹈思潮的影响,奥尔夫教学中的舞蹈教学内容又大多来自于欧洲各国的民间舞蹈素材。根据以上发现,笔者认为,"原本性舞蹈"的概念是包容而多元的,对于这一概念的界定,难以用一句话来简单概括提炼,那样会流于空泛抽象、缺乏评判标准,于是笔者尝试从以下七个方面总结出"原本性舞蹈"的具体特点。

（一）动作要素——包含走、跑、跳等基础步态,拍手、顿足等身体声势,以及自然简单的身体形态。

（二）动作时间——体现在舞蹈节奏上,多为稳定而有规律的均分节奏,极少或几乎不出现切分、附点节奏。

（三）动作空间——体现在舞蹈队形上,往往集体围成圆圈或列成横纵队,或至少两人牵手、勾肩、搭背等与他人在空间上形成接触、联结与交流。

（四）动作能量——多为干脆有力量的点状动作或有饱满能量感的线性动作。

（五）舞蹈结构——多次重复循环的动作,类似原本性音乐中循环往复的固定音型。

（六）学习方式——在群体互动交往过程中观察和模仿他人动作而习得,不需刻意练习、强行教习。

（七）呈现状态——舞蹈与歌唱、奏乐结合,动作可灵活变换、随机组合、即兴发挥。

综上,具备上述特点的舞蹈可被界定为"原本性舞蹈",它简单易学,使学生不必在与身体技术搏斗的煎熬中丧失学习的兴趣与动力。学生更快地投入舞动的状态,也便能更好地

感受音乐、理解音乐、表达音乐和创造音乐。

四、中国民族民间舞蹈里的"原本性"特点

奥尔夫教学中的舞蹈大多取材于欧洲各国民间舞,以此类推,中国的奥尔夫教学舞蹈部分也可将目光聚焦于中国的民族民间舞蹈。中国民族民间舞蹈是我们取之不尽、用之不竭的民族艺术宝库,在这个浩如烟海的宝库中蕴含着许多具有"原本性"特点的舞蹈,我们可以选取这些舞蹈并应用于中国的奥尔夫教学之中,形成具有中国元素的"原本性舞蹈",笔者将从以下四个角度来论述。

(一)原始的自然性

选取中国民族民间舞蹈中与原本性舞蹈所要求的自然性相契合的部分。多罗西·均特在其文章《原本的舞蹈》中认为用原始群落的舞蹈作为典范可以说明原本的舞蹈特征,而且原生态的舞蹈尤为符合儿童期的人性。中国民族民间舞中保有丰富多样的原始舞蹈遗存,其中诸多身体动作语汇直接来源于人们的狩猎、劳作、游戏等日常生活,经过一代代人观察模仿延续下来,是原始而不加雕饰、自然朴素、顺势而发的肢体表达。原始群落的舞蹈简单易学、直白直接,行进时大多为走、跑、跳等基本步态,为了便于群体之间的交流,队形也多为圆圈、横排、纵队等聚集队形,而非个体孤立于空间之中。这种舞蹈的动作,尤其在步伐上体现了不断重复与循环的特点,就像原本性音乐中自始至终不变的固定音型。这些特点与上述奥尔夫原本性舞蹈的特点恰巧一致。

比如我国西南地区傈僳族舞蹈"阿尺目刮",这种群众自娱性的舞蹈保留了原始舞蹈遗风,是由远古部落模仿山羊的动作演化而来的(傈僳族人喜爱饲养山羊)。此舞在身体自然的运动中无需强行塑造出复杂的造型,学生能够在群体中自然习得而不用刻意教习训练,其基本步伐中的顿足行进、蹦跳行进、蹉踩、跳跃,以及上身动作的摆臂俯身、摆头点头等动作(如图1和图2所示),都体现了原本性舞蹈动作要素中基础简单的特点。因此,可应用于教学之中,当然教学的主题在这里便是针对该民族歌舞文化展开了。

图 1　顿足行进　　　　　　　　　　图 2　蹦跳行进

原始的舞蹈也体现在对自然界中动物的观察与模仿,除了上述傈僳族对山羊形象的模仿外,中国民族民间舞中还有很多类似的例子,如傣族的孔雀舞(图3)、苗族的锦鸡舞、朝鲜族的鹤舞(图4)、塔吉克族的鹰舞(图5)、鄂伦春族的黑熊搏斗舞(图6)等等。这些舞蹈都是用简单的身体形态去模仿动物,中国的奥尔夫教师可以进行广泛了解与学习。在教学中巧妙应用民族民间舞中模仿动物形象的舞蹈,也正好吻合均特对原本的舞蹈"忽而大雁展翅高飞,忽而仓鼠钻洞潜行"的行为描述,有利于奥尔夫教学中游戏活动的开展、学生学习兴趣的激发和想象力的培养。

图3 傣族孔雀舞 　　　　　　　　图4 朝鲜族鹤舞

图5 塔吉克族鹰舞 　　　　　　　图6 鄂伦春族黑熊搏斗舞

(二) 鲜明的节奏性

中国民族民间舞蹈中蕴含着原本性舞蹈所要求的节奏性。均特指出:原本的动作是节奏性的,而节奏恰恰是生命脉动的表现。沃尔夫冈·马斯特纳克在对"原本性"的解读中认为"简单但引人入胜的节奏非常重要"[1]。"生命机能是动,而舞便是节奏的动,或更准确

---

[1] 沃尔夫冈·马斯特纳克著,余丹红译:《卡尔·奥尔夫的"原本性"概念阐释——为中国的音乐教育同行而作》,《音乐艺术(上海音乐学院学报)》,2020年,第169—178页。

点,是有节奏地移易地点的动,所以它直接是生命机能的表演。"[①] 闻一多先生也看到了节奏的重要地位,正是节奏这一要素展示了舞蹈的生命机能。中国民族民间舞蹈便是蕴含着勃勃生机与股股活力的舞蹈,因为其中富含着生动鲜明的节奏元素可以为我们所用。笔者认为,原本性舞蹈中鲜明的节奏性是指稳定的均分节奏,如八分音符、四分音符等能够使人瞬间找到规律并快速掌握的节奏,而通常不包括切分、附点等缺乏平稳、平衡感的节奏。

比如,蒙族舞中身体重心左右交替的颤步、摇篮步,还有耸肩、硬肩、硬腕等风格元素都是在均分节奏中进行的,且在 $\frac{4}{4}$ 或 $\frac{2}{4}$ 拍的音乐中与恒拍相合,体现了原本性舞蹈中动作节奏的特点。如下图7所示。

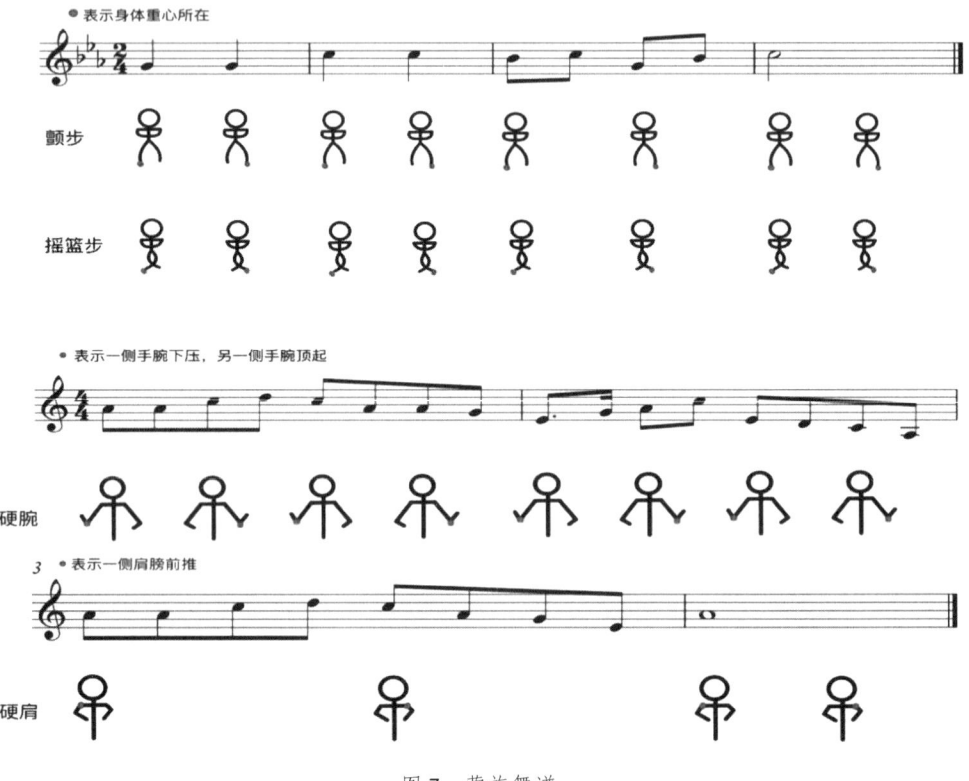

图7 蒙族舞谱

再如,藏族舞的基本动律颤膝与音乐的恒拍紧密结合,也体现了鲜明的节奏特征。还有藏族舞中的堆谐(又称踢踏舞),也是具有鲜明节奏特征的舞蹈,其节奏主要体现在步伐上,例如退踏步、抬踏步等典型步伐。这两个步伐如果用音乐节奏术语描述的话,可表示为两个八分音符与一个四分音符的组合。若将此节奏组合应用于教学中,可以使学生获得明确的节奏感知和愉快的情绪释放。如下图8所示。

---

① 闻一多著,朱自清、郭沫若、吴晗、叶圣陶编:《闻一多全集》(第一卷),北京三联书店,1982年。

● 表示动作所在部位

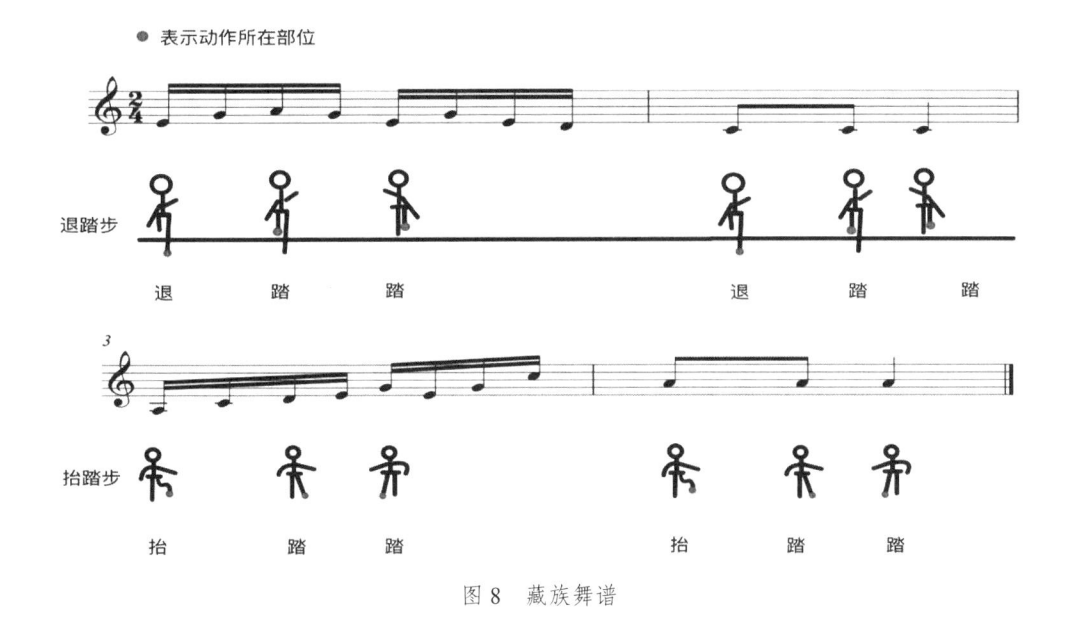

退踏步　　退　踏　踏　　　　退　踏　踏

抬踏步　　抬　踏　踏　　　　抬　踏　踏

图 8　藏族舞谱

诸如此类蕴含在中国民族民间舞中的均分节奏舞蹈元素数不胜数、难以枚举,这样的舞蹈节奏体现在动作上往往也表现出干脆利落的力量感,这就与原本性舞蹈的动作力量特点相一致,值得我们深入发掘与研究,从而扩充与丰富了具有中国元素的奥尔夫教学素材。

(三) 乐舞的融合性

中国民族民间舞蹈中歌、舞、乐三者结合的特征甚至可以追溯至远古时期,"昔葛天氏之乐,三人操牛尾,投足以歌八阕",这样具有融合性、综合性的艺术特征一直延续至今,沉淀在我国悠久的历史中,成为华夏子孙的一种民族基因。原汁原味的民族民间舞蹈并非仅有舞蹈动作,而往往以歌舞、跳乐、鼓舞、以乐伴舞的形式出现,笔者认为这些形式中能够体现原本性乐舞相融特征的,主要表现在边唱边舞和边奏边舞两种形式。

比如,彝族舞蹈"打歌"便是边唱边舞的形式。舞者在民族乐器芦笙和竹笛的引导下,应节而歌、踏歌起舞,以载歌载舞的状态将歌舞二者融合为一,这就体现了原本性舞蹈与歌唱、奏乐相结合的特点。

再如,彝族三弦舞(图9)也称"阿细跳月",舞者手持大三弦、小三弦或月琴等民族乐器,一边拨弦一边舞蹈;我国西南地区苗族、侗族、水族、拉祜族中广泛流行的芦笙舞(图10),舞者保持基本的舞步在圆圈队形中行进,一边吹笙一边舞蹈;瑶族长鼓舞(图11)、朝鲜族长鼓舞以及汉族鼓舞中的安塞腰鼓、太平鼓舞(图12)等等,虽然舞蹈风格不同,但都是舞者一边敲鼓一边舞蹈。这些都是中国民族民间舞中边奏边舞的典型形式。

图 9　彝族三弦舞

图 10　芦笙舞

图 11　瑶族长鼓舞

图 12　太平鼓舞

蒙族舞中的"筷子舞"也属于边奏边舞的形式。筷子舞的典型动作是舞者双手握筷敲击肩部、腰部、腿部以及双手筷子互相敲击；在这些动作过程中，筷子的敲击发出带有节奏性的声响，于是筷子已不仅仅是舞蹈道具，还可以被看作一种简易的、带有原本性特征的乐器，恰似奥尔夫乐器中的木棒。中国民族民间舞蹈中这种乐舞相融、浑然一体的状态体现着原本性舞蹈的特点，也吻合了奥尔夫所提倡的舞蹈、歌唱、乐器演奏同时发生，如下图所示照片便与中国民族民间舞中边奏边舞的形式同出一辙。

图 13　奥尔夫本人拍摄的"钹舞"[1]

---

[1]　图片出处：Tanz mit Cymbelin (Dance with cymbals), by Carl Orff (1895—1982), performance by the Gunther dance group, Monaco 1934. Diessen Am Ammersee, Carl Orff Museum.

因此,笔者认为可以将具有这种融合特性的中国民族民间舞蹈应用于奥尔夫教学之中,教师有条件和能力的话,可以用民族乐器(如竹笛、木鼓、芦笙、三弦等)为学生进行引领伴奏,令学生边唱边舞,也可依据学生能力鼓励学生作为演奏者吹笛或击鼓边奏边舞,在旋律的起伏与节律的变化中舒放性灵,获得身心的愉悦与和谐。

(四)自由的即兴性

中国民族民间舞蹈的即兴性也符合原本性舞蹈所倡导的自主创造内涵。均特在《原本的舞蹈》中有这样一句话:"之所以舞蹈,其中全部的重要奥秘,在于人的创造性活动。"奥尔夫也认为对他人思想的模仿或复制永远不是艺术和教育的追求。可见原本性舞蹈教学是提倡个体发挥自主创造性的一种启发性灵的教学。

民间舞蹈是一切创作舞蹈之母[1],古今中外的宫廷舞蹈大多从民间舞蹈中加工改编、创造而来,如西方芭蕾舞是在欧洲各地民间舞基础之上演变而来,中国汉代设乐府专门采集民间舞蹈以丰富宫廷舞蹈等等。因此笔者认为,民族民间舞蹈元素也可作为奥尔夫教学中引导学生创造的灵感来源。中国民族民间舞具有六大特性[2],其中之一便是即兴性。即兴与创造是不可分的,每一次即兴都是心灵与思想上的自由创造。中国民族民间舞蹈的表演程式规范性不强,舞姿造型也因人而异,具有随意性和可变性,这就为教学中学生的即兴创造让渡了极大空间。威廉·凯勒在其文章[3]中传达了这样的理念:应当向学生传达意图明确和勾画宽松的启迪,引导学生释放出新意无穷的创造能力。正如奥尔夫所主张的"种子精神",笔者认为教师可引导学生从一个简单的舞蹈片段入手,在基本的步伐或动作上灵活组合、即兴发挥,在不违背乐舞统一性和身心和谐性的原则下,鼓励学生发展变换出各种各样的形态动态,充分给予学生自由即兴、自主创造的空间。

易中天在《艺术人类学》中写道:"真正的、严格意义的舞蹈,不是跳给别人看或看别人跳,而是自己跳。"[4]这点很重要,将中国民族民间舞蹈素材应用于教学中时,教师应极力规避学生陷入刻板生硬、盲目练习的动作模仿和身体塑形之中,而失掉了灵动发散的活力与自我陶醉的心境。笔者思考,或许可从两方面解决这个问题:一方面,教师选取的民族民间舞素材首先应符合学生的身体能力,要足够简单易学;另一方面,教师在学生舞动过程中不应苛求其动作技术的精确性,而应更多关注学生情感的释放表达与美感的体验,笔者认为后者也正是艺术教育所追求的重要目标。

---

[1] 罗雄岩:《中国民间舞蹈文化教程》,第3页。
[2] 罗雄岩:《中国民间舞蹈文化教程》,第17页,民间舞蹈的特性包括继承性、群众性、自娱性、即兴性、适应性和民族地域性。
[3] 威廉·凯勒:《原本的音乐——定义初探》(Elemental Music-an Attempt to Define It),1962年。
[4] 易中天:《艺术人类学》,上海文艺出版社,1992年。

五、运用的实例

由于中国民族民间舞蹈中具备原始的自然性、鲜明的节奏性、乐舞的融合性及自由的即兴性这些"原本性"特点,所以我们可以提取具备这些特点的部分应用于奥尔夫教学之中。值得注意的是,上述四个特点既是教学素材的选取标准,也是教学素材的应用原则。在提取中国民族民间舞元素应用于教学时,应避免直接拿来和生搬硬套。

在此,笔者将用自己在中央音乐学院音乐教育学院幼教中心的一个教学课例作为说明。笔者从白族民间舞中提取了一些元素,如霸王鞭(一种由空心竹条或木条制成、两头装有铜钱或铃铛、能发出声响的舞蹈道具,见下图14)、几种基本步法和典型的动作形态,以图片的形式提示和引导学生(见下图15、16、17),令其观察想象、跟随模仿。待学生学会后,让他们自由选取动作要点进行组合,或双人对舞或集体共舞。学生在简朴的民间旋律中边奏边舞、循环重复。教师还可鼓励学生探索霸王鞭敲击身体部位的更多可能性,创造出属于他们自己的舞蹈。这里并不是直接照搬教授白族"霸王鞭"这种舞蹈,而是通过这种民族舞蹈元素帮助学生尽快尽情地投入舞动,完成身体的释放、表达与创造,从而实现奥尔夫教学所追求的健全的人格、性灵和富饶的精神世界。

图14 儿童霸王鞭教具

图15 表示纵握霸王鞭并敲击

图16 表示霸王鞭交叉敲击,先向上后向下

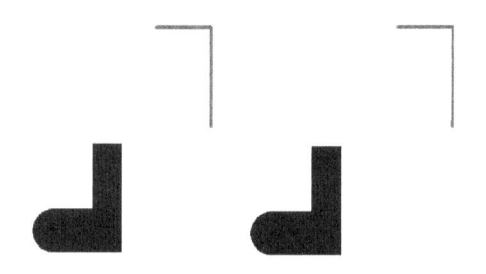

图17 表示霸王鞭依次敲击脚和肩膀

笔者在上文中提及的一些具有代表性的例子,仅为抛砖引玉,希望借此引起广大从事奥尔夫教学同行的重视和思考,从而加大对中国民族民间舞元素教学素材的开发与运用,推动我国优秀传统文化的传承与发展。

六、结　语

正如赫尔曼·雷格纳所言："在国外开展奥尔夫教材和教学法的工作,必须以本地孩子的经验为依据,一切从头开始。"[①] 在笔者看来,奥尔夫教学法在中国的使用应回归到我国的文化传统中去,带着一种本土资源的意识觉醒来重视原本性舞蹈这一概念,进而思考原本性舞蹈在中国的取材问题。每个国家与民族的文化土壤中都会孕育其独特的身体语言和舞蹈语汇,中国的民族民间舞便是受我国五千年深厚悠久的文明滋养而生发、成长,与中华民族的发展同呼吸、共吐纳,蕴含着各民族的民族心理、审美情趣和风俗习惯,承载着各民族的信仰和敬畏,沉淀着中国人内在的性情气质和精神内涵。因此,笔者认为在奥尔夫教学中原本性舞蹈取材时,应当优先考虑符合国人脾性、易唤起国人民族情感且根植于中国文化土壤中的民族民间舞,从中选取具有上述原本性特点的舞蹈元素应用于教学,引导学生体验富含我们文化特征的音乐典范与材料。这样做既可以使奥尔夫教学法这一外来教学法更好地适应中国文化环境,从而更好地发挥其教育价值;同时促进了作为非物质文化遗产的中国民族民间舞蹈的传承,也践行了坚守中华文化立场、坚定文化自信以及坚持转化创新的新时代文艺教育观[②]。

作者简介

陶源,中央音乐学院音乐教育专业在读硕士研究生。曾就读于北京舞蹈学院附中、中央音乐学院音乐教育专业本科,2021 年获中央音乐学院免试攻读音乐教育专业硕士学位资格。曾多次获"国家奖学金"、"三好学生"、中央音乐学院"优秀班干部"和"优秀团员"称号。

曾获北京市中职生文明风采作文大赛一等奖;在天津大剧院参演由著名指挥家汤沐海执棒的《马勒第八交响曲》;受邀代表中央音乐学院音乐教育学院赴匈牙利李斯特音乐学院并于柯达伊国际研讨会上表演歌舞;随中央音乐学院音乐教育学院幼教中心赴德国法兰克福表演原创儿童音乐剧《幸福的童年》,并在国家大剧院演出;发表原创歌曲《水调歌头·黄河》和《宋时明月》,担任作曲并演唱。

---

① 赫尔曼·雷格纳:《卡尔·奥尔夫的教育理念——理想与现实》(Carl Orff's Educational Ideas-Utopia and Reality),1975 年。
② 方江山:《浅谈学习习近平总书记关于"两创"重要论述的体会》,《人民日报》第 14 版,首届北京文化论坛发言摘编专版,2022 年。

中国元素在奥尔夫教学中应用
——以台湾民歌《捕鱼歌》为例

● 李晟恺

【内容摘要】 本文以奥尔夫音乐教育理念为指导,围绕"多感官体验""教学环节联结递进""发掘素材文化内涵"三个组织策略,对台湾民谣《捕鱼歌》展开教学设计。活动结合了"卡农""波尔动""回旋曲式"等常见的奥尔夫音乐组织形式,并融合嗓音即兴、肢体律动、打击乐器合奏等活动形式,展现了奥尔夫教育理念融合中国本土音乐素材开展教学活动的可能性与教学模式。

【关键词】 奥尔夫音乐,本土化,教学模式

奥尔夫音乐教育是世界著名三大音乐教育体系之一。20世纪末,奥尔夫音乐教育理念在我国开始传播,其原本性、即兴性、综合性的教育理念与感性多元的音乐活动形式让越来越多的教师意识到,要摆脱以讲授为主的传统音乐活动与教学模式,关注儿童在音乐活动中的多感官体验与情感表达。

一方水土养一方人。本土的民歌、童谣、游戏承载着一个民族的文化,滋养着一代人的记忆。奥尔夫十分强调音乐教育的"本土化",在其出版的德文教材《为儿童的音乐》中就收录了大量的德国民间故事、童谣与民歌,奥尔夫也鼓励各国教师结合本民族的文化开展教学。"音乐教育的本土化主要是指以传承本民族的音乐文化为基础,虽然也包括对外来的音乐文化的借鉴和移植,但最终目的是使本国或本民族的音乐文化得到延续和发展。"[①] 另一方面,音乐教育的本土化是指外来教学方法与理念与本国文化相互沟通和融合的过程,即在外来优秀教育理念与教学方法下对本民族的音乐素材进行教学。但受中西文化的差异、教师素养、班额人数等制约因素的影响,多数国内教师对该教育理念的理解仍停留在模仿阶段,主要体现在只能照搬培训课例,无法结合本民族的音乐素材自主设计音乐活动,这与奥尔夫的教育的本土化理念背道而驰。本文以台湾本土民谣《捕鱼歌》为例开展教学设计,结合歌唱、律动、演奏等活动形式,探索奥尔夫音乐教育理念下的本土化音乐教学模式。

---

① 王欣:《反思音乐教育本土化的困境》,沈阳音乐学院学报,2005年。

一、《捕鱼歌》的课堂教学设计

（一）探索感知——拥抱音乐

"音乐教育绝对不能脱离人的生活世界，而必须深深扎根于其中。"[1] 本土的音乐是源于生活的，承载着当地人民的风土人情。东北秧歌起源于插秧耕田的劳动生活，采茶舞的动作与采茶劳作密切相关。奥尔夫本土化教学所强调的本土化也正是如此，不仅仅是使用本民族的素材，更是强调素材背后的文化内涵。《捕鱼歌》是一首台湾阿美民谣，歌词描绘了阿美渔民的出海、撒网、捕鱼的过程；"捕鱼祭"是阿美人的一种海洋民俗活动，其祈愿并祝福出海捕鱼的部落居民能满载而归，平安归来。学生在《捕鱼歌》与捕鱼祭的学习中不仅能了解阿美渔民赖以生存的捕鱼生活，还能体验本土音乐与文化的多元性，提升民族认同感与自豪感。

在课堂的感知环节，教师以"捕鱼"为情境切入课堂教学，引导学生了解阿美人的捕鱼过程与文化，并在嗓音、声势的即兴、肢体的动态、多声部的劳动号子念读等活动中感受乐曲的节奏型与阿美人出海捕鱼的恢弘场景。

1. 讨论与观看视频，了解捕鱼文化

教师通过提问唤醒学生对"捕鱼"的已有经验。"鱼是如何从海里到餐桌的？你了解哪些捕鱼的知识？"学生将反馈许多现代的捕鱼与传统捕鱼的线索，由此教师继续提问"你知道捕鱼祭吗？"并播放阿美人捕鱼祭的视频。学生从视频中感受"捕鱼祭"的热闹氛围与阿美渔民赖以为生的捕鱼生活。由此为教学中捕鱼情境的创设与阿美渔民坚定勇敢的品质的理解做好铺垫。

2. 声势即兴，感知情境和乐曲节奏

奥尔夫强调：原本的音乐是人们必须自己参与的音乐，即人们不是作为听众，而是作为演奏者参与其间。嗓音与肢体是人类最原本与天然的乐器，通过不同语气的念读与肢体部位拍击便可塑造丰富的音响效果。本环节教师引导学生思考：如何用声势表现海风与海浪的音色。学生将自然联想到通过"xi""xiu""hu"等拟声词即兴表现风声，通过拍手或跺脚表现海浪声。随后教师引导个别学生通过不同幅度的手势与肢体动作，指挥其余学生表现风声与海浪的渐强与渐弱变化。此时海面的听觉意象已然创设，学生仿佛置身在海面的渔船上，感受海风的凛冽。学生指挥与音色即兴期间，教师用沉厚有力的噪音念读与乐曲节奏一致的劳动号子，丰富情境的听觉效果，学生也能渐渐地感知乐曲节奏，为多声部的劳动号子做好经验准备。

---

[1] 王丽新：《奥尔夫音乐教学法的本土化研究》（博士论文），东北师范大学，2012年。

3. 多声部劳动号子，感受情绪

奥尔夫非常重视对学生多声部能力的培养，常以多声部的固定音型伴奏或卡农等教学形式丰富音乐作品的音响效果。课堂中教师逐步引导学生从齐念劳动号子过渡到二声部的卡农念读，最终塑造固定音型伴奏的多声部念读。如图1所示，通过叠加不同节奏时值的劳动号子，形成互补型节奏，创造渔民在捕鱼中此起彼伏吆喝的热闹氛围，学生也进一步体验劳动号子所传递的音乐情绪。

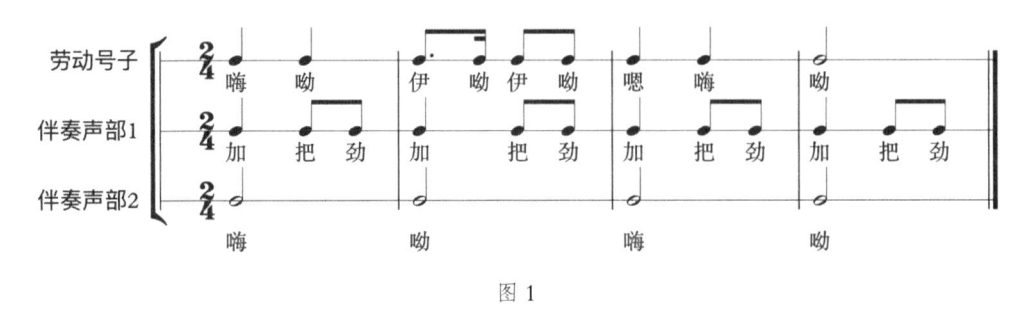

图 1

（二）体验表现——理解音乐

实践活动必须基于原本的音乐教育的突出地位。歌唱教学在传统的音乐活动中占比巨大，但学生们往往很难屏气凝神地坐着被动读谱与记忆歌词。奥尔夫认为富有节奏感的身体动作、器乐演奏与歌唱同等重要，孩子们也更热衷于游戏、自由舞蹈、互动交流，故奥尔夫音乐教育理念下的课堂更注重歌唱、舞蹈、演奏等活动形式的融合。本环节通过"为歌词创编动作"的活动形式，帮助学生记忆旋律与歌词，体验捕鱼的过程；随后在歌唱中自然融入打击乐器，丰富乐曲的音乐性。

1. 动作辅助，理解歌词

"正当的儿童音乐教育不是孩子走向音乐，而是让音乐发自孩子的内心。"[1] 本环节学生边聆听乐曲，边在歌词的提示中创编"海浪流动""掌舵划船""撒网""捕鱼欢呼"四个动作，由此学生将自然逐渐融入捕鱼的主题情境，并在肢体动作的表现中表达内心对音乐的情感，最终理解歌曲的歌词，融入乐曲旋律。

2. 打击乐器伴奏，融入歌唱

五卷本《为儿童的音乐》是奥尔夫为儿童所编写的音乐教材。教材独辟蹊径，以儿童易于上手的"波尔动"与"固定音型"两种特殊伴奏方式，编写了大量的歌唱、童谣、无音高打击乐器与奥尔夫音条乐器的合奏乐谱，为儿童创造了简单易学的合奏活动。本环节（如图2）将学生在环节———"多声部劳动号子"环节的"伴奏声部1"与"伴奏声部2"节奏型的念读经验，迁移至在串铃与低音木琴两个乐器，并以相同的节奏型演奏固定音型与波

---

[1] 芭芭拉·哈泽尔巴赫著，刘沛译：《奥尔夫教学法的理论与实践（第一卷）》，中央音乐学院出版社，2014年。

尔动伴奏；低音木琴上仅保留需要演奏的 C 与 G 两个琴条，学生能自然地掌握演奏方法，并将乐器合奏融入歌唱。

图 2

（三）串联构建——表达音乐

经前文的课堂活动，学生体验了嗓音即兴、肢体律动、乐器合奏等多样的活动形式，熟悉并理解了《捕鱼歌》的音乐主题，但各子活动环节的体验相对独立，学生尚未完整串联捕鱼的活动情境。回旋曲式是奥尔夫音乐教材乐曲中常用的音乐结构，也是组织音乐呈现的常用手段。回旋曲式中不断重复的主题便于儿童的记忆，对比性的插部还能融入嗓音、动作、即兴等丰富的活动内容，这样能串联建构作品的音乐结构，正符合奥尔夫所寻求一种人人力所能及的、适宜儿童理解的音乐形式。

课堂最后，教师将学生在前期各个环节中的经验组织串联，以"歌唱与器乐伴奏"定为回旋曲式中的主题 A 部分，"多声部劳动号子"为 B 部分，"动作表现"为 C 部分，构成 ABACA 结构的回旋曲式，由此在"捕鱼祭"——"出海"——"起航歌唱"——"捕鱼"——"满载而归"的情境中体验捕鱼文化并构建完整的音乐作品，最终将课堂教学推向高潮。

二、本土音乐教学模式中的共性策略

(一) 注重多感官参与学习原则

"如果儿童想真正地学到音乐材料,那么,他们首先必须通过身体的活动,在身体力行的基础之上获得音乐的经验。"[①]《捕鱼歌》的教学设计在奥尔夫音乐教育理念下融入了"嗓音即兴""多声部念读""动作创编""乐器合奏"四种音乐体验形式,引导学生多感官表达并内化对《捕鱼歌》这一音乐材料的理解,这都基于奥尔夫音乐教育中节奏、嗓音、动作、乐器这些元素动态整体的教育理念。

(二) 重视教学过程中的有序递进

"艺术的体验来源于教师在教学过程中的循序渐进,奥尔夫非常注重教学过程的建构,奥尔夫称教学过程中的每一个环节为'baustein',译为'基石'。"[②]若丰富的教学形式未经循序渐进的教学设计,课堂活动则难以层层推进,学生对音乐的体验与认知也仅停留在"局部",无法构建"整体"。笔者设计的"嗓音即兴"与"多声部劳动号子"两个教学过程相关联,教师通过"嗓音即兴"中主声部的劳动号子念读,提前帮助学生感受劳动号子的语词与节奏;"多声部劳动号子"与"乐器合奏"相关联,学生在"多声部劳动号子"语词念读中的节奏型经验能自然迁移至乐器合奏;"动作创编"中的随乐聆听音乐与"乐器合奏"中的歌唱相关联,学生在动作创编中重复聆听乐曲旋律,记忆乐曲音高。由此(如图3)体现了奥尔夫音乐教育理念下各表现形式的联结点:音乐用舞蹈予以表现,乐器代替语言,言语答以回声。

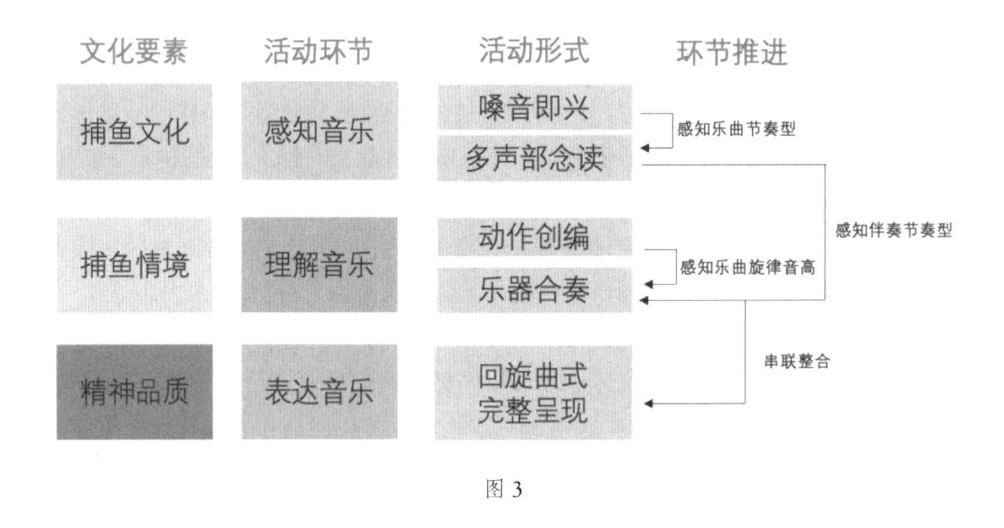

图 3

[①] 芭芭拉·哈泽尔巴赫著,刘沛译:《奥尔夫教学法的理论与实践(第一卷)》,中央音乐学院出版社,2014年。

[②] 陈蓉:《奥尔夫教学法的核心理念及体系建构探究——1924—1944年德国慕尼黑均特学校的历史追寻》,《音乐艺术》(上海音乐学院学报),2016年。

(三) 强调音乐素材本身的文化内涵

任何音乐素材经设计都能融合嗓音舞蹈、乐器等活动形式,但奥尔夫音乐教育理念下的"本土化"不仅仅是使用本土的音乐素材进行教学,更需发掘音乐素材所表达的情感与背后的文化内涵。笔者设计的《捕鱼歌》教学由台湾阿美人的捕鱼为起点创设课堂情境;通过多声部的劳动号子念读,引导学生体验音乐素材与生活劳动之间的关系;通过动作创编,鼓励学生用动作表现出海捕鱼的过程,并以回旋曲式完整串联课堂情境,最终让学生表现并理解阿美渔民不畏艰难险阻的劳动品质。

三、结 语

本文从台湾民谣《捕鱼歌》背后的捕鱼文化出发,探索了嗓音、肢体律动、打击乐器等形式融入课堂教学的可能性,并以波尔动、固定音型、卡农、回旋曲式等奥尔夫教学中常用的表现形式组织音乐作品,最终呈现由感知——理解——表达的课堂模式。《捕鱼歌》的教学设计为奥尔夫教育理念和教学方法与本土音乐素材相互沟通和融合,提供了一定的可行性思路。本土化音乐教学不仅需注重优秀教学理念与方法,与本土音乐素材的结合,还应保证素材背后的文化在本土化教学中的地位,由此让学生在本土化教学课堂中,充分提升音乐审美表达能力与民族自豪感。当然,奥尔夫音乐教育理念下的教学设计并不像其他音乐教学法一样要求严格的教学环节与步骤,当教师面对不同的对象与教学的素材进行教学时,都应对教学设计做出个性化的调整。

作者简介

李晟恺,毕业于浙江师范大学,现任金华市青少年宫奥尔夫音乐项目负责教师,多次参加国内外音乐教学法工作坊。曾获"第三届长三角校外教育教师基本功比赛"一等奖,"金华市青年岗位能手"称号。

具有中国元素的奥尔夫教学法在剧场音乐教育中的运用

● 叶 婷

【内容提要】 奥尔夫教学法就如同一朵"野花",它像散文一样没有固定模式与清晰的条理步骤,却能通过简单的音乐元素激起人们对于本能的呼唤,这朵野花可以移植在世界各地的不同文化中并大放光彩。奥尔夫教学法传入中国近40年,已然产生了深远的影响,笔者通过多年在剧场中融合奥尔夫教学法的亲身经历,探索21世纪社会公共艺术教育的发展方向——剧场音乐教育,为新时代社会、家庭与学校音乐教育打开新的格局与多元化的发展趋势。

【关键词】 奥尔夫教学法,中国元素,剧场音乐教育,家庭音乐会

引 言

西方古希腊时期的悲剧,有歌队伴奏、舞者,并运用戏剧等形式融合在一起;东方《吕氏春秋·古乐篇》中也曾记载乐舞为三人表演,他们手执牛尾,边歌边舞。[1]所以无论从东西文化的原始艺术形态上来看,歌、舞、演均以融合为一体的风貌呈现。20世纪起广而传播的奥尔夫教学法,将音乐元素不同组合、综合表现、即兴创作、融合转换并应运而生,这些看似简单的音乐元素基因重组,激起了人们对原始、本能的记忆。就如同奥尔夫先生自己对教学法的描述一般,他只是做了一回搬运工,把传统的、历史的火种传递到了当代。它从人类学角度思考原本性,去探究音乐与人类之间的紧密关系,从而形成"诉诸感性,回归人本"的原本性音乐与舞蹈教育理念。走入21世纪的音乐教育,突出世界文化的多元发展与各学科间的紧密融合,如何在深入研究奥尔夫教学法的同时,更多地将中国民族元素与之融合,从而让中国文化得到更广泛的发扬,是当代中国奥尔夫教学法践行者值得思考的方向。

一、奥尔夫教学法的中国式发展与运用

奥尔夫教学法从20世纪80年代末由廖乃雄教授传入中国,至今已有40年,经历了不同阶段的演变。学习者刚接触它时,很多人会直接采用西方音乐素材或童谣运用到中国音乐课堂教学中,但在教学过程中发现中西文化之间存在很大的差异,学生并不能对作品产生很强的共情性。随后一线教师开始摸索适合中国特色的音乐素材,并结合适当适切的教学方法,比如中国古诗词的再度创作、地方戏曲的元素创编、各个民族民歌与民间舞蹈的采

---

[1] 赵维平:《中国古代音乐史简明教程》,上海音乐出版社,2015年。

风整理和运用等,逐步让奥尔夫教学法这颗种子在中国默默地开花结果。如今奥尔夫教学法更是与新颁布的《义务教育课程方案和课程标准》[①]相吻合。新课标提倡学科间的融合与创新,让不同年龄段学生体验艺术实践创造与表现,引导学生形成"大观念"的艺术方向,中国元素也将更多元地融入到奥尔夫教学法的运用中,一同发展与创新,在提升民族综合素养和文化自信的同时,围绕"以德树人"的国家根本任务,致力培养符合新世纪中国特色有理想、有本领、有担当的社会主义建设者与接班人。

奥尔夫教学法注重民族文化也关注世界音乐的多元体现。笔者曾在美国旧金山奥尔夫研究院[②]学习时,曾与来自世界各地 30 名同学共同组班。每位学习者都会带来自己国家民族的民歌童谣、集体舞、传统游戏等进行教学示范,导师引导我们将这些属于自己国家的文化传统与奥尔夫教学法《为儿童的音乐》五卷本中的作品进行融合与再创作,形成了各种文化音乐的不同表达,给笔者留下极为深刻的印象。奥尔夫先生与凯特曼女士共同创作的《为儿童的音乐》五卷本并非是一套有系统、步骤清晰的教科书,而是融入了各地民间经典旋律的、万能的工具书,给予不同文化背景的教育工作者更广阔的创作思路与灵感。从身体打击乐的节奏组合到五声、六声和七声音阶的声部创编与配器运用,深入学习之后,笔者发现奥尔夫给予学习者的是一种创作音乐的思维方式,运用一个简单的动机或节奏型,结合自己国家的文化特色、民族民歌素材,可以无限发展其可能性。五卷本是取之不尽用之不竭的财富,第一卷的主题 Pentatonic 五声调式(图1),与中国民间曲调有异曲同工之效,简单的五声调式旋律,从恒拍声部开始,到波尔动低音、固定伴奏音型以及即兴色彩部分,运用不同无旋律和有旋律打击乐器的音色融合,显得格外生动与丰富。多声部的作品,拆解开来是可以让每位学生学会演奏的,学生在演奏作品过程中自然地体会到了声部间的相互聆听与配合,分工与合作的意义,更能体会到《乐记》中所记载的"移风易俗,莫善于乐"的意境。

图 1 《为儿童的音乐》(第一卷)　　图 2 《为儿童的音乐》第一卷谱例

---

① 中华人民共和国教育部制定《义务教育课程方案和课程标准》义务教育课程方案(2022年版)。
② 美国旧金山奥尔夫研究院 https://sforff.org/,笔者于2015—2017年与30位来自世界各地的学生共同参与 Level I-Level III 学习,内容涉及奥尔夫教学法的理论、世界音乐与舞蹈、《为儿童的音乐》(五卷本)、体态律动等。

由此可见，奥尔夫教学法完全能适用于中国自己的文化属性，运用其综合化的表现形式激发学习者的热情与体验，并引导学生在音乐表演过程中参与即兴与创造，打破了音乐教育唯技术论和演奏论的误区，让音乐真正走入学生心中。奥尔夫教学法如同一朵"野花"，种在不同的土壤里，加以创造与呵护，就能开出具有自己文化属性的花朵。

二、剧场公共艺术教育的"中国"特色

在目前，正值中国艺术教育改革的优化阶段，艺术教育需要从学校教育、家庭教育和社会教育共同来承担职能，其对象也并非是专业音乐表演者，而是国民普及的音乐教育。剧场是观众观赏演出的场所，更是实施公共艺术教育的重要媒介，承担着培养和传播美育和提升公民审美能力的责任。国外知名剧场很早便开始建立与开展了多元艺术教育项目，比如悉尼歌剧院[①]、巴黎爱乐大厅[②]等，并进行了多场针对不同年龄段的音乐会、音乐互动工作坊、艺术讲座、教师培训和与学校之间的联谊活动等，从某种程度上打开了剧场多元化以及培养新观众的运营模式。打破唯票房论的误区，让大众逐渐意识到剧院也是一个公共艺术教育机构，在人民物质生活条件越来越丰富，开始追求精神富足的今天，观众对于艺术鉴赏的需求也越来越多元，特别是年龄较小的受众群体，单一式的聆听方式违背了儿童教育原理和心理学的发展，所以针对年龄小的观众群体，剧场适合探索一种让小观众浸润式、体验式和互动式的表演模式，而不是被家长按在座椅上被迫聆听。奥尔夫教学法的原则中也多次提及不要让学习者成为旁听者，而应全身心地投入到音乐教学之中。儿童音乐教育更应通过视觉、听觉、运动觉等多元感官通道，引导孩子逐步喜欢音乐、走入音乐，感受音乐和理解音乐。

因而，关于剧场艺术教育的特色探索显得尤为重要。沪上首个音乐教育品牌项目——上海音乐厅"家庭音乐会"[③]，主要针对 4-8 岁的孩子与家庭，项目创办的初心希望让小朋友可以和爸爸妈妈一起，以"家庭"为单位一同走进剧场，感受音乐、参与音乐互动、体验与欣赏音乐，并让平日没有机会或是还未接触音乐和没学过乐器的孩子们和父母一起感受音乐的美好。笔者从 2013 年 1 月起，担任"家庭音乐会"的主持工作，在这十年间，亲身实践演出了八十多场主题的原创策划类音乐会，音乐会累计接待了八千多组家庭，教过近百首互动童谣歌曲，渗透结合了一百多种音乐游戏。主创团队在实践与摸索剧场音乐教育的道路上，经历了三个不同阶段：

---

① 悉尼歌剧院剧场官网:https://www.sydneyoperahouse.com/schools.html，网页中罗列 Family and Kids 的剧目和工作坊；适合青少年的互动性参与课堂；与学校各年级的剧目、音乐教育工作坊的深入合作等。

② 巴黎爱乐大厅官网:https://philharmoniedeparis.fr/en 分类详情中可见 For Kids 栏目，其中有家庭音乐会、交响乐鉴赏、参观博物馆项目和不同音乐工作坊的深入参与。

③ 上海音乐厅家庭音乐会官网:https://www.shanghaiconcerthall.org/，可访问近期家庭音乐会与八音小课堂演出信息。

第一阶段是以音乐作品为主线,在其前后加入互动体验游戏,让观众对作品有初步感受和理解;

第二阶段是以音乐作品为主,戏剧故事为辅,在音乐作品中加入了故事和表演,形成一种初步的综合表现方式,但在互动教学时,难免会有跳脱出戏剧感觉;

第三阶段是以"戏剧"作为主线,音乐围绕故事情节展开,同时也为观众设计角色人物,参与到剧情的发展之中,形成将戏剧故事、音乐律动、互动体验、空间舞美相融合的剧场音乐教育雏形。

当我们看到每场演出结束后,大、小朋友们开心地拉着手、哼着主题曲、跳着音乐的舞步离开剧场时,就能体会到剧场音乐教育带给家庭音乐教育、社会音乐教育的深远意义了。下面笔者将结合三场以"中国元素"为主题的音乐会案例来论述剧场音乐教育的实践积累。

(一) 歌舞结合的教学法运用

家庭音乐会秉承"中西兼顾"的理念,选用不同中外体裁的音乐素材、中西乐器的介绍和作曲家的故事等,并结合戏剧故事、游戏体验、歌唱互动等形式穿插在音乐会中。2014 年 2 月音乐主题《二胡的猫步》,演员们通过变化二胡的音色,与观众互动聆听和猜出动物和生活中的声音,激发了孩子们对二胡乐器的构造与发声的兴趣。音乐会上一曲新疆维吾尔族民歌《青春舞曲》,点燃了全场观众歌唱与舞蹈的热情。爸爸妈妈唱歌,孩子们手拉手跳新疆舞,一会儿绕手腕,一会儿扭头,自发创编与可爱的动作引来了大人们阵阵笑声。多罗西·均特曾在《节奏与育人》中提到:"个体的自然的多样性表现,本来就是人类特有的天性,对于这个事实,成人却偏偏感到抵触,无法适应。于是青少年儿童天赋的自然力量在成人眼里就大大贬值,不知有多少孩子因为成人的低估而痛失发展的机会。"[1]其实,孩子的歌唱与舞蹈是最接近于人类原始艺术形态的表达,能直接反映其内心活动。在音乐环境中结合音调、音色、节奏等元素,孩子们在自然放松状态下,能激发其独特的创造力,并摆脱拘谨害羞的心理情绪,释放体态律动的无限可能。这也正如瑞士教育家达尔克罗兹所倡导的"体态律动就如流动的雕塑"。中国 56 个民族中有不同风格的土风舞,有些从劳动中来,有些从节日庆典、宗教仪式中演变而来。比如侗族的敬酒歌、羌族的筛糠舞、藏族的锅庄踢踏舞、陕北的秧歌舞等,音乐中流淌着中华人民朴实、热情和真挚的情感,这也是奥尔夫为何会将民间集体舞作为教学方法之一,并将"舞蹈"回归原有的本意,使它成为人与人之间传递情感与嬉戏交流、文化风俗的重要媒介,是一种创造性的律动形态,而不只是技术性和标准性的动作。

---

[1] 多罗西·均特:《节奏与育人》,选自芭芭拉·哈泽尔巴赫著,刘沛译:《奥尔夫教学法的理论与实践(第一卷)》,中央音乐学院出版社,2014 年。

图 3　2014 年打击乐专场

(二) 中国元素的节奏游戏

2014 年 5 月的打击乐专场展现的是孩子们非常喜爱的乐器之一——打击乐。因为节奏是每个人内在的音乐能量，心跳与脉搏每时每刻都在表现着强有力的恒拍，从微观的个体，到大自然的四季轮回，再到宏观的宇宙万物，都离不开运动的规律，音乐的起始也源于节奏。奥尔夫教学法、达尔克罗兹教学法、柯达伊教学法都将节奏作为儿童音乐启蒙教学的起点，因为音乐和语言是息息相关的。首先两者都需要发声体发出声音来表达，其次它们都在每一种文化中呈现，并都可以通过歌曲合二为一。在说话时，需要有抑扬顿挫的节奏感，而且不同国家的语言有自己的音节和韵律特点，表现出各种多样的节奏变化。在奥尔夫教学法的启蒙节奏游戏中，往往会让孩子创编一些词语，比如水果中的苹果、哈密瓜、水晶葡萄、梨，又或者交通工具中的汽车、摩托车、公共汽车、船；在游戏般的念读过程中无形结合节奏，就产生了 ta ta \ titi ta \ titi titi \ tu-u，通过语词节奏的方式，抽象的音符就变得具体化和生活化，儿童就容易理解与接受了。

在这次打击乐专场的演出中，有一首作品叫《MAMA 奏鸣曲》，整个打击乐作品的构思源于中文的四声，"妈麻马骂"，演员通过演奏各种打击乐的音色与说话结合的方式，来诠释节奏与语言中音调四声的联系。在做这个作品的互动时，我根据席位将观众们分成四个区域小组，每组认领一个节奏任务，如下：

第一组：妈　　X　　X　　妈（X 处拍手）

第二组：麻 麻 麻　X　　X（X 处拍腿）

第三组：X　　X　　马　马（X 处打舌）

第四组：骂　　X　　X　　X（X 处跺脚）

进行分组单独教学完成后，开始按顺序叠加组合，并与舞台上打击乐演员的鼓点合在一起，形成多元环绕的声响效果，让全场沸腾起来。这种共同参与表演与合作的过程，给予观众无限惊喜和乐趣。主创团队还在节目单的设计中留了空白，希望观众们听完音乐会后还能创编更多有趣的四声字和节奏的组合，形成一首自己创作的四声歌，起到学以致用的效果。奥尔夫先生也常鼓励学生去即兴创作，因为音乐的生命不只是局限在读谱和演奏中，更在于人类无限深远的内心想象中。

图 4　填字游戏范例

(三) 沉浸式戏剧的"加入"

奥尔夫幼时就喜欢自编自导自演木偶剧，在心中埋下了喜爱戏剧的种子，并在大学期间深受马勒、勋伯格、瓦格纳等伟大作曲家的影响，最终形成了音乐、舞蹈与戏剧相融合的"整体艺术"概念。这种多元艺术形态在剧场音乐教育中起到重要的主导作用。2021年历经重新修缮后的上海音乐厅焕然一新，家庭音乐会在多功能的B2音乐立方重新开启。笔者发现在以往的演出成功案例中，孩子们喜欢聆听神秘、挑战、探险等主题的故事，并不由自主地投入到互动游戏中，能无拘无束地唱歌和跳舞。沉浸式的体验让观众们对于作品和作曲家有了更深入的认识和了解，同时加深了对音乐作品的记忆，这应该也是剧场公共艺术教育在中国式人文环境下的必要探索。

所以，家庭音乐会在2021年开始大胆尝试以沉浸式戏剧为主线的原创剧目。2021年9月推出了以小提琴家帕格尼尼生平故事为主线的《帕格尼尼侦探案》，笔者扮演的神探角色带领着小侦探们一同破案，从层层线索中论证帕格尼尼是一位了不起的小提琴家。2021年12月，团队创作以百老汇选角为题材的《百老汇之星的诞生》，让观众了解音乐剧最好的方法就是走入音乐剧，观众作为裁判，演员饰演面试演员，剧场就是音乐剧演员的甄选现场，身临其境的感觉让观众体会到音乐剧选角过程中的残酷与严格，感受到唱、跳、演合在一起表演的不易，理解了一部成功音乐剧制作的台前幕后；戏剧故事不再作为音乐作品的桥梁过渡了，音乐也不会因为故事情节的发展而显得格外牵强。以戏剧为主线的成功，在于牢牢抓住了孩子的心理状态。因为每个人在儿时的记忆中或多或少有过玩"过家家"的游戏经历，戏剧就像在表现人类自身生命存在的艺术，是一种自我意识的价值体现。幼儿需要在身临其境的戏剧表演中感受"我与我自己的关系""我与他人的关系""我与自然环境的关系"，从而在成长道路中形成积极的价值观。所以将戏剧作为主线，并结合音乐、律动、舞蹈、游戏、舞美等元素，通过多元感官体验，将观众带入到故事情节中，并一同合作参与，形成了剧场音乐教育的新发展方向。

(四) 中国传统音乐文化的教育探索

在 2022 年 2 月推出了一部针对低幼宝宝、以中国美食文化与传统民族乐器相结合的音乐故事《好吃的音乐》。这部互动肢体剧大致讲述了一位厨师取出一袋面粉现场下厨，带领观众一同搓面团，制作汤圆、面条、春卷和饺子，体现了具有中国元素的奥尔夫教学法在剧场音乐教育中的运用：

1. 回旋曲式的戏剧结构

整体戏剧的形态采用了奥尔夫教学法中的回旋曲式结构，运用童谣穿插在制作各种食物之中，童谣——面团——童谣——汤圆——童谣——面条——童谣——春卷——童谣——饺子——童谣。回旋形式在奥尔夫教学法中的多部器乐合奏作品中都有运用。首先它非常适用于教学。音乐是重复的艺术，在反复的过程中，学生会对主题一次次加强记忆，循序渐进对作品进行有层次地理解。其次它适用于无限扩大。在每次重复之后，就会加入全新的主题，比如不同旋律、节奏、不同音色的乐器、形式风格等等，无论是创作即兴还是演奏与欣赏，都会充满新鲜与好奇感，体现了参与音乐创作与表演的快乐本能。《好吃的音乐》运用回旋结构，让孩子与家长一同从动作引导开始模仿，在人物角色厨师的扮演中表演语词念读，再通过动作、表情、台词的结合，完整地表现出整部童谣的幽默情绪；在重复过程中也体现了从个体到整体，从简单到多元，从模仿到创造的过程，体现了螺旋式上升，"以人为本"的教学效果。

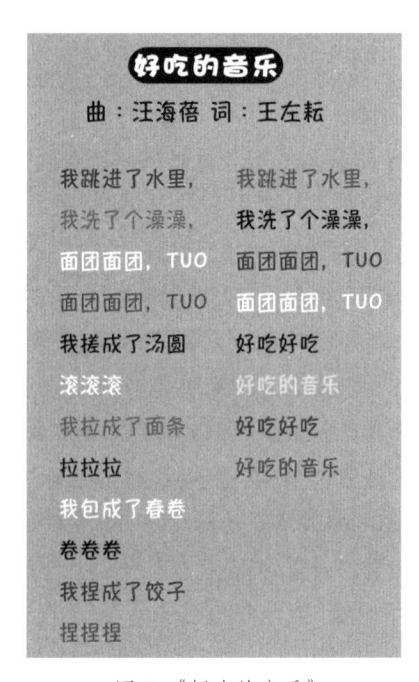

图 5 《好吃的音乐》

2. 多维教学激发戏剧创意

期间每一道传统美食，也是与观众的一次互动体验。搓汤圆的游戏，主创团队利用了从小到大的概念，演员们跳进大碗里让碗中的小汤圆翻滚起来，让跳出汤碗的中型汤圆在观众群中滚来滚去，还有需要大家合力一起搓的大汤圆。汤圆运用不同大小的瑜伽球和海洋球作为道具，让孩子在触摸、抓拿抛接的动作中即兴创造出更多的肢体造型，并直接反映出音乐中的跳跃、连贯、弹性活泼的情绪。通过大汤圆的合力传递，让陌生的个体与个人之间建立初步的沟通与交流。

图 6　多维教学范例 1　　　　　　　　图 7　我维教学范例 2

面条的制作采用了长长的弹性绳。观众们在感受中国古老传统乐器笙的音色特征时，伴随着连绵不断的音乐，演员从观众席的一头开始制作面条，引导孩子们运用弹性绳缠绕身体，不断变化造型，还可以与爸爸妈妈一同变化组合造型，甚至很多孩子一同合力，拼凑成不同的形状和条纹。抽象化的道具会激发孩子无限创意，在奥尔夫教学法中也常运用球、棍子、彩带、纱巾等抽象化道具来激发孩子的肢体创作和造型，表现音乐中的不同元素，让音乐不仅能听到，更能看得到。对于越小的孩子，通过视觉、听觉、运动觉和触觉的多通道感官教学，让音乐从抽象变得形象，自然地流淌入孩子们的心间。

图 8　多维教学范例 3

3. 体态律动表现"看得见"的音乐

春卷和饺子的音乐创作可谓是一张一弛。炸春卷运用激烈的中国鼓与蛇皮鼓演奏，伴随演员在大碗中的来回翻滚,体现打击乐器铿锵有力的同时,也通过肢体表达与灯光上强烈的视觉变化,激发观众兴奋、激动、紧张的情绪感受;与之形成对比的饺子片段,作曲家运用中国摇篮曲风的三拍子,音乐就似月牙般弯弯的饺子,演员带领着妈妈和宝宝,用身体前后里外、上下左右地划小船摇摆,用肢体捏成一个个弯弯的饺子,并运用灯光营造出温馨美好的夜晚,在甜美的"饺子"摇篮曲哼唱中,结束了"好吃"的音乐。体态律动在瑞士达尔克罗兹教学法中提出并发扬,并在奥尔夫教学法中进行多元地应用。当聆听者在接收到音乐信息后,直接将信息从听觉系统输送到大脑,联觉到运动神经,在短时间内做出从输入到输出的过程反应。由于反应时间短,需要聆听者在完全专注的状态下进行。因此,体态律动与舞蹈不同的特点是,它更直接地反映音乐元素,即兴状态下的律动是独一无二和不可复制的。所以它将音乐从听觉的艺术转化为视觉的艺术,结合听觉、视觉、运动觉多感官结合,是非常适用于低龄孩子共同来参与的音乐。

笔者作为整部剧的主创之一,在创作过程中紧密结合奥尔夫教学法综合的教学形式,以戏剧游戏作为重要表现方式,让观众真正体会到音乐的乐趣。游戏是一种在自我掌控的情境中,自我选择、自我挑战、自我印证、自我超越,并不断体验自我掌控过程之流畅感的实践活动。[①]剧场运用了多元的空间变化、灯光与舞美效果,在氛围上给观众起到了身临其境的感觉,观众在"玩中学"的过程中,自然形成乐观与自信的信念价值观。这部作品的音乐由中国传统乐器笙与中国打击乐器的结合呈现,观众通过肢体上的创意律动即兴反应传统乐器的音色变化、高低音与长短时值变化等,并结合抽象化道具激发了更多的创意和想象,观众不仅从外表上认识了乐器,更深刻地感受到乐器的形制、音色和演奏特征等。戏剧故事作为整部剧的核心,让观众作为参与者完全融入制作美食的过程中,并在循序渐进的故事情节中,不断加深对中国文化的感受与理解,体现了从感受到探索、经验到认知的学习体验过程。

综上所述,在剧场音乐教育中以戏剧故事为核心,以游戏为音乐的载体,顺应了孩子的天性,体现了"以人为本"的音乐教育初心,并通过专业演员的演绎,配合剧场独有的舞美空间视觉感,体现了音乐本体所散发出的审美表现,两者在学生本位与音乐本位中起到了平衡的作用,是值得去进一步思考和探索的新方向。

三、结　语

用以"原本性音乐与舞蹈"为核心的奥尔夫教学法作为基点,渗透进剧场音乐教育的多元舞台,符合当今音乐教育的发展趋势。虽然它还处于萌芽和摸索阶段,但一定是具有时代的意义和价值的。中国的音乐教育历经了从不重视到唯技术论,再发展到育人审美为

---

① 许卓娅:《游戏、学习、工作、生活——创意戏剧课程》,北方文艺出版社。

导向的音乐教育,当代更是强调多学科融合,激发学生持久学习的动力,从而形成"大观念"的学习意识形态。我所理解的大观念,它应从"以人为本"为出发点,运用多元化的教学法,通过综合的表现方式,激发孩子对于音乐的兴趣和好奇心;教师不再作为中心,而是运用引导、探索、思考、讨论等方式,帮助学生建立长期学习音乐的内在驱动力,从而培养其终身学习音乐的热情。在剧场公共艺术教育的实践中,我们需要更多中国元素的运用,通过一首中国作品,了解它的语言、风土人情、地理位置等信息,只有全面了解民族文化,理解文化内涵,才能逐步建立民族文化自信,维护祖国的团结,尊重和理解世界文化的多样性,最终形成具有国际视野和人类命运共同体意识的人。

古人云"兴于诗,立于礼,成于乐",学习音乐是长期内修的过程,才能塑造崇高的人格与感悟其中的真谛。中国未来的音乐教育之路必然是一条融合、多元的大道,奥尔夫教学法就如同开在这条道路上的"野花",在不同民族的土壤中,就会开出千姿百态的花朵。剧场音乐教育也将秉承奥尔夫教学法"整体艺术"的核心方向,不断摸索和前行,用它独特而充满生机的动力,担当社会音乐教育的重要职责。

参考文献

[1] 美国核心艺术标准联盟编写,徐婷译,刘沛审校,余丹红主编:《美国国家核心艺术标准》,上海音乐出版社,2018年7月。

[2] 余丹红:奥尔夫教学法原理再释义 [J]. 人民音乐,2018:70-72。

[3] 叶婷:"声"入其境予教于"乐"对剧场音乐启蒙教育的思考 [J]. 音乐爱好者,2021(09):42-46。

作者简介

现任上海心音儿童合唱团教学总监;凯迪拉克·上海音乐厅"家庭音乐会"合作主持;上海音乐家协会少儿歌唱考级编写小组成员;曾作为讲师参与"国培计划"幼儿音乐学科领域培训。

2004年毕业于上海音乐学院音乐教育系本科,后赴德国汉堡音乐与戏剧大学继续学习音乐教育专业;2015—2017间获美国旧金山奥尔夫研究院等级三教学法认证。

2008年至今,受邀在全国各地进行教师教学法培训互动讲座超1000场次以上;2012主编三至六岁幼儿园奥尔夫系列丛书《玩转音乐》;2012年至今,担任上海音乐厅家庭音乐会主持;2019出版《绘声会玩》音乐专辑;2021有九首原创歌曲被收录在上海音乐家协会《少儿声乐考级》作品集中;在《音乐爱好者》与《歌剧》等杂志发表论文。

汉语语言韵律节奏在原本性音乐教学中的运用

● 黎 莎

【内容摘要】语言和音乐同为声音在时间、重音和乐句上的系统性组织模式,说明语言和音乐同样具有节奏性,文中主要基于两者节奏性之间的相似性和差异性进行比较研究,从韵律结构系统的音节、音步两个单位进行具体比较。节奏意味着富有稳定周期性,但语言节奏中并不存在明显的周期性时间结构,其轻、重音的区分也具有复杂性,文中采用音乐理论的方式将时间周期性与词汇轻、重区分进行转化,并阐明在原本性音乐教学中的具体运用。

【关键词】原本性音乐教育,奥尔夫,音节型节奏,汉语韵律节奏

语言和音乐是我们人类所特有的,音乐和语言这两类特征存在于所有的人类社会。[①]每个婴儿自降生初始即存在于两个不同的声音系统的世界里,第一个是语言学系统,第二个则是音乐系统。在认知科学的相关理论中语言节奏和音乐节奏的比较研究十分少见,尽管在各自的领域当中,探讨节奏的研究很多,但相比较的实证研究却很少。在原本性音乐教育中多围绕语言节奏的训练而开展,但对于两者之间的理论性比较研究尚有不足。对于其概念的清晰化将有助于教师更为深入地理解"原本性音乐与舞蹈"理念中音乐与语言的关联,并能在实际教学操作中更好地运用汉语(普通话和方言)进行活动设计。

一、语言韵律与语言节奏的定义

"韵律"(prosody)作为一个广义概念,实际上包含节律(Metrics)和节奏(Rhythm)等等含义。节奏可存在于自然界和社会生活中一切具有运动及变化规律的事物中,在绝大部分语境中,"节奏"意味着周期性,即在时间上有规律地重复的模式,为用时间、重音和短语组合等因素构成的声音的系统性模式[②],语言和音乐都以该系统性模式为特征。

从现代语言学的角度来看,节律音系学主要研究用以解释重音的节律栅,以及节律栅的基本参数问题[③]。另一方面,节奏则是音节进一步组合为音步单位的体现,音步通常是音

---

① Nettl, B. , An ethnomusicologist contemplates universals in musical sound and musical culture. In:N. L. Wallin, B. Merker, &. S. Brown (Eds.), *The Origins of Music*, (Cambridge, MA: MIT 2000 Press.) pp.463-472.
② Aniruddh D. Patel: Music, Language and Brain, p.70.
③ 张洪明:《韵律音系学与汉语韵律研究中的若干问题》,当代语言学,2014 年。

节的二元结构组①。狭义的韵律是"指诗词中的平仄格式和押韵规则"（《现代汉语词典（第7版）》）。虽然韵律特征是人类语言的普遍特征，但在特定的文化传统中存在明显的差异性。

根据韵律结构系统的相关研究，Selkirk 最早提出英语的韵律层级存在六个范畴②，而后 McCarthy 和 Prince③ 在 Prosodic Morphology 中提出了韵素（mora）这一单位，共七个范畴。它们自小到大依次是：韵素（mora）、音节（syllble）、音步（stress foot）、韵律词（prosodic word）、音系短语（phonological phrase）、语调短语（intonational phrase）和话语（utterence）。我国学者认为汉语单位可分为：韵素——音节——音步——小停延段——大停延段——语调短语。④ 本文研究的内容主要围绕音节、音步两个基本单位，将语言的分类单位与音乐的节奏单位进行对应研究。

二、汉语"音节型节奏"在原本性教育中的运用

在现有的韵律层级体系中，真正核心的计时单位是音节。迄今为止最有影响的语言节奏类型学是基于语言的周期性概念，美国著名的语言学家派克教授（Kenneth Pike）按照音节和重音模式将语言的节奏类型分为重音型节奏和音节型节奏。如图1所示，根据音节标记之间大致相同的时间间隔，将汉语称为"音节型节奏"（语言以停顿为支点的节奏），将重音之间时间间隔大致相同的语言（如英文），视为"重音型节奏"语言（以重音为支点的节奏）。

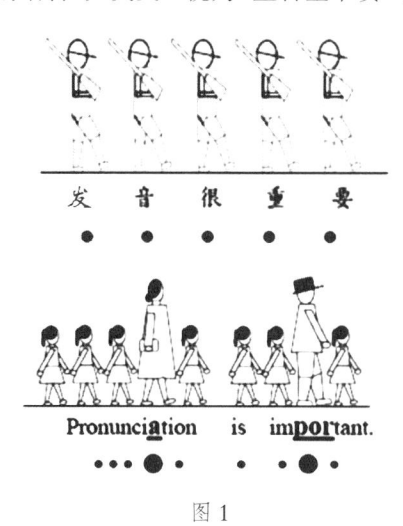

图 1

---

① Goedemans R, Van der Hulst H. Rhythm Types, *The World Atlas of Language Structures Online*, eds. by Matthew S. Dryer & Martin Haspelmath. Leipzig (Max Planck Institute for Evolutionary Anthropology, 2013).

② Selkirk E. *The Role of Prosodic Categories in English Word Stress* (Linguistic Inquiry, vol. 11, no. 3, 1980), pp. 563–605.

③ McCarthy J J, Prince A. *Prosodic Morphology* (Linguistics Department Faculty Publication Series. 13, 1986).

④ 王洪君：《汉语非线性音系学（增订版）》，北京大学出版社，2008 年。

音节的时长受韵素数目、声调类型、韵律位置、轻重读音等内容影响,其时长变化范围不够精准。汉语语言虽将每一个音节间的时长基本上视为等长度,但这种"等时"只是从感知角度来说大体相同。在说汉语的时候,语句的节拍是由句中的音节数量来决定的,说话的时候一字一顿,说一句话所需时间视说话速度与音节(字)数而定。

比如"好,热干面"这个句子的波形图有非常明显的音节边界标记:

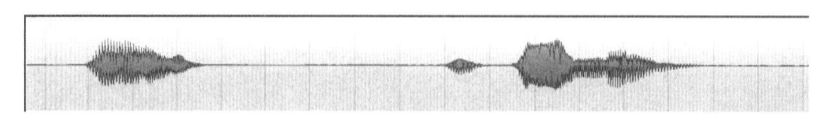

图 2

汉语音节型节奏的特点可与节奏时值准确对应,该句的节奏型即可为:

图 3

对声音的关注是音乐发展的开始。奥尔夫教学中的语言教学为学生提供了直接接触声音的机会,这是向拥有音高和节奏意识迈出的第一步。我们通过语言来探索色彩、织体、形式和表现力,奥尔夫教学法中最核心的基础是有节奏的语言。卡尔·奥尔夫在强调这一基本原则时写道,语言训练是一切音乐学习的开端,无论是节奏的还是旋律的练习,居于首位的训练都应该是语言。

在卡尔·奥尔夫和古尼尔德·凯特曼(Gunild Keetman,1904—1990)所撰写的《为儿童的音乐》五卷本中,将语言最早归在"节奏练习"类别之下,可以从学生熟悉的事物进入,比如名字、词语、童谣等派生出最短小的,$\frac{2}{4}$拍的节奏单元。这些节奏单元由不同时值的音符组合而成,最初会由四分音符、八分音符组成,语言内容包括儿童、树木、花朵或动物的名字,慢慢延伸到童谣和谚语上。我们将这种小节奏单位称之为"节奏基石"。

基于以上汉语双音节的特点,笔者在进行原本性教学实践过程中发现,虽然语言本身并不具备时间周期性,但使用汉语这种音节型节奏语言进行教学时,可对语言进行设计。汉语音节型节奏在教学上可使音节与不同的时值相对应,可以让学生更好地识读乐谱并发展两组同时演奏的简单固定音型,例如:

图 4

上文提及音乐节奏可以视为由时间、重音、乐句等因素构成的声音模式,可对应言语中的时间、重音和短句的系统性模式。所以语言节奏遵循了音乐中稳定的心理周期框架,在乐句或短句的组合中极有共性,所以在教学中也可以通过此语言句法的方式学习较为复杂的节奏型(图5)。

图 5

三、音步与音乐节拍的融合运用

音步也是"等时性"特征较强的单位,典型的音步是二拍步,具有很强的周期性特征。由于音步不是一个最基本的计时单元,而是多种概念复合于一体的单元,所以音步并不适合作为单纯的计时单位,与音乐中的"节拍"更为接近。

"节拍"是一种心理感知相关的时长单位,节奏不是一种物理现象,而是一种心理现象,确切地说是一种感知经验①。在教学中应先从节拍感知入手,因为在音乐节奏中首要关注的是节拍,变化多端的音乐节奏离不开节拍,节拍是和语言节奏比较最多的形式。节拍的独特性是可同步调节运动,在稳定的周期性基础上,产生律动与舞蹈。这与原本性教育中强调律动中的语言或强调语言中的律动概念相一致,动作可以将语言和音乐这两个声音系统进行融合,这样动作与语言节奏的结合使节拍与时值的变化的进阶学习更为容易。

每个音步多以 2-3 音节构成,并随着语速的提高,可能出现复拍子和混合拍子②,所以在音乐教学中可参考音乐节奏体系,建立一套语言节奏描述体系。我们可以在教学中从与语言节奏关系最为密切的诗歌入手。

在 1963 年至 1975 年间,卡尔·奥尔夫和古尼尔德·凯特曼录制了一系列唱片,总结了他们为儿童所创作的大量作品,奥尔夫选择了"音乐诗"(Musica Poetica)作为整个作品集的标题,并这样描述他的决定:

该标题强调了在学校教学活动系列材料的准备过程中,从古代童谣到现代诗歌,诗歌具有越来越重要的意义③。

日常语言形成的语言节奏在教学的使用上是功利性的。奥尔夫说过:"在语言的教学中尤其要注意每个单词的发音,让它变得有生命。"④ 也就是说之前我们说的例子是使用语言来达到对其中的节奏性的理解,更为关注的是音乐元素的正确性,忽略了语言的艺术化,

---

① 叶军:《现代汉语节奏研究》,上海书店出版社,2008 年。
② 殷治纲:《汉语普通话朗读语篇节奏研究》(博士论文),中国社会科学院,2011 年。
③ Orff, Carl: *The Schulwerk Volume 3 of Documentation*, (Schott, 1978), p. 251.
④ Music for Children Volume 1, p. 141.

那么并未达到奥尔夫之前那部作品集"音乐诗"的理念,诗歌是音乐的语言,音乐是通过声音来交流的——这就是奥尔夫所说的"音乐诗"。

在进行教学的时候应尽量使用一些学生们比较熟悉的古诗词来进行教学,现以唐代诗人李白的两首五言绝句和六言绝句为例:

静夜思
唐·李白
床前明月光,疑是地上霜。
举头望明月,低头思故乡。
夏　景
唐·李白
竹簟高人睡觉,水亭野客狂登。
帘外熏风燕语,庭前绿树蝉鸣。

从传统的音节数目分组看,六言绝句是典型的 2+2+2 结构,属于字数和时长周期性都均衡的结构。五言绝句则被认为是 2+3 或 2+2+1 结构[1],五言中的单字与周期性规律不符,在音节中被视为不平衡结构。如若采用节拍计算,可将五言绝句的最后一个音节在听感上延长至两拍,与六言绝句产生一样的听感拍数,这样六言绝句和五言绝句都可归于 2+2+2 的周期性结构中。

在原本性音乐教学对于节拍的训练中常采用语言节奏结合声势进行练习,这样可以利用动作教学使节拍周期性结构更为稳定。在练习的早期可以分成两组进行,一组说"语言节奏",一组进行声势伴奏(图6),但最终的目的是要同时进行,也就是奥尔夫提倡的自然而然地从单声部发展成多声部。

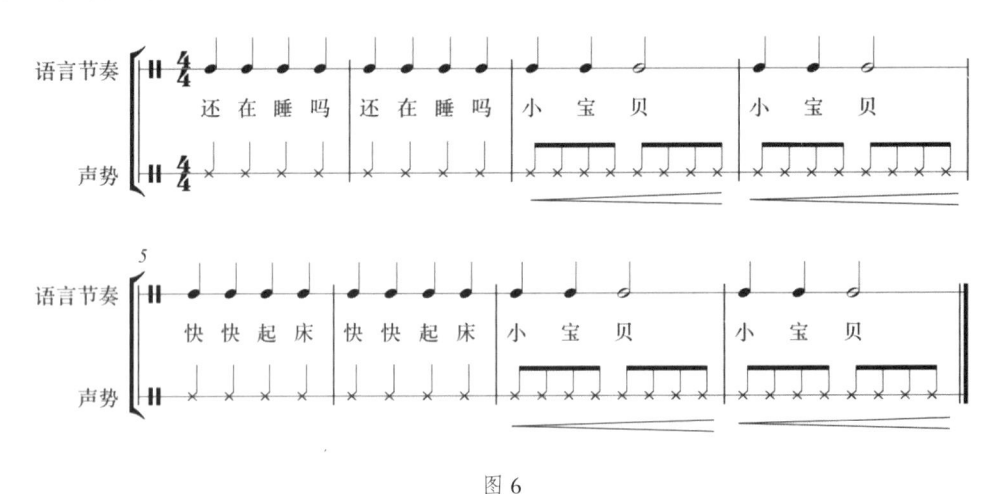

图 6

---

① 吴洁敏、朱宏达:《汉语节律学》,语文出版社,2001 年。

在《为儿童的音乐》五卷本中我们发现语言节奏和声势的运用方式多种多样：
1. 二拍子和三拍子的对比；
2. 分为两组，每一组伴随着特定的声势；
3. 用声势填补语言中的休止；
4. 声势和语言节奏交替出现；
5. 带声势的语言节奏卡农。

四、语言节奏的重音感知与音乐强弱

语言韵律必然涉及重音和轻音，韵律重音包括词汇重音，也包括语句重音。汉语的词汇重音主要有两个特点，一是与轻音相对，二是可能与声调相关[①]。通过"重音相对论"理论来看，重音和轻音是相对而言的[②]，汉语亦是如此。语言中的重音和节拍性一样是一种感知范畴，表现语言语音中的凸显程度。在语音学界公认音高和时长是影响重音感知的重要因素，但汉语的单音节词根有固定声调，也就是有稳定的音高，所以不是音高重音。汉语不存在明显的凸显，尤其是在汉语方言中重音的发音只是相对于轻音更为完整，所以也不是力度重音。在语言中轻重是一个非常复杂的问题，并且不同的观点之间仍未达成共识，传统的语音学和音系学对汉语两音节词存在"左重""右重""等重"或无重音几种观点。

但在音乐理论中，音强是决定轻重的首要因素，强弱并不能改变音高和时长。如果采用音乐节拍中的强、弱作为语言重音的区分就使得语言轻重的区别非常容易，比如图7这个三拍子配合鼓的语言节奏：

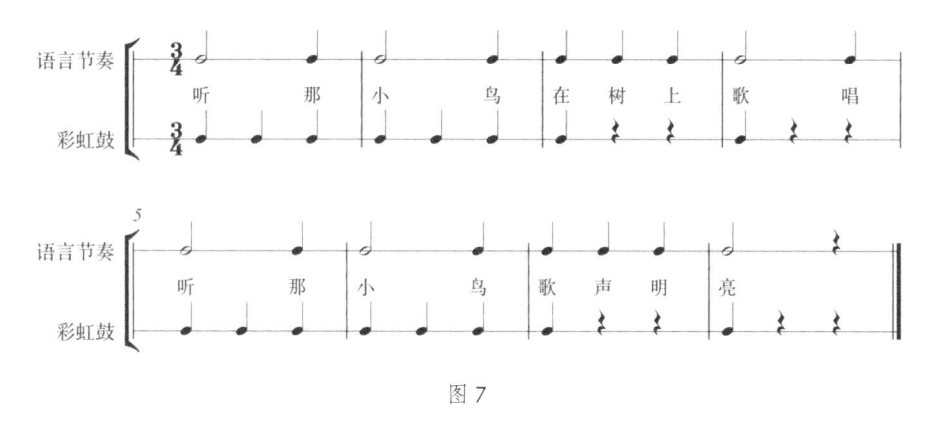

图 7

由于三拍子为强、弱、弱模式，所以语言节奏的重音在第一拍，而通过彩虹鼓进行重音强化，可以使得学生对于语言中的强弱对比更为明显。在原本性音乐的教学中，最后还应

---

① 郭承禹：《汉语方言双音节词的韵律结构类型与变调》（博士论文），上海师范大学，2020 年。
② Liberman A M．，*The intonational system of English* (Massachusetts Institute of Technology, 1975).

该在节奏上铺上音高形成旋律。(图8)

图8

汉语包括普通话和各地方言,因此,方言在奥尔夫本土化教学中应被经常采用。汉语方言的轻重音和声调息息相关,其中也包括"连续变调",也就是带有声调的音节连续后发生变调。同样的词汇,同样的音节,由于声调的不同,轻重会发生不同的变化,比如"好,热干面"这句话用不同的方言读出来,轻重度在声波图(图9)上显示均有不同。

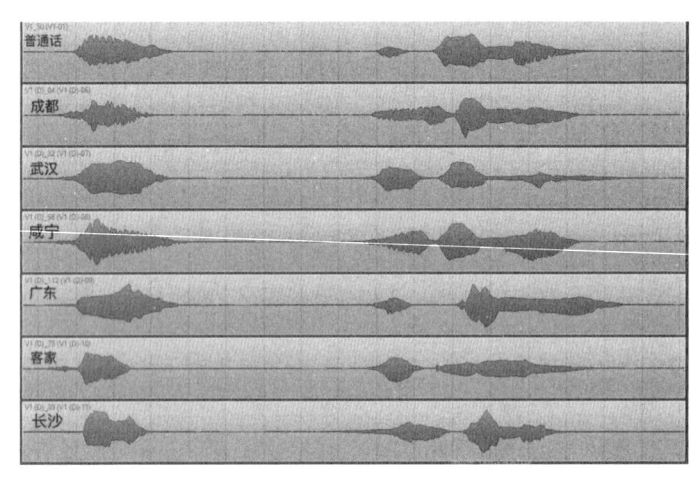

图9

在本土化的语言、诗歌的教学中,不仅仅可以使用中国的古诗词,更应将我国方言中的声调作为教学关注的重点。因为所有正常的语言学习都能够具有体现音高轮廓的能力,这也是言语和音乐之间直通的"路径"。

五、结　语

原本性音乐教育中动作、音乐和语言是基于原始的内在动力而形成的表达形式。语言节奏的训练在原本性音乐教育中被视为音乐学习的开端,在奥尔夫本土化教学中,教师应选择符合教学对象、教学难度、教学过程的素材进行编配、改编。例如古诗词、各地谚语与民歌。语言韵律特征是人类语言的普遍特征,汉语语言学涵盖广泛,本文仅初涉其中,但对于汉语语言韵律结构的分析可帮助教师在选择素材或是进行编创的时候更为凸显汉语语言特征。

语言是构建节奏、音调与音高的工具，语言和音乐同样涉及到声音在时间、重音和乐句上的模式，语言和音乐同样具有节奏性，对于两者之间的相似性和差异性的研究更为系统，更能强化各类心理感知能力。充分利用这种声音和心理感知的结合进行教学，可以使学生更好地感悟音乐。

参考文献

[1] Nettl, B. (2000): *An ethnomusicologist contemplates universals in musical sound and musical culture*. In:N. L. Wallin, B. Merker, &. S. Brown (Eds.), The Origins of Music (pp.463-472). Cambridge, MA: MIT Press.

[2] Aniruddh D. Patel: *Music, Language and Brain*, p.70.

[3] 张洪明．韵律音系学与汉语韵律研究中的若干问题 [J]．当代语言学，2014,16(3):303-327.

[4] Goedemans R, Van der Hulst H. Rhythm Types [A]//*The World Atlas of Language Structures Online*, eds. by Matthew S. Dryer & Martin Haspelmath. Leipzig: Max Planck Institute for Evolutionary Anthropology, 2013.

[5] Selkirk E. *The Role of Prosodic Categories in English Word Stress* [J]. Linguistic Inquiry, vol. 11, no. 3, 1980, pp. 563–605.

[6] McCarthy J J, Prince A. *Prosodic Morphology* [M]. Linguistics Department Faculty Publication Series. 13. 1986.

[7] 王洪君．汉语非线性音系学（增订版），[M]．北京：北京大学出版社，2008.

[8] 叶军．现代汉语节奏研究，[M]．上海：上海世纪出版集团，2008.

[9] 殷治纲．汉语普通话朗读语篇节奏研究，[M]．北京：中国社会科学院研究生院，2011.

[10] Orff, Carl: *The Schulwerk Volume 3 of Documentation*, Schott, 1978, p. 251.

[11] *Music for Children Volume 1*, p. 141.

[12] 吴洁敏、朱宏达．汉语节律学，[M]．北京：语文出版社，2001.

[13] 郭承禹．汉语方言双音节词的韵律结构类型与变调，[M]．上海：上海师范大学，2020.

[14] Liberman A M. *The intonational system of English* [D]. Massachusetts Institute of Technology, 1975.

作者简介

黎莎,武汉音乐学院音乐教育学院讲师,理论教研室主任,"国培计划"中小学教师素质提高工程培训专家。

2005年在上海音乐学院音乐教育系学习,先后获得学士、硕士学位,2013年至今任教于武汉音乐学院音乐教育学院。主要从事音乐教学法的研究与教学,侧重从音乐心理学、音乐美学等新的视角,将相关理论融入音乐教学法的教学与研究中。近年来主持参与省级、校级课题8项,发表学术论文10余篇,荣获全国、省级音乐教育类比赛奖项6项。指导学生完成国家级大学生创新创业项目3项;指导学生获得国家级大学生艺术展演活动三等奖、省级大学生艺术展演活动一等奖。

论钢琴曲《滇南山谣三首》的奥尔夫本土化教学研究

● 马 雁

【内容摘要】《滇南山谣三首》是当代著名作曲家张朝先生创作的钢琴组曲,由《山娃》《山月》《山火》三首小曲组成。素材源自于云南省红河哈尼族彝族自治州的彝族音乐文化,具有典型的彝族人文特色。奥尔夫音乐教学法是当代流传最广、使用最普遍的三大音乐教育体系之一,于20世纪80年代传入中国,对中国基础音乐教育的改革和发展产生了重要的影响,一定程度促进了音乐教育的人文性、全面性。本文以奥尔夫音乐教学法融入中国本土化钢琴教学为切入点,分析将奥尔夫音乐教育理念应用到本土化的民族类钢琴乐曲教学中的教学实践方案。

【关键词】《滇南山谣三首》,奥尔夫音乐教学法,本土化,彝族音乐元素

《滇南山谣三首》是当代著名作曲家张朝先生于1992年创作的钢琴组曲。这部作品由《山娃》《山月》《山火》三首小曲组成,三首小曲都围绕"山",其缘由是该曲素材源自于云南省红河哈尼族彝族自治州的彝族音乐文化,具有典型的彝族人文特色;"山"是对彝族聚居地域特点的描述。云南位于中国西南边陲,享有"高原明珠"之称,山地面积占全省总面积的88.64%。红河哈尼族彝族自治州地处云南东南部,是一个拥有10个世居民族聚居的民族自治州,以彝族和哈尼族为主,彝族占当地总人口的24.48%,是当地人口占比最大的民族。张朝先生出生于云南,14岁前跟随父母在红河哈尼族彝族自治州生活,从小深受地域风俗、民族文化的熏陶,为其音乐作品具有强烈的民族韵味和个人风格奠定了基础。《滇南山谣三首》是张朝先生以红河州彝族风情民俗为素材,以"大山"为主题,借助山中的娃娃、山里的月色和山坡的篝火,运用西方钢琴作曲技法创作的钢琴组曲。三首小曲从彝山村寨的不同角度取景,缓缓地将一幅滇南彝山深处的民族风情画卷展现在听众面前。

奥尔夫音乐教学法是当代流传最广的三大音乐教育体系之一,传入中国至今,对中国基础音乐教育的改革和发展产生了重要的影响,一定程度促进了音乐教育的人文性、全面性。它由德国著名作曲家、音乐教育家卡尔·奥尔夫提出,强调以人为本,强调参与性、创造性学习,丰富多彩、灵活有趣的教学形式和个性化的教学策略,深受世界各国音乐教育者的青睐。奥尔夫主张文化平等,承认全世界各民族的音乐,都有自身的文化价值,鼓励对本民族文化的传承和发展,提倡本土化教学模式的构建[①]。

习近平总书记曾说过:"百年大计,教育为本。教育是人类传承文化和知识、培养年青

---

① 王丽新:《奥尔夫音乐教学法本土化教学模式构建》,《外国教育研究》,2012年。

一代、创造美好生活的根本途径。"音乐教育是教育中的一个重要组成部分，是审美教育和传承古老文化的主要阵地之一。在全球化发展趋势这个大背景下，吸收国际上优秀的音乐教育理念，建设适合时代要求的音乐类课程，发展独具中华民族特色的教育是一线音乐教育工作者们需要思考的问题。奥尔夫在奥尔夫学校落成典礼大会上发言，把教育的过程比喻为"火种传递"，把古老的精华比喻为"火种"，贴切地描述了"火种"不熄灭，古老的精华就会一直传递下去。通过不断演变、生成和创新，古老的精华将永保生命活力。奥尔夫的这番话与我国教育法所提出的理念不谋而合，以人为本、赓续血脉、不断创新是新时代我国教育的核心要求，这恰恰是也奥尔夫教育的本质特征。

一、奥尔夫音乐教育法本土化的内涵与价值

（一）奥尔夫音乐教育法本土化的内涵

奥尔夫自幼获得很好的艺术熏陶，他的思想中透露着"人本主义"思想。他认为培养人是教育活动的出发点，应在教育活动中彰显文化平等的观念。他主张平等地看待不同国家、地区的民族音乐文化，各民族的音乐文化都体现着音乐的本质，是自然、原本的音乐艺术。他立足于人类的发展，不局限于某一国家、某一地区的文化价值观念。他倡导教育工作者要立足于本土的古老文化传统，将本土民族民间艺术作为音乐教学的素材，以参与性的教学方式创造出接地气的各类奥尔夫音乐课程和丰富多彩的音乐教学活动，将本土古老的文化遗产焕发青春，真正在音乐教育实践中做到"古为今用""洋为中用"。

（二）奥尔夫音乐教育法本土化的价值

自20世纪80年代引入奥尔夫音乐教育法以来，中国音乐教育受到了很大的影响。经过40多年来不断地推广，大量的音乐教师做了很多富有成效的探索，奥尔夫音乐教育法在中国本土化的价值主要体现在以下几个方面。

首先，奥尔夫音乐教育法丰富和完善了我国的音乐教育理论，深化了理论研究。奥尔夫认为音乐教育首先是人的教育，强调以人为本，以学生为教育主体，从学生的角度出发，关注学生的兴趣、需求以及感受，重视课程对学生发展的影响和价值，打破了我国传统教学模式中的"教师本位"观念。奥尔夫以学生为教学主体，要求音乐教学活动必须是学生主动参与的活动。

其次，激发学习动力，提升创造力培养。创新能力是当今社会激烈竞争的根本能力。奥尔夫音乐教育法强调即兴操作行为，提倡在自由活泼的课堂氛围中，从节奏、旋律、和声等基本音乐素材出发，掌握音乐知识，结合自身的体验，发挥想象力进行音乐即兴创作，寓教于乐，从而培养学生的创造力，提升学生的人文素质。

第三，提高教学质量，促进人文素养培育。在我国，提升人文素养，推动全面发展，一直是教育方针中的重要内容。人文素养培育的出发点在于以人为本，奥尔夫提倡在学习过程

中尊重学生的个性特征,引导学生亲自加入到活动中体验音乐、享受音乐,感受音乐之美,悟出音乐之德,将这些人文精神、伦理道德内化为行动的指导思想,外化为行为的执行标准,大大促进了我国人文素养的培育。

二、《滇南山谣三首》中节奏节拍的本土化教学

(一) 节奏节拍中的彝族音乐素材

节奏节拍是音乐中必不可少的要素,也是最具传统特色的音乐创作手法。《滇南山谣三首》中作者以 $\frac{2}{4}$、$\frac{3}{4}$、$\frac{3}{8}$ 的交替节拍配合前八后十六节奏型及切分节奏型,体现了彝族舞蹈五拍子的节拍律动和前长后短的舞蹈节奏特点。用持续二拍子,连续全十六分音符节奏型以及加入装饰音的前八后十六节奏型描绘了彝族山娃活泼、顽皮的性格特征。

1. 混合节拍

《滇南山谣三首》中第三首《山火》,用彝族典型的节拍和特殊的节奏型将彝族特有的篝火盛会——"火把节"表现得淋漓尽致。彝族人自古崇拜火,彝族舞蹈多与火有关,动作强劲有力,节奏明朗欢快,在舞蹈中彰显出"火"的热情、有力与纯洁。《山火》主要借鉴了彝族特有的民间舞蹈音乐节拍(见谱例1)。作者没有直接用五拍子,而是用三拍与二拍交替代替五拍,把同一节奏型在二拍子与三拍子节拍交替中连续使用,不但充分体现了彝族舞蹈热情奔放的动态特征,又展现了动感十足的彝族节拍特点,营造了丰富的音响效果。

谱例 1

2. 前长后短节奏型

前长后短节奏型是彝族民歌音乐中具有典型民族风格的节奏,在打歌和叙事古歌中较为常见。这里主要指前八后十六节奏型。在《滇南山谣三首》中第一首《山娃》和第三首《山火》中都出现了前八后十六节奏型,表现的意境和情绪却截然不同。第一首《山娃》中(见谱例2),作者在具有典型彝族民族韵味的 la-do-re-♭mi 音列中加入上方四度和五度的短倚音,再搭配上前八后十六的节奏型,惟妙惟肖地刻画出彝族山娃天真活泼、善良淳朴、顽皮可爱的形象。第三首《山火》中,作者运用极富彝族音乐元素的三、六度音程搭配上前八后十六的节奏型及切分节奏型(见谱例1),描绘出的却是彝族人们围绕篝火,载歌载舞的热闹场面。

谱例 2

3. 切分节奏型

切分节奏是音乐中常见的节奏型。《山月》中作者在中低音区运用慢速连续的小切分节奏型(见谱例 3)作为左手伴奏,搭配上甜美、富有歌唱性的旋律,栩栩如生地描绘出月夜下上山泉流淌,山坡上情歌甜美的彝山风情画;连续的小切分节奏型营造出的音响像极了山中泉水缓缓流淌时所发出的声音,弱小而动听。《山火》中作者运用带有重音的大切分节奏搭配上前长后短节奏音型(见谱例 4),出神入化地描绘出了刚劲有力且动感十足的彝族人民载歌载舞,欢庆节日的热闹场景。

谱例 3　　　　　　　　　　　　　　谱例 4

(二) 素材式教学

奥尔夫提倡从音乐本源出发进行音乐教育,强调用自然的方式发现基本音乐素材,然后进行分析、感受、重组、表现这些素材,从中发现它们的关系,获得体验,学到知识。节奏是音乐中基本的、核心的要素,也最能体现民族音乐的特征。而节奏训练恰恰又是奥尔夫音乐教育中的核心内容之一。借鉴奥尔夫音乐教育辨识富有民族音乐特色的要素——节奏,能获得良好的教学效果。

1. 混合节拍

《山火》以 $\frac{2}{4}$、$\frac{3}{4}$、$\frac{3}{8}$ 的交替节拍来展现彝族音乐中五拍子的节奏律动,既充分体现了彝族音乐节奏十足的动感,又是教学中的重点和难点。从谱例 1 中我们可以明显看出二拍子和三拍子以每一小节交替的规律进行,根据二拍子和三拍子的强弱规律来看,《山火》的律动节拍应为"强—弱—弱—强—弱";频繁地进行节拍交替,对于学生来说具有一定的难度,不易掌握。声势教学是奥尔夫教学法中的独具特色的方法之一,即用身体作为乐器,通过身体动作发出不同音响,来培养学生的节拍感、节奏听辨能力、反应能力等,是一种较为实用、高效的音乐教学手段。在教学中,借鉴奥尔夫"声势"教学法,将强拍用跺脚、拍手方式展现,弱拍用拍腿、捻指的方式展现。如图所示:

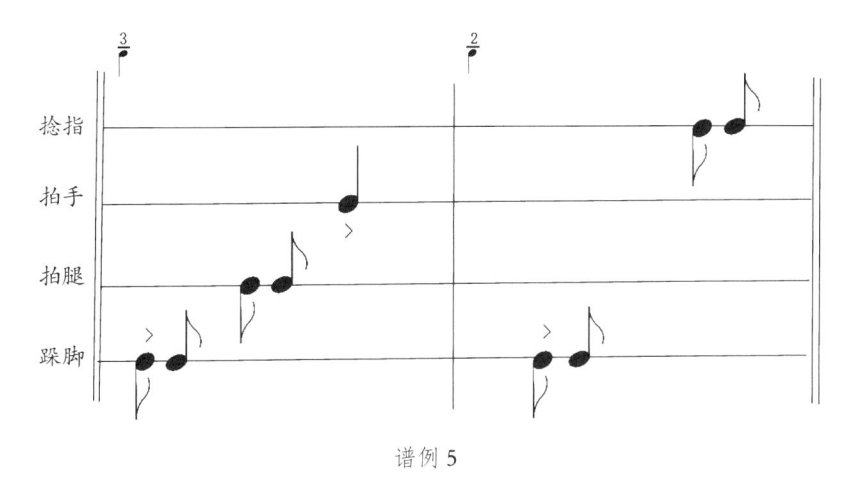

谱例 5

注:右手、右脚符干朝上,左手、左脚符干朝下,拍手标记符干统一朝上。

通过声势练习,学生在拍打身体过程中逐步熟悉了《山火》中三拍子与二拍子的转换。在教学中,教师可根据学生的实际情况进行节奏模仿、节奏接龙等游戏,还可根据学生掌握情况逐渐加快速度,甚至进行节奏造句等创编活动。反复却充满乐趣的训练,在不知不觉中就让学生掌握了具有一定难度的节拍,尽情享受节奏带来的快乐。无形中提高了弹奏质量,大大避免了越弹越快、节奏节拍弹奏错等现象。

2. 前长后短节奏型

将语言引入到音乐教学中是奥尔夫音乐教学法的又一特色。奥尔夫提倡以说话作为起步来训练节奏,提出使用"节奏基石",也就是用语言中最短小的字、词构成节奏单元,形成固定节奏型。如图所示:

谱例 6

以语言启发的方式进行节奏教学,学生容易接受,有很强的共鸣性。在钢琴课堂教学中,可以举一反三,针对小龄阶段的儿童,待熟悉旋律后,可适当变换音量甚至变换速度等进行练习。这种方式不但激发了学生的兴趣,还加强了节奏的稳定性,有翻来覆去万变不离其宗之妙。在练习中,注意练习时间不宜过长,约5分钟左右为佳。

3. 切分节奏型

切分节奏是改变强弱规律的节奏型,在教学中,尤其是对年龄较小的孩童来说,不易掌握。借鉴奥尔夫"节奏基石"教学,教学效果好,学生容易接受。在我们的语言中,经常会运用到这个节奏,如"圆圆的苹果,甜甜的樱桃"。以这样的方式引导学生学习切分节奏,学生马上就能学会这个稍难的节奏型。之后通过启发学生举一反三,套用到其他词组中进行练习,待熟悉这个词组节奏型后,把切分节奏从语言中剥离出来,带入乐曲中进行弹奏,不但节奏准确,而且还能弹奏出乐曲所要表达的意境。

(三)即兴式教学

奥尔夫谈论到他的音乐教育理念时,除了要求素材性内容、强调参与性行为,还重视操作行为方面的"即兴演奏",即兴演奏从头至尾贯穿整个教学。在音乐活动中,学生应用原本性素材,展开想象,结合自身的体验进行素材重组,以最自然、最原始的方式来唤起学生的潜在音乐本能,提升学生的音乐感知力。

1. 混合节拍

五拍子是彝族音乐中独具特色的节拍,常见于彝族"阿细跳月"和彝族支系撒尼族音乐中。彝族人能歌善舞,歌曲与舞蹈大多与"火"息息相关,音乐和舞步中常体现出"火"的特征,火在燃烧的过程中形态无时不在变化,《山火》中 $\frac{2}{4}$、$\frac{3}{4}$、$\frac{3}{8}$ 拍不断切换,栩栩如生地展现出了熊熊篝火燃烧时的样子。在素材性学习中,通过声势教学,学生已熟练掌握《山火》中三拍子与二拍子交替的混合节拍。日后,学生可运用声势,举一反三地学习更多的混合拍乐曲。

学习到最基础、最原始的素材后,教师可启发学生展开想象,结合自身能力对素材重组,创造出新的混合节拍。教师使用《山火》中的第42-43小节的节拍(见谱例1)为基本节拍型,进行节拍接龙游戏。教师运用声势拍出第42-43小节交替节拍,学生跟随其后,重复第42小节节拍后,即兴拍出与第43小节不同节拍的一小节;教师继续拍节拍,换另一位学生接拍并即兴拍一小节。教师也可引导学生自制出若干个不同节拍的声势节奏型,学生自由组队,每组从中选择2-4个节拍片段进行组合,并进行声势表演。通过举一反三和不断反复的练习,学生不但牢固掌握了混合节拍,还可进行自由创编,提升了创造力。

2. 前长后短节奏型

前长后短节奏型是音乐中使用非常普遍的节奏型,中国的各民族也常使用,如蒙古族用这个节奏来模仿策马奔腾时的马蹄声;佤族常用木鼓敲击此节奏型伴随舞步,歌颂幸福生活。《滇南山谣三首》中也用前八后十六节奏型表现不同的情绪,描绘不一样的意境。为进一步发掘前八后十六节奏型的奥秘,课堂教学除了可以用语言带入、声势等奥尔夫教学方式,还可进行器乐教学。但此教学仅限于针对会演奏彝族乐器的学生。由于笔者在民族类院校授课,接触到的民族学生占学生总人数的50%以上,彝族在云南人口占比较高,教学中能接触到很多彝族学生。因此,为此类教学提供了便利的条件。

彝族民间特有的乐器有三弦、巴乌、月琴和葫芦笙。《滇南山谣三首》虽然是为钢琴而作,但其中模仿了大量的彝族传统乐器音效。在课堂中可以邀请学生带上一种彝族乐器,选择《滇南山谣三首》中出现的前八后十六节奏型的片段进行表演,并说一说选择这个乐器演奏这个段落的原因,其余同学可用其他乐器进行伴奏,也可弹奏相同段落。通过思考、听辨、分析、讨论后,学生能够感受到不同乐器弹奏相同节奏时不一样的意境,得出乐器适合演奏的段落;同时也学习到了作者在《滇南山谣三首》中彝族乐器音色植移的技法,明白了运用钢琴应该弹奏出什么样的音色才能生动地表现音乐内容。例如,《山娃》(见谱例2)主旋律在前八后十六节奏型上运用上方五度倚音做装饰,生动地描绘了彝家山娃天真活泼的形象。这是对彝族弹拨乐器中大三弦弹奏音响的模仿,大三弦常以五度、四度关系定弦,《山娃》的创作也借鉴了这样的音程规律。

3. 切分节奏型

切分节奏在日常的学习中也常遇到,素材性教学中运用"节奏基石"语言带入的方法,引导学生通过参与性学习,掌握了这个节奏型。为进一步提升学生的创新能力,在课堂上教师引导学生结合自身已有知识,搭配其他节奏,创编一首四小节声势节奏进行表演,并讲解他所创编的声势节奏内容。在教学中,笔者发现学生非常乐意完成此游戏,创编的声势经常让人耳目一新。针对课堂兴致很高的孩子,还可提出更高的挑战,设置场景,运用前八后十六节奏进行创作。通过不同层次的亲身体验后,再弹奏《滇南山谣三首》,同是前八后十六节奏,搭配上不同的节奏、不同的调性和不同的和声、伴奏,学生能够敏锐地抓住音乐所要表现的内容,对彝族山娃天真活泼、顽皮可爱形象的刻画及截然不同的"火把节"热闹场景的描绘,将瞬间涌入眼帘,仿佛走进了彝家山寨。

三、《滇南山谣三首》中调式调性的本土化教学

(一) 调式调性中的彝族音乐元素

《滇南山谣三首》的素材源于云南省红河哈尼族彝族自治州的彝族音乐文化,《山娃》为羽调式(见谱例2),乐曲中采用彝族地区特有的四音列 la-do-re-♭mi,调式中属音 mi 进行了下行半音处理,区别于汉族的羽调式,右手为 a 羽调式、左手为 d 羽调式,左右手构成了非同宫系统的羽调式叠置[①]。色彩多样,调式交替是《山月》的一大特色。b 羽五声调式与 B 徵五声调式交替,前后转调自然,同一段旋律运用在彝族与哈尼族的音乐调式中,营造出绚丽多彩的音响效果,同时也暗含着民族团结一家亲,同心共筑中国梦。《山火》旋律采用彝族支系撒尼族音乐元素,以宫调式为主要调式,主旋律在 C 宫与 F 宫调式上展开,最后又回到 C 宫,欢快舞动的旋律描绘出了热闹欢腾的火把节。

---

① 唐钧:《〈滇南山谣三首〉对彝族音乐元素的运用》,《音乐创作》,2019年。

(二)素材式教学

调式调性的辨识在教学中一直是个难题,很多学生在理论课上学的知识不会运用到实际弹奏或演唱中是常有的现象。钢琴教学大多采用车尔尼、莫斯科夫斯基、肖邦等西方教材进行教学,提高学生的技术技巧,对于民族调式,学生接触得少,辨识就更加困难,模棱两可、辨识错误是常有的事。奥尔夫教学法以"素材性音乐教育"为特色,鼓励学生学习、认知、应用音乐中最基本的素材,了解音乐精神,从原始的音乐素材理解音乐内涵。

《滇南山谣三首》运用了不同于汉族五声调式的彝族调式,教师在课堂中可引导学生分析、对比彝族调式和汉族五声调式的区别,感受不同调式所表现的不同情绪。就《山娃》来说(见谱例2),该曲右手旋律采用 a 羽调式,la-do-re-♭mi 四音列构成,将彝族四音列中属音降低半音,这是因为彝族调式用采用四声音列为基础,加一个偏音,形成带中立音或游移音的三、四音列。常出现 mi 音偏低的现象[1]。汉族 a 羽调式由 la-do-re-mi-sol 五音列构成,虽然都是羽调式,但不同的音列描述了不同的情绪,刻画了不同的形象。《放马山歌》是朱培宾根据鲍元恺创作的管弦乐曲《炎黄风情》改编的钢琴作品。素材源于云南汉族民歌,乐曲 A 段落在 a 羽调上展开,旋律欢快、奔放,风趣地展现了赶马人在西南高原牧马的情景。《山娃》与《放马山歌》同属云南高原地区的音乐,都是 a 羽调式,在课堂中教师弹奏两首乐曲供学生听辨,引导他们用动作或脸部表情,表演他们听到的音响感受。在《放马山歌》的表演中,赶马吆喝是大多学生演绎的牧马人形象,而在《山娃》的表演中,天真烂漫、蹦蹦跳跳、顽皮可爱是大多学生表演时所演绎的山童形象。

《山月》中 b 羽五声调式与 B 徵五声调式交替,教师可引导学生分析 b 羽五声调式与 B 徵五声调式的区别,启发学生分析张朝先生是如何让两个调式能够顺畅自然地相互转换的,并用表演的方式演绎听到的感受。笔者在教学中发现,如果一步步引导学生重视音乐中的素材学习,学生能发现《山月》中两个调式,其实就是一音之差,la-do-re-mi-sol-la 和 sol-si-do-re-fa-sol(la-♯do-re-mi-sol-la)。细心的学生还会发现《山月》中的徵调式与汉族的徵调式大相径庭。通过参与性学习,用身体、表情等肢体语言表现音乐,能够让学生学得更通,感悟更深。

奥尔夫提倡"整体艺术观",他认为艺术本身就是音乐、舞蹈、语言、动作四者不可分割的整体。从小受到音乐、戏剧、舞蹈、绘画乃至诗歌等诸多艺术创作思想、流派、风格的影响,形成了独有的"整体艺术观"。借鉴奥尔夫音乐教学法,不局限于某种内容、形式,而是重在培养学生全面、丰富、综合的审美体验,在课堂活动中培养学生的想象力和创造力,提升他们的综合素质。

---

[1] 王华阳:《两首中国钢琴原创作品〈侗乡鼓楼〉与〈滇南山谣三首〉中少数民族元素探析》(硕士论文),江汉大学,2018 年。

（三）即兴式教学

调式调性是音乐中非常重要的要素之一，始终贯穿在作品之中并具有鲜明的形象，明确的表达。彝族音乐风格，彝山旋律线条及多层次的伴奏声部，共同营造出一种旋律与和声融为一体的彝族音乐风格。通过分析、感受、讨论、表演，掌握了《滇南山谣三首》中三个小曲的调式调性，为进一步巩固知识，培养了学生的创造力。教师可在课堂中引导学生根据《滇南山谣三首》中的调式、音列进行创编。例如，教师引导学生依据 re-la-#sol-la 这个伴奏织体，运用《山娃》中 la-do-re-♭mi 四音列进行旋律创编。针对能力稍弱的学生，教师可用《山娃》中第 6-9 小节（见谱例 2）作为开头，让学生进行接龙。教师还可在课堂中启发学生转换调式调性弹奏，例如，《放马山歌》A 段落为 a 羽调，学生在弹奏中把汉族 a 羽调改为彝族《山娃》中的 a 羽调，将属音 mi 降低半音，感受它与原来的区别；也可在《山月》中将 b 羽五声调式与 B 徵五声调式交替改变成 B 宫五声调式、B 商五声调式等。教师在课堂中以学生为中心，引导他们进行不同的尝试，获得不一样的体验，发挥想象力，改编或创造出自己心中的音乐。寓教于乐，学生不但在课堂里不感到枯燥乏味了，还能深入、综合的学习到知识，提高学习能力，促进创造力与综合素质的提升。

四、结 语

如何在多元化的音乐文化背景下，实现音乐教育"全球化"与"本土化"的平衡和统一，从而构建我国独具特色的中华民族音乐教育，是我们音乐教学的一线工作者们和研究者们迫切需要解决的问题。奥尔夫音乐教育法自 20 世纪 80 年代初引入我国至今，对我国音乐教育的改革和发展产生了重要影响。本文以奥尔夫音乐教育融入中国本土化钢琴教学为切入点，围绕彝族音乐素材，应用奥尔夫音乐教学法展开对《滇南山谣三首》作了大量的课堂实践，探索了一些奥尔夫音乐教育理念应用到本土化民族类钢琴乐曲教学中的实例，以供同行切磋。

参考文献

[1] 秦德祥. 元素性音乐 [M]. 南京：南京大学出版社，1989：13-16.

[2]（德）卡尔·奥尔夫. 廖乃雄译. 学校儿童音乐教材——回顾与展望 [M]. 上海：上海教育出版社，2020.

[3]（德）卡尔·奥尔夫. 廖乃雄译. 卡尔·奥尔夫自白 [J]. 旋律（Melos），1965（32）.

[4] 黄沙玫. 从历史的视角重新理解奥尔夫音乐教育 [J]. 中国音乐，2012（09）.

[5] 王丽新. 奥尔夫音乐教学法本土化教学模式构建 [J]. 外国教育研究，2012(04).

[6] 李莉. 奥尔夫教学法"原本性"精髓的中国文化解读 [J]. 课程·教材·教法，2016(04).

[7] 段微.《滇南山谣三首》创作中的文化体现与创新发展 [J]. 北华大学学报,2016(06).

[8] 赵旭超. 炎黄风情之放马山歌的创作特征 [J]. 齐齐哈尔大学学报,2017(07).

[9] 杨小丽荣. 奥尔夫音乐教学法的本土化教学研究——以民歌《回娘家》为例 [J]. 黄河之声,2018(05).

[10] 唐钧.《滇南山谣三首》对彝族音乐元素的运用 [J]. 音乐创作,2019(06).

[11] 李凯迪. 论中国钢琴组曲《滇南山谣三首》的艺术特色和演奏技巧 [J]. 艺术评鉴,2020(01).

[12] 苏颖. 奥尔夫"元素性"音乐教育中国化之探讨 [J]. 三明学院学报,2021(08).

[13] 杨阳. 地域文化影响下的中国钢琴音乐作品风格分析——以《滇南山谣三首·山月》为例 [J]. 大众文艺,2021(07).

[14] 沃尔夫冈·马斯特纳克. 余丹红译. 卡尔·奥尔夫原本性概念阐释 [J] 音乐艺术,2020（03）.

[15] 苏颖. 奥尔夫"元素性"音乐教育中国化之探讨 [J]. 三明学院学报,2021(08).

[16] 张思雨. 张朝作品中的"乡情"——以钢琴组曲《滇南山谣三首》为例 [J]. 戏剧之家,2022(06).

[17] 王丽新. 奥尔夫音乐教学法的本土化研究 [D]. 长春:东北师范大学博士学位论文,2012.

[18] 王华阳. 两首中国钢琴原创作品《侗乡鼓楼》与《滇南山谣三首》中少数民族元素探析 [D]. 湖北:汉江大学硕士学位论文,2018.

[19] 韩旭. 张朝《滇南山谣三首》作品探析 [D]. 河南:河南大学硕士学位论文,2018.

[20] 刘怡玲. 基于奥尔夫教学法的小学生音乐创造力培养现状研究 [D]. 上海:上海师范大学硕士学位论文,2020.

[21] 张静. 张朝钢琴组曲《滇南山谣三首》的音乐与演奏分析 [D]. 山西:中北大学硕士学位论文,2020.

作者简介

马雁,云南民族大学艺术学院教师,中共党员,云南省音乐家协会会员,云南省钢琴协会理事,云南省音乐家协会钢琴学会理事。发表及获奖学术论文十余篇,独立主编出版著作一部。目前,主持、参与多个学术科研项目和课题研究。担任第一届珠江"恺撒堡"国际青少年钢琴大赛(云南赛区)评委,2020 云南省钢琴协会杯 BOYA 钢琴艺术节及第一届云南省钢琴协会杯 YAMAHA 四手联弹双钢琴大赛等重要赛事评委。在教学中兢兢业业,教学能力深受学生好评。任教以来学生多人多次在各类比赛中获奖。多次荣获优秀教师指导奖,优秀辅导教师称号,最佳指导教师奖等荣誉称号。

奥尔夫音乐教学法在我国学前教育中的实践研究
——以威海市古寨（红缨）幼儿园为例的个案研究

● 肖 寒 张智瑜

【内容摘要】 本文通过对古寨（红缨）幼儿园的全面考察，从理念、管理、师资、课程、评估等方面进行深入研究，说明带有本土化性质的幼儿阶段奥尔夫音乐教育课程对幼儿的心灵成长具有十分积极的意义。

【关键词】 威海市古寨（红缨）幼儿园，奥尔夫音乐教学法，本土化，原本性，人本主义

引 言

学前教育是孩子智力形成和人格塑造的奠基时期，也是接受艺术启蒙教育的最佳时期。音乐可影响人的情感发展、培育想象力的能力，也负载着文化的内涵。奥尔夫教学法作为一种鲜活生动、不拘一格的教学方式，它深入浅出的课堂表现，对我国早教与基础教育的影响十分深远。

那么，奥尔夫教学法与学前儿童音乐教育的契合点是什么？奥尔夫音乐教学法是否有效传达了音乐教育的特质？在学前教学中对于儿童天性的维护和性格生成、情绪管理等方面的引导是否起到了积极的推动作用？等等。

20世纪80年代初期，我国学界受皮亚杰儿童认知发展理论的影响较深，不少教育工作者认识到音乐教育应当顺应幼儿身心发展的特征与规律。

也是在这个时期，我国音乐学家廖乃雄先生获得洪堡奖学金，有机会赴西德学习，初次接触到奥尔夫教学法。回国后，他为奥尔夫音乐教育体系引入中国做了大量工作，奥尔夫教育体系因此在中国得到了最初的推广。之后，中国音乐家协会奥尔夫专业委员会在多年的大规模培训活动，在培训的学员群体中，幼儿园教师也是主力之一。甚至在业界有很多人倾向于奥尔夫教学的最佳时间切入点之一，即在幼儿园阶段。

上述理论的基础是奥尔夫教学法的精神内核：符合人类天真烂漫的天性。奥尔夫在他的《〈学校儿童音乐教材〉——回顾与展望》一文中解释了他的"原本"的含义："'原本'的拉丁文是elementarius，意即'属于基本元素的、原始素材的、原始起点的、适合于开端的'。原本的音乐又是什么呢？原本的音乐绝不是单纯的音乐，它是和动作、舞蹈、语言紧密结合在一起的，它是一种人们必须自己参与的音乐，即：人们不是作为听众，而是作为演奏者参与其间。"[①]

---

① 范晓君：《魂牵梦萦"奥尔夫"——记李妲娜的音乐教育情结》，《人民音乐》，2006年。

奥尔夫本人一生都在对"原本性"的音乐这一贯穿奥尔夫音乐教学法始终的概念不断加以暗示与解释。如果把奥尔夫的"原本性"理解为是为顺应人类最浪漫天真的天性而做的音乐，奥尔夫音乐教学则达成了与儿童关系最为紧密的内在线索。

这种回归原本的音乐教育也会是幼儿园各种音乐活动展开的重要思想基础之一。在奥尔夫课堂上，围绕"人"开始，即从人体的肢体与音乐的关系出发，以原本、简单的方式让人类与音乐相融合，让听觉、触觉、运动觉统统浸泡在于音乐之中。这也是奥尔夫本人所主张的全人音乐教育。

奥尔夫教学法提倡"诉诸感性，回归人本"。在奥尔夫音乐教学中，游戏被广泛使用，大量的学习和训练都是在游戏中进行。在这种学习模式下，每个孩子都乐于参与游戏，都可以尝试充当主角，不仅趣味盎然，还可以充分调动孩子的积极性，从而实现孩子音乐天性的释放。从中可以看出，奥尔夫的音乐教学方法与幼儿园音乐教育有本质上的相通之处。

一、古寨（红缨）幼儿园的办学特色与理念

古寨（红缨）幼儿园创于1994年11月，是山东省威海市一级幼儿园、省级示范幼儿园。该园占地面积总共有六千余平方米，全园教职工118名，教学班级30个，学生总人数达600余人，设有专门的奥尔夫音乐教学活动室。

幼儿园秉承的核心理念是"让幼教赞美生命"，以人为本，敬畏生命，呵护生命。同时，积极开发幼儿潜能，让常态儿童超常发展；并尊重幼儿的兴趣，让幼儿主动学习、乐于学习、学会学习、快速学习，能够让幼儿为20年后的优秀公民奠定一生的好学和会学的基础的教育观。

在这样的基本理念下，我们可以看到该园与目前国内绝大多数"不能输在起跑线"上的焦虑教育有本质的区别，就是遵从幼儿身心成长的规律，从养育中渗透教育，建立基本的生活态度和生活常识，而不是急于传授知识。幼儿园更为注重的是对幼儿的心理、习惯和能力的培养。

因而从基本理念上，该园的教育理念与奥尔夫教学法之间有着天然的契合点，他们都注重人的教育，关注人的长远发展，以音乐为手段，实现全人的教育。

该园早在1999就已深入接触了国内的奥尔夫培训项目，并定期对幼儿园的老师进行专业培训。在实施奥尔夫教学法的过程中，从园长到带班教师们都深入研究奥尔夫音乐课程。通过长时间的钻研，他们对德国奥尔夫教学法体系有了深入了解，并充分理解其精髓。更有意思的是，他们并没有打算全盘"拿来主义"地引用德国奥尔夫教学法本身，而是从一开始就对奥尔夫教学的本土化理念进行了深入思考，并认为这种本土化取向是奥尔夫音乐课程在古寨（红缨）幼儿园实践的先决条件，也是奥尔夫音乐课程实践得以顺利开展的前提。所以，古寨（红缨）幼儿园在设置奥尔夫音乐课程的时候，遵循的是奥尔夫音乐教育以幼儿为中心的宗旨。具体体现在以下几个方面：

1. 符合儿童心理的教学模式——以游戏形式导入的儿童音乐教育

"游戏的冲动是扎根于一种心理和感觉过程中的核心……儿童并不仅仅是玩,他们就是生活在游戏中:作为生活,他们的游戏有着极大的灵活性,是随时随地,超越时空的。儿童就是游戏。通过游戏,他们建立起通向未知的道路,通向此时此地以外的领域。"① 由此可知,奥尔夫主张的音乐教育就是要从"玩"开始,尤其是对于儿童,对幼儿的音乐教育并不是在上音乐课开始而是游戏的时候就是它的开始。

2. 全员参与的浸润式音乐活动——实践的音乐教育原则

奥尔夫认为:"在音乐教育中,音乐只是手段,教育人才是目的。让孩子自己去寻找、去创造音乐,是最重要的。"② 奥尔夫借助音乐在人们的日常生活中处于人类思想情感的载体这一基本理念提出:"儿童在早期所体验的一切,在他身上得以被唤起和培养的一切,对其毕生是起决定性作用的。"③ 音乐活动的参与者(学生)不应该只局限于作为"观众",应该积极主动地参与到教学活动中,进行表演成为一个"演员"。在奥尔夫的音乐课堂中,奥尔夫是作为引导者的角色去编排丰富多彩的教学内容,鼓励在场的每一个人参与其中,通过实践亲自体验和感受并掌握知识。这也是音乐教育最重要的原则之一:实践出真知。

奥尔夫曾说"正如要有自然界中的腐殖质,才有可能使万物生长一样,靠原本的音乐方能发挥出儿童身上的力量。"④ 这里所说的原本的音乐,奥尔夫是这样解释的:"我所有的理念,是关于一种原本性的教育理念——什么是原本的音乐呢? 原始的音乐绝不只是单独的音乐,它是和动作、舞蹈、语言紧密结合在一起的。它是一种人们必须自己参与的音乐,即人们不是作为听众,而是作为演奏者参与其间。"⑤

奥尔夫教育理念的观念与态度,使得奥尔夫音乐教育思想可以在全世界范围宣传、推广、运用。各国幼儿教育者和研究者都对奥尔夫音乐教育体系或多或少地进行了不同程度的调整和重构,这就是奥尔夫音乐的本土化过程。

尽管奥尔夫音乐在各国本土化的过程中受各国教育环境影响而有所变异,但奥尔夫音乐教育思想中关注儿童本身的教育思想和理念都是始终如一,并深深地根置于儿童教育之中。正如廖乃雄先生所评价的奥尔夫:"这样的儿童音乐教育是史无前例的,是前人难以想象的。集中心力对音乐教育的从事和创新,也正是奥尔夫对原本性音乐充分意识并刻意追求的结晶,也是'走向源泉'和'走向母亲'的一种体现。所以奥尔的音乐教育和他的音乐创作一样,都以人类的自然本性、人类的童年以及人类音乐的起源为基点。由此出发进行

---

① 让罗尔布约克沃尔德著,王毅、孙小鸿、李明生译:《本能的缪斯》,上海人民出版社。
② 卡尔·奥尔夫著,廖乃雄译:《学校儿童音乐教材——回顾与展望》,载《奥尔夫音乐教育参考资料》,中国音乐家协会奥尔夫专业委员会编,安徽文艺出版社,2005年。
③ 同②。
④ 同②。
⑤ 同②。

教育,无疑是音乐。"①

该园自 2008 年开始,正式以奥尔夫教学为幼儿园办学特色。首先,幼儿园对师资队伍的专业建设作为重中之重来对待,每年不停歇地进行教师进修与业务学习。

时间	培训内容	培训教师
2016 年 7 月 14 日至 17 日	初级班培训	姚迦勒
2016 年 9 月 28 日	初级班教研	姚迦勒
2016 年 11 月 15 日	初级班教研	姚迦勒
2017 年 3 月 11 日至 12 日	高级班培训	潘俞安
2017 年 10 月 27 日	《奥尔夫儿童音乐艺术》教研	陈珈好
2018 年 5 月 7 日	《奥尔夫儿童音乐艺术》教研	潘俞安
2018 年 8 月 22 日至 25 日	初级班培训	姚迦勒
2018 年 11 月 26 日	《奥尔夫儿童音乐艺术》教研	陈珈好
2019 年 9 月 15 日至 18 日	初级班培训	陈珈好
2019 年 11 月 11 日至 12 日	高级班培训	陈珈好

表 1

为配合园里特色办学的基本策略,在硬件上也给予了充分的支持。如奥尔夫教室的建设,就是一个十分重要的基础投入。他们进行奥尔夫特色课程的教室共有两种:

1. 奥尔夫核心课程教室

奥尔夫核心课程教室即为幼儿进行奥尔夫活动最多的常规教室。其特点为空间充足,配备丰富多样的奥尔夫音乐教具,并在细节上注重个体差异,比如适合不同幼儿身高的桌椅等。

2. 奥尔夫乐器活动室

奥尔夫乐器活动室是奥尔夫音乐教育特色幼儿园必备的教室,主要功能用于促进幼儿听觉、视觉、触觉、本体感觉、前庭功能知觉的发展,促进幼儿身体正常发育和机能协调发展,提高幼儿力量、灵敏、平衡等身体素质;发掘幼儿的想象力,让幼儿在游戏中、玩耍中接触音乐,参与音乐实践,使他们真正喜欢音乐;以幼儿为主体,教师引导为辅,师生在一起共同进行创造性的活动,让幼儿在"玩"的状态下感受音乐、实践音乐、喜欢音乐,从而培养儿童的音乐能力。培养幼儿遵守活动常规,认真遵守规则,尊重伙伴,关心和热心帮助同伴,与同伴合作和友好相处。

该幼儿园奥尔夫课程的开设是处在奥尔夫音乐教育课程的蓬勃发展期。当时我国幼儿教育已经受到教育学者的广泛关注,并具有充分的理论研究础基,在这样的背景下,作为"新生事物"的奥尔夫教学法也受到家长、幼教教师、教育改革者的普遍认可与接受;另一

---

① 廖乃雄:《论音乐教育》,中央音乐学院出版社,2010 年。

方面,我国的经济和社会发展水平也达到了可以全面实施奥尔夫音乐教育课程的条件,因而可以提供足够的奥尔夫音乐教育师资。

从对幼儿园教师的访谈中可以看到,奥尔夫教学法可以调教孩子在音乐学习中养成一种积极的心态,幼儿愿意从主观意识中和音乐沟通。音乐源于内心,教育也应该始于自身:

"奥尔夫教师在给孩子上课的方式都很开放,在上课的过程中没有过多的讲解,而是注重孩子主体性的发挥。通过一段时间的教学,看见每个孩子都很自信地表现自己,每个孩子都很专注地参与到我的课堂,之后也会有家长反馈说孩子的进步挺大的,有的性格内向的孩子也会变得愿意表现自己,我就很有成就感。"

关于儿童教育的理念,在我国传统文化中已经有了十分精辟的解释。柳宗元在《种树郭橐驼传》中如此解释教育的智慧:"莳之若子,置之若弃,静待花开。"其意思为:种树就像对待孩子一样,看似像是在抛弃他,置之不理,其实是在静待花开。

奥尔夫音乐教育与之有着异曲同工之妙。音乐常常以一种潜移默化的形式浸润着幼儿的心灵,以一种"有声"的教学方式进行着一种"无声"的浸润教育,就如同静待花开一般,我们往往不能在短时间内知晓和定论在这个过程中幼儿究竟获得了哪些发展,但是在孩子的成长过程中必然会给他们带来某种影响。奥尔夫音乐让每个幼儿参与其音乐活动,这种让幼儿亲身体验式的音乐教育始终是以一种无以名状的方式培养着孩子良好的社会性,影响着孩子潜能的发展。因此,奥尔夫音乐教育体现着"静待花开"的一种艺术之美。它既颠覆了传统教育中"口传心授"的守旧教育理念,同时又时刻关注幼儿在成长过程中的长远发展。

同时,我们在访谈中还听到如下观点:幼儿音乐学习中,音乐技巧与技能并不是唯一目的,它还可以是心理情绪的表达手段,是以心灵交流为媒介的一种艺术。日常的音乐活动能够直接或者间接地和人们的思想、感情等相关的审美感情体验与审美意识活动联系在一起,这便成了儿童审美意识培养的开端。

正是基于以上目的,开设奥尔夫音乐教育课程可以培养儿童超越功利之外的理想主义精神。在访谈中,学生家长的看法是:

"我觉得这个幼儿园的教学方式很好,让孩子多玩,在玩中学,不是太累,而且和同龄的孩子比起来我们的孩子明显会的很多,我还是挺认可这种教育方法的,我本来搬家了,也没选择给孩子转园。

……奥尔夫音乐教育,有听说过,但不是很了解,只知道来自国外,经过很多时间的考验,应该对孩子是很有好处的,孩子很喜欢上这个课。孩子经常一回家就告诉我今天他在幼儿园玩了什么乐器,并不像之前我们陪他练钢琴,每次练琴在家都要闹上半天,我们和他都很痛苦。自从在幼儿园上了奥尔夫音乐,他自己就很喜欢练琴,每天回家的第一件事就是自己主动地坐在钢琴前,能够轻松地识谱,有时候能跟着旋律一起唱出来。有时听见电视播放着他自己喜欢的简单的儿歌旋律,他自己也能够在钢琴上弹出来。明显感觉他在上过幼儿园的奥尔夫音乐课之后练琴有了很大的变化,看着他能这么开心地练琴我们家长也很高兴。"

由上可见,奥尔夫音乐教学让幼儿体验音乐的方式产生了变化,他们唤醒幼儿内在的音乐审美体验。

在该幼儿园,管理层对教学内容与进度有着十分清晰的理念与安排:

1. 综合性的课程概念:该园依然保留了传统学前教育课程综合的理念,同时这也是奥尔夫音乐教育体系的特点,就是在奥尔夫音乐课程的教学素材中,将音乐、语言、表演、舞蹈、美术、戏剧完美融合在一起。在教学实践中,多样的教学形式富有意义地融为一体,幼儿的"表现力""创造力""想象力"得到充分的展示,每一个教学过程对老师和学生来说都是一个充满着创造性的活动。

2. 回归自然、以感知入手。奥尔夫教学不强调教会幼儿具体学什么技能,而是通过教学来启迪和发掘儿童与生俱来的那种对音乐的需求,通过音乐自然地表露自己的感受,使幼儿在教育中变"要你学"为"我要学"。

3. 以听力、节奏、律动、语言学习、创造性能力培养等为基本内容;以说、唱、跳、奏、戏剧表演、绘画、音乐舞蹈为艺术形式;以生动活泼、丰富多彩的方法为教学形式;让幼儿在学习中发现自我,培养他们的创造力、自信心、专注力、合作精神、反应能力及人格的全面发展。

古寨(红缨)幼儿园目前开设的课程内容,根据以上基本原则,归纳为包括嗓音造型、动作造型和声音造型三个方面的具体安排。其中,嗓音造型是指歌唱活动和节奏朗诵活动;动作造型指律动、舞蹈、戏剧表演、指挥及声势活动。而声势活动是奥尔夫体系独创的一种以简单而原始的身体动作发出各种有节奏声音的活动,其最基本的身体动作是拍手、拍腿、跺脚和捻指。

二、有效组织下的本土化尝试

全套引进成熟的奥尔夫幼儿音乐教育课程的形式与内容,对于一所学校的任课教师而言相对会比较简单容易操作。但是,奥尔夫音乐课程的引入需要与本国的历史、社会和文化条件相结合,使之更好地适应我国的人文环境。因而,古寨(红缨)幼儿园在引进奥尔夫教学法的过程中,最有价值的部分是结合我国国情对奥尔夫音乐课程的本土化问题进行了及时的思考。

关于这个问题,园长在访谈中是这么陈述的:

"我们一直处于学习的过程当中,每一个阶段都会增加一些新的感悟。有时候我也会咨询专家,翻笔记看一下,学一下思想理念,进行内化。现在,我们并不是将奥尔夫音乐课程的教案直接拿来就能用,我们要结合我国社会的具体情况,我们的民族音乐语言,我们的社会文化背景与审美习惯等,希望在探索的过程中能够找到平衡点,既能抓住奥尔夫音乐课程的精髓,也能符合大众的口味和本民族的特色,这是我最想做成的事。

我们有园里统领的课程计划,先由幼儿园 B 园长研究制定大纲,然后再与老师们探讨细节。课程需要按照我们的教育计划进行,因为我们每天的教学计划都会在家园一掌通上展现给家长。"

在教学设计中,教师会考虑从孩子的日常熟悉的事物出发,设置适宜的情境,让孩子熟知日常生活常识。如课例《爸爸的爸爸叫什么》,就是教师用趣味横生的提问方式引领幼儿进入音乐,先熟悉节奏型,在扩展到身体打击乐、创编声势、乐器合奏等。在不知不觉中,幼儿既学习了音乐,又懂得了家庭结构的关系,整个过程皆大欢喜。

语言能力的训练是孩子早期音乐教育的重点之一。该园将奥尔夫音乐教学内容侧重于问答、儿歌、童谣、古诗词、绕口令、谜语等等。这部分的本土化尝试,园长是这么说的:

"最早我们有一些参考教材,但这几年教育改革之后,我们设定教学内容就会考虑与孩子们平时的其他活动课程内容相衔接。比如我们幼儿园开展的绘本阅读里面就有涉及到一些方言、儿歌、童谣、古诗词、绕口令、谜语等内容,就比如一些我们孩子熟知的古诗词:《悯农》《咏鹅》《登鹳雀楼》《春晓》《静夜思》《江雪》《望庐山瀑布》《清明》《咏柳》《晓出净慈寺送林子方》等。这些内容编入我们的奥尔夫音乐的教学内容,加上节奏语言、肢体律动、声唱动作、综合表演等,来诠释古诗词的韵律美、意境美。通过这样的方式,我们的孩子也很容易被我国这些古诗词所吸引,也很容易加深、加快幼儿对古诗词的记忆,从而也会对每天所学知识起到一定的重复巩固作用。"

同时,幼儿园还对教学用具进行了本土化替代的工作。奥尔夫音乐教具与奥尔夫音乐教学法同时引进我国,其最独特的特点主要在于其操作简单易学,但绝不简陋。从演奏技巧看,没有复杂的技术负担和障碍,能够面向全体学生,且每件乐器都方便携带,具有优质的音色,和任何乐器搭配都可产生协调的合奏及配乐效果。

因此,当幼儿双手拿着木琴的小锤,在扩大化的"钢琴键盘"上"即兴"敲击探索乐器的演奏方法和音色变化的关系,能够帮助幼儿理解音乐的进行和旋律的发展,在游戏中体验和理解音高、节奏、时值等,并获得最初的社会经验。奥尔夫音乐教具的这一功用特质决非一般个别或集体学声学奏某些民族乐器甚至专业艰深的乐器,如钢琴、提琴等乐器所能够取代的。

一般而言,奥尔夫音乐教具由钟琴、木琴、钢板琴(实际已用铝板制作)、音块等音条类定音乐器,以及三角铁、小镲、砂槌、铃鼓、小定音鼓、盒梆、指镲、串铃、碰铃、双响筒、刮木等节奏乐器组成。全部引进德国 Studio 49 或者 Sonos 的乐器,价格十分昂贵,所以幼儿园在乐器问题上尝试本土化替换:

1. 幼儿园在中国民族打击乐中寻找适合的乐器,如木鱼、小锣、镲等小打乐器,可以在具体作品中完美替代。

2. 让幼儿家长与孩子们一起自发性地发挥想像,制造各种符合这些声音的"乐器"。

关于这个问题,幼儿园的教师们这么看:

"部分乐器我们幼儿园会统一购置,但要满足课堂上人人都有进口的奥尔夫乐器,不太容易实现。但我们幼儿园的幼儿和家长会自发地收集一些生活用品进行改造利用。比如在塑料瓶或易拉罐里装上沙砾,这样最简单的沙锤就做成了;还有将废弃的钥匙串起来可以作为散响类乐器;我们把大小不同的纸盒绑在一起,用小木棍敲打,就做成了一组定音鼓;又或者在纸盒上绑几根松紧不同的橡皮筋,就做成了简易的拨弦小乐器;还会用高低不同的水杯装上容量不等的水,用筷子敲打,就替代了音条乐器等等。"

古寨(红缨)幼儿园中,学生与家长们的自制乐器与Studio49的乐器相比较,或许比较简陋。然而正如奥尔夫所说的:"让学生自己去寻找、自己去发现、自己去创造音乐,是最重要的。"[1]

在古寨(红缨)幼儿园,奥尔夫音乐教育课程内容本土化已经较为明显。对于幼儿来说,虽然奥尔夫音乐教育体系是国外引进的教学法,然而在内容与乐器的衔接上,又体现了中国本土的音乐母语基本特征。因此,幼儿们在初次上课的时候,并无违和之感。

三、反馈、评价与思考

作为课程体系的重要环节之一,评价与反馈是对教学的检验。在研究中,调查问卷共分为两大类,均通过网络形式发放。回收问卷一:《古寨(红缨)幼儿园音乐教育教师问卷》63份;回收问卷二:《古寨(红缨)幼儿园音乐教育家长问卷》684份。现就问卷调查结果做如下分析:

(一)教师样本分析

1. 样本描述性情况分析

问题	选项	频数	百分比
年龄	25岁以下	14	22.2%
	26-35岁	37	58.7%
	36岁以上	12	19%
学历	高中、职专、中专	4	6.3%
	大专	33	52.4%
	本科及以上	26	41.3%
毕业学校	幼教专业院校	49	77.8%
	其他专业院校	14	22.2%
教龄	5年以下	19	30.2%
	6-15年	36	57.1%
	16年以上	8	12.7%

表2

---

[1] 廖乃雄译:《奥尔夫儿童音乐教学法初步》,安徽文艺出版社,1987年,第146页。

从上表可知,幼儿园中教师队伍相对稳定,年轻教师为多,教师队伍充满活力。这样的教师队伍有利于促进音乐教育向更好的方向发展,为奥尔夫音乐教育的实施提供有力保障。

2. 教师对幼儿园音乐教育态度分析

问题	选项	频数	百分比
1. 您认为幼儿园是否有必要开设奥尔夫音乐课程?	是	57	90.5%
	否	6	9.5%
2. 您认为奥尔夫音乐教育对幼儿的发展是否有积极影响?	是	/	/
	否	/	/
3. 您对幼儿奥尔夫音乐教学所持的态度?	非常喜欢	38	60.3%
	一般	25	39.7%
	不喜欢	0	0%
4. 您是否将幼儿音乐教育作为自己的终身事业来追求?	是	31	49.2%
	否	11	17.5%
	不确定	21	33.3%
5. 您认为幼儿园开展奥尔夫音乐教育的目的是?	社会发展的需要	22	34.9%
	幼儿园课程目标纲领的制定	21	33.3%
	陶冶孩子的情操,促进孩子身心发展	62	98.4%
	扩大孩子的视野	43	68.3%
	培养幼儿的集体意识,提高幼儿的团队合作能力	51	81.0%
	培养幼儿热爱自然,爱护动物等人文情怀	32	50.8%
	其他	4	6.3%
6. 您认为奥尔夫音乐教学是?	将音乐教学与语言动作紧密结合的整体性教学	59	93.7%
	强调单独目标(旋律、和声)的教学法	28	44.4%
	符合幼儿天性的优秀教学法	45	71.4%
	具有特色的教学法	50	79.4%
	不清楚	1	1.6%
7. 您认为奥尔夫音乐教育所具备的教育理念有?	民族性与人类性	27	42.9%
	即兴性	48	76.2%
	原本性	17	27.0%
	实践性	42	66.7%
	融合性	50	79.4%
	模式性	18	28.6%
	系统性	26	41.3%
	音乐性	54	85.7%

问题	选项	频数	百分比
8.您认为奥尔夫音乐教材存在的主要问题是?	理论性太强	17	27.0%
	选编歌曲不合理	4	6.3%
	内容单调，缺乏趣味性	8	12.7%
	涉及知识面太窄	12	19.0%
	内容脱离实际生活	12	19.0%
	不太注重能力的培养	12	19.0%
	其他	31	49.2%
9.认为您自身需要提高哪些方面的音乐素质?	音乐活动组织能力	37	58.7%
	音乐鉴赏能力	26	41.3%
	乐器演奏能力	36	57.1%
	音乐、舞蹈、游戏、律动的创编能力	37	58.7%
	即兴伴奏能力	35	55.6%
	音乐教育理念	23	36.5%
	基本乐理知识	29	46.0%
10.与普通音乐教学活动相比较,您认为幼儿在奥尔夫音乐教学活动中音乐能力是否有所提高?	是	58	92.1%
	否	5	7.9%
11.您认为奥尔夫音乐教学法对幼儿的哪些方面的影响较大?	器乐的学习	35	55.6%
	节奏感的培养	56	88.9%
	创造力和表现力的提升	43	68.3%
	主动性和参与性的提高	52	82.5%
	幼儿良好人格的形成	26	41.3%

表3

从上表可看出,绝大多数教师认为奥尔夫音乐教学法学对幼儿音乐教育的功用表示肯定。教师自身对工作的喜爱度较为乐观。普遍认可奥尔夫音乐教育对幼儿音乐能力有所提高,尤其对幼儿节奏感的培养有着较大影响。从通识问卷也可看出,合理的教材的选择是成功教育的重要条件之一。

3. 教师自身音乐素养分析

研究者大都认为幼儿教师的音乐素养主要为以下四个方面：第一,音乐知识：音乐理论方面的知识。第二,音乐技能：主要内容包括弹奏钢琴、歌唱、律动、指挥、音乐创作创编等。第三,音乐教学能力：评价幼儿学习能力、设计音乐课程能力、操作视听设备教学能力等。第四,音乐理念：对音乐的理解、对音乐的兴趣等方面。笔者针对这四个方面对该园教师展开以下问卷：

图 1

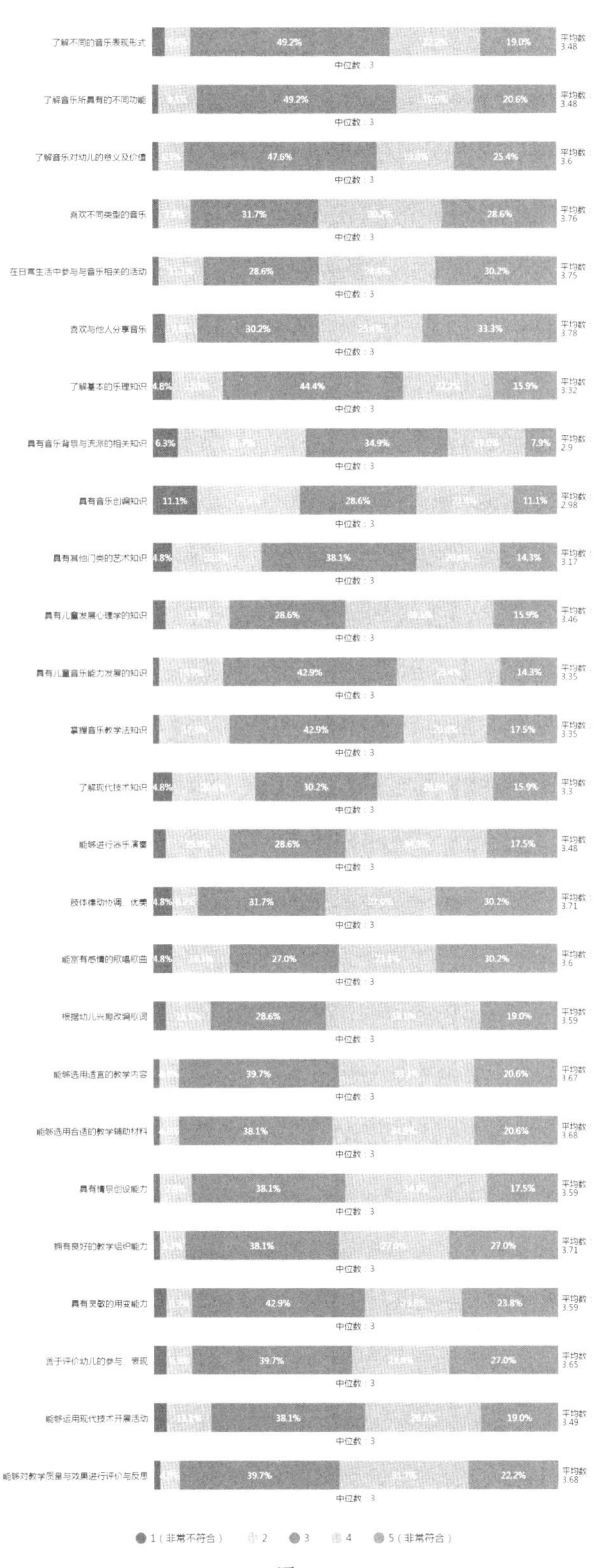

项目	1（非常不符合）	2	3	4	5（非常符合）
了解不同的音乐表现形式	2 (3.2%)	4 (6.3%)	31 (49.2%)	14 (22.2%)	12 (19.0%)
了解音乐所具有的不同功能	1 (1.6%)	6 (9.5%)	31 (49.2%)	12 (19.0%)	13 (20.6%)
了解音乐对幼儿的意义及价值	1 (1.6%)	4 (6.3%)	30 (47.6%)	12 (19.0%)	16 (25.4%)
喜欢不同类型的音乐	1 (1.6%)	5 (7.9%)	20 (31.7%)	19 (30.2%)	18 (28.6%)
在日常生活中参与与音乐相关的活动	1 (1.6%)	7 (11.1%)	18 (28.6%)	18 (28.6%)	19 (30.2%)
喜欢与他人分享音乐	2 (3.2%)	5 (7.9%)	19 (30.2%)	16 (25.4%)	21 (33.3%)
了解基本的乐理知识	3 (4.8%)	8 (12.7%)	28 (44.4%)	14 (22.2%)	10 (15.9%)
具有音乐背景与流派的相关知识	4 (6.3%)	20 (31.7%)	22 (34.9%)	12 (19.0%)	5 (7.9%)
具有音乐创编知识	7 (11.1%)	16 (25.4%)	18 (28.6%)	15 (23.8%)	7 (11.1%)
具有其他门类的艺术知识	3 (4.8%)	14 (22.2%)	24 (38.1%)	13 (20.6%)	9 (14.3%)
具有儿童发展心理学的知识	2 (3.2%)	10 (15.9%)	18 (28.6%)	23 (36.5%)	10 (15.9%)
具有儿童音乐能力发展的知识	1 (1.6%)	10 (15.9%)	27 (42.9%)	16 (25.4%)	9 (14.3%)
掌握音乐教学法知识	1 (1.6%)	11 (17.5%)	27 (42.9%)	13 (20.6%)	11 (17.5%)
了解现代技术知识	3 (4.8%)	13 (20.6%)	19 (30.2%)	18 (28.6%)	10 (15.9%)
能够进行器乐演奏	2 (3.2%)	10 (15.9%)	18 (28.6%)	22 (34.9%)	11 (17.5%)
肢体律动协调、优美	3 (4.8%)	4 (6.3%)	20 (31.7%)	17 (27.0%)	19 (30.2%)
能富有感情的歌唱歌曲	3 (4.8%)	9 (14.3%)	17 (27.0%)	15 (23.8%)	19 (30.2%)
根据幼儿兴趣改编歌词	2 (3.2%)	7 (11.1%)	18 (28.6%)	24 (38.1%)	12 (19.0%)
能够选用适宜的教学内容	1 (1.6%)	3 (4.8%)	25 (39.7%)	21 (33.3%)	13 (20.6%)
能够选用合适的教学辅助材料	1 (1.6%)	3 (4.8%)	24 (38.1%)	22 (34.9%)	13 (20.6%)
具有情景创设能力	1 (1.6%)	5 (7.9%)	24 (38.1%)	22 (34.9%)	11 (17.5%)
拥有良好的教学组织能力	1 (1.6%)	4 (6.3%)	24 (38.1%)	17 (27.0%)	17 (27.0%)
具有灵敏的应变能力	2 (3.2%)	4 (6.3%)	27 (42.9%)	15 (23.8%)	15 (23.8%)
善于评价幼儿的参与、表现	2 (3.2%)	4 (6.3%)	25 (39.7%)	15 (23.8%)	17 (27.0%)
能够运用现代技术开展活动	2 (3.2%)	7 (11.1%)	24 (38.1%)	18 (28.6%)	12 (19.0%)
能够对教学质量与效果进行评价与反思	1 (1.6%)	3 (4.8%)	25 (39.7%)	20 (31.7%)	14 (22.2%)

图 2

从古寨(红缨)幼儿园的幼儿教师问卷样本对自身音乐素养的符合程度的判断来看,其自评得分中位数显示为 3 分,这一点不那么乐观。该数字反映出教师的音乐素养普遍有待提高。

(二) 家长样本分析

1. 样本描述性情况分析

问题	选项	频数	百分比
年龄	18 以下	11	1.6%
	18-29 岁	114	16.7%
	30-45 岁	544	79.5%
	46-60 岁	15	2.2%
性别	男	178	26%
	女	506	74%
职业	教师	79	11.7%
	教师以外的专业技术人员	20	3.0%
	公务员	38	5.6%
	党群组织负责人	10	1.5%
	企、事化单位负责人	45	6.7%
	办事人员和有关人员	32	4.8%
	商业、服务业人员	91	13.5%
	工人	156	23.2%
	农林牧副渔业生产人员	7	1.0%
	其他	195	29%
受教育程度	小学及以下	20	3.0%
	中学(初高中及中专)	304	45.2%
	本科	309	45.9%
	硕士及以上	40	5.9%
合计		684	100.%

表 4 家长样本描述性分析表

此次研究家长样本共收集为 684 个。其中,家长样本中在 30 岁－45 岁这一年龄段的家长占 79.5%。从性别来看,女性家长相对比较多,所占比例为 74%。从职业分布上看,工人样本所占比例为多数。从受教育程度分布上,样本主要以本科为主,所占比例为 45.9%,中学(初中、高中及中专)样本的比例占比相对较高,所占比是 45.2%。

2. 家长对幼儿音乐教育的基本态度

本部分主要是分析古寨(红缨)幼儿园的家长对于幼儿音乐教育的基本态度情况的,分别针对幼儿园开展音乐教育的必要性,家长对于幼儿接受音乐教育的目的情况,接受音乐教育的方式,音乐教育的积极影响态度,家长对幼儿园奥尔夫音乐教育活动的了解,以及家

庭因素对于音乐教育的影响情况,并且分析当前我国幼儿园音乐教育的问题情况,分析结果如下表所示:

问题	选项	频数	百分比
1.幼儿园音乐教育是否重要?	是	436	64.8%
	一般	227	33.7%
	否	10	1.5%
2.让幼儿接受音乐教育的目的是什么?	兴趣爱好	433	75.3%
	专业学习	127	18.9%
	特长加分	122	18.1%
	陶冶情操	507	75.3%
	其他	320	47.5%
3.平时在家是否与幼儿进行家庭音乐活动?	经常	213	31.6%
	有时	402	59.7%
	从不	58	8.6%
4.认为当前幼儿园的音乐课应该以什么方式上?	老师讲幼儿听	182	27%
	有一定互动	529	78.6%
	幼儿积极自主	398	59.1%
	其他	50	7.4%
5.认为比较重要的音乐教育方式有哪些?	唱歌	294	43.7%
	学会某种乐器	306	45.5%
	在音乐中感受韵律和音乐的美	507	75.3%
	随乐而动	353	52.5%
	表演	275	40.9%
6.是否了解幼儿的身心发展规律?	很了解	142	21.1%
	了解一点	412	61.2%
	不了解	119	17.7%
7.是否听说过奥尔夫音乐?	听说过	441	65.5%
	没有	232	34.5%
8.是通过何种方式了解奥尔夫音乐教学法的?	课程学习	225	33.4%
	相关培训	132	19.6%
	他人介绍	351	52.2%
	新闻媒体其他	164	24.4%

表 5

从数据看,大多数家长样本均认为当前幼儿音乐教育对幼儿来说十分重要的。大部分家长认为,让幼儿接受音乐教育的目的是培养业余爱好、陶冶情操。多数家长认同幼儿园的音乐教育方式需要有一定的互动,有一半以上的家长认为幼儿接受的音乐教育方式应以幼儿主动积极自主的方式进行;幼儿接受音乐教育主要是让幼儿在音乐中感受韵律和音乐的美。从这里可以看出家长对培养并提高幼儿音乐素质的呼声,从侧面反映出幼儿园音乐课程的选择对幼儿音乐学习有着积极的影响,等等。以上样本数据都反映出幼儿的奥尔夫音乐教育正在走向积极向上的发展路线。

3. 家长对奥尔夫音乐教育的理解与体会

本部分主要是分析古寨(红缨)幼儿园的家长对于奥尔夫音乐教育的理解与体会的情况,主要针对家长对幼儿园奥尔夫音乐教育活动的了解,以及对幼儿在运用奥尔夫音乐教学法的感知情况进行统计,分析当前我国幼儿园奥尔夫音乐教育的问题情况,分析结果如下表所示:

问题	选项	频数	百分比
1. 是否知道奥尔夫音乐教学法的优点或者说特点?	知道	149	22.1%
	不知道	284	42.2%
	一点点	240	35.7%
2. 认为对幼儿运用奥尔夫音乐教学法有哪些问题?	教学效果不明显	83	12.3%
	教学内容和素材的缺乏	132	19.6%
	教学过程的不可控性	120	17.8%
	缺乏有效的奥尔夫音乐教学指导	146	21.7%
	不了解	401	59.6%
3. 认为奥尔夫音乐教育的成本高吗?	很高	80	11.9%
	一般	204	30.3%
	低	6	0.9%
	不了解	383	56.9%
4. 认为奥尔夫音乐教学法在我国应用过程中的主要影响因素是什么?	中国人的性格及思维方式	170	25.3%
	教育体制	179	26.6%
	教育环境及设备	190	28.2%
	师资力量	129	19.2%
	不了解	358	53.2%
5. 还了解哪些国外的音乐教学法?	柯达伊音乐教学法	64	9.5%
	达尔克罗兹音乐教学法	40	5.9%
	铃木音乐教学法	54	8.0%
	美国综合音乐教学法	35	5.2%
	都不了解	552	82%

表 6

从表6可知,针对家长对幼儿奥尔夫音乐教育的体会与理解。从数据看,家长需要科普,因为近半数家长样本均表现出不知道奥尔夫音乐教育的优点或特点,国外的其他音乐教学法,更是不甚了了。

我国著名教育家陈鹤琴先生曾说:"幼稚教育是一种很复杂的事情,不是家庭一方面可以单独胜任的,也不是幼稚园一方面能单独胜任的,必定要两方面共同合作方能得到充分的功效。"[①] 所以家长在某种意义上制约着幼儿园的课程设置,也对幼儿园课程的实施产生着重要的影响。所以,在对家长的教育方面,幼儿园似乎应该考虑将之设为辅助教育的一部分。"幼儿教育是一个开放的系统,幼儿园不应囿于园所的围墙,而应该打开大门,密切与家庭和社区的联系。"[②] 奥尔夫音乐教学法课程的实施,家长的作用也是尤为重要的一部分。

结 语

通过对古寨(红缨)幼儿园的全面考察,在幼儿阶段结合奥尔夫音乐教育课程,对幼儿的心灵成长是具有十分积极的意义。

通过研究与访谈、调查问卷等的反馈与总结可以发现,幼儿园教学中结合奥尔夫的思想与方法,其成效是十分显著的,具有强大的可复制与推广性。优秀的幼儿园管理者是事业成功的推手,教师培训则是基本条件。

奥尔夫音乐教学进入我国幼儿园课程体系中时,应把课程体系本土化放在一个重要的位置,这需要大量的教研活动以及在职教师与研究者们的共同努力。在这一点上,存在巨大上升空间。

作为一种期望,幼儿园需要政府、行业协会的介入与帮助。不仅在政策上、具体业务问题的帮扶上,至少目前在宣传上与科普上,还可以有进一步拓展的余地,可以让社会、家长高度认同幼儿园实施奥尔夫教学法的意义所在,并积极配合园方的工作,以实现教学工作事半功倍。

作者简介

肖寒,女,汉族,出生于 1994 年 8 月,山东人,上海大学外国语学院语言文化与世界文明专业在读博士。本科毕业于西安音乐学院,研究生毕业于上海音乐学院,专业方向为艺术学理论,师从余丹红教授。曾任上海市工程技术大学附属松江泗泾实验学校音乐老师。

[①] 陈鹤琴:《陈鹤琴教育文集》(上卷),北京出版社 1983 年版,第 621 页。
[②] 季永花:《发挥幼儿园的辐射功能,促进幼儿园与社会的联动》,《学前教育研究》,2006 年。

张智瑜,就读于密歇根大学。2019年于《中国音乐教育》第5期发表论文《特殊音乐教育个案观察手记——音乐教育对自闭症儿童的作用》;2019年于华东师范大学出版社出版《小智哥教音乐》(中英文对照);2017年曾翻译《合唱的世界》,由上海音乐学院出版社出版;译著还有《音乐教育评估》,由上海教育出版社出版;他还是教育部基础教育学生学科学业质量水平监测工具制作组成员。

多元文化语境下
中国传统音乐教学案例探析

● 何　璐

【内容摘要】 面对当前世界多元文化音乐教育格局，为消解我国长期以来受西方音乐教育体制的话语控制，笔者基于新的学科理念和方法，就中国传统音乐进行了相关教学实践。本文仅以文人音乐《梅》、戏曲《木兰戎装》、中国传统记谱法《工尺谱》、藏族歌舞音乐《天籁创想》为例进行分析。这些案例是笔者将奥尔夫原本性教育理念和方法应用于中国传统音乐教学，并与音乐人类学、后现代课程观、后现代音乐教育学等理论相链接、相融合，在世界多元文化语境中为重构中国传统音乐教育体系的实践探索。

【关键词】 中国传统音乐教学，世界多元文化音乐教育，奥尔夫原本性教育，后现代课程观

中国传统音乐博大精深、浩瀚无穷，是东方文明中的一颗璀璨明珠，然而却成为学校教育的难点。怎样才能让中国传统音乐得到更好的传承，让学生更加喜欢，笔者认为必须从本土文化出发，从当前学生所处的社会、文化、生活等多种语境出发，借助新的学科理论和方法，树立起平且多元的价值标准，重新认识音乐教育的目标和内容，重构中国传统音乐教育体系[1]，让中国传统音乐教育以自己独特的人文价值融入到世界多元文化音乐教育之林，这样才可以"将中国的音乐价值以现代意义和世界意义的方式体现"[2]，让世界更好地了解中国，也让中国更好地融入世界。

如今随着全球化的不断推进，各国都意识到继承和发扬本民族传统文化的价值和意义，国际音乐教育学会也特别认同音乐人类学"把音乐视为一种文化的普遍现象"的观念，并提出"世界多元文化音乐教育"等政策。在此奥尔夫原本性教育作为20世纪以来对世界影响最大的音乐教育体系之一，虽产生自欧洲，但其理念却是面向全世界的，包括强调本土化，反对欧洲中心和文化殖民主义，[3] 所注重的亲自参与、诉诸感性、即兴创作、自然习得、不断创生等教学方式，体现了世界多元文化音乐教育理念和后现代课程丰富性、回归性、关联性、严密性等特征，并与我国传统的口传心授、即兴演创等音乐传习模式息息相通，其"原

---

① 管建华：《中国传统音乐在高校存在的反思》，《中国音乐》，2012年第1期，第9页。
② 管建华：《中国传统音乐教学的理论构想》，《中国音乐》，1990年第1期，第20页。
③ 奥尔夫强调必须扎根于本土、本民族传统文化才能使他的这种理念成活、发芽、成长。他的理念之所以在世界各大洲不同文化圈获得越来越多的认同，就是因为他强调从本土文化出发，充分尊重每种文化形态，而不是以自己的文化去改造别人的文化。参见李妲娜、杨立梅：《走向未来的音乐教育》，海南出版社，2000年4月，第181页。

本性"理念的核心就是"人本主义"[①],让我们重新找回原本属于我们自己的音乐教育特色。

基于以上这些新的学科理念,笔者在教学中一方面从学生的生活实际和兴趣爱好出发,另一方面从中国传统音乐的形态特征和文化内涵出发,力求通过综合性、多样性、实践性、即兴性、创造性、集体性、生活性的教学和艺术实践,唤起学生对中国传统音乐文化的自觉意识和学习兴趣,达到寓教于乐、解放人性、完善人性等目的。下面是笔者的相关教学实践及案例分析。

一、文人音乐《梅》

(一)案例说明

文人音乐在我国传统音乐中占有重要地位,蕴含着深厚的传统文化内涵和崇高的人文精神。本课以琴曲《梅花三弄》为素材,基于该曲的旋律、节奏、曲体等形态特征,采用奥尔夫音条、竖笛等乐器,以及笔墨纸砚等书画工具,将"舞诗乐画"等综合的艺术演创活动融为一体进行教学。

(二)案例描述

教学对象:该课程曾在星海音乐学院、中国奥尔夫专业委员会师资培训班、第29届世界音乐教育大会、墨西哥国立自治大学音乐学院、印度尼西亚梭罗艺术学院等进行过教学实践。

教学目标:学会中国古典舞中的身韵、了解中国的古典文学体裁和古琴音乐文化,通过综合性、即兴性、创造性艺术实践活动,感受文人音乐心平气定、清微淡远、物我两忘等美学观念。体悟中国传统文化中"天人合一"的哲学思想。

教学过程:

1. 欣赏与讨论

(1)欣赏有关梅花的图片、国画作品并聆听全曲。

(2)讨论梅花的形态、颜色、性格及其所象征的人文精神和文化内涵。

2. 舞

(1)每个人做一个梅花的造型,也可以两三个人一组构成造型。

(2)聆听《梅花三弄》的主题,采用中国古典舞身韵"提沉冲靠含腆移"等动作元素即兴舞蹈。

[①] 奥尔夫曾说:"从出身到教育都深受人本主义的影响,我的全部创作,还有我在教育方面的作为,全都处于这个标志之下。"参见李妲娜、修海林、尹爱青编著:《奥尔夫音乐教育思想与实践》,上海教育出版社,2011年9月,第42页。

3. 诗

讨论有关梅花的诗词歌赋,鼓励学生即兴作诗,并结合动作有表情地吟诵,力求表现文人的内在气质。

4. 乐

(1) 用奥尔夫音条或竖笛演奏《梅花三弄》中"一弄、二弄、三弄"的主题。

(2) 借鉴奥尔夫教学中波尔动①、固定音型②、多声部即兴演奏等方法,用奥尔夫音条和竖笛等乐器演奏主题或为主题伴奏,使其成为一个合奏。

① 采用波尔动构成的固定音型即兴伴奏。如 do、sol,可用低音的木琴和钢片琴演奏波尔动,其他音条乐器演奏主题。

② 采用三音列构成的固定音型即兴伴奏。可选五声音阶中任意三个音,如 do、re、sol,用中音的木琴和钢片琴来伴奏,用高音的木琴和钢片琴演奏主题。

③ 采用五声构成的固定音型即兴伴奏。如:do、re、mi、sol、la 五个音,可用音条乐器即兴伴奏,用竖笛演奏主题。

④ 钟琴属于色彩性乐器,等所有声部相对固定后,可用钟琴对整个合奏进行补充和点缀,表现梅花在风雪中飞舞的情景。

由于该曲的主题为五声宫调式,核心音是 do、sol,因此最好选择含有 do、sol 的三音列来即兴伴奏。在五声音阶即兴伴奏时,笔者还让学生采用柯达伊教学法中"四五度叠置"的手法为主题进行多声编配。

固定音型是奥尔夫教学即兴创作与多声部即兴合奏中非常重要的一种编配和创作音乐的手法。这种方法简单易行,不但降低了演奏的难度,而且能让所有学生都参与进来,很快形成合奏。然而中国传统音乐有"拍无定值"的特点,与西方音乐的节拍概念及其被准确量化的那种强弱规律完全不一样,如在该曲的主题中往往较长的音稍强一些,较短的音稍弱一些,有的句子长,有的句子短,而且不同的版本也有一定的区别,每位演奏家又有不同诠释。所以,当我们使用固定音型为该曲伴奏时必须符合中国传统音乐的"拍、节"等特征和韵味,这样才能真正使学生从节奏、旋法等各方面感受并理解中国传统音乐的形态特征和语法体系。

此外,在合奏过程中一定要让学生交换声部,一方面是为了让所有的人都能参与进来,既能演奏主题又能即兴伴奏,另一方面让学生了解高中低等不同音条的音色和音域,根据其不同的特点选择最佳的编配方式。

---

① 波尔动(Bordun)在奥尔夫教学中一般指从主音向上五度或向下四度所构成两个音交替演奏。近年来一些奥尔夫专家还进一步将其分为交替波尔动、平行波尔动、交叉波尔动等不同形式。参见李妲娜、修海林、尹爱青编著:《奥尔夫音乐教育思想与实践》,上海教育出版社,2011 年 9 月,第 185 页。

② 固定音型(Ostinato)也称顽固低音、顽固伴奏、顽固节奏,指一个音乐动机或小型乐句不断重复贯穿于一段音乐或全曲。参见李妲娜、修海林、尹爱青编著:《奥尔夫音乐教育思想与实践》,上海教育出版社,2011 年 9 月,第 86 页。

（3）综合创编与表演：将全曲简化为七段，采用"引子 + 一弄 + 对比段 1+ 二弄 + 对比段 2+ 三弄 + 尾声"的结构，基于以上教学活动将"诗舞乐"融为一体进行即兴创编与表演。如：

引子：吟诗、即兴配乐。

一弄：高音木琴主奏，其他音条即兴伴奏。

对比段 1：五声音阶与古典舞身韵即兴。

二弄：中音钢片琴主奏，其他音条即兴伴奏。

对比段 2：五声音阶即兴。

三弄：竖笛主奏，其他音条即兴伴奏。

尾声：吟诗、即兴配乐。

在星海音乐学院上该课时，笔者曾让学生搜集了有关梅花的诗词、书画，以及文人音乐等方面资料，聆听了《流水》《酒狂》等琴曲，学习了中国古典舞中的手、眼、头、腰、身、步等身韵的基本动作，还让学生使用扇子、古书、毛笔等用品随着音乐即兴吟诗、舞蹈，感受和体验文人的艺术生活和审美情趣。

5. 画：采用毛笔、树枝、硬纸片、颜料等工具创作有关梅花的画。

（1）如何画干：基于国画中"浓淡焦干湿"的用墨原则和方法，突出梅花的"骨节"和"女字形"等枝干特征。

（2）如何画花：古人画梅花喜好奇数，可基于"攒三聚五"的原则进行点缀。

（3）分组创作：通常笔者选择用宣纸来让学生分组画梅花，在画画的过程中要提醒学生注意留白，在作品完成时可以加上落款等个性化创意。当然根据教学的对象和条件，也可使用其他纸或画布等材料。

当前美术教学也同样存在"专业化、技术化"的教学误区，按照传统教法至少需要一年以上才能掌握基本的画法和技巧，然而在这种技术性训练的过程中很容易让初学者丧失兴趣进而望而却步。对此我们可以采用原始、简单的绘画工具进行教学，如画梅花的枝干不一定用毛笔，将废弃的纸盒子撕成条也可以画出效果，画梅花的花也不一定用毛笔，用手指就可以。这样的教学方式对初学者来说既简单又有趣，不仅能打开艺术视野，也同样达到了创造美和审美的目的。

6. 讨论与总结：

通过该课同学们都喜欢上了文人音乐并对中国传统文化产生了浓厚兴趣。吴沛韩同学说："我最喜欢梅，因为在这个过程中我体会到古代文人的情怀，使我的心感到从未有过的静谧与豁达。"冼健胜同学改变了之前"中国音乐落后于西方"的观念并告诉笔者："我承认我无知过，但自了解了音乐人类学以后我的视野开阔了，心胸也扩大了，可以耐心地去欣赏各民族音乐，并站在平等、尊重的前提下。"张倩同学自学习了该课以后，全面学习古琴、昆曲、汉服等中国传统文化，如今已成长为研究古琴方面的优秀青年学者。

拓展：在面对跨文化教学对象时也可以学习者将"梅花"迁移到象征自己民族精神的

本土花卉。笔者曾经在印尼开展相关教学时就让学生不仅画梅花,也可以画自己的本土花卉,比如东南亚普遍流行的鸡蛋花等等。

(三)案例分析

　　古琴音乐不仅是文人修身养性的一种生活方式,更是文人提升精神境界、实现生命理想的一种内省,隐含着他们对人生、社会、世界、宇宙等认知和理解。后现代课程"倡导人与自然的和谐关系,注重相互依存和维持生态"[①]。并主张课程的"关联性",表现在教育和文化方面,前者指课程中的联系,即不同学科间的相互联系和同一学科前后内容间的联系,后者指课程之外的文化或宇宙观的联系。[②]

　　该课体现了"关联性"的课程特征,力求从原本的音乐观和文化的整体观进行教学,一方面强调音乐在文人艺术生活和审美情趣中并非是一个孤立的存在,而是和诗歌、美术、舞蹈等融为一体的综合的形式,注重了音乐与其他艺术之间的联系。正如奥尔夫所说:"原本的音乐不只是一种单纯的音乐,它是和语言、动作、舞蹈紧密结合在一起的,是人们必须亲自参与的音乐。"另一方面强调在一定的文化语境下,让学生亲身参与到艺术实践中体悟文人音乐"天人合一"的境界,注重了人与自然、与文化、与宇宙之间的联系,达到了人文教育的目的。正如管建华教授所说:"当代音乐教育注重人与人、主体与主体之间的音乐交流和相互理解,而并非是一种主体对客体审美的固定学习模式,理解音乐是理解音乐的存在(即人与文化、人与世界、人与社会),而非只理解存在中的作品,理解是人类存在的基本形式。"[③] "人文科学的最终对象乃是由人构成的'人格世界'。而人格的特点不在乎其有什么物理性质,而在乎其表达的'诉求'。"[④]

二、戏曲《木兰戎装》

(一)案例说明

　　戏曲是一种集文学、音乐、舞蹈、杂技等多种艺术手段于一身的综合性舞台艺术,但又是学生最不喜欢、最陌生的。对此,笔者尝试以家喻户晓的"花木兰"为切入点,从学生家乡本土的戏曲文化出发,融合RAP等流行音乐,从"戏剧文本、女性文本、历史文本、传记文本"等多个方面进行教学。

(二)案例描述

　　教学对象:该课程曾在星海音乐学院、首都师范大学音乐学院、中国奥尔夫专业委员会

---

① 钟启泉:《课程论》,教育科学出版社,2007年,第351页。
② 同①,第379页。
③ 管建华:《后现代音乐教育学》,陕西师范大学出版社,2006年4月,第316页。
④ 管建华:《音乐学与音乐人类学哲学基础之比较》,《中国音乐学》,2012年第2期,第7页。

师资培训班等进行过教学实践。

教学目标：通过欣赏、音乐分析、即兴创编和表演，打开学生的戏曲文化视野，唤起学生对戏曲的学习兴趣，通过对女性音乐作品的探讨，引发学生对女性文化的关注。

教学过程：

1. 讨论"花木兰"及其相关文化

大多数学生对《木兰辞》以及电影、动画片版《花木兰》都比较熟悉，也很感兴趣，但在戏曲方面只有河南地区的学生比较熟悉，其他学生对此比较陌生。

2. 欣赏豫剧《花木兰》并进行音乐分析

通过赏析常香玉演唱的《谁说女子不如男》等经典唱段，学生发现其旋律多使用跳进，乐句结束时通常是 re、↑fa、sol 的走向，有时也落在 do 上。① 表现花木兰打仗时主要采用流水板、紧打慢唱等板式，其他唱段主要采用一板一眼（豫剧称二八板）等板式。主要使用了板胡、鼓板、梆子、锣、钹等乐器，并将唱念做打等融为一体。这部戏歌颂了花木兰替父从军、英勇爱国、巾帼不让须眉的英雄形象，展现了中国传统女性无私奉献、忠恕孝敬、善良淳朴、自强自爱等美德和精神。

3. 介绍自己家乡的戏曲、相互学习和交流

起初学生普遍对戏曲不感兴趣，但当笔者让他们互相介绍自己家乡的戏曲时，学生们都很积极，很多学生似乎还对其他同学家乡的戏曲更感兴趣。

4. 唱念做打舞

学习《谁说女子不如男》中的唱段和念白；学习晃手、穿掌、提襟、山膀、顺风旗、亮相、圆场等"手眼身法步"的基本动作和要领；探索锣、钹、梆子等打击乐器的基本打法，融合舞蹈动作表现花木兰在战场上的"打斗"场面，体验、对比戏曲当中的"文场"和"武场"。

5. 即兴创编与表演

以《木兰辞》为词，或创编四到八句与"花木兰"相关的唱词，采用自己家乡的或自己感兴趣的戏曲音乐元素进行创编。

为抛砖引玉，笔者还将自己采用豫剧音乐元素创编的《木兰辞》唱给学生听，并将创编方法介绍给学生，即基于河南方言的音调，融合豫剧的骨干音和板式进行创编。为贴近学生的生活，笔者还给学生欣赏了融合了戏曲元素的流行音乐，如赵传的《粉墨登场》等作品。以下是学生的创编成果：

（1）湖南组：星海音乐学院本科生采用湖南方言说唱的形式创编。

---

① 豫剧分豫东和豫西两种声腔。豫东调主音为 sol，骨干音为 fa、sol、la、si、re，声音高亢，多用假嗓。豫西调主音为 do，骨干音为 do、la、sol、mi、do，声音粗犷，多用真嗓和哭腔。常香玉吸收了豫东声腔、河南曲子和京韵大鼓的元素。参见王基笑：《豫剧唱腔音乐概论》，人民音乐出版社，1993年7月，第4-20页。

花木兰，不呀一般！上阵打仗是英勇无敌，为国增光是女英雄，女英雄！

（2）河南组：星海音乐学院本科生采用河南方言说唱的形式创编。

问：你们可知道如今的女孩子都是啥样啊？都是那花木兰哪！

答：咦！种！合：如今那女孩子呀，都是那花木兰；个个是英雄，个个是英雄啊！孝敬父母礼当先，勤劳勇敢无松闲，纯洁善良无贪念，无私奉献惹人恋哪！

（3）广东组：星海音乐学院本科生采用粤曲的音乐元素创编。

梁月华等

做一个现代女性真光荣，行为大方，举止文雅，那就才是真女人，验证女人怎去笑看风云。

起初大部分学生不喜欢戏曲，然而很多同学通过该课对戏曲产生了浓厚的兴趣，并产生了强烈的文化自觉意识。如尹逸轩，一个直率奔放的 90 后女孩，参加了打击乐组的创编，为把握大钹的打法和音色，她反复聆听豫剧《花木兰》，还将自己的感受和理解分享给大家，课程结束后她还问笔者："戏曲太有意思了，有没有专门学戏曲音乐的研究生，我以后要考。"

2010 年，笔者在首都师范大学给音乐教育专业研究生上该课时学生们创编了京剧元素的"花木兰"，其中有一组还用山东的吕剧元素创编了一个与"音乐教育改革"相关的戏曲作品，而使课程在原有基础上产生了新的文本。

王璐欣等

音乐 教育 大家 谈，首师大科研 冲 在 前。
戏曲音乐进课堂，进课堂，中华国粹美名扬。

拓展：有关国外女性音乐作品的讨论和拓展性学习。

国外有哪些关于女性的音乐作品？这些作品都刻画了怎样女性？与戏曲《花木兰》在体裁和表演上有什么异同？收集不同文本的《花木兰》《茶花女》《卡门》《蝴蝶夫人》有关女性的音乐作品，然后带到课堂上进行比较和探讨。

（三）案例分析

如今课程研究领域开始超越理性主义性格的"课程开发范式"，走向"课程的理解范式"，即把课程作为一种多元"文本"来理解的研究范式。教学研究领域则走出仅作为教育心理学之应用学科的狭隘视域，开始运用多学科的话语来解读教学的无尽意义。[①] 后现代

---

① 威廉·F. 派纳等著，钟启泉、张华编：《理解课程》，教育科学出版社，2003 年 2 月。

课程"尊重文化差异、消除性别歧视"。① 主张课程的"丰富性",即课程的深度、意义的层次,多种可能性或多种解释。② 该课从我国传统的戏曲文化出发,融合历史、传记、女性等多个视域对"花木兰"进行解读,使该课程从单一"文本"走向了多元"文本",产生了多元文化教育的价值,并通过跨文化比较、跨学科对话,以及即兴创作与表演等多样化的艺术实践活动,从而使学生对该课程及其所蕴含的思想观念、文化内涵、社会功能等都有了更深广的理解,同时也体现了后现代课程"关联性"的特点,即把课程与其产生或赖以存在的背景相连,考察其地域性、历史性、民族性,并把它与存在于其他背景的相似文化进行联系;③ 进而使学生通过该课程了解了"花木兰"所承载的文化价值和民族精神。

三、藏族歌舞音乐《天籁创想》④

(一) 案例说明

藏族人民能歌善舞,学习藏族歌舞可以了解我国藏族的音乐文化。为了让学生把握藏族音乐的风格特征和文化内涵,该课尝试让学生采用"嗡嘛呢叭咪吽、呀拉索"等代表性语言,以及果谐、堆谐、康谐等歌舞音乐的基本形式进行创编,力求让学生通过自己的创作实践获得对藏族音乐及其民族文化的理解。

(二) 案例描述

教学对象:该课程曾在星海音乐学院、西藏大学艺术学院"国培计划"的教师培训班等进行过教学实践。

教学目标:通过搜集资料和考察,了解藏族的民族文化,通过即兴创编和比较,把握藏族歌舞音乐的基本特征,培养学生对我国少数民族音乐文化的热爱,以及跨文化理解能力和多元文化意识。

教学过程:

1. 收集资料与考察

收集、考察藏族歌舞音乐等相关资料并带到课堂上分享。

在该课的教学中,所有成员都是汉族,很少有人去过西藏,但在生活中,我们常常会遇到一些藏族人并了解到他们的民族文化。如在街上摆地摊的藏族人常穿着各式的藏服,售卖各种富有藏族特色的手工艺品,很多藏饰商店也会播放藏传佛教音乐,一些藏族餐厅也常有歌舞表演,学生完全可以对这些人和音乐进行采访和考察。

---

① 钟启泉,《课程论》,教育科学出版社,2007年,第352页。
② 小威廉姆·E. 多尔著,王红宇译,《后现代课程观》,教育科学出版社,2000年9月,第250页。
③ 同①,第379页。
④ 《天籁创想》的案例分析摘自笔者2010年于《中国艺术教育》发表的文章《面向多元的音乐世界——奥尔夫民族音乐案例探析》,并进行了一定的修改和补充。

2. 讨论藏族的民族文化

藏族人生活在哪些地区？有怎样的地理环境和人文景观？他们信仰哪个宗教？喜欢穿戴怎样的服饰？藏族的音乐有哪些类型和特征？

3. 学习藏族的歌舞音乐，并与踢踏舞和弗拉门戈等相关音乐文化进行比较：

（1）学唱《格桑拉》等广泛流传的藏族民歌。

（2）学习果谐、康谐、堆谐等舞蹈的基本动作，并尝试边唱边跳。

（3）藏族的舞蹈与哪些国家的舞蹈相似？有怎样的区别？你能跳一跳吗？

学生发现藏族的堆谐与爱尔兰的《大河之舞》和西班牙的弗拉门戈相似。但爱尔兰踢踏舞讲究上身保持不动，比较注重踩脚的节奏、技巧和不同音色。堆谐则很注重跳、踢、踏、跺等不同动作，通常头、腰、手臂等部位都要跟着协调。弗拉门戈的脚步动作更像是一个打击乐器，其身体的其他部位和面部表情都更加丰富并充满戏剧性。这些舞蹈虽然都很注重脚部动作，但由于不同的生态环境和民族性格而导致其风格和情感的截然不同。

4. 即兴创编与展示

按照藏族歌舞音乐中常见的二段体"慢歌段（降谐）和快歌段（觉谐）"结构，以及"宫、羽、徵"等五声调式，①融合藏族舞蹈的基本动作，采用"嗡嘛呢叭咪吽、呀拉嗦、格桑拉"等藏语为词，创编一段藏族歌舞音乐并展示。

学生们非常喜欢这个环节。当时有一组采用了起承转合的手法；有一组采用了模进和变奏的手法；还有一组先用嗓音来表现草原上牛羊的叫声，然后分为四个声部，由低到高依次演唱羽调式各音，每个声部都将自己的音尽可能地延长并保持，直到最后一个声部自由延长结束，以表现悠扬的歌声回荡在草原和雪山之间的景象，紧接着集体进入欢快的歌舞。

吴衍龙等

5. 服装制作与表演

让学生亲自制作服装，一方面是为了让学生从服饰的角度了解该民族的历史、风俗和审美观念，另一方面是为了践行教育回归生活的理念，使课堂教学成为学生成长的一个过程。关于表演是将笔者和学生的创作融为一个完整的作品来展示，为了让学生更好地理解

---

① 田联韬：《中国少数民族传统音乐》（上），中央民族大学出版社，2001 年，第 703-706 页。

藏族音乐文化,笔者还邀请了一位藏族朋友到课堂上与同学们交流,并请她以局内人的视角对我们的服装、创编成果等提出意见。

通过该课的教学,同学们对藏族的音乐文化有了更加深入的了解。有些同学对藏族的服饰产生了兴趣,发现藏服和汉服都是交合领,与汉族长袖舞的服装也非常相似,这说明汉、藏两个民族在汉唐时期有密切交流,藏族人喜欢蓝、白、红、黄、绿的五彩颜色并佩戴各种藏饰,则与他们的宗教信仰和生产生活息息相关。还有些同学则对藏族的舞蹈和藏传佛教的音乐等产生了浓厚兴趣。

(三)案例分析

后现代课程"倡导建立民主平等、合作对话的师生关系"。教师成为"平等中的首席,由课程的实施者转变为课程的创造者与开发者,发挥其组织者、引导者、帮助者与促进者的作用。从此不再主要是传授知识,而是帮助学生去发现、组织和管理知识,引导他们而非塑造他们"[1]。"关注学习者的自我意识和创造性,强调学生的组织、建构和构造能力,并将其视为课程的关键价值。""主张教师应和学生共同作为课程的开发者,课程建设应通过参与者的行动和交互作用形成。"[2]

该课突破了"以知识为中心""主体与客体"的现代主义教育模式,把学生作为一个主体来对待,强调"主体与主体之间",包括老师与学生、学生与学生、学生与文本之间的对话与交流。注重藏族歌舞音乐与其语言、宗教、地理、习俗、礼仪、服饰等文化间的深刻联系,力求把原本音乐生活世界中的文化语境转化成为一种课堂语境,让课堂教学走进学生的生活世界、走进音乐的生活世界,通过实地考察、自主性研究、即兴创作等习得方式,让学生获得对藏族音乐文化的理解,其课程并不是预先界定好的,而是师生共同建构和生成的。其课程研究的价值取向由对"技术主义"的追求转向"实践取向",最终指向"人的创造和解放"[3]。

四、中国传统记谱法《工尺谱》

(一)案例说明

工尺谱作为中国古代传统的一种记谱方式,体现了中国传统音乐中口传心授、即兴发挥的特点,以及创造性、感觉、灵性等非理性的思维方式,蕴含着丰富的传统文化,但在我国的学校音乐教育中却严重缺失。本课尝试以西安鼓乐[4]的一段素材为切入点,采用竖笛、奥

---

[1] 钟启泉,《课程论》,教育科学出版社,2007年,第353页。
[2] 同①,第380页。
[3] 同①,第353页。
[4] 西安鼓乐源于唐,起于宋,兴于元明,盛于清,保存了唐代燕乐及大曲的特征,并长期与民间音乐、宗教音乐、戏曲音乐、民俗文化等相融合,形成了独特的风格,分为道、僧、俗三个流派。2009年被列入联合国人类非物质文化遗产。参见袁静芳:《民族器乐》,高等教育出版社,2004年,第510页。

尔夫音条等较为简单的乐器,将工尺谱与鱼咬尾、倒宝塔、三音列、散慢中快散等中国传统音乐的基本形态,以及行乐、坐乐等演奏形式整合起来进行教学,力求让学生从整体上把握中国传统音乐文化的精髓。

(二)案例描述

  教学对象:星海音乐学院、广州南方学院音乐系等学校学生。

  教学目标:了解并学习工尺谱及其相关记谱方式,通过三音列等简单的旋律模式来采用工尺谱即兴,让学生感受中国传统音乐的记谱、韵曲、板式、旋律、结构等方面特征;通过与五线谱的比较,了解中西方音乐文化的差异,培养学生的跨文化意识和理解能力。

  教学过程:

  1. 讨论

  人类有哪些记谱法?工尺谱产生于什么时代?如何书写?在我国哪些乐种使用这种谱子?谁会演唱工尺谱?

  当时绝大多数学生不了解工尺谱,只有潮州的许勤勉同学听他爷爷唱过。其间在教学和交流中发现,由于我们俩方言和韵腔习惯不同而导致了不同的发音和特色。如尺字,许勤勉发 ce,笔者发 che,而且笔者唱时还加了"啊、哼、嗨"等西安鼓乐特有的"哼哈音"。通过比较,同学们对工尺谱的韵腔,以及相关乐种和文字谱等有了更深入地了解。

  2. 工尺谱即兴与创编

  采用以"合"为调首的"六调",即六 = 宫 =C。尝试使用"六、五、乙、尺、工"五个谱字,即五声音阶即兴。

  (1)两到三个谱字即兴与模仿,可用一板一眼的板式。

  (2)四到五个谱字即兴与模仿,可用一板三眼的板式。

  (3)选择五个谱字中的任意谱字,采用"鱼咬尾"的手法即兴,并尝试加花、变奏。可先用一板三眼的板式,再尝试使用加赠版的板式来即兴。

  鱼咬尾:也称"接字",即下一句接上一句的最后一个字。

  (4)采用"螺蛳结顶"的结构,结合舞动作创编一段与秧歌、舞狮等民俗文化活动相关的作品。

  螺丝结顶:从七个谱字到五个谱字,再到三个谱字,最后到一个谱字,逐句递减的结构,其乐句常成对出现,并有反复,其强拍通常在最后一个谱字上。

  如西安鼓乐俗派代表乐社南集贤东村的一段鼓乐

  尺乙　尺乙　尺　　　尺乙　五乙　五

  　　尺乙　尺　　　　　五乙　五

  　　　　乙　　　　　　　　五

（5）借鉴奥尔夫"固定音型"的方法，采用"三音列"创编一段工尺谱合唱或合奏作品，可用竖笛、音条等简单易学的乐器进行演奏。"三音列"是我国传统音乐中最基本的旋律模式，不同的地域，有不同的结构模式。本课选择五声音阶中任意三个音构成旋律的结构模式。

如尺工六（sol、la、do）、六五乙（do、re、mi）等。

（6）采用"散慢中快散"的速度和结构布局，融合以上教学内容创编一段乐舞。可将学生分为三组进行创编，两头的散板部分可分别让两位学生即兴演唱。

第一组：慢板，可采用鱼咬尾和行乐的形式。

第二组：中板，可采用三音列合唱（合奏）和坐乐的形式。

第三组：快板，可采用螺丝结顶结构的民俗活动。

在此，笔者通过口传的方式让学生唱工尺谱，并用竖笛和音条来代替笛、笙等乐器，既遵循了中国传统音乐的传承方式，又降低了教学的难度，使所有人都能够轻松自如地参与到音乐实践活动中感受和体验这一古老的音乐文化。

3. 展示与评价：各组按照"散慢中快散"的顺序依次表演。

4. 书画与时装表演：各组将自己创编的工尺谱写在宣纸上进行展览，或画在布上，将布披在身上进行时装表演。

5. 中西方记谱法的比较：可与五线谱记谱方式和音乐的思维特征等进行比较。

中西方由于文化认知的不同而导致记谱法的差异。中国音乐强调做乐者的即兴发挥，注重感性，而西方音乐则强调对乐谱的绝对准确，注重理性。正如管建华教授所说："中国记谱法作为一种信息载体，保持着'虚灵'的空间转码形式，形成重视音乐演奏（唱）主体阐释传统的行为特征；而五线谱则直接作为艺术作品形式的符号表征，保持着'写实'的空间转码形式，形成重视作曲家书写定格及其客体阐释传统的行为特征。"[1]

课程结束后同学们深深地感受到中西记谱法的差异和口传音乐的特点，并产生了强烈的文化自觉意识，希望能继续学习工尺谱和更多的传统音乐文化。许勤勉同学说："我们在学校学的都是五线谱，以前爷爷在家里唱工尺谱，我一点也不觉得好听，总认为很老土，今天我才发现原来工尺谱这么好听，这么有价值。"

（三）案例分析

人类的音乐是多种多样的，每种音乐都有其独特的语法系统和文化认知模式。正如梅里亚姆所说："没有与音乐相关的概念，行为就无从发生，没有行为，音声也不可能产生。"[2]因此，理解各民族音乐绝不能用他者的或是统一的价值标准去衡量，而必须通过该民族的文化认知模式和价值标准来界定。该课从本土文化出发，遵循了我国传统音乐的民间传承

---

[1] 管建华：《中国音乐审美的文化视野》，陕西师范大学出版社，2006年4月。

[2] A.P.Merriam. *The Anthropology of music* [M]. Evanston, Illinois: Northwestern University Press, 1964, pp.32-33.

模式,突破了"西方中心"的教学模式,体现了后现代的生物性教育模式。力求通过口传、即兴等我国传统的音乐传习方式,让学生亲自参与到音乐实践中,了解中国传统音乐的文化认知模式、音乐语法和创作思维,并通过跨文化比较等方法使学生从人类学、哲学、美学等多种学科视域,更加深入地理解中国传统音乐的文化内涵和精神,了解中西方音乐文化的差异,进而产生对"西方现代性音乐教育体制"的反思。

后现代课程具有"回归性"的特征,即强调课程内容之间的纵向联系,把每一次学习的结束作为下一次学习的新起点。① 该课环环紧扣,其中的每一个环节都为下一个环节做了铺垫,并可以进一步建构和拓展。如从两个谱字到五个谱字的即兴,从一板一眼到一板三眼的即兴,从鱼咬尾、螺丝结顶再到最后采用"散慢中快散"的结构,并将以上内容融合起来进行创编,从而使整个课程成为一个完整的作品。这种"利用已会的,为不会的做铺垫进入新的知识和技能领域,基于同一个学习的'点',却像串糖葫芦似地变换成一个个小的教学过程,又万变不离其宗"②,也是奥尔夫教学设计中非常强调的。

结 语

音乐人类学以平等多元的文化价值观使我们打破了单一的文化视角,走进了世界多元文化音乐教育的视域。后现代教育使我们走出了"主客体对立"的教育模式,关注到人与人、人与自然、人与世界和宇宙的关系。在此,奥尔夫原本性教育体现了多元文化的理念和后现代教育的特点,并在各国的传播中衍生出本土化和多样性的教学模式和文化特性,值得我们学习和借鉴。面向未来,中国传统音乐教育既不能脱离中国的文化土壤,也不能脱离当代全球化的多元文化语境。对此,我们一方面应继承传统,遵循传统音乐的文化价值观、创作思维及传习模式;另一方面应将中国传统音乐文化融入到当前的世界多元文化的语境中,寻找与当代音乐文化的交融点进行教学,并与其他国家的传统文化相互交流;再一方面应注意学生的生活实际、兴趣爱好、民族习惯、宗教信仰、社区环境、家庭背景等。这样才能让中国的传统音乐文化及教育更好地面向世界多元文化音乐教育的发展,更好地将中国的古老文化传播到世界各地,并为促进各国间的文化理解与和谐共处做出贡献。

作者简介

何璐,何璐乐教坊创始人,中国首位邓肯舞蹈研究者。现任广州南方学院音乐系副教授、中国音乐家协会奥尔夫专业委员会常务理事。创立了中国第一个安格隆乐团和即兴乐舞团,致力于中国传统文化乐教、世界多元文化乐教,以及奥尔夫等整体艺术教学法的研究,并活跃于国内和国际师资培

---

① 钟启泉:《课程论》,教育科学出版社,2007年,第379页。
② 李妲娜,杨立梅:《走向未来的音乐教育》,海南出版社,2000年4月,第179页。

训和文化交流。曾赴美国、墨西哥、古巴、印尼、日本、马来西亚、印度、意大利等国家考察、讲学。先后创编《梅》《工尺谱》《娃娃跳月》《木兰戎装》等从中国传统文化出发的奥尔夫经典课例。在《中国音乐》等核心刊物发表《多元文化语境下中国传统音乐教学案例探析》《它石攻玉、星火燎原——中国奥尔夫专业委员会教师教育课程回顾与展望》等论文。还参与《中国专业音乐理论研究与应用未来发展》《以安格隆（Angklung）为纽带促进广东和海上丝路的音乐文化互融》等多项国家级、省级科研项目。

奥尔夫教学法"原本性"精髓的中国文化解读
——返璞归真：身体的解放与心灵的创生

● 李 莉

【内容摘要】 本文试将奥尔夫教学法纳入中国文化的语境给予解读，总结了奥尔夫教学法"道法自然"的"原本性"真谛，"顺木之天，以致其性"的儿童观，教学的"虚往实归"简易设计，以及"生生不息"的创造性归宿。本文分析了奥尔夫创造教育的四个必备条件，归纳为四点：创造文化的支持、创造悟境的诱导、创造意识的激发、创造过程的释放，并提出促进解放身体和心灵创生的身心协动观点。

【关键词】 奥尔夫教学法，中国文化解读，原本性，儿童观，创造性，身心协动

今天，中国音乐教育界对奥尔夫教学法的研究阵势可谓庞大，以"奥尔夫"和"音乐"为检索词在"中国知网"搜索，有关奥尔夫教学法的文章已逾万篇，论及本土化的课题也近千篇。奥尔夫教学法的本土化，只是建构中国特色音乐教学法的一项初级工作。犹如树木移植，奥尔夫教学法好似一棵"大树"，如果我们只是关注它的枝叶，就可能局限于外在教学行为的效仿和变体。学习外来教学法的真正价值，在于发掘其思想与行动根系蕴含的人类教育思想共识，并将其纳入中国文化的语境给予解读[①]。这样，奥尔夫教学法的"他山之石"才能更好地为中国特色音乐教学法的建树发挥"攻玉之功"。

一、"道法自然"：奥尔夫教学法的"原本性"之真谛

教育的自然主义信念，在古今中外思想家和教育家中有不少阐述。老子的"道法自然"（《道德经》）为自然主义教育思想奠定了厚重的基础，堪称自然主义教育思想在中国文化长河的肇端。在这个思想中，"道"是核心，代表着中国文化对万物的根本认识。"道"的三层含义"不易""简易""变易"用于音乐教育的解读，可以得出这样的启迪：音乐教育既有恒定、质朴的内部规律，又有生生不息的变通、生成和创造。"道法自然"说的"自然"，并不在于事物之外，而在于万物和人本身。就音乐教育而言，这个"道"便是音乐和教育的自在。

---

① 2011年，奥尔夫学院（位于奥地利萨尔茨堡莫扎特音乐与表演艺术大学）纪念建院50周年，精选了奥尔夫本人及其同事撰写的文论编辑成集，题名"On Theory and Practice of Orff-Schulwerk: Reports from 1932-2010"（英文—德文双语对照），由德国朔特（Schott）出版社出版。2014年12月，此书的中文版《奥尔夫教学法的理论与实践（第一卷）：经典文选（1932-2010年）中英文对照版》由中央音乐学院出版，刘沛翻译。这本书记述的内容和阐述的观点均出自奥尔夫本人以及奥尔夫教学法的共同创造者。所以，这本书是研究奥尔夫教学法的难得的经典文献，值得从各种角度加以研究，这也正是本文写作的初衷。本文有关奥尔夫教学法的引文，均来自这本新书。

奥尔夫教学法之可贵首先在于，它的观念根基——"原本性"切中了音乐及其教育的根本之道。它从根子上追究的问题是，音乐的自然自在是什么？奥尔夫教学法在创立之初就已明确，原本性是这个教学法的根本性质。奥尔夫教学法在形成和发展过程之中，始终把握着"原本"这个根本之道。2011年，奥尔夫学院为纪念建院50周年，编辑了首部由奥尔夫及其同事撰写的文论选集《奥尔夫教学法的理论与实践(第一卷)：经典文选(1932-2010年)》。① 在这部经典之作中，"原本"这个词的出现频率高达290次。作为奥尔夫教学法的代名词，奥尔夫学院开设的专业和课程也已冠以"原本"，称为原本的音乐与舞蹈。

在这本书里，关于"原本"的音乐及其教育，奥尔夫本人的定义是："原本的音乐绝不是孤立的音乐，而是与动作、舞蹈、言语形成的统一体。它是人们亲手创造的音乐，人在其中的参与不是被动的聆听者，而是主动的投入者。它不求玄奥、规避繁复，摒弃宏大曲式和庞杂结构，首选简洁明快的形式，诸如短小模进、固定音型和回旋曲式。原本的音乐根植土壤、顺乎自然、亲近肌体，人人力所能及，特别适宜儿童，成为面向所有人的学习和体验天地。"这个定义明示的观念，一是遵循音乐、舞蹈、言语三位一体的整体性；二是顺从学习者身心一体的主动性；三是随以学习方法的简易性。回归自然，顺应天性，贯通这个教学法中的"学问""学生""学法"。所有这些，主旨都着眼于人的创造性的激发和释放。

这个定义的整体性宣示了奥尔夫教学法的一条基本信念："让音乐和动作回归同根"，一语道破"天机"：诗、乐、舞/歌、舞、乐三位一体，共生、共存、共创，恰恰是人类原初的自然自在。无独有偶，2004年，安东尼·西格在中国艺术研究院的"音乐和舞蹈人类学"学术报告指出：音乐和舞蹈研究的分离源于技术的发展，这种分离令人悲哀。在人类原初生活状态的苏雅人那里，音乐和舞蹈概念只有一个，跳而不唱、唱而不跳，均不可能。②

回归人类原初的诗、乐、舞/歌、舞、乐三位一体的自然之道，是奥尔夫创立这个教学法的初衷。1924年，奥尔夫加盟均特学校，正是因为他看到这所学校的理念将体操、舞蹈、音乐的教育融为一体，能够实现回归音乐教育与动作教育的相融互通。遗憾的是，奥尔夫教学法的原本性的这个精髓和逻辑起点，在我国音乐教育界的认识并不充分，在"中国知网""文献"栏中，以"奥尔夫音乐教学法"为搜索词，得出的文献多达2700篇。可见，奥尔夫教学法在不少教师的心目中还是局限于"音乐的"教学法。如果囿于这种认识，其后的所有努力与奥尔夫教学法的根本之道恰恰是背道而驰的。即便在教学中用到律动和声势(身体打击乐)，这些身体的活动也会流于音乐习得目的之手段，而不是儿童发展、学习、创造的本身。

以上所说，还须借用奥尔夫的原话加以强化："让我们回过头来寻找我们自身的原始的音乐。""我们自身的原始的音乐，……是我们苏醒身体的快乐表达。"前面说到，奥尔夫教学法的原本性可贵之处，与"道法自然"的"不易"思想不谋而合：诗、乐、舞/歌、舞、乐共生、共存、共创，乃人类原初的自然自在。如今，把这个观念纳入身心一体的音乐和身体的活动，

---

① 芭芭拉·哈泽尔巴赫主编，刘沛译：《奥尔夫教学法的理论与实践(第一卷)》，中央音乐学院出版社，2014年。
② 孟凡玉：《音乐和舞蹈人类学：关于表演人类学的研究——安东尼·西格在中国艺术研究院的学术报告》，天津音乐学院学报(天籁)，2005年。

其中的意义尤为深远,因为"外在表达的释放标志着内在的精神自由,……自由的精神和松弛的身体是一切作为的关键。"不幸的是,我们的教育"阻碍了他们用动作表达感情的儿童天性,用动作表达世界对他们的所有影响。"奥尔夫教学法之可贵,是令人幡然醒悟:"儿童在动作里表达的,是不知不觉之中的儿童宣言。"忽视儿童自发和自主的身体活动,是音乐教育长期以来的巨大失误。不止于此,我们的音乐课堂对儿童身体的遏制多于对儿童身体的解放,而身体的僵化与心灵的释放必定相左。

二、"顺木之天,以致其性":奥尔夫教学法顺应儿童的"好动"天性

"道法自然"的"自然",并不在于事物之外,还在于事物和人的本身,就教育而言,是顺应而不是悖逆儿童身心的自然自在。唐人柳宗元在《种树郭橐驼传》中,借这位身患驼疾的智者之口,用"顺木之天,以致其性"的植树之道作比喻,发展了自然主义的教育观,延伸和发展了"道法自然"的思想。

"让音乐与舞蹈(身体、动作)回归同根",还原了人类原初的自然状态,势必要求用身心相融的方式主动地投入学习。"主"与"动"是这个思想的核心——儿童必是学习主人,身体必与心灵协动。奥尔夫教学法的一大奥妙是顺应了儿童的"好动"天性,与"顺木之天,以致其性"的自然观可谓异曲同工:

> "处在发展时期的儿童有这样一个天性,他们自行演练无穷无尽的运动形式,在成长的岁月中吸取经验,其中有得有失、有成有败;有些经验经过选择得以保留,成为终身发展的基础;有些经验遭遇拒绝,因而弃之不用。""不需要外在的催促,他们会抓取合意的原始的乐器,拍手、踩脚在他们的世界里是顺从天意的事情。""儿童顺畅的动作就是他们内心活动的自然流露,犹如一面镜子,映照出他们内在的和外在的活动过程。"

必须注意,我国的教师在课堂中运用奥尔夫教学法的身体动作,应当领悟和理解上述的道理;应当格外留意,教师对儿童身体运动的教学设计要有自己的思想,能够洞见音乐的内在意义和文化意义,否则就有可能流于为动而动,止于外在行为的效颦水平。如此,身体运动在创造性育人方面的深刻涵义将大打折扣。

三、"简易之教""虚往实归":奥尔夫教学法简易性之奥秘

奥尔夫教学法不求玄奥、规避繁复、摒弃庞杂、首选简明。这种思想令人不禁想到中国式自然主义教育的实行方式——"古之王者,承天理物,必崇简易之教"(嵇康《声无哀乐论》)——奥尔夫教学法的简约性之古代理论映证。再行上溯,庄子也曾提出"虚往实归"的概念——"虚而往,实而归"(《庄子·德充符》);老子的"大道至简"(《老子·道德经》)包容性则更广更深。所有这些均体现了"道法自然"的"简易"之道。

何等"大气"的境界！现代音乐课堂远不能企及。究其原因，现代课堂受累于现代教学论中束缚人的教学规程。联想的行为主义把儿童发展拽到实验室的白鼠水平；认知的结构主义看似智慧，实为成年人的知识观，用于儿童也许为时过早。音乐课堂的这两大统治学派的着眼点及其后果不是浅显音乐行为的训练，便是玄奥音乐知识的背诵。在现实的音乐课堂中，这两大体系的教学规程的共同弊端是：教学目标失于功利，教学内容失于拥挤，教学过程失于催促，教学评价失于狭义；看重课本内容，无视儿童发展。儿童身负如此重压，战战兢兢、唯唯诺诺注定成为下一代的人格命运。

试看奥尔夫教学法怎样顺应儿童"好动"天性，引导儿童依顺身体的运动，通过"极简"设计，把儿童的身体运动与音乐的运动自然地融为一体：

> "一只滚动的皮球可以激起儿童的流畅和韧性动作体验；一只跳跃的皮球赋予儿童有力的弹性动作体验；抛和接的动作有助于儿童的平衡感；一条飘摇的绸巾必然挑战儿童肌体在平衡中的张力。"

一只皮球、一条飘带，这个简易设计的外貌看似虚泛，甚至与音乐学习似乎并不相干，但是其中蕴含的育人意义却颇为殷实，因为它收获的是儿童身体和心灵的释放，久而久之便通过身心的交融，养成真正的音乐体验和创造冲动：

> "肌体运动的心像和储存于脑海中的视觉图景，好似一幅'预想行动速写'，决定着即将付诸行动的'情节'。音乐创造的统一性、整体性在这里一气呵成，只待在声音和时间中徐徐展开。演奏动作的拿捏不仅出自张弛的线性起伏，而且是源于刹那间孕育的集约动态冲动。"

四、生生不息，变易始终：奥尔夫教学法的主旨在于激发和释放人的创造性

"生生之谓易"（《周易·系辞上》），"万物生生而变化无穷焉"（周敦颐《太极图说》），说的都是"道法自然"的"变易"之道，也解释了奥尔夫的创造性信仰，即奥尔夫常说的永葆青春的秘籍——"变动不居、与时偕行。"

奥尔夫看重人的创造性的激发和释放，是因为当时德国人创造气质的败落令人沮丧："内在统一的缺失，自由洒脱的贫乏，成为时下的通病。无论是感受还是表现，都无法超越既定的模型，难以跳出约束和拘谨。我们从中无望看到与时代相称的独具个性的巨匠。"反观当下中国的创造性教育，情形又当如何？带着这个问题解读奥尔夫教学法，是为了在现代中国环境中更好地育人。奥尔夫教学法的育人真谛，始终着眼于人的创造性的激发和释放，这恰恰是在"新常态"的国情之下，我国经济、文化、社会的持续发展对下一代的教育的核心要求。

奥尔夫教学法崇尚创造[①]、珍惜即兴，令人着迷；奥尔夫教学法的一大特点又是"法无

---

① 在《奥尔夫教学法的理论与实践（第一卷）：经典文选（1932-2010年）中英文对照版》中，"创造"这个词的出现频率高达144次，足见创造教育在奥尔夫教学法中所占的重要地位。

定法",令人困惑。这种愉快的悖论是人们初遇奥尔夫教学法的共同感受。"法无定法",并不意味着无法可循,其中的秘诀并非不可解读,问题在于我们的认识深度。这里,笔者试将奥尔夫教学法的创造性长处归纳为四点:创造文化的支持、创造悟境的诱导、创造意识的激发、创造过程的释放。

创造教育的成功实行,必有一种创造文化,一种鼓励创造的共识环境。这可以是一种若隐若现的氛围,但是人人皆有感受。在这种文化氛围中,人们不必担心探索活动的失误失败会带来什么后果,而是勇于在学习中探索未知、尝试好奇,最佳的心态是进入如痴如醉、欲罢不能、幸福满盈的境地,也就是积极心理学家契克森特米哈伊(Mihaly Csikszentmihalyi)在其创造心理学研究中得出的重要结论——"心流"(flow)。所有这些,有赖于时刻支撑、鼓舞、激励创造学习的氛围。奥尔夫教学法长于创造教育,因为它具备支撑创造的文化和氛围:"永远地涌动并生成出新奇的灵感,革故鼎新之风得到培植,独具匠心之作受到鼓舞。"

创造教育的成功实行,需要创造悟境的诱导。这一点,淋漓尽致地表现在奥尔夫的《音乐诗》所起的悟境引导作用:《音乐诗》"显示着生灵在创造中神秘的自我意识,在儿童的灵魂中引发了超越时空的各样形象。这些形象诞生于人与事物的初遇,但其超越时代的影响和意义却令人刻骨铭心,存留终身。"成为"灵魂的沃土、幻想的苗床。"

创造意识的激发则要求教师在教学策略上做出精巧设计。教师的眼光应该前瞻,预见到儿童今天的游戏性身体运动,即便未能见诸即时的创造性结果,也蕴含着日后创造的丰富涵义,为日后的创造活动积淀必要的经验基础。前述的那些教学策略的设计,诸如"'皮球'的'飞舞''旋转''滚动'的动作感受,恰好能够'落实在'音乐的即兴和音乐的创造之中,……储存在身体记忆里的动作经验,为个体在乐器演奏中赋予独特的表现力和生命力。"我们应该坚信,创造意识的激发是一个积累的过程,不必刻意追求立竿见影的短期效果,欲速则不达。

在创造文化的氛围中,坚持创造悟境的诱导和创造意识的激发,创造过程的释放是迟早的事情。因为"在原本的方式中表现出来的创造的能力是人类固有的品性,……甚至可以在精神障碍患者或在逻辑思维缺失的患者身上得到释放。"可见,创造释放的关键,归根到底在于内在的精神自由、外在的身体解放。

五、返璞归真、身心协动:身体的解放与心灵的创生

身体的解放与心灵的创生本是孪生姐妹。长期以来,人们对于身心关系的认识,较多的却是二者的分离和对立。身体现象学、身体哲学的讨论,就是针对这种二元对立的僵化思维而发动的,值得我们认真学习和思考。例如,杨大春在《从身体现象学到泛身体哲学》一文中明确提出,身体哲学在20世纪逐步占据了主导地位,意识哲学逐步解体。身体现象学成为最典型的身体哲学——物性和灵性在身体中的结合。[①]再如,李其维认为,传统心理

---

① 杨大春:《从身体现象学到泛身体哲学》,社会科学战线,2010年。

学无法解决身心分离的问题,具身认知(寓心于身)跃为认知科学的第二代范式。① 可见,无论是哲学还是心理学,这种转型都在对人类的身体做出更为合理的解释。

法国现象学家亨利首次提出身体哲学、身体现象学,其中的一个重要概念,是对"我有一个身体"与"我就是我的身体"的重要区分。他肯定的是后者,否定的是前者,否定身与心的分离。按照笔者的理解,这里的核心是"心寓于身,心动于身。"

笔者认为,我们可以用"身心一体、身心协动"阐释奥尔夫教学法的一项伟大的先见之明。我们看到,奥尔夫教学法从未陷入身心分离的哲学、心理学、教育学的认识误区。基于中国文化看待奥尔夫教学法,前述的"原本性"及其延伸的所有特性,与"道法自然、顺应天性"可谓殊途同归。这个"道"也一定是天人合一的,而不是身与心的分离。

笔者的建议是,返璞归真、身心协动,有望培养儿童解放自己的身体,释放心灵的创生。

解读奥尔夫教学法,最终的目的是促进中国特色的音乐教学法的建树。让我们深思、冥想:在中国的文化中,难道没有与奥尔夫教学法的上述意蕴相通,而且更为深厚和精彩的育人形式吗?大家可能马上想到:中国戏曲!奥尔夫教学法的所有成分,没有一项是在中国戏曲找不到的。于是,作为余论,笔者不禁生出一点换位思考。假如奥尔夫精通中国各地戏曲的做念唱打,通晓戏曲的方言、行腔、韵味、板式、锣鼓经……今天的奥尔夫教学法的情形又会怎样?这是一个耐人寻味、值得深思,值得我们在学校教育和社会教育中尝试的课题。

作者简介

李莉,西北师范大学艺术教育中心主任,教授、硕士生导师。第十二届、十三届甘肃省政协委员,中国教育学会音乐教育分会钢琴学术委员会副主任,甘肃省音乐家协会副主席,甘肃省音乐家协会钢琴专业委员会会长,中国音乐家协会会员暨钢琴学会理事,教育部学位与研究生教育中心评审专家,中国文旅部人才中心特聘专家。

多次担任国内外钢琴比赛的评委,如"李斯特纪念奖"香港国际钢琴公开赛、日本"亚洲国际音乐比赛"、全国高校音乐教育专业钢琴比赛、甘肃省音乐最高奖"黄钟奖"及"敦煌文艺奖"等等。在省内外大型重要演出中担任钢琴独奏,并多次与交响乐团合作演出钢琴协奏曲。出版发行个人演奏专辑《经典再现》,曾在国家级核心刊物发表多篇学术论文,并获全国音乐教育论文评比二等奖和甘肃省第十五届哲学社会科学优秀成果二等奖。主编全国艺术院校钢琴系列教程两套。多次获得国家级和省级单位授予的"优秀指导教师奖"、"园丁奖"和"国际优秀钢琴导师奖"。培养的学生在国际、国内及省级重要的钢琴比赛中屡屡获奖,有多人考入美国、英国、俄罗斯、日本及国内知名高等专业音乐院校。

---

① 李其维:《"认知革命"与"第二代认知科学"刍议》,心理学报,2008 年。

奥尔夫音乐教学法的本土化探索[①]
——以宁夏山花儿为例

● 张韧洁

【内容摘要】 我国奥尔夫音乐教育的本土化实践从奥尔夫音乐教育体系传入之初就已经开始,如今已进入到充分融合与全面建构阶段。在全球化背景下,我国传统音乐文化要发展,与外来文化的沟通和交流是必然的。同样,国外音乐教育的本土化发展,也要与本民族、本地区的音乐教育实际充分融合,才能不流于形式;只有立足于自身音乐文化基础之上的吸收、融合与建构,才能使我们的音乐文化焕发活力,培养出的学生才能充满自信。文章在奥尔夫本土化现状研究与笔者多年奥尔夫本土化实践教学的基础之上,对奥尔夫音乐教学法应用于我国传统音乐教育的价值与意义、奥尔夫音乐教育的本土化制约因素与实施途径进行了详细分析。

【关键词】 奥尔夫音乐教学法,本土化,制约因素,实施途径,宁夏山花儿

奥尔夫音乐教育体系从 20 世纪 80 年代传入中国,在短短三十余年时间里,从体系的介绍、学习与交流,成立学会、师资培训到与我国音乐教育,尤其是基础音乐教育的融合,从未停止过本土化的步伐。2017 年,随着我国第一届奥尔夫教育大会的召开,奥尔夫音乐教育的本土化问题更成为学界关注的热点。优秀的国外教学法在我国的本土化发展是不可避免的,也是必须进行的,如何立足于我国传统音乐文化,同时借鉴国外音乐教学方法的先进之处,建构出适合于我国音乐文化与音乐教育特点的教育模式,是全球化背景下我国音乐教育必须面对与解决的重要问题。

一、奥尔夫音乐教学法应用于我国传统音乐教育的价值与意义

奥尔夫音乐教育强调不同文化体系在应用奥尔夫音乐教学法时,不仅要立足于自己的本土文化,还要不断地发掘自己的本土文化,回归到原始的、自然的教育模式。因此,研究奥尔夫的本土化并不仅仅为了使国外音乐教育在我国得到本土化的发展,更重要的是为了使我们从自身本土文化出发,建构中国人自己的音乐教育体系,从而更好地面向世界多元文化音乐教育的发展。

[①] 文章系笔者发表于《音乐天地》2019 年第 5 期的《本土音乐的原本性教育研究——以宁夏山花儿音乐为例》与发表于《艺术研究》2019 年第 3 期《奥尔夫音乐教学法在民族音乐教育中的本土化研究》的两篇文章,根据本次会议主题重新进行文献检索、统计、整理而成。

(一) 有利于我国传统音乐文化在学校音乐教育中的保存、传承与发展

我国传统音乐教育所体现的个体性、灵活性、多样性等特点，在集体化、规范化、统一化的现代学校体制中受到一定程度的限制，并在一定程度上失去了中国传统音乐文化赖以保存、传承与发展的方式和环境。奥尔夫音乐教学法以其丰富性、灵活性、综合性、体验性等特点，可以使问题得到一定程度的改善。将国外音乐教学法与我国各地区、各民族的实际相结合，与音乐教学的实践相融合，与各民族学生音乐学习的特点相结合，使之形成适合于我国音乐文化传承与发展、适合于我国音乐教育体制与特点的教育模式，从而促进我国音乐文化的传承与发展。

(二) 有利于提高学生对我国传统音乐文化的理解力、表现力与创造力

首先，奥尔夫音乐教育综合性的教学内容——即将音乐与语言、舞蹈、动作紧密结合的教学内容能够尽可能保留民族音乐审美的真实性，可以尽可能使民族音乐文化得以原样地展现与传承，从而提高学生对于民族音乐文化的理解。

其次，奥尔夫音乐教育参与式的教学形式——即学生必须参与其中的音乐教学形式，学生不是听众，而是作为表演者参与其间。因此，学生对于民族音乐基于上文提到的文化理解的基础上，还要进一步进行身体的体验与展现，对于培养传统音乐的表现力有积极作用。

最后，奥尔夫音乐教育原本性的教育理念——即基于基本元素的、原始素材的音乐教育，以基本元素与原始素材作为教学的开端，有利于学生对于我国各地区、各民族音乐特性的把握，有利于学生在音乐基本元素与原始素材基础之上进行组合与创新，促进我国传统音乐文化在传承与发展中找到平衡点。

二、奥尔夫音乐教学法应用于我国传统音乐教育的制约因素

本研究将中国期刊全文数据库——中国知网 CNKI 作为检索源，以"篇名"的形式分别检索了截至 2022 年 7 月 30 日之前发表的，有关"奥尔夫""奥尔夫本土化"的相关论文，通过人工剔除相关度不高的文章，共搜集到 76 篇有效样本，近乎半数文章为近三年发表。由此可见，近年来越来越多的学者关注"本土化"问题，也说明我国奥尔夫音乐教育已经进入一个新阶段。通过对文献的整理与分析，结合笔者近十年高校奥尔夫音乐教学经验，对奥尔夫音乐教学法应用于我国传统音乐教育的制约因素进行分析，并进一步阐明实施途径。

(一) 文化冲突

研究按照论文第一作者来源地所属的省、自治区及直辖市进行文献数量的统计，如图1所示：

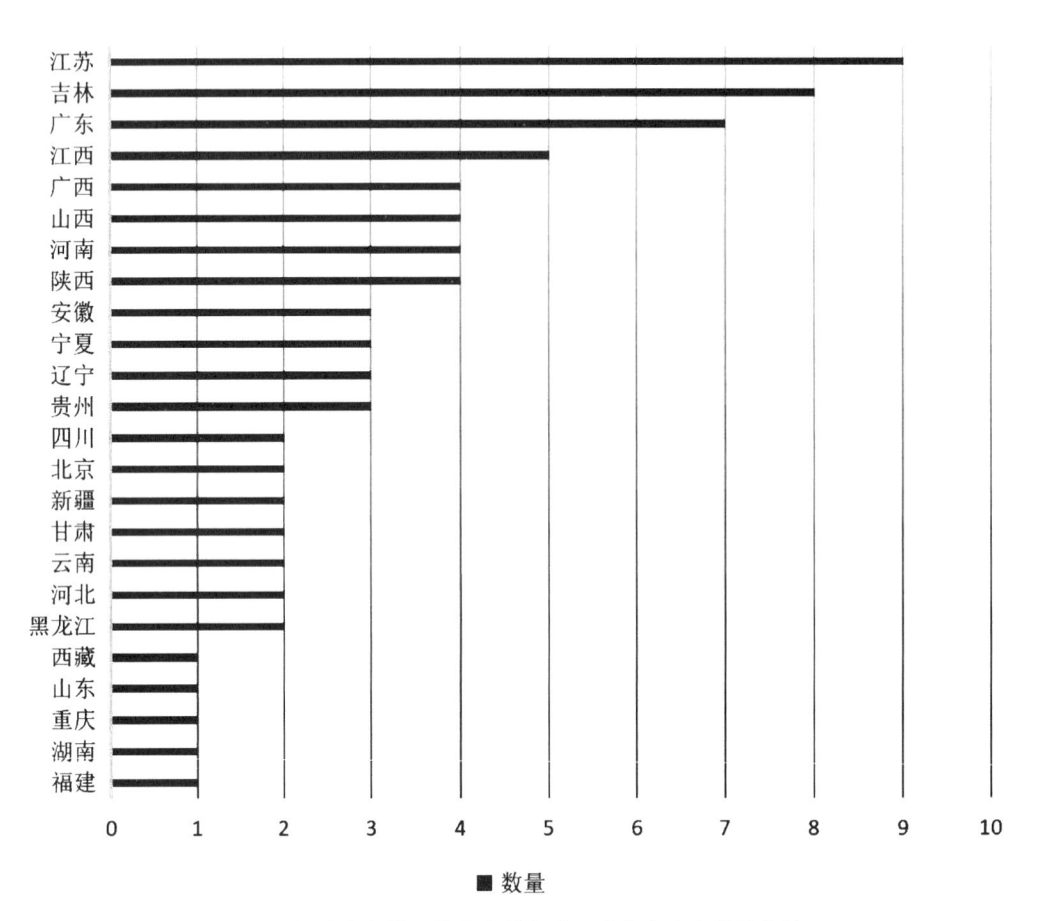

图 1 相关论文第一作者所属行政区域发表论文数量统计

图 1 数据统计显示,在全国东北、华北、华中、华东、华南、西北、西南七个地域分区中都有相关研究,但总体呈现出由东向西的递减趋势。究其原因,除了我国东南部经济发展快、教育条件好以及奥尔夫音乐教育研究力量的带动之外,笔者认为,这可能与民族音乐文化、本土音乐文化的特点以及固有的传承方式有密切关系。如图 1 数据显示,少数民族种类较多、人口较为聚集的地区,如青海、内蒙古、新疆、西藏、贵州、云南、宁夏等地,研究力量较为薄弱。可见,民族、地域文化的差异在一定程度限制了奥尔夫音乐教育的本土化发展。

(二)性格冲突

中国为大陆国家,农业维持老百姓的生存,中国人对土地的依赖,对农业的重视,在文化心理上便形成一种内倾型特点,民族性格总体呈现含蓄、内敛,重情感重体悟的特点。我国学者刘长林在其《中国式思维》中提出,中国人的思维方式源自中国民族文化基因的阴性偏向,并将中国人的思维特点归纳为"重视时间因素超过空间因素""喜重平衡均势,强调调和统一""长于直觉思维和内心体验,弱于抽象形式的逻辑推理"等十个方面。[①] 而奥尔夫音乐教学法主张将音乐与语言、舞蹈、动作密切结合,充满激情地全身心投入,在自由释放中感受音乐,充分调动身体各个部位外化音乐音响,表现音乐、创造音乐,这与中国人的文化心理与性格特点有出入。因此,文化心理与性格特点的冲突,致使我国学生在奥尔夫教学中很难实现自然、放松状态,是制约奥尔夫音乐教育本土化的重要原因。

(三) 体制冲突

统一化、规范化的现代学校教育体制与应试教育下的音乐教育评价机制,使得我国音乐教育在教学内容上追求知识的全面、系统与难度,但在教学的具体计划与安排上,音乐内容又被分割与孤立,学生很难接触到全面、系统、整体的音乐文化。在教学形式与教学方法上,教师与学生"一对一"或"一对多"的传授形式使得讲授与演示成为最直接、最快捷的音乐教学方法。这种教学方法的优势是知识体系的构成快速,但缺点在于培养出的学生缺乏创造力。除此,应试教育下,我国音乐教育的评价机制也体现出较为严重的技能化、专业化倾向,与奥尔夫音乐教育所主张的音乐教育的灵活性、综合性与创造性相冲突,因此制约了奥尔夫音乐教育的本土化,也在一定程度上制约了我国传统音乐文化的传承与发展。

(四) 环境冲突

奥尔夫音乐教育之所以具有持续的生命力,不仅来自于奥尔夫音乐教育的理念、方法与内容的合理性,还缘自一些必要的物质条件支持。例如,奥尔夫音乐教育所处的音乐文化环境的支持,教学的场地、教具与设备的支持等,灵活多样的设备与教具才能实现灵活多样的教学。而在我国的实际音乐教学中,缺乏奥尔夫音乐教学场地与教学设备、缺乏可以灵活使用的乐器,限制了奥尔夫音乐教育在我国的本土化实践。另外,我国音乐教育中仍然存在的西化倾向,也一定程度影响了奥尔夫音乐教育本土化对于教育环境的需求。

三、奥尔夫音乐教学法在我国传统音乐教育本土化的实施途径

本土,既指本国、本民族、本地区,又指本学科、本教学、本对象。奥尔夫音乐教育的本土化,意指在学习、借鉴奥尔夫音乐教育方法的过程中要和中国本土音乐文化相融合,要和中国本土音乐教育特点相融合,要和我国各民族学生音乐学习的特点相融合,使其适应我国音乐教育发展的需要,从而推动我国传统音乐文化的发展。下面,文章将结合奥尔夫音乐教育本土化发展的制约因素与上文对奥尔夫音乐教育本土化的目标定位,进一步分析奥尔夫音乐教育在我国传统音乐教育中本土化的实施途径。

---

① 刘长林:《中国系统思维》,中国社会科学出版社,1990年。

（一）提炼中国音乐"元素"作为奥尔夫音乐教学的起点

众所周知，奥尔夫音乐教育的核心理念，即"原本性"的音乐教育观。在其重要文论《〈学校儿童音乐教材〉——回顾与展望》中明确指出："如今问题完全自然而然地被提到了应有的位置：原本的音乐、原本的乐器、原本的语词形式和动作形式。什么是原本呢？'原本'的拉丁文是 elementarius，意即'属于基本元素的、原始素材的、原始起点的、适合于开端的。'"[①]元素性音乐，从它的各个组成来看，都是最基本、最初步、最原始的，人人都能参与的，但是通过元素的组合，效果却极为丰富动人，明确而强烈。例如，元素性的节奏，就是不可简化了的基本节奏；元素性的旋律就是最基本的动机或音列；元素性的旋律发展就是重复；元素性的结构就是对比，元素性的乐器就是身体，元素性的动作就是来源于生活的基本动作等。提炼民族音乐元素，以此作为本土化音乐教学的素材与内容，是国外教学法与我国传统音乐文化充分融合的重要途径。

（二）教学方法与民间音乐的参与方式充分融合

奥尔夫音乐教学法强调一种人人参与的教学方式，即人们不作为听众而是作为表演者参与其中的教学方式。但是，正如上文所说，由于文化心理、性格特点以及传统教育的影响，使得中国学生很难在奥尔夫教学法捻指、拍腿等声势训练或是戏剧化的音乐表演中得以"原本"，脱离了本土文化的参与方式，会令学生感到拘束和局促。因此，在教学方法上要充分结合本土游戏，以及本土音乐的传承方式与参与方式。例如，流行于我国河北各地的河北吹歌，乐器以吹管乐为主，辅以打击乐器，结构短小、节奏明快，乐曲往往采用"句句双"的句式，演奏形式一问一答，生动逗趣；又如，我国西南地区藏族民间流传的劳动歌曲，诸如挖土歌、打麦歌、打墙歌中一领众和的参与形式，唱词生动活泼，节奏鲜明，领唱者男女不拘，有时交替领唱。本土化的音乐教学方式如果能与这些生动、灵活的本土演奏形式与音乐参与方式相结合，或可以帮助打破奥尔夫本土化教学中民族性格的制约，引导学生自然地融入教学活动中去，融入到我国各地区、各民族的音乐文化中去。

（三）加强评价体系研究与评价机制改革

突破应试教育与学校统一化教学模式对于奥尔夫音乐教育本土化的限制，有赖于评价体系的研究与评价机制的改革。学生的唱奏技能考核固然重要，但综合性的评价与个性化的展示有助于提高学生对民族音乐文化的理解力、表现力和创造力。通过评价机制的改革，引导学生对民族音乐文化进行全面、系统、整体学习，鼓励学生大胆创新、个性表达。同时，评价体系的不适宜，会导致无法科学评估本土化的奥尔夫教学法在我国音乐教育领域的应用效果，也无法有效推广。在后续研究中着重加强对奥尔夫本土化教学评价体系的研究，制定合适的评价原则与评价标准，采用科学的评价手段与评价方法是本土化教学模式在我

---

① 卡尔·奥尔夫著，廖乃雄译：《〈学校儿童音乐教材〉——回顾与展望》，音乐教育参考资料，中国音乐家协会音乐教育委员会、北京师范大学教育系编，1986 年。

国传统音乐教育中推广与可持续发展、提高音乐教学质量的重要保障。

(四) 促进教学环境与教学设备的本土化

奥尔夫教学法常见的教学场地是空旷、干净的地板,使学生有充分的活动空间,学生穿着宽松的衣裤、软底鞋或光着脚,以达到自然放松的学习状态,使用各式各样的奥尔夫打击乐器与音条乐器,丰富的教具与设备使得学生得以进行各种即兴与探索活动。但是在我国的音乐教室里主要是钢琴加桌椅的普通教室,很少有即兴的场地与丰富的教具、乐器。另外,我国有56个民族,其中有少数民族占总人口比例较少。他们分散在我国各地,因此文化差异较大。民族音乐教育如若脱离了它的生态环境、脱离了它的文化属性,很难被学生理解与掌握。因此,传统音乐教育如何与文化、生态环境充分融合,对于奥尔夫音乐教育的本土化显得尤为重要。引导学生走出教室关注身边的、生活中的、自然中的声音,将音色丰富且易于操作的民族打击乐器引入课堂,带领学生用身边的材料自制乐器,将大班学生以不同专题分成小组开展课堂探索活动,充分调动每个学生的积极性参与体验与探索活动。奥尔夫音乐教育的本土化发展不能仅靠理念、方法与内容的研究与探索,还有赖于适当的教学环境与教学设备的支持。

四、高校奥尔夫音乐教学法的本土化探索——以宁夏山花儿为例

宁夏山花儿,作为宁夏的本土音乐,也作为国家级非物质文化遗产之一,由于受到现代文化的强烈冲击,濒临灭亡。能唱山花儿的歌手主要在民间,且年龄居高,年轻人大多对其不感兴趣。在宁夏音乐教育领域,基础教育中少有涉及山花儿的内容,高等教育中,多以演唱几首山花儿为主要的学习方式。由于失去了音乐的原生环境,造成了山花儿保护、传承与发展的困难。下面,文章就以宁夏山花儿为例,对奥尔夫音乐教育的本土化发展的实施途径作进一步的分析。

(一) 基于本土音乐元素与原始素材的开放式教学模式

以宁夏山花儿音乐为例,在音乐教学中,常见的做法是将其作为一个完整结构进行学唱与讲解,这样的教学模式使得学生对于音乐的特性难于掌握与运用,音乐的表现力与创造力也会受到一定程度的限制。"原本性"音乐教学的起点不是大型的音乐形式或音乐结构,应是基于音乐元素的、原始素材的音乐教学。例如,宁夏山花儿旋律构成的最小元素,即四度关系的两音音集,2 5、6 2̇、5̣ 1、3 6以及它们的反向或逆行。在教学中以此为训练的起点,再到乐句、到主题、到结构、到风格、到不同地域的花儿音乐、同一地域的其他民歌体裁等等。这样,在音乐元素的不断巩固与变化之中,既可以让学生准确掌握宁夏花儿的旋律特点,同时通过这些要素学生接触、了解、学习了各种自己不熟悉的音乐文化形态。

(二) 融合民间音乐参与方式的多样化教学方法

正如上文所说，由于文化心理、性格特点以及传统教育的影响，使得中国学生很难在奥尔夫教学法中捻指、拍腿等声势训练或是戏剧化的音乐表演中得以"原本"，脱离了本土文化的参与方式，会令学生感到拘束和局促。因此，在教学方法上要充分结合本土游戏，以及本土音乐的传承方式与参与方式。以宁夏山花儿音乐为例，宁夏山花儿的演唱形式主要有四种，"漫花儿"，即由一人演唱。这是最常见的一种演唱形式，随意性强，歌手可以即兴发挥，路上、田间随处可唱；"对花儿"，由两个或两个以上的人问答式演唱，具有自娱、竞赛特点；"合花儿"，即一领众和的演唱方式，常出现在劳动中，这种演唱形式在宁夏花儿中较为少见；"联花儿"，即不同调式的山花儿联为一体，采用以上三种演唱形式进行演唱，是一种比较复杂的、较新的演唱形式。"原本性"的教学方式，如果能够充分融合宁夏山花儿民间的演唱方式，对于学生理解宁夏山花儿音乐文化的多样性，还原宁夏山花儿音乐审美的真实性、激发宁夏山花儿音乐学习的主动性都很有益处。

(三) 多维度、多元化、多向互动的评价机制

既灵活又科学的评价机制，对于学校奥尔夫音乐教学的有效实施与推广非常重要。以宁夏山花儿的奥尔夫教学为例，学生通过音乐实践产生自我评价、同伴通过实践观摩互相评价、教师通过教学观察评价学生、学生通过定期问卷访谈评价教师、专家同行通过师生的汇报展示评价课程，一堂宁夏山花儿元素的奥尔夫音乐课上，产生了多维度、多元化、多向互动的评价方式与评价标准，就如同一场民间花儿会一样自然而然。这种既认真严谨又活跃开放的评价机制，是符合我国传统音乐文化的特点的，也是符合奥尔夫音乐教育理念的。

(四) 模糊"课堂"、"教室"边界，打造多样化的教学环境

本土音乐元素的奥尔夫教学如何与文化、生态环境充分融合，对于音乐教育的效果至关重要。以宁夏山花儿音乐为例，在学校音乐教育中，要引导学生走出教室、走出课堂，走进民间、走进田野、走入生活，关注身边的、生活中的花儿音乐，将民间艺人请进课堂，将音色丰富且易于操作的宁夏本土乐器引入课堂，带领学生用身边的材料自制乐器，将大班学生以不同专题分成小组开展课堂探索活动，充分调动每个学生的积极性参与体验与探索活动，才能在学校中营造出"原本的""自然的"教学环境。

结 语

奥尔夫音乐教学法作为20世纪以来全球范围内流传最广、影响最大的音乐教育体系之一，作为在我国当代音乐教育中已被大范围接受并较具影响力的国外音乐教育体系，在我国的本土化发展已从最初的模仿与学习进入到充分融合与全面建构的阶段。奥尔夫音乐教学法在我国民族音乐教育中的应用以及在我国的本土化发展，其出发点与落脚点在

于,提高我国传统音乐教育的教学质量,推动我国传统音乐文化的传承与发展。在全球化背景下,与外来文化的沟通和交流是必然的,与其被动影响,不如主动引导、积极应对。只有立足于自身音乐文化基础之上的融合创生,我国传统音乐文化才会换发活力,我们培养出的学生才能充满文化自信!

作者简介

张韧洁,女,蒙古族,党员,1981年3月6日出生于陕西省靖边县,中国音乐家协会奥尔夫委员会会员。硕士毕业于西安音乐学院音乐学系音乐美学专业,2008年就职于北方民族大学音乐舞蹈学院,承担《音乐教学法》《音乐美学》《音乐鉴赏》等课程的教学工作,曾任学院科研与研究生教学中心主任。长期专注于民族地区高校音乐教育问题研究,撰写的相关论文曾获国家级艺术教育科研论文评比一等奖2项、二等奖1项,省部级教育科研论文评比一等奖3项、三等奖1项。主持省部级科研项目3项、教研项目1项。曾获省部级教学成果奖2项,所授课程《音乐教学法》被推荐为省部级一流课程。

奥尔夫音乐教学法在四川清音中的本土化教学实践研究

● 王成兰

【内容摘要】 奥尔夫教学法作为当代世界最具影响力的三大音乐教学法之一,其提倡的"本土化"教育理念一直是各国学习奥尔夫教学法所提倡的教育理念。深挖奥尔夫音乐教学法本土化的教学,对我国的音乐教育教学具有重要的实践价值和理论意义。本文运用奥尔夫教学法的理念和方式来指导我国传统音乐四川清音本的实践教学,然后将两者相结合进行奥尔夫本土化教学探究。以四川清音《小放风筝》为课例,从奥尔夫本土化教学的意义、四川清音的音乐文化与地位、奥尔夫教学法本土化在四川清音中的具体实践、奥尔夫教学法本土化在四川清音中的实施建议四个方面,对奥尔夫本土化教学进行实践研究分析,以期为发展本土音乐文化,弘扬传统音乐文化提供理论帮助。

【关键词】 奥尔夫音乐教学法,本土化教学,四川清音

一、奥尔夫本土化教学的意义

(一)传承本土音乐文化,弘扬传统音乐文化

四川清音传承了优秀的中华文化,也高度凝练了巴蜀传统音乐文化,同时也是我国的非物质文化遗产。优秀的传统文化是需要继承、发扬与创新,以此增进我国文化的凝聚力、吸引力、感召力。因此,把奥尔夫音乐教育与中国传统音乐相互吸收融合,再进行本土化音乐教学是非常有价意义的。进行奥尔夫本土化教学丰富了音乐课堂教学内容,拓宽了教学的视野,激发了学生学习音乐的兴趣、培养了学生的音乐创造力。最重要的是传承和发展了本土音乐文化,弘扬了中国优秀传统音乐文化。奥尔夫音乐教学法不是指向一种具体的方法,而是一种思想,是一种对待音乐教育的态度。奥尔夫音乐教学法在中国多样化的实践与运用,已经体现了奥尔夫教学具有"本土化"性质。我国在学习、借鉴先进音乐教育的理念与方法的过程中,仍然要立足于自身本土文化,树立文化自信,不断地发掘中国本土音乐,结合我国各民族、各地区的学生情况和性格特点,建构本国的音乐教育体系,使其适应我国的音乐教育发展,更好地面向世界多元文化的音乐教育发展,从而使我国学生能更好地传承本土音乐文化,弘扬传统民族音乐文化。

(二)提高音乐教学质量,促进学生全面发展

在义务教育艺术课程标准新的背景下,以培养学生核心素养的音乐教育已经是大势所趋,越来越多的音乐教师关注到培养学生的核心素养的重要性。奥尔夫音乐教学法中的"原

本性"音乐教育倡导教师根据学生身心发展的特点和所具备的音乐素养,设立即兴教学活动环节,学生作为演奏者主动参与其中,进行即兴唱、跳和奏乐等音乐活动。在这样的教学形式中,重视的是学生的参与程度,也不对基础教材有要求,而是按照音乐语言发展的顺序逐步进行教学,更多地培养学生对音乐的学习兴趣和创造力。奥尔夫教学法中的"创造性"表示音乐教学应该从即兴出发,让每个学生都亲自参与即兴创作,手、脚、口结合,以节奏形式为支撑,演唱、奏乐、跳动,自己设计音乐和动作,以此激发学生的创造力和音乐潜能。奥尔夫教学法中贯穿始终的就是具有创造性精神和创造性观念。此外,奥尔夫也很注重音乐教育的综合性,音乐课应该是综合语言、律动、舞蹈、小器乐多方面进行有趣的音乐课堂。教学中会运用语言创设情景,从节奏教学出发,结合肢体律动,让学生能进行富有创造性的表达。在实践性方面,传统的音乐课堂大多以教师为中心,教师占据我们课堂的主导地位,教学是由教师告诉学生学习什么内容,练习的内容和次数,通过这样机械的学习方式来学习知识和技能,而奥尔夫教学法特别重视学习中学生的主导地位,强调音乐课堂需要由师生主共同参与完成,重视学生在课堂中的感受和表达,通过引导学生主动参与实践来完成音乐课程的学习。因此,我国在音乐课堂上实行奥尔夫教学法不能单纯地理解表层意思,不能流于形式。要深入理解奥尔夫的基本教育理念和方式,应结合我国本土的音乐教育情况,以促进学生发展为目标,制定属于自己本土的奥尔夫教学法,以此帮助学生更好地吸收优秀的本民族音乐,培养学生综合的音乐素养,促进学生的全面发展。

二、四川清音的音乐文化与地位

四川清音是盛行于巴蜀大地的传统曲艺形式的主要曲种之一,由明清时调小曲及民歌发展而成,且历史悠久。四川清音与巴蜀文化同根同源,既展示了川渝人虔诚事"道"的思想信仰,也彰显了尊儒崇文的精神追求,以及"刚勇好斗"的性格特点等。四川清音以说唱的方式呈现川渝本土文化的生活之美、风俗之美、变迁之美,是有形的服装、伴奏乐器、表演动作与无形的韵味美、唱腔美、意境美的结合。四川清音经批准被列入了第二批国家级非物质遗产。因此,伴随着人类对非物质文化遗产以及世界各国对民族传统文化保护和传承的日益重视,发扬本民族传统音乐文化越来越受到世界各民族的重视,它不仅是一个国家和一个民族的重要职责,也是教育文化部门以及每一个教育工作者的光荣使命。

(一)四川清音是生活美的再现

音乐是人类最古老的艺术之一,也是最具感染力的艺术,与人们的生活有着千丝万缕的密切联系。四川清音源于生活,是生活美的提炼,也是川人精神文化的再现。自《诗经》的《风》开始,地方音乐就表现出广大劳动人民的喜怒哀乐,有对劳动的歌颂、有对纯真爱情的赞美、有对美好生活的憧憬等。四川清音曲目不仅描述了巴蜀大地的风土人情、历史事件和风云人物,而且还展现了川人善良、朴实、勤劳、勇敢的情怀,以及自强不息、艰苦奋斗的中华民族精神。

(二) 四川清音是四川方言艺术美的体现

说唱是四川清音最明显的特征,说中唱、唱中说,其旋法具有明显的四川方言音调特点。方言与音乐风格形成之间有着密切的关系,无论是地理环境因素对音乐风格的影响,还是"方言"对音乐风格的作用,都是民族音乐中"母语"文化的体现。不同地区、不同民族、不同文化背景下产生的音乐现象和音乐传统代表着各地区,各民族、各文化背景的独特魅力。

(三) 四川清音是巴蜀传统文化美的凝练与提升

四川清音也是中华文化的重要组成部分,深深植根于中国文化的沃土之中,与川文化相互交融、相互依托,相互促进。在儒家思想影响下追求"中和之美";在意与象两对美学范畴的塑造下追求了"意象之美";在道家、禅宗的影响之下追求"空灵之美"等。四川清音吸收巴蜀本土文化的同时又与长江中下游的音乐、文化相碰撞和融合,与此和谐共生,和而不同的复合音乐文化,在创造中再生,形成了如今人们喜爱的艺术形式,四川清音传承了优秀的中华文化,也高度凝练与提升了巴蜀传统音乐文化的美感。

三、奥尔夫教学法本土化在四川清音中的具体实践

(一) 教学理念本土化

1. 以学生为中心,坚持以学生为主体

奥尔夫教学法的理念提倡音乐的原本性、创造性、综合性和实践性。在奥尔夫音乐教学法的理念中,音乐教育的主体是学生,是以学生为教学中的根本。教师应鼓励学生主动学习,包容、鼓舞学生的个性和创造性。而我们的教育往往偏重于老师讲,学生听,学生不敢发表过多的言论。这种教学中,学生缺乏音乐兴趣,缺少学习动力,由此教学质量也不高;而奥尔夫教学法提倡的是学生要自由发展,不过多制约学生的行为。因此,奥尔夫音乐教学法为音乐课堂提供了一种科学的新兴的教学模式,值得我们好好学习和借鉴。

在四川清音的教学过程中,老师应该以学生为中心,大胆鼓励学生发表自己的想法,在教学过程中多关注学生的感受和体验,多倾听学生的想法,把角色身份互换,让学生主动分享和讲解,更加积极地投入到四川清音的学习中。例如在学习认识四川清音名人名家的教学环节中,老师可以设置四川清音主题式宣讲,让学生自己去收集资料,采访身边的名家和专家,后期上台讲解分享,充分调动学生学习积极性,也发挥了学生们的主人翁意识,既掌握了四川清音的基础知识,又在采访学习的过程中培养了学生的实践能力,也充分体现了奥尔夫教学理念中的原本性和实践性原则。

2. 教学面向全体化,促进学生全面发展

奥尔夫音乐教育本着开放的、即兴的教学理念和教学方式,不仅注重培养学生的音乐

素养,而且还很好的促进学生的心理智力、兴趣爱好、思想情感的全面发展。但我国由于受传统音乐教学的影响,老师们一直以来比较注重提高学生的歌唱水平和歌唱技能,这就与促进学生全面发展的教育目标相反。因此,在进行奥尔夫本土化教学的四川清音教学中,要打破传统音乐教学的歌唱壁垒,而不是单一地提升歌唱水平、学习音乐技能,要注重学生的差异化,尊重学生的个性发展,做到教学面向全体化,帮助促进学生的全面发展。在奥尔夫基本理念的支持下,结合四川学生热情朴实的性格特征,在开展本土化的四川清音学习活动中找到快乐,找到音乐表达的情感。学习优秀的本土民族音乐文化的同时,还要注重培养学生爱音乐、爱家乡、爱祖国的情感表现以及正确的价值观培养,以此促进学生的全面发展。

(二) 教学乐器本土化

1. 充分利用本土乐器

奥尔夫乐器虽然有专门的打击乐器和有音高的音条乐器。但奥尔夫主张应灵活借助一切可以发出声响的其他乐器或身体部位等。因此,在学习四川清音《小放风筝》曲目之前,老师可以先带着学生做奥尔夫游戏节奏练习。老师先做声势动作,拍手—捻指—拍腿—跺脚一个八拍,然后学生跟着老师一起做;先熟悉稳定 $\frac{4}{4}$ 拍,随后老师拿出竹鼓继续打 $\frac{4}{4}$ 拍,学生则继续不变做拍手—捻指—拍腿—跺脚的两个八拍。这时利用竹鼓这个乐器已经吸引了学生的学习兴趣,老师趁机讲解和示范竹鼓和檀板正确的演奏姿势和演奏方法,随后老师可以分成两个小组,以小组为单位进行如下节奏训练:

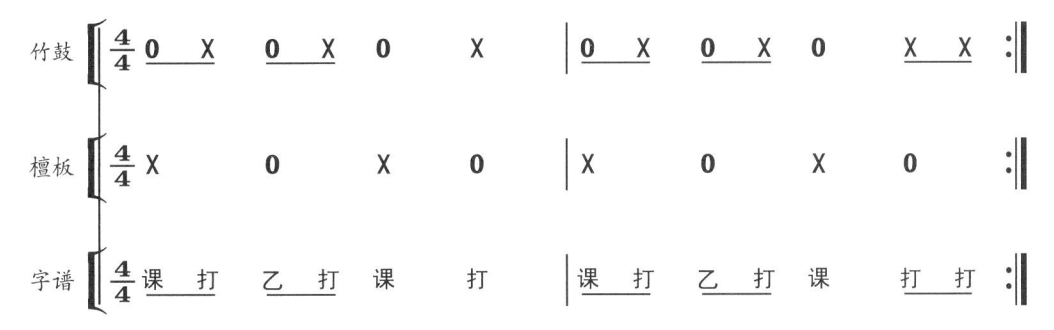

谱例 1

在四川清音《小放风筝》的曲目学习上,我们选择运用本土乐器竹鼓、檀板来代替奥尔夫乐器,并结合奥尔夫节奏训练游戏先熟悉歌曲节奏。在奥尔夫活动中参与乐器演奏,即提高了演奏兴趣,又做到人人参与,面向全体学生。既能让学生开心地学会本土乐器的演奏,又让学生亲身感受到民族传统文化的魅力所在,最终使学生可以初步达到四川清音自击自唱的表演能力。

（三）教学设计本土化

1. 利用方言辅助教学

学生学习演唱四川清音的作品要注重于气韵、神韵、意韵三个方面。从念方言了解地域特色，到识词意感受文化内涵，再到熟旋律掌握识谱能力，最后学唱腔获得演唱技能。四川清音是以四川方言演唱，可以利用方言来提高学生的兴趣，增加课堂的趣味性。可以在学习歌曲之前，老师先用方言把歌词朗诵一篇，加深对歌词的理解；其次，老师可以安排学生围坐一圈，用方言依次有节奏性地接龙介绍四川的美食，一方面可以训练学生的节奏能力，另一方面也可以拉近老师与学生之间的距离，活跃了整个音乐课堂，使学生处于轻松愉快的学习环境下。此外，这个节奏训练还可以帮助学生回忆起家乡的美食，使学生对自己家乡有更多的亲切感和熟悉感。把两个字、三个字、四个字的字词加入 拍的节奏接龙。例如：

火锅，串串	X X | X X ‖
冰汤圆，钵钵鸡	XX X | XX X ‖
夫妻肺片，伤心凉粉	XX XX | XX XX ‖

教师在训练教学过程中可以尝试变换速度进行扩展练习。运用奥尔夫教学法中"本土化"这一教学方法，以学生们所熟悉的家乡美食作为节奏练习的素材，学生在这一过程中重拾四川方言、感受四川方言的魅力和特点，唤醒学生对家乡的热爱，达到从内心真正喜爱四川清音，并愿意演唱四川清音。这也符合奥尔夫音乐教学本土化音乐教学的特点。

2. 注重元素性教学

奥尔夫音乐教学法的教学方式通常不需要准备特殊的道具，只需要采用和音乐有关的元素就可以进行教学。所以，在四川清音实际教学中结合奥尔夫音乐教学法的元素性教学，老师可以结合四川清音的历史特点、曲目内容等等，把各种和音乐有关联的元素都联系到一起进行本土化教学。

例如《小放风筝》是四川清音传统曲目，也是四川地区颇具地方特色的一首歌曲，以早期民间传统文化为背景，适合小学低段的学生演唱。《小放风筝》整首歌曲以四川方言来进行演唱，叙事性强，讲述女孩子出门后的所见所闻，先后看见文童生、武童生、姐儿们、唱书人和童儿们，通过对外表衣着打扮细腻的刻画，将那个时代的各类型人物特征描写得生动形象。因此，教师可以把声势、体态律动、舞蹈等元素加入进来进行情境化教学，这也是符合奥尔夫综合性的教学理念。学生在完整学会《小放风筝》这首歌曲后，教师便可搭建一个真实的生活场景——让学生们真实的进入情境中体验歌曲中的童生、姐们，唱书人还有儿童们的角色，鼓励学生充分发挥想象各个人物的性格，再把各个角色的人物形象运用一定的肢体动作加以诠释，可以模仿说话的声音、走路的姿态、面部的神情，使学生发挥想象力和创造力去塑造歌曲的人物角色。例如演唱第一句歌词，"三月（呀）里来，是清明（哪）"，唱的时候身体跟着音乐自然地律动,"里来"的时候双手自然打开,"是"的时候收回拿竹签子的手自然地放在胸前,表情应该是俏皮可爱的。"姊妹们,双双去(呀),踏青(哪)""双双去"的时候,两手在胸前自然地从左至右绕一圈。学生能根据情境与同伴一起体验角色扮演的乐趣,激发音乐学习的兴趣,也能表达自己的情绪和情感,同时加深学生对家乡本土音乐的热爱,还能进一步提升学生的音乐素养能力。

四、奥尔夫教学法本土化在四川清音中的实施建议

(一)善于进行学情分析

奥尔夫音乐教学的重要特点之一是即兴性,奥尔夫希望在音乐活动中每个学生都能自由地释放情感、感受音乐、表现音乐。但中国人在思维方式、性格特点、文化观念上就会与国外存在差异,所以我们在进行奥尔夫教学法教学时也要善于进行学情分析。四川的学生并不是都能像奥尔夫所倡导的这种即兴的音乐创造活动,但是我们可以根据四川本土学生的身心发展特征,选择符合其年龄段的四川清音曲目、地方童谣等教学素材,以灵活参与的方式引导学生进入音乐学习,避免学生刻板地、被动地接受音乐教育,使学生的天性得以释放,更好享受音乐的乐趣,从而更好地了解四川清音与历史文化、地域地区的关系,从内心真正喜爱四川清音,并愿意演唱四川清音。

(二)充分利用教学环境和教学设备

奥尔夫音乐教学所倡导的音乐教学活动应该是丰富多样的,同时也要求教学环境和教学设备是灵活多样的。但在四川清音的音乐教学活动中,学校一般只有桌椅、钢琴和简单的其他乐器,没有可以即兴创作的场地和昂贵的器材设施,在一定程度上会制约四川清音教学活动的开展。教师要学会在有限的教学环境中,自己去主动创造适宜的教学环境。比如我们可以把学生带到音乐社区或音乐广场,合理利用我们身边的音乐场所和音乐资源,同时也让学生注意到我们身边的音乐,还可以带学生去拜访四川清音的专家和传承人,直接感受四川清音的音乐魅力,培养学生热爱家乡音乐的欲望,争做四川清音的传承人。所以,教师只要充分挖掘本土的教学资源,合理地创造和利用教学环境和教学设备,四川清音的学习效果会更佳。

(三)不断提升教师自身专业素养

在奥尔夫本土化的四川清音教学过程中,有很多音乐教师可能没有经过系统的奥尔夫音乐教育理论的学习和实践,只是接受了短期的一些奥尔夫培训。因此,奥尔夫音乐教学法要在我省得到本土化的充分发展,必须要不断提升教师自身专业素养,加大对教师的师资队伍培训,培养一批具有良好的掌握奥尔夫音乐教育体系和教育理念的教师,且这些教师反过来能举一反三,把学到的理论知识和技术技巧结本土的音乐文化,灵活地运用到奥

尔夫实践教学中去,促进本土民族音乐文化的推广和传承。

结　语

在奥尔夫音乐教学法中加入本土音乐文化的学习,使学生能直接感受其中的民族音乐元素和民族音乐特色。奥尔夫音乐教学法在四川清音中的本土化教学实践研究表明,在音乐教育实践中恰当运用本土化教育理念和本土化音乐元素实施音乐教育活动,既培养了学生对四川音乐文化的热爱,又传承发扬了非遗优秀音乐文化,同时还丰富了奥尔夫音乐教学法的内容。通过本文,笔者希望能为继续研究和即将研究奥尔夫教学法本土化问题的老师提供帮助和指导,让更多从事奥尔夫教学工作或者是对奥尔夫音乐教学法感兴趣的人群得到启发,让更多的学生在奥尔夫音乐教学法中找到乐趣,把真正的、民族的本土音乐传承下去,把中华民族优秀的音乐文化发扬下去。

参考文献

[1] 李妲娜,修海林,尹爱青.奥尔夫音乐教育思想与实践[M].上海:上海教育出版社,2011.

[2] 陈欣欣.奥尔夫音乐教学法河南本土化的实践[J].北方音乐,2020,40(13):2.

[3] 陈静.奥尔夫音乐教学法之本土化课例研究[J].艺术评鉴,2020,000(009):P.110-111.

[4] 杨小丽荣.奥尔夫音乐教学法的本土化教学研究——以民歌《回娘家》为例[J].黄河之声,2018(3):2.

作者简介

王成兰,女,汉,共青团员,1997年12月25日出生于四川省宣汉县,成都大学音乐教育专业硕士,2024年6月毕业参加工作。主要研究方向为音乐教育。

在读研期间积极参与导师多项课题研究。如西南音乐研究中心课题《传统音乐进课堂教材编撰学术观察——以人音·四川教育版小学音乐乡土教材为例》;四川动漫研究中心课题《动漫音乐对疫情后小学生心理辅导的意义》;四川省教育厅课题《四川曲艺进校园的实践研究——以四川清音为例》;参与专著《清丽婉转 音韵流长:探寻四川清音之美》撰写(四川大学出版社出版)。

论文《"双减"背景下小学音乐美育渗透的策略探究》在2022国民音

乐教育大会"万叶杯"论文（教案）征集评选活动中获高校在读学生组三等奖。《素养导向的小学音乐美育实践策略研究》在2022国民音乐教育大会"万叶杯"论文（教案）征集评选活动中获高校在读学生组优秀奖。《"双减"下小学音乐教学中美育渗透的策略研究》获2022年四川省教育学会关于开展"内外兼修——四川高质量基础教育体系建设实践"论文征集活动二等奖。

《唱脸谱》教学设计在2022国民音乐教育大会"万叶杯"论文（教案）征集评选活动中获高校学生组二等奖；《舞动心弦》单元教学设计在2022国民音乐教育大会"万叶杯"论文（教案）征集评选活动中获高校学生组二等奖；《跳圆舞曲的小猫》教学设计在2021四川省音乐教育论文征集评选活动获二等奖。

获得2022—2023年度成都大学音乐与舞蹈学院2021级研究生奖学金一等奖学金。

基于原本性音乐教学理念下的广东民谣教学探究①

● 黄俊澎　王炜瑾

【内容摘要】广东民谣作为一种岭南音乐文化，呈现出的是岭南音乐文化独特的艺术魅力。广东民谣作为岭南音乐文化的重要载体，随着时代经济不断发展和变革，大城市的多元化发展越来越迅速，本土文化受到外来文化的不断影响和冲击，广东民谣发展也因为创新性不高、新作品较少出现了困境。因此，它的影响范围也越来越小，甚至逐渐淡出人们的视野。原本性音乐教育理念作为世界优秀教学法，开创了音乐教学的新模式。将原本性音乐教学理念融入传统民谣教学，并从多个视角出发，为广东民谣未来的发展创设新方向。

【关键词】原本性音乐，本土化探究，广东民谣，音乐教学

引言

不同地区的民谣承载着不同地区的文化，传承民谣是传承地区文化不可缺失的一个重要环节。广东民谣作为岭南地区本土文化的活化石，是中国传统文化的缩影。

广东民谣包含了童谣、劳动号子和小调歌谣，使用广东地方方言来传唱，具有岭南地方特色，主要流传于以广州为中心的珠江三角洲及外围具有相同或相近文化特征的广府民系粤方言、客家方言、闽方言等方言区。它是一种地域象征，它是一种文化身份，它是对本民族文化传统的认同，它更是文化传承延续的途径之一②。

广东民谣简短易读，具有韵律感，易唱易记，是岭南之广府文化中千百年来幼儿眼中的生活习俗、行为习惯、生活情景的再现。广东民谣具有教学价值与研究价值，并且有历史性与地域性的特征，是无法被其他艺术形式所替代，是区别于其他地区的传统文化的重要属性。

一、广东民谣融入音乐课堂的必要性

党的十八大以来，习近平总书记多次强调要传承和弘扬中华优秀传统文化。在2014年教育部颁发《关于全面深化课程改革落实立德树人根本任务的意见》中提出了弘扬中华

---

① 基金项目：本文系广东第二师范学院2021年度国家级大学生创新创业训练计划阶段性研究成果（项目编号：202114278010）。
② 曾丽秋：《粤语民谣融入中学音乐教育的教学探析》，《黄河之声》，2016年。

民族传统文化,传承和发展国学,增强民族自豪感,是每个中华儿女肩负的使命。

广东民谣作为岭南民间音乐文化遗产的重要组成部分,它的传承与发展应该得到更多基础教育工作者的重视与关注。音乐教育重视广东民谣教学,通过教育者的口传心授,让学生在音乐实践活动当中学唱广东民谣、感悟广东民谣的文化内涵。

世界的和平与发展有赖于对不同民族文化的理解与尊重。广东民谣融入音乐教育适应全球多元文化音乐教育的发展,在传承和弘扬地方音乐文化的同时,还应以开阔的视野,学习、理解和尊重世界各民族的音乐文化,通过音乐教学使学生树立平等的多元文化价值观。

二、奥尔夫音乐教育理念中的本土化及其原本性

奥尔夫音乐教学法在建构其原本性音乐教育理论的过程中,突破了音乐教育领域的"欧洲中心论",清楚地认识到音乐文化不应该仅仅以西方或东方某种音乐文化为中心,而应该吸取各种先进文化的优点,进行多元化的发展。

奥尔夫音乐教育作为一种原本性(elementarous)的音乐教育是一种倡导学生亲身参与的音乐教育教学形式,在这种音乐教学中,学生不是仅仅作为听众,而且是作为演奏者参与其中。[①] 在音乐教学活动中学生边唱、边跳、边奏乐,这种灵活参与的方式很容易激发儿童对音乐的兴趣,避免了学生被动接受音乐,真正达到了寓"乐"于"乐"的教学效果,最大程度地满足了少年儿童的心理发展需求。[②]

而奥尔夫音乐教学法中的本土音乐教育观,提倡的是采用自己家乡的语言、童谣、谚语、民歌和舞蹈作为基本素材。我国的民族音乐文化浓厚、历史悠久,奥尔夫音乐教学法在我国的发展和传播中,也正在进行着"民族化"。

从文化比较的角度看,奥尔夫音乐教育与中国传统文化中的"乐教"是相互沟通的。在目前的地方民谣音乐教学中,大多数的教学方法老旧、教学案例单一。因此,运用奥尔夫音乐教学法与广东民谣进行创新教学是对当今小学音乐课堂教学模式和教学方法的创新发展。

三、广东民谣在小学音乐课堂的教学现状

中共中央办公厅、国务院办公厅在《关于实施中华优秀传统文化传承发展工程的意见》明确提出:"围绕立德树人根本任务,遵循学生认知规律和教育教学规律,按照一体化、分学段、有序推进的原则,把中华优秀传统文化全方位融入思想道德教育、文化知识教育、艺术体育教育、社会实践教育各环节。"

广东民谣是中华优秀传统文化,在小学音乐课堂中加入广东民谣既传承了中华优秀文

---

① 李妲娜,修海林,尹爱青编著:《奥尔夫音乐教育思想与实践》,上海教育出版社,2013年。
② 王丽新:《奥尔夫音乐教学法的本土化研究》,东北师范大学出版社,2015年。

化,同时又丰富了校园文化。但广东民谣在音乐课堂教学中的实际情况是如何呢?

笔者通过教学实地走访调研和查阅相关文献资料,发现广东民谣在小学音乐教育中的实际的情况不容乐观。现以教材、课堂教学、教学成果这三方面进行探讨。

(一)教材实况分析

广东省小学音乐教育为了传播本土文化,做了大量的工作,如开发本土艺术类教材《广州音乐》《乡土美术》等。虽然教材是有了,可实际运用在教学中的情况又如何呢?在《粤语童谣的教育传承与发展》《广府粤语童谣儿歌教学中的问题及对策探析》等文章中,作者向当地中小学教师与学生发放调查问卷的形式得出数据:

1. 音乐教师有76%表示使用过乡土音乐教材《广州音乐》,坚持长期使用的老师只有9%,没有使用过的教师占受访人数的24%。[①]

2. 教师们普遍反映教育局没有明确规定这本教材必上,所以可上可不上;原本还有一本音乐教材《音乐》(花城出版社),这本必上教材都不够时间上完,自然不会教《广州音乐》。再者,《广州音乐》的教参甚少,也无CD之类的资料学习;很多外省籍教师不会讲方言,自然无从教学。[②]

3. 通过查阅人教版与人音版等小学音乐教材,发现广东民谣在教材中的占比几乎为0,而作为广东地方特色教材——花城粤教版教材中,广东民谣类型的课程设置也不多。

(二)广东民谣课堂教学分析

《义务教育音乐课程标准》(2011年版本)在课程基本理念中明确指出:"应将我国各民族优秀的传统音乐作为音乐教学的重要内容。通过学习,学生熟悉并热爱祖国的音乐文化,增强民族意识、培养爱国主义情操。"在课程内容中明确要求一至二年级学生:"聆听不同国家、地区民族的儿歌、童谣及小型器乐曲或乐曲片段,初步感受其不同的风格。"每学年能够背唱歌曲4—6首(其中中国地方民歌1—2首)。[③]

而在实际的音乐课堂教学中,存在许多"教"与"学"的问题,例如:

1. 教师或学生不会地方方言

广东省民族与语言状况复杂,除粤北、粤东有瑶、壮、畲语及粤北土语外,主要流行三种保留了丰富的古汉语特点、又各有特色的汉语方言——粤方言、客家方言、闽方言。

广东是外来人口大省,流动人口为52066150人。流动人口中,外省流入广东人口为29622110人,省内流动人口为22444040人。[④] 广东省是全国第一流动人口大省,其流动人

[①] 张蔚:《广府粤语童谣儿歌教学中的问题及对策探析》,北方音乐,2020年。
[②] 万珊珊:《粤语童谣的教育传承与发展》,戏剧之家,2019年。
[③] 《中华人民共和国教育部义务教育音乐课程标准》,北京:北京师范大学出版集团,2011年。
[④] 数据来源:广东省统计局广东省第七次全国人口普查领导小组办公室,广东省第七次全国人口普查公报,《南方日报》,2021年5月15日。

口主要分布在珠三角流域;且部分常住人口也以祖籍非广东地区人口迁入。外来人口的日常语言主要是以普通话为主,对于大部分人来说学习一门额外的语言不是一件容易的事;尤其是在以多语种环境下的广东民谣,如需要涉及到各个地区的民谣教学,无疑是对教师在备课、授课、结课等多个环节上产生了巨大的挑战。

表1 客家话声调表[①]

例字	调类	调值
家 [ka]	阴平	44
麻 [ma]	阳平	11
假 [ka]	上声	31
嫁 [ka]	去声	52
惕 [tit]	阴入	1
敌 [tit]	阳入	5

部分学生在演唱非母语歌曲时易产生不够自信、害怕唱错被嘲笑的心理。方言歌词的正确发音成为他们的学习难点,有时候甚至成为课堂学习的重点,如改为使用普通话演唱会让原本应以广东民谣旋律或者音乐色彩的美为教学重点的课堂丢失了根本。

2. 教学课时少

目前广东省小学音乐教师课时基本为每周18—20节,在理想情况下,假设以一个年级10个教学班为例,每个年级设置1个音乐教师,平均分到每个教学班的音乐课程为每周两节(部分地区以及部分学校可能存在无法达到此标准的现象,音乐课程仅为每周一节)。在有限的课时下不仅需要完成规定教材任务,还需要兼顾学校其他艺术活动,想要在此基础上加入广东民谣的教学只能是以"见缝插针"和"走马观花"的形式完成。

3. 教学曲目单一

大部分教师在选取教学曲目时会选择广东民谣传唱度最高的曲目,主要以《落雨大》《落水天》《月光光》这三首为主。这样的选择一定程度上减轻了教师的教学工作量、降低了教学难度,但从音乐文化传播的角度来看,这样的选择不利于广东民谣的传播与发展,忽视了学生学习多元文化的重要性。

纵观所有的广东民谣,歌曲旋律调式丰富、表演形式多样,可选的内容数以万计。教师在教授广东民谣时,应从课堂教学实际情况、当地特色音乐资源、音乐历史文化等多个方面进行歌曲的选择。

4. 对歌曲的文化底蕴了解不够

根据义务教育音乐课程标准的要求,为了让学生更好地了解音乐和学习音乐,教师需要让学生了解音乐及其相关历史背景文化。广东民谣大多素材多样丰富,创作背景多来自于百姓日常劳动(粤东采茶歌)、儿童游戏活动——《氹氹转,菊花园》、传统节日习俗——《卖

---

① 表格来源:袁东艳:《唱响山原——广东客家山歌》,广东教育出版社,2001年。

懒)、自然风光——《兰花吹过这边香》、男女爱情故事——《游龙戏凤》为主题。

广东民谣隶属于岭南音乐文化的一个分支,岭南音乐文化发展历史悠久,在其文化发展上具有地域性、民族性(也称多种性)、兼容性等特征。要想完美演绎作品,需要对其文化背景要有一定的基本了解。因此,教师需要拥有扎实的理论基础知识。

5. 同一歌曲版本多

广东民谣属吟唱性的民间文学和民间艺术,多是音韵与语言同步。与其他民歌不同的是,广东民谣似"问字攞腔",按其固定的格式与广府文化记忆中的民间吟唱旋律顺口砌词,往往同一首民谣却有不同的版本。由此可见,共时性与流传的差异性是广东民谣的一个明显特征,不仅因为地域不同,就是同一地域,同一首歌,词名及形式相同,情节大致类似,但受社会背景、当地生活及各自的民间立场影响,加上民谣在传播过程中出现的语言或情感等变异,词语及具体内容都有所变化。①

以粤语童谣《月光光》为例,流行至今就有至少35个版本,分别来自广州荔湾、越秀、海珠、花都、芳村等区,传唱人与搜集人都各不相同,歌词也有异同,同的是都以"月光光,照地堂"开头,但内容五花八门,有的以"食"为主,有的加入风物风情,还有的加入了婚嫁等生活内容,充分显示出民间文化的创造力。②

有的《月光光》③版本与读书有关:

"月光光,照地堂,照进大嫂房,大嫂针花到半夜,大哥写字到天光。"

"月光光,秀才郎;骑白马,过莲塘;莲塘背,割韭菜;韭菜花,给亲家;亲家门口一口塘,短的当来煮酒食,长的卖来做学堂。"

一首《月光光》演绎成种种题材丰富的版本,这在粤语童谣中很常见,因为在民间传唱中人人既是参与者又是主创者。

《月光光照地堂》(原民歌前两句)

广州民歌

谱例1④

---

① 曾应枫:《广府文化记忆中的民间吟唱——论粤语童谣的传承与发展》,《探求》,2018年。
② 孙家国:《论现代文化语境下粤方言童谣及其合唱作品创作现状》,《黄钟》,(武汉音乐学院学报),2015年。
③ 谱例来源:广州市民间文艺家协会搜集整理,萧桌光主编:《广州民间歌谣》,中国文联出版社,2007年。
④ 谱例来源:孙家国:《论现代文化语境下粤方言童谣及其合唱作品创作现状》,《黄钟》(武汉音乐学院学报),2015年。

《月光光》(原民歌前两句)

佛山南海民歌

谱例 2

通过同一首歌曲的两种不同版本的对比,我们可以看出民谣在其传播过程中易受到地域、方言等其他不可控因素影响,导致其歌词、旋律调式发生变化。多版本的歌曲会增加教师的教学顾虑、学生学习歌曲难度。

四、奥尔夫音乐教学法在广东民谣中的创新应用

广东民谣的音乐旋律线与方言歌词中的声调曲折线并不一对一的机械对应关系,这是一个动态的和谐关系:音乐旋律灵活地顺应歌曲的词语与话语的联调走向;同时,歌词亦灵活地适应旋律行进线的变化,两者的顺序、调节是能动的,并不是一成不变的固定模式,二者之间的关系是和谐的关系,而不是机械的套合关系。①

那么,如何将奥尔夫音乐教学法融入到广东民谣音乐教学课堂?

(一) 从语言入手——地方方言节奏训练

语言是人人都具备的能力。作为人声,它与歌唱在生理上和发声原理上有许多共通的东西,如呼吸、吐字、音色的变化。实际上,在歌唱训练中就已经有运用语言作为准备的教学方法。运用地方方言进行教学,一方面有利于地方方言的传播与发展,也在一定程度上符合了儿童教学发展顺序,是最贴合实际的教学方法之一。

具体的教学案例设计以客家山歌《海娃变油娃》为例。

设计思路:《海娃变油娃》这首歌曲采用 $\frac{3}{4}$ 拍、民族五声调式谱曲,歌曲节奏工整、速度适中,在一定程度上减低了歌曲演唱难度并增加了传唱性。结合一年级的学生身心特点与教材歌唱课的教学类型设计,教师可以从歌曲教学难点(前八后十六节奏型)出发,通过趣味问答、节奏卡农等其他活动引导学生掌握知识点。

具体教学流程:

教师在音乐伴奏下按节奏完整朗诵儿歌,引导学生总结儿歌内容。

教师与学生以一问一答的方式总结儿歌内容,潜移默化加深学生对歌曲的记忆。

教师具体讲解前八后十六节奏型,并举出生活中运用到该节奏型的实例。

---

① 伍巍:《广东方言与广东民歌》,星海音乐学院学报,2003 年。

将学生分为两组,进行二声部节奏卡农(学生可以配上动作进行练习)。

(二)结合动作——运用声势帮助进行歌曲教学

声势是用身体作为乐器,通过身体动作发出声响的一种手段。它是人类宣泄、表现、交流情感最原始,最直接的方式。运用声势,无须借助抽象的概念,复杂的逻辑思维,高难的技能技巧,更无须教具、乐器,每个儿童都自然地使用,没有任何负担,因此会兴趣盎然。而声势训练对培养学生的节奏感、听辨能力、反应能力、记忆能力以及创造性能力是一种非常好的方法,也是入门基础训练最重要的训练方法之一。

具体的教学案例设计以潮汕渔歌《渔工苦》为例。

谱例3 《渔工苦》①

设计思路:《渔工苦》这首歌曲表达了旧时代封建社会渔民每日辛苦劳作却无法保证一日三餐的穷苦生活。这首歌曲的教学重点是对学生进行价值观的传递(丰富情感体验、珍惜现在美好生活),而这首歌的教学难点是了解 $\frac{2}{4}$ 拍子的韵律并为其编配简单的动作。根据以上的教学重难点,教师可以运用声势游戏、图谱展示等其他活动引导学生掌握知识点。

具体教学流程:

1. 教师演唱示范歌曲(一遍带有即兴伴奏,另一遍带有声势律动——让学生思考其差异)
2. 学生完整学唱歌曲,教师带领学生进行声势律动编配。
3. 教师将学生分为两个大组并按一定要求让学生对歌曲进行二次创编。
4. 教师将歌曲改编为 $\frac{3}{4}$ 拍子版本与 $\frac{2}{4}$ 拍子版本进行比较,引导学生说出其拍子特点。
5. 最后再次检测学生对 $\frac{2}{4}$ 拍子的了解程度,总结歌曲所传递的价值观。

(三)音乐戏剧模块——丰富课堂教学内容层次

音乐戏剧教学发展历史悠久,在传统的儿童音乐戏剧教学中,主要关注于儿童戏剧表演能力的教学,忽略了儿童音乐戏剧中音乐节奏与语言、音乐与律动的关系,在教学过程中更是忽略了儿童的天性以及认知规律,因此难以激发儿童对音乐戏剧的学习兴趣,在实际

---

① 谱例来源:周凯模:《岭南民俗音乐的人类学阐释》,福建教育出版社,2017年。

教学效果不够理想[①]。而奥尔夫从原本性这个观念出发,在专业作曲领域创作了音乐戏剧的新模式(将音乐、舞蹈、语言三者相结合),使其教学方法更加适合儿童,形成了非常独特的奥尔夫风格。

具体的教学案例设计以咸水歌《对花》为例。

设计思路:《对花》这首歌曲题材属于男女对唱形式歌曲,歌唱者以互相问答、对猜花名方式嬉戏娱乐,歌曲的演唱形式也很多样,有的用乐器伴奏,甚至伴以锣、鼓边舞边歌。这首歌曲的教学重点是让学生感受对唱这一种歌曲演唱形式,而教学难点是了解变换拍子在乐曲中的运用。教师可以运用音乐戏剧的方式进行拓展教学,弱化知识点难度、调动课堂气氛。

具体教学流程:

1. 教师用对唱的方式进行课堂导入,随后引出歌曲《对花》。
2. 学生聆听并完整学唱歌曲,教师对变换拍子进行讲解。
3. 教师组织所有学生分成四个小组进行动作表演,播放音乐让学生听辨四种拍子的不同。

预设活动

A 组($\frac{2}{4}$拍)动作表演:模仿一种动物

B 组($\frac{3}{4}$拍)动作表演:模仿字母形状

C 组($\frac{2}{4}$拍)动作表演:模仿身边的同学

D 组($\frac{5}{8}$拍)动作表演:模仿课室内的一件物品

随后教师带领全班同学模拟咸水歌对唱场景,举出运用对唱类型的经典歌曲,总结回顾对唱这一种歌曲演唱形式。

广东民谣歌曲类型繁多,与其结合使用的原本性音乐教学手法也千变万化,教师可根据实际教学情况、歌曲内容、自身专长进行选择。每种方法的使用因人而异,但都应以提升教学质量为目标去选择,本文仅以广东三大语言地区(粤方言地区、闽方言地区、客家方言地区)代表性歌曲为列举。

五、总结与展望

奥尔夫音乐教育已经传入我国 41 年(1980 年廖乃雄老师将此理论与方法介绍到中国)。在这 41 年间,已经有数千位专家名师举办过奥尔夫音乐教学理念的活动与讲座,中国知网数据库上收录其相关论文与专著已数不胜数,全国许多学校在其音乐课堂中也引入了奥尔夫音乐教学法。可以说,奥尔夫音乐教育的"原理",已经在中国音乐教育的沃土中生根、开花、结果,并创造了新的形式。

地方民族音乐教学与奥尔夫音乐教学融合的还是一个有待开发的领域,运用奥尔夫教

---

① 邹燕妃:《奥尔夫教学法在儿童戏剧教学中的运用》,《北方音乐》,2019 年。

学法在广东民谣的音乐课堂教学，可以使学生通过多个途径体验和感受童谣音乐的乐趣和魅力，在玩中学音乐、学民谣、学传统文化，也可以作为改进奥尔夫音乐教学法本土化和广东民谣教学现状改革的一种有益探索。

作者简介

王炜瑾，女，汉族，中共党员，1994年11月生，广东汕头人，毕业于星海音乐学院音乐课程与教学专业，艺术学硕士研究生，2019年入职于广东第二师范学院音乐系担任音乐教学法教师，助教，主要研究方向：音乐课程与教学。

曾获第八届广东省本科高校师范生教学技能大赛指导学生获得两项二等奖。任广州市中小学音乐教师基本功大赛及美育教师教学基本功比赛评委，星海《音乐教学法工作坊》课程实习教师，广东第二师范学院国家级大创项目指导老师，广东省高等教育教学改革项目《高师钢琴课堂的思政育人模式研究》参与者，为广东省高校教育科研项目《构建"双台一项"2+1模式的"新师范"音乐生培育研究》参与者。

奥尔夫教学法在小学教学中的实践与思考
——兼论中国创新性音乐教学理论体系的建设

● 李雪莹　薛琪薪

【内容摘要】 以小学音乐教学为例,通过梳理国内应用奥尔夫教学法的相关研究,从课内应用和课外拓展两方面进行了总结。研究发现,当前应用奥尔夫教学法的阻碍与瓶颈在于:一是部分教师以往的学习背景和教学习惯形成了路径依赖,以及地区教育投入不足和师资缺乏影响了教师对新教法的参与性;二是在传统内敛文化影响下学生群体在教学过程中主动性不足、创造性不高限制了奥尔夫教学法的功效发挥;三是中西部地区存在场地教具等资源限制,而个性化和即兴发挥式的新教学方式与传统的教学评价体系之间有着不小的张力。最后,从加强教师和学生的主动性,加强本土化的多元融合教学,发展中国特色的现代音乐教学体系等方面进行了对策思考。

【关键词】 奥尔夫教学法,小学教学,音乐教育

　　奥尔夫教学法是由德国作曲家卡尔·奥尔夫创立,并大力倡导的一种针对儿童的音乐教学方法。奥尔夫教学法的核心理念是"原本性音乐",这一教学方法将教师声音、肢体动作、舞蹈元素、音乐旋律等融为一体,强调音乐教学的自然性,突出要充分调动儿童的"五感"中的触觉、视觉、听觉,让大脑一起参与到音乐教学的互动过程之中。奥尔夫教学法作为一种综合性的教学方法,特别注重采用各种游戏化的教学形式,使得音乐课堂充满了趣味,让学生们在游戏和玩耍的过程中掌握音乐乐理知识,接受音乐技能训练,自然而然地感受音乐的美。

　　经过近百年的发展,西方国家对这一音乐教学方法进行了深入的研究和广泛的实践,并普遍认为这一教学方法符合儿童的身心发展特点,非常契合儿童音乐教学。奥尔夫教学法既注重音乐教学中对律动、声势的联合运用,也擅长将舞蹈、戏剧等形式与音乐教学相结合,摆脱了传统的模式化音乐教学形式,从而让学生更高效地掌握音乐知识和音乐技能。在这种趣味化的教学过程中,学生一边"玩耍",一边不知不觉地将听觉系统收到的音乐内化,自然地进入词曲歌唱和乐器演奏的状态,真正融入音乐之中去感受艺术的魅力。采用奥尔夫音乐教学法极大地提高了学生的音乐感知能力与音乐表现能力,从而实现全人教育与学生综合涵养的提升。

一、奥尔夫教学法的发展历史及国内引进

(一)奥尔夫教学法的发展历史

　　由于奥尔夫教学法具有鲜明的特点和多样化的表达方式,在欧洲大陆受到了很大的欢

迎,并逐渐推广到其他国家。埃米莉·斯皮茨(Emily Spitz)梳理了奥尔夫教学法从德国到美国的传播历史,并将其分为20世纪20年代从德国慕尼黑起源,20世纪40年代后期在巴伐利亚国家广播电台的回归,以及70年代传入美国后的制度化迭代。她指出,奥尔夫教学法是一种强调即兴、自然和运动的教育方法,伴随着从观念到制度的转化以及从音乐应用到音乐教育的转化,最终将元素音乐和即兴创作的概念整合到奥尔夫教学法课程体系中,完成了"美国化"的历程,成为一种新的经典。[①]

在国外大学开设的小学教育专业中,奥尔夫音乐教学法成为其中的核心课程之一。艾森·阿尔斯兰(Aysen Arslan)总结了土耳其马尔马拉大学的小学教育系开展的奥尔夫教学法在小学音乐课程中的跨学科应用问题。他指出,在教师引导下,学生通过即兴表演、节奏和舞蹈来表现自己,而教师则是这些创造性音乐游戏的创立者和观察者。通过对比分析,他认为奥尔夫教学法可以代替传统的小学音乐教育,让学生自信地表达自己,提高创造力。[②]在奥尔夫教学法的具体应用方面,塞尔坎(S. Serkan)和塞尔·布尔曼(Sermin Bilen)比较了在9—11岁的小学生中分别采用奥尔夫教学法和传统教学法开展小提琴教育的结果差异,发现奥尔夫教学法显著地提升了小学生的乐器技能和自信心。[③]还有研究分析了美国小学采用奥尔夫音乐教学法对学生掌握儿童乐器技巧的作用,如根据费利西蒂·詹金斯(Felicity Jenkins)的研究,奥尔夫音乐教学法加速了学生在中学阶段的音乐学习和管弦乐队训练中取得更先进技能的速度,促进了不同年龄层和技能层之间的音乐合作,并在一个小学奥尔夫乐队与中学音乐会乐队之间的合作表演中取得巨大的成功。[④]

奥尔夫教学法除了可以显著提升学生的课堂表现和乐器技能,也对中小学音乐教师的合作学习和教学技能具有积极影响。塞尔·布尔曼(Sermin Bilen)以土耳其一所大学的26名音乐教育专业的大学生为样本,分析了奥尔夫教学法的具体影响。他指出,准教师们通过拼图和合作学习的奥尔夫教学法,有效地习得了教学技巧,并可以反过来将这些技巧转化到对儿童的教学活动之中。[⑤]

(二)奥尔夫教学法的国内引进

20世纪80年代,廖乃雄教授将奥尔夫教学法引入国内的音乐教学之中,开启了国内教育工作者对奥尔夫教学法的研究历程。国内的研究侧重介绍奥尔夫教学法的教学理念

---

① Emily Spitz, *From Idea to Institution: The Development and Dissemination of the Orff-Schulwerk from Germany to the United States*, (Current Musicology, 2019).

② Aysen Arslan, *Orff schulwerk elementary music applications in interdisciplinary education in chair of primary school education*, (Social and Behavioral Sciences, 2009).

③ ŞEKER S. Serkan; BİLEN Sermin, *Among the Children Aged Between 9–11 Effect of Violin Education Supporting Orff Schulwerk On Self-Efficacy*, (DergiPark Akademik, 2010).

④ Felicity Jenkins, *Developing Foundations of Instrumental Music and Collaboration Through the Orff-Schulwerk Approach to Music Education*, (Liberty University, 2019).

⑤ Bilen Sermin, *The effect of cooperative learning on the ability of prospect of music teachers to apply Orff-Schulwerk activities*, (Social and Behavioral Sciences, 2010).

和应用特点,并结合具体的教学过程来开展案例研究。如刘晶尧对奥尔夫教学法的特点做了总结。他指出,奥尔夫教学法注重在尊重各地区、各民族的民间音乐的前提下,通过因地制宜地采用多元化的音乐教学手段,不断地提升音乐教学的趣味性和针对性。[①] 在国内开展的小学音乐教学实践中,奥尔夫教学法逐渐推广,并表现出一些重要的特征,张国仲总结为:一是以人为本,强调要以学生为中心,注意体现学生的主体性;二是突出实践,发动学生主动参与到教学环节中;三是鼓励创造,激发学生在课堂学习中发挥自身的创造力,而不是被动地接受。[②] 李坦娜教授等人结合我国的传统音乐和民间音乐,对奥尔夫教学法进行了本土化的成功改良,并将其思想实践凝聚在《奥尔夫音乐教育思想与实践》一书中,成为融汇奥尔夫法思想精髓和民族传统音乐资源的集大成之作。近年来,各省市先后在小学音乐教学中引进奥尔夫教学法,加强这方面的师资培训,促进了这一方法的推广与实践。研究者们也从课内和课外两个角度开展了对这一教学法的研究,并结合不同的案例比较了奥尔夫教学法和传统教学法的差异(稍后将详细展开分析)。

可以发现,经过近百年的发展,西方国家大多从各方面研究和掌握了奥尔夫教学法的理念内涵和应用技巧,并开发出成熟的课程培训认证体系,极大地提升了中小学音乐教育的效能。此外,他们还积极探索和开发奥尔夫教学法在教师培训和音乐治疗方面的功用,并取得了成效。而国内引进奥尔夫教学法之后,前期由于条件限制,这一方法主要停留在理论研究方面,大规模的应用主要始于21世纪。特别是近十几年来,上海、北京、广州等大城市不断邀请其他国家优秀的奥尔夫教学法培训教师来华开展师资培训,各大师范院校也积极开设奥尔夫教学法课程,极大地促进了这一方法在国内的应用和研究。

二、国内小学教学中对奥尔夫教学法的实践与本土化探索

(一) 奥尔夫教学法在小学课堂教学中的应用

小学阶段,由于学生的音乐素养和音乐基础都处于入门阶段,对音乐的理解和韵律的掌握比较薄弱。因此,这一阶段的音乐教学就必须突破一些传统教学方法的局限,采用更加活泼生动的教学手段和教学技巧,深化对小学生音乐素养的培养。奥尔夫教学法无疑是当前小学音乐教学中一种非常有效的方法,其思想精髓也非常契合我国当前教育改革的趋势特点。

首先,在小学音乐课堂应用奥尔夫教学法的特点及策略方面,王涛讨论了小学音乐教学中教材、乐器、节奏等方面的特点。他指出,奥尔夫教学法中使用的教材以童谣和民谣为

---

① 刘晶尧:《奥尔夫教学法在小学音乐课堂的本土化应用研究》(硕士论文),天水师范学院,2019年,第1页。

② 张国仲:《我国中小学音乐教学与奥尔夫教学法的融合》,《中国教育学刊》,2019年第10期,第132页。

主,节奏简洁,旋律转换有利于小学生即兴创作和识记;乐器以三角铁、铝板琴等突出节奏感的打击乐器为主,演奏简单容易上手,有利于小学生快速掌握开展创编;节奏特点是节奏强于旋律,要根据学生的特点有针对性地培养他们的节奏感。[①] 突出了奥尔夫教学法的参与性、创造性、节奏型特点。对于奥尔夫教学法的具体应用策略,思维总结道,一方面,奥尔夫教学法的理念要求教学过程中的多元化元素和教师创意的应用,通过歌和舞的统一,让学生在放松的同时即兴创编;另一方面,要注意发掘学生的音乐天赋,通过划分创编组别,铺垫音乐元素,更好地发挥学生的艺术天分。[②] 奥尔夫教学法的理念内核就喻示着要设置有趣味的教学情境。因此,音乐教学中要通过设置情境和穿插游戏,结合学生的日常生活来开展互动,加深学生对音乐的理解。[③] 此外,还要有效运用音画结合与故事教学策略,不断优化奥尔夫教学法应用的实际教学效果。通过借助音画教学的多媒体工具,极大地提升学生的学习效果;通过在歌曲学习前引入与歌曲相关的背景故事,介绍相关人物的有趣经历,加深学生对歌曲感情的理解。[④]

在具体的教学环节上,还有相关案例分别从声乐教学和器乐教学的不同环节来展开探索。此外,如王郁婕指出,在奥尔夫教学法应用中,还可以用音乐游戏的方式来开展声乐活动,开展多声部轮诵感受不同音准的节奏感,通过手掌打拍和嘴里念词的口手互动来熟悉曲调,进行变换分组来感受多声部的层次感。[⑤] 蒋丽媛从游戏性、渐进性、综合性、即兴性四个方面演示了小学竖笛教学中如何运用奥尔夫教学法的具体步骤,并强调在低年级教学中要适当降低教学难度,首先吸引孩子们学习音乐的兴趣。[⑥] 王文涛探讨了手风琴教学中对奥尔夫法的运用策略,通过分组比较研究,发现首先筛选出最适合奥尔夫教学理念的儿童群体,再采用这一教学方法效果最好。[⑦]

(二) 奥尔夫教学法在小学课外拓展中的实践

在小学音乐的课外实践中,合唱团、戏剧社、舞蹈队等已经成为拓展学生音乐兴趣,深化音乐教学成果的重要手段。很多社团指导教师开始采用奥尔夫教学法来开展音乐类社团活动和兴趣小组的培养工作,取得了较好的成效。这些踏实的实践工作,也不断被纳入理论思考和教学升华的讨论范围中。

---

① 王涛:《奥尔夫音乐教学法在幼儿歌唱教学中的应用》,《吕梁教育学院学报》,2018年第4期,第119页。
② 花维:《奥尔夫教学法在音乐教学中的应用》,《江西教育》,2019年第6期,第88页。
③ 王小慧:《奥尔夫教学法在小学音乐教学中的运用》,《宁夏教育》,2019年第9期,第60-61页。
④ 马灵:《奥尔夫音乐教学法在小学音乐教学中的应用研究》(硕士论文),鲁东大学,2018年,第2页。
⑤ 王郁婕:《奥尔夫教学法在多声部音乐教学中的运用》,《音乐天地》,2019年第8期,第15页。
⑥ 蒋丽媛:《借鉴奥尔夫音乐教学法,探索低年级竖笛教学》,《中小学音乐教育》,2014年第7期,第32页。
⑦ 王文涛:《奥尔夫音乐教育体系在手风琴教学中的运用》(硕士论文),西安音乐学院,2016年,第1页。

奥尔夫教学法在合唱活动的应用方面，曹馨丹对比了小学合唱教学中采取传统教学法和应用柯达伊教学法和奥尔夫教学法的不同效果，指出结合奥尔夫教学法和柯达伊教学法的新教法更受学生欢迎。奥尔夫教学法在节奏训练方面效果明显，柯达伊教学法则有助于提升学生的音准。① 钟欣沛指出，小学合唱团的传统训练方法使学生对乐理理解不够，容易产生畏难情绪和跟不上整体节奏。同时，由于选择合唱队员的范围较窄，存在部分节奏感较差的队员，现实的局限与合唱的专业要求之间存在差距，降低了合唱训练效果。因此，引入奥尔夫教学法就成为一个可行的选项，通过稳定节奏训练、平衡强弱表现力、强化内心听觉和完善气息音色等途径来不断改善合唱训练成效。② 这些成功的经验探索，也说明了合唱团成为小学音乐社团活动中推广奥尔夫教学法范围最广、取得成效最为显著的原因。

奥尔夫教学法在音乐戏剧方面的教学应用，邹燕妃探索了开展小学生戏剧活动时如何创新应用奥尔夫教学法的方法与过程。她指出，重点在于引导学生自然地表现音乐，代入角色去感受音乐，并创编戏剧积极地去参与音乐。③ 孙梅娟则基于一场具体的音乐戏剧的编排案例，展示了奥尔夫教学法如何应用于小学生音乐戏剧的剧本设计、角色分析、人物分工、排练过程等整个流程。④ 这些探索工作树立了细节丰富、便于移植的标本范式，为我们示范了如何在小学生音乐戏剧活动中开展奥尔夫教学法的全流程，值得我们学习与借鉴。

奥尔夫教学法在舞蹈活动方面的应用，刘丹强调，舞蹈教学中采用奥尔夫法要做到与舞蹈主题的契合，并通过动态调整舞蹈的排练进度来积极培养学生对舞蹈的想象空间。⑤ 孙福媛指出，不应该将舞蹈视为只是有天分的孩子的个别爱好，而应该将其看作全人理念和艺术美的教育载体。她发展了形象仿生法、暗示联想法、语言节奏法、音乐节奏法及自我表现法等多种方法来进行奥尔夫教学法的舞蹈训练，取得了很好的效果。⑥ 孙于婷系统研究了奥尔夫教学法中的声势教学法用于指导儿童拉丁舞蹈的实践问题。通过开展16周的分组试验，比较了传统舞蹈训练方式和奥尔夫教学法的不同训练效果，指出奥尔夫教学法在儿童舞蹈训练中具有显著的优势，对于学生学习舞蹈的兴趣和学习态度均有显著的提升效应。⑦

综合上述研究，发现奥尔夫教学法已经在各地的音乐课堂和课外拓展中有了较大的推广，并因地制宜地开展了多元化的实践工作，取得了较好的教学效果，值得进一步研究和学习。

---

① 曹馨丹：《柯达伊与奥尔夫教学法合唱应用研究》（硕士论文），曲阜师范大学，2017年，第1页。
② 钟欣沛：《浅谈奥尔夫教学法在小学童声合唱训练中的应用》（硕士论文），辽宁师范大学，2017年，第1页。
③ 邹燕妃：《奥尔夫教学法在儿童戏剧教学中的运用》，《北方音乐》，2019年第19期，第37-38页。
④ 孙梅娟：《基于奥尔夫音乐教育的戏剧主题课程理论与实践》，《戏剧之家》，2018年第9期，第205页。
⑤ 刘丹：《奥尔夫音乐教育理念对舞蹈课教学的启示》，《天水师范学院学报》，2012年第2期，第122-125页。
⑥ 孙福媛：《奥尔夫音乐教学原则在中国儿童基础舞蹈教育中的应用》，《舞蹈》，1995年第5期，第47-48页。
⑦ 孙于婷：《奥尔夫声势教学法对少儿恰恰恰节奏的教学的应用研究》（硕士论文），武汉体育学院，2019年，第1页。

（三）奥尔夫教学法在小学教学中的本土化探索

相关实践从课前的教案设置、课中的过程分配及不同的教学环节等方面开展了分析，展示了应用奥尔夫教学法的各种成功案例，具有重要的借鉴意义和经验价值。但除了奥尔夫教学法的常规应用和借鉴之外，因地制宜，融合中国传统音乐文化和地方民间音乐的本土化教学实践也在如火如荼地开展。由于奥尔夫教学法的理念内核，本身就包含了"多元性"和"本土化"的宗旨，所以这一教学方法能迅速传播到世界各地，受到音乐教育工作者的欢迎。因此，在小学教学中开展奥尔夫教学法的本土化实践，就成为建设具有中国特色的音乐课程体系的题中应有之义，同时也是广大音乐教育工作者们的重要命题。

在当前的小学音乐教学实践中，一般通过两种方式来开展奥尔夫教学法的本土化工作，一是与本土的民族音乐文化的融合，如在教学中穿插本民族的经典乐曲，地方小调等；二是与本土音乐教学法的融合，如通过观摩当地乐师演奏民间乐器，进而学习双铃和响盏的使用技巧，传承闽南特色的南音音乐文化。① 在与民族音乐文化的融合实践中，傅晔讨论了竹笛教学中如何运用奥尔夫教学法的问题。他指出，要特别重视竹笛教学中的即兴发挥，鼓励学生大胆探索竹笛不同孔位的发声组合，在增强民族乐器的参与感的同时，提升创新能力。② 李慧聪分析了古筝教学中奥尔夫教学法的应用策略。她指出，即兴创造和开放性为古筝教学带来了新的活力，可以通过培养古筝兴趣、重视节奏训练、鼓励创造性编曲等方式来灵活性地应用奥尔夫教学法。③ 王鹏以《嘎达梅林》为例，研究了奥尔夫教学法与蒙古族民族音乐的融合问题。他指出，通过分析歌曲背景和长短调分布，让学生在理解歌曲整体节奏的基础上，辅以安代舞和筷子舞与歌曲的互动，编排出适合小学生的载歌载舞的音乐学习方式。④ 在与其他音乐教学法的融合方面，呼啸宇比较了奥尔夫教学法、达尔克罗兹教学法在儿童二胡学习中的不同实践，指出奥尔夫教学法的灵活性和趣味性更能激发小学生的学习动机，而达尔克罗兹教学法借助的内心听觉和体态律动手段，能更好地规范小学生的音乐学习过程。⑤

综合以上研究，我国有着丰富的多民族音乐文化，以及各具特色的民间音乐形式，各地的音乐教育工作者灵活借用本地的民族音乐和传统音乐资源，积极开展奥尔夫教学法的本土化实践，既传承了民族传统音乐文化，又极大地调动了学生的学习积极性，在融合教学中取得了良好的效果。

---

① 林琼云：《奥尔夫音乐教学法在地化教学探索研究》（硕士论文），泉州师范学院，2018年，第Ⅱ页。
② 傅晔：《奥尔夫音乐教学法对竹笛教学的启示》，《大众文艺》，2017年第22期，第193-194页。
③ 李慧聪：《奥尔夫音乐教学法在古筝教学中的应用》，《音乐时空》，2016年第1期，第164-165页。
④ 王鹏：《论奥尔夫音乐教学法与少数民族音乐教学的融合》，《内蒙古师范大学学报（教育科学版）》，2012年第5期，第145-147页。
⑤ 呼啸宇：《奥尔夫、达尔克罗兹教学法对我国儿童二胡教学的供鉴价值》（硕士论文），天津音乐学院，2017年，第17-21页。

三、小学教学中应用奥尔夫法面临的制约与阻碍

从廖乃雄教授和李妲娜教授在国内推广奥尔夫教学法以来,经过四十年的发展,许多城市已经开始采用这一方法来开展音乐教学,也加大了对奥尔夫教学法师资班的投入力度。但是,相对于全国的大部分地区而言,学习和采用奥尔夫教学法的学校毕竟占少数,大量中小学依然采用传统的教唱方式来开展课堂教学。究其根本,主要还是我国的大多数中小学在开展奥尔夫教学法时面临不少的限制与阻碍。

一方面,从教师角度来看,现有的音乐教师大多是在以教师为中心的理念指导下培养和成长起来的,长期的学习经历和教学习惯已经让他们对传统的音乐教学方式形成了某种程度上的路径依赖。要让他们马上转换到以学生为主体、以即兴表演和思维发散为主导的新的教学思路,面临不小的困难。同时,在目前的基层实践中,一些地区的音乐教师每周课时量达到 20 节及以上,另外还要担任音乐社团和兴趣小组的指导教师,担任班级的副班主任,繁重的工作量导致他们经常处于疲劳教学的状态,没有时间和心力去践行新的教学理念。此外,还有一些地区因为财政困难,对音乐教师的进修经费支持不足,教学资料与交流平台缺少,也不利于教师学习和掌握新的教学理念与方法。

另一方面,从学生角度来看,在传统文化的熏陶下,大多数学生的性格比较内敛,在课堂教学和课外社团活动中,学习被动性较强,大多是等待着老师的命令和指引。能真正做到与老师积极互动,能响应老师的提示主动参与教学环节的学生极为少见。这就意味着,要发挥奥尔夫教学法的全部功效,就必须打通学生在主动性和创造性方面的"任督二脉",而这是短时间内难以迅速改变的。

此外,在奥尔夫教学法的本土化方面,也存在一些因素限制了这一方法的推广与应用。一是东西部的地域差异,内地的一些民族地区经济文化发展缓慢,对于奥尔夫教学法接受程度不高;二是教学评价体制的容差,即现有的体系化和应试性的教学评价体系,如何容纳个性化和即兴发挥式的新教学方法;三是场地环境限制,奥尔夫教学法对教学场地和教具设备等具有一定的要求,而不少学校在这方面都资源有限。[1] 同时,奥尔夫教学法对音乐教师素质和能力的要求更高,需要对教师进行专门的培训。尤其是以学生为主体的教学理念与现实教学中以教师为中心的观念相冲突,当学生的自由发展与教师的秩序责任两者产生张力时,就很难达到音乐教学的理想效果。[2]

四、对策与思考

面对这些限制与瓶颈,就需要我们既要大力加强奥尔夫教学法的师资培训,并给予中小学音乐教师以时间和资金支持;也需要合理化工作量,参考北京、广东等地的小学音乐

---

[1] 师小静:《农村中小学奥尔夫音乐教学法的实施策略》,《当代音乐》,2018 年第 8 期,第 54-55 页。
[2] 吴一波:《奥尔夫教学法对小学音乐教育问题的突破》,《中国教育学刊》,2016 年第 5 期,第 85-88 页。

课程体系,将音乐教师每周的工作量控制在合理范围内,调动音乐教师的积极性和创造性。同时,还要积极研究儿童教育心理,探索激发小学生的主动性和想象力的各种教学技巧,穿插各种背景故事和情节设置,来最大化地发挥奥尔夫教学法的功效。

在奥尔夫教学法的本土化实践方面,需要我们不断创新,探索新的教学融合之路。一是需要在教学过程中注意发掘民族音乐元素,穿插独特的民族乐器、音乐曲调和歌唱形式,如彝族的葫芦笙、蒙古族的呼麦和壮族的对歌,充分体现音乐的"原本性";二是与各地区的民间音乐充分融合,如河北的吹歌、福建的南音、四川的川江号子等,将乡土中国的文化融入小学教学的音乐实践中,把民间音乐文化的文脉留住;三是改革教学评价机制,给予学生一定的灵活性,让他们选择民族民间乐器和歌舞方式作为自己音乐成绩的组成部分,激发学生的创造性参与;四是在设备和资金资源有限的情况下,因地制宜,通过教具设备的本土化,优化音乐教学的场地环境。① 努力实现奥尔夫教学法与中国民族音乐文化的完美融合,不断完善具有中国特色的音乐教育课程体系建设。只有这样,才能真正做到中西音乐教学方式的有机融合,才能在继承中华传统音乐文化的基础上,探索出一条具有民族特色的多元音乐教学范式。

作者简介

李雪莹,女,汉族,1992 年 7 月出生,安徽肥东人,毕业于安徽师范大学音乐专业,获艺术硕士学位。2017 年 9 月参加工作,现任职于上海市七宝实验小学,职称二级教师,研究方向为音乐教育与表演。担任安徽省民族管弦乐学会扬琴专委会理事,在《同济教育研究》《中小学音乐教育》《教育》等刊物发表文章多篇,主持完成区级教学课题一项,指导学生多次在市级团体和个人艺术比赛中获奖。

薛琪薪,男,汉族,1986 年 10 月出生,四川渠县人,毕业于华东师范大学人口学专业,获法学博士学位。2012 年 7 月参加工作,现为上海市青少年研究中心助理研究员,研究方向为青少年发展。在《华东师范大学学报》《学术界》《重庆高教研究》等发表文章多篇。

---

① 张韧洁:《奥尔夫音乐教学法在民族音乐教育中的本土化研究》,《艺术研究》,2019 年。

李妲娜原创中国元素奥尔夫课例探析

● 康 涛

【内容摘要】 奥尔夫原本性音乐教育本土化这一课题是自其走向世界便随之产生。特别是当其传入文化与之完全不同的发源地中国时,本土化的呼声就更加响亮,自然也就成了中国奥尔夫教育工作者肩负的使命和责任。四十多年来,我们已创编、形成和积淀了大量本土化的奥尔夫教学课例,不少课例已成为中国音乐家协会奥尔夫专业委员会开展教师教育的核心课例、经典课程。其中,中国音乐家协会奥尔夫专业委员会首任会长李妲娜教授用中国元素创编的许多本土化奥尔夫课例已成为经典课例。本文拟通过研究其运用中国元素创编的奥尔夫代表性课例,分析编创思维路径,探析奥尔夫原本性音乐教育本土化方法。

【关键词】 李妲娜,奥尔夫,本土化,中国元素

引 言

中国音乐家协会奥尔夫专业委员会首任会长、音乐教育家李妲娜教授,耄耋之年虽辞去会长一职,但仍然以旺盛的精力一直关注、参与中国音乐教育事业,不断为中国音乐教育事业改革发展鼓呼[1]。2014 年至 2021 年期间,李妲娜教授到成都创办奥尔夫教育机构,播撒奥尔夫种子。本人有幸在此时段与李妲娜教授结下七年师徒之缘,深受其无私教诲、深感其肩负舍我其谁的音乐教育改革使命,故谨以此文感恩和致敬李妲娜教授!

一、奥尔夫原本性音乐教育中的元素

奥尔夫曾言:"走遍世界的,不是我为表明一种观念所写的《学校音乐教材》,而是那个观念本身。"[2] 这个观念就是指奥尔夫原本性音乐教育理念。那原本性音乐教育理念又是什么呢?奥尔夫说:原本的音乐绝不只是单纯的音乐,它是和动作、舞蹈、语言紧密结合在一起的。[3] 这表明了奥尔夫原本性音乐教育理念第一层元素有音乐、语言、动作和舞蹈四类。

---

[1] 2022 年 8 月 2 日在北京举办的国民音乐教育大会上,81 岁的李妲娜教授成功开展奥尔夫《八个杯子》工作坊。

[2] 李妲娜,修海林,尹爱青编著:《奥尔夫音乐教育思想与实践》,上海教育出版社,2011 年版,第 39 页。

[3] 卡尔·奥尔夫著,廖乃雄译:《〈学校音乐教材〉——回顾与展望》,音乐教育参考资料,中国音乐家协会音乐教育委员会、北京师范大学教育系编,1986 年 5 月版,第 4 页。

进一步细分第一层元素：音乐元素主要包括音高、音色、力度、速度、节奏、旋法；各类型音乐作品、各类打击乐、音条乐器、声势、竖笛等；组织形式包括波尔动、固定音型、卡农、回旋曲结构等。语言元素如文字、童谣、诗词、方言、人名、各类物体名称等。动作元素主要是时间、空间和力度，以及不同文化下的特殊动作等。舞蹈元素则应该包括不同地区、不同民族、不同时代、不同文化、不同风格的各种集体舞蹈。如此众多的元素，在奥尔夫原本性音乐教学之中又是如何选择并组织起来形成一堂精彩的奥尔夫音乐课呢？从最简单的语词中提炼简单的节奏……再进行扩展变化，不断地加入声部、即兴演奏、固定低音、小型回旋曲式等。歌唱部分从下行小三度模仿布谷鸟叫开始，逐步发展到五声、加入半音、七声、大小调等。声势教学从最简单的捻指、拍手、拍腿、跺脚（包括现代声势）可发展到复杂多变的多声部声势活动。[①]像这样将一个又一个不同的元素进行叠加、递进、发展、融合，就像一粒种子，发芽、长叶、开花、结果，最终长成一棵奥尔夫大树。

因此，不少学者把奥尔夫音乐教育称作元素性音乐教育，包括中国奥尔夫的引入者廖乃雄老师早期关于奥尔夫的相关译文，也用元素二字表述较多。中国奥尔夫教育前辈秦德祥老师出版了一本名为《元素性音乐教育》的专著，就是论述奥尔夫原本性音乐教育。笔者通过知网检索，也找到了不少元素性音乐教育的学术论文。现在不少学者主张把奥尔夫音乐教育表述为原本性音乐教育而否定元素性音乐教育的表述，遗憾的是这种非此即彼的学术主张并不能说服所有人认同。原本性音乐教育能更精准地表述音乐是与动作、语言、舞蹈紧密结合在一起的这一奥尔夫独有观念，是无技术障碍能参与其间的音乐教育。其他音乐教学法显然没有这一独创观念，因此用原本性音乐教育能特指奥尔夫教育。奥尔夫原本性音乐教育中有音乐、舞蹈、动作和语言四大元素及其细分元素，还有不同国家地区元素、民族元素、文化元素、时代元素等等。任何一种教学法中都有元素，奥尔夫音乐教育也概莫能外，元素性音乐教育虽不能特指奥尔夫音乐教育，但也是奥尔夫原本性音乐教育自含而非独特属性。

二、中国元素的内涵

中国元素的本质是特有地域的国家文化，是中华民族精神与文化的象征。[②]中国元素包括三个方面内容：特有地域的"自然符号"，如领土和领海、气候、人种、黄河、泰山等；偏于精神性的"文化符号"，如汉字、儒学的表征曲阜孔庙、孔府、孔林等；特殊状态的"无形文化符号"，如昆曲、年节、语言思维等。[③]

根据中国元素的所指，音乐课中的中国元素应有以下几个常用类别：历史人文景观类和自然景观类；民俗节日、手工艺、服饰类；语言（方言）文字类；传统戏曲、乐器、各民族音

---

① 康涛：《奥尔夫教育理念在老年音乐教育中的应用初探》，《音乐探索》，2018 年，第 85 页。
② 成阳：《"中国元素"论》，《文艺争鸣》，2010 年，第 61 页。
③ 同②。

乐类；中华文化中的姊妹艺术类；著名中国历史人物类；中国地域范围内的动植物类。

三、李妲娜奥尔夫课例摘析

李妲娜教授孜孜不倦致力奥尔夫中国化、本土化发展，既当吹号人，又躬身笃行。在其近40年的执教生涯中，创编近百个奥尔夫课例，包括用中国元素创编的《小老鼠上灯台》《鸭子拌嘴》《十面埋伏》《三个和尚》《秋思》《春节序曲》等数十个本土化课例。

综合性是奥尔夫原本性音乐教育的核心理念之一。本研究原试图按照音乐、语言、动作、舞蹈四大元素对李妲娜教授运用中国元素创编的奥尔夫课例进行陈述，但发现要将某一课例归类到某一类元素十分困难且不符合实情。因为绝大多数课例都充分体现了综合性理念，都不只是用一个元素来完成的。例如《鼓的故事》一课，用小篆文字"鼓"引入课程，依次用到了关于鼓的词语、鼓的种类、鼓的功能、鼓的声音、鼓的拟人化对话、鼓乐赏析、固定音型的编创、即兴演奏、小型回旋曲的建构等多种元素。因此，以下所列举的课例，只能按照运用中国元素的主要方面或先现元素进行分类。

(一) 语言、动作元素类

从语言进入音乐教学是奥尔夫的一大贡献。奥尔夫发现正常人都能熟练运用的交流工具——语言，与音乐之间存在着意义非凡的关联性。在奥尔夫教学特别是在音乐入门教学中，用语言作为媒介和桥梁进入音乐教学是十分常见且行之有效的方法。这种方法用具象的语言语义打开了非具象、非语义音乐的大门，不仅能让音乐教学变得有趣，让教学对象的学习兴趣得以保持，还能保障音乐教学的有效性。关于动作教育，奥尔夫深受达尔克罗兹影响，建立了"新的节奏教育"——既演奏音乐又做身体动作。他认为"动作之外是音乐，音乐之外是动作"(out of movement, music; out of music, movement)[①]，最终将音乐、语言、动作、舞蹈融为一体。

李妲娜教授编创的《字词》就是从语言进入音乐教学的一个经典课例。该课例首先让学生用两个字、三个字和四个字说家乡的特色(或者是教学对象熟知的交通工具、蔬菜水果等)。如果学员来自不同地区，说方言更能激发学员兴趣，活跃课堂氛围，还能展现语言文化的多样性，增进了解[②]。同时还可以根据语词语义加上合适的动作。两字、三字和四字语词形成的二声部、三声部合说是多声歌唱教学的铺垫，降低了传统多声歌唱的难度，有利于提升学生参与的积极性。在融入强弱、快慢等要素后，语言和音乐的内在关联性就更加紧密地建立起来了，进入音乐教学就是水到渠成的事了。接下来用五声调式的五个音为语词编创旋律并进行合唱，就全面步入音乐之中了。进一步的发展是从语词诵读中提炼出三组

---

① 转引自中国台湾《奥福》教育年刊第1期，第36页。
② 教师培训课上，每当学生们用方言介绍家乡特色时，教学总是处在一种愉悦的氛围中，无一例外。

节奏基石ХХ|ХХХ|ХХ ХХ|作为固定音型使用,用鼓、木质、散响三类小打击乐分别演奏三组节奏基石(选择合适的乐器演奏哪一组节奏基石,又涉及到了基本配器原则)。最后是用打击乐演奏固定音型为广东音乐《喜洋洋》伴奏,完成了从语言进入,学生充分参与的音乐欣赏课。该课例用奥尔夫的元素建构的方法,将中国语言(方言)、民族五声调式、中国传统音乐等多种中国元素联结起来,形成了中国元素奥尔夫经典课例。

《小老鼠上灯台》则是选用耳熟能详的中国童谣引入课程并始终作为课程的核心要素,采用奥尔夫发展教学法,在念诵童谣的基础上加入动作、声势、多声部语言卡农、奥尔夫打击乐器,以及通过变化语言的疏密(时值)、加入叠词等,将二拍子童谣,变成了三拍子、四拍子。语言"变奏"的目的是作为一座桥梁,便于学生感知理解变奏曲体裁,通过例举莫扎特的《小星星变奏曲》,让教学对象在参与中深刻理解变奏曲创作的一般方法。

如果说从语言进入音乐是奥尔夫原本性音乐教育的一把金钥匙,那么把纯音乐"译成"语言再进入音乐则是李妲娜教授一大独创。在一些器乐作品教学中,特别是面对处于具象思维层面的低龄段教学对象时,将抽象的非语义的音乐转换成具象的语言,具备语义,犹如打开了器乐作品教学之法门。

《鸭子拌嘴》是安志顺运用小钹、水钹、大锣等六件打击乐器创作的民族打击乐曲。该曲也被人音版音乐教材编入了一年级欣赏课程,但很多音乐老师却对该课感到无从下手。一次偶然的机会,一位参训学员即兴创编了与作品第一部分的节奏和情节极其贴合的语言:"小鸭子小鸭子走出家门,老鸭子老鸭子跟着出来了……"李妲娜教授即刻就得到了灵感,重新创编了该课例。她将学员创编的语言作为课程的引入部分,学员根据语言语义即兴编配动作,并用语言卡农的形式强化学生记忆语言内容(同时也就记住了作品第一段的节奏),同时由于加入了和语言匹配的动作,在进行语言卡农的同时形成了视觉卡农。李妲娜教授为全曲编创的图形谱又让学生直观地理解了音乐结构,找到语言所对应的作品段落。接下来是将语言部分用奥尔夫打击乐重新配器并根据语言节奏演奏。此时,学生基本上已不需要技术上的练习就能充分参与合奏乐曲的这一部分。最后将打击乐演奏部分作为主部,再用两件中国乐器小镲分别扮演老鸭子和小鸭子出门、嬉戏、吵嘴、回家等音乐故事情节并作为插部,形成一个回旋曲结构的即兴音乐作品。在此可以看到中国元素与奥尔夫理念的完美融合,学生在充分参与中深度理解纯音乐作品,同时还培养了学生的想象力和即兴创编能力。

讲中国语言元素,必然绕不开中国诗词。《秋思》就是这样的课例代表。取材马致远的小令《天净沙·秋思》,主要动因是其意境非常饱满,用极其简练的白描手法,将十个意象描绘成一幅游子深秋远行图。该课例先是让学生用肢体动作造型表现十个意象,如枯藤或老树,抑或昏鸦……继而学生吟诵作品,抑或即兴吟唱作品;接着是引导学生用乐器为十个意象创编声响,如用钢片琴刮奏表现流水、用木质双响筒模仿马蹄声、用碰铃再现马的铃铛声、用嗓音或特制乐器模拟风声等等。最后是用毛笔和墨汁即兴描绘一幅包含十个意象的中国水墨画。可以看到,该课例巧妙而又自然地将诗词、笔墨、中国画、诗词吟诵等中国元素融入课程教学,呈现出一堂中国文化气韵的奥尔夫音乐课程。

(二)音乐、舞蹈元素

《春节·序曲》是作曲家李焕之的一首器乐曲,该课例采用关联性思维从中国元素春节的相关仪式、活动引入的一系列包括秧歌舞蹈、跑旱船、舞狮舞龙、绘年画、书法(春联、写福字),传统手工艺剪窗花、制作灯笼、历史典故、故事传说、伦理道德、天文地理等与春节有关的中国元素。学生亲身参与搜集、制作春节文化用品和排演秧歌舞,培养学生的自我意识和自我表现能力,增强了文化自信。用奥尔夫打击乐器让学生在没有技术负担、没有心理压力的情境中,充满自信、满怀热情地参与到《春节·序曲》的情景表演和乐器演奏中来,使音乐欣赏课由主客二元转变为主客一体且兴趣盎然。同时,作品的曲式结构、典型节奏型、螺丝结顶和同头换尾旋法等音乐属性也达到不教而学的境界。

运用中国舞蹈元素创编的代表课例有《阿细跳月》。"跳月"是流行于云南彝族地区的撒尼人和阿细人的歌舞[①],原本这首作品是舞蹈《阿细跳月》的伴奏音乐。在民族文化背景缺位的情形下,唯有让学生亲身参与这首五拍子的跳月舞蹈,才能充分理解这首民族民间舞蹈的独特魅力。奥尔夫十分强调音乐教学的一个重要理念是规避高深的技术,特别是儿童音乐教学,舞蹈亦不例外,不论是单纯的奥尔夫集体舞,还是像跳月这类民族民间舞蹈,奥尔夫课程中的舞蹈一定是将芭蕾舞那样需要高技术难度和身体条件才能完成的舞蹈去掉,坚持遵循教学对象一看就会,简单易学,能够积极参与的原则。因此,这个课例中的舞蹈部分,是将其最原本和基础的舞蹈元素提炼出来,一再地简化至学生不需要练习就能学会、参与的舞蹈。除此之外,本课例还重点学习这首作品的旋法特点。这些都是中国舞蹈元素在奥尔夫音乐教学中的应用范例。

李妲娜教授创编的中国舞蹈元素课程还有《吉祥三宝》《看山看水看中国》等。除此之外,还有涉及民间故事题材的《三个和尚》《猴子捞月》《三打白骨精》等等,都十分有特色,十分精彩,此处不再详述。

李妲娜教授用三十多年的时间,用中国元素创编了数十个奥尔夫课例,是中国奥尔夫音乐教育的珍宝。其创编课例的多元化、多领域特征,展现了她深厚的艺术素养,更是其三十余年致力奥尔夫本土化的斐然成就。这些用中国元素创编的精彩的奥尔夫课例不仅是为奥尔夫中国化路径树了标,需要奥尔夫音乐教师们倍加珍惜、努力传承、不断创新,也是对他们提出了要不断丰富自身艺术经验,厚积艺术底蕴的要求。

四、结语:奥尔夫本土化无需刻求

在奥尔夫原本性音乐教育进入中国的四十余年时间里,还有无数的老师用中国元素创

[①] 李妲娜、修海林、尹爱青编著:《奥尔夫音乐教育思想与实践》,上海教育出版社,2011年版,256页。

编了许多精彩的本土化奥尔夫课例。在此仅举本人获取的部分信息：如廖乃雄教授在翻译《为儿童的音乐》五卷本①时，就将中国童谣、儿歌、诗词等中国元素融合进去；学前音乐教育专家许卓娅教授亦创编了许多含有中国元素的奥尔夫课程；陈淑宜老师出版的《奥尔夫音乐亲子教学实用课例精选》②中也有很多中国元素奥尔夫课例；奥尔夫专业委员会副会长李燕饴老师创编的《瑶族舞曲》《竖笛教材》也都采用了中国元素，等等。

中国音乐家协会奥尔夫专业委员会中一大批中青年骨干教师在教学中用中国元素创编了为数不少的奥尔夫课例，如陈蓉的《何家公鸡何家猜》、何璐的《梅》、王灼的《金蛇狂舞》等等。可以肯定的是，很多一线教师在教学中也用中国元素编创了大量本土化的奥尔夫课例。在 2017 年 7 月举办的第一届奥尔夫教育大会上，就集中呈现了一批中国元素的奥尔夫课例：如以北京、成都、新疆、广东童谣为素材的《黑鸡下了白鸡蛋》《王婆婆》《蝴蝶》《身体节奏打击与粤语童谣》；以重庆啰儿调、四川清音、川剧、苗族歌鼟为材料的《敬茶歌》《四川清音》《亲亲资阳河》《杨梅歌》；民间器乐合奏"打溜子"《锦鸡出山》；还有《就西安》《杨梅歌》《中国壮族扁担舞》《羌族婚礼》《八种声势的本土化运用》《省份游戏》《回娘家》《木兰戎装》等课例都是利用各地不同的中国元素创编的奥尔夫教学课例。这些课例充分回应了李妲娜教授的大会致辞：不要忘记奥尔夫教育的"本土化"——"奥尔夫的'本土化'就是一种关注主流音乐、关注以母语为主发展出的地方文化以及关注教育对象生活环境的'本土化'。"

今天，中国奥尔夫本土化成果恰好印证了海尔曼·雷格纳和原西柏林音乐教师协会主席迪特当年的话："中国的美学理论和奥尔夫教学法的基本思想是相通的。"③ "从某种意义上讲，奥尔夫可能对你们中国的音乐文化更加贴近。"④ 当一个开放的、行之有效的教育理念播撒在五千年文明历史的中华沃土中，就必然会扎深根、开繁花、结硕果。正如奥尔夫原本性音乐教育在世界各地传播中所发生本土化情况一样，当奥尔夫原本性理念与中国元素碰撞后，其原本性的、开放的理念必然会吸收中华文化的肥沃养分，生长出极富中国元素的原本性音乐教育。这种生物学范式⑤生长而非物理学范式相加的奥尔夫音乐教育，是自然的也是必然的。因此，奥尔夫本土化、中国化可有意为之，但无需苛求，因为它是会自然长出来的——只不过是由这位或那位老师顿悟、发现、拾得罢了。

---

① 卡尔·奥尔夫著，廖乃雄译：《为儿童的音乐》，上海教育出版社 2004 年。
② 陈淑宜：《奥尔夫音乐亲子教学实用课例精选》，中国文联音像出版社，2012 年。
③ 《奥尔夫在中国——纪念奥尔夫一百周年诞辰》，中国音乐家协会奥尔夫专业委员会编，1995 年 5 月。
④ 李妲娜：《奥尔夫教学法（Orff-Schulwerk）在中国》，乐府新声（沈阳音乐学院学报），1995 年，第 29 页。
⑤ 管建华：《音乐教育生物学范式的理论与实践》，中国音乐，2003 年。

作者简介

康涛,男,汉族,1980年9月生,毕业于四川音乐学院,高师音乐理论教学(音乐教学法),硕士研究生。2001年7月参加工作。副研究员,研究方向为音乐教育。发表学术论文近10篇,论文《奥尔夫教育理念在老年大学音乐教育中的应用研究》开拓了国内奥尔夫应用新领域。结题省厅级重点研究项目1项,院级3项。曾受邀担任湖北省2022国培计划中西部骨干项目——农村教学点全科教师教学技能提升授课专家;在2017年全国第一届奥尔夫教育大会开设专题工作坊、在"2022全国美育与音乐教育学学科发展研讨会"作《无需刻求,奥尔夫本土化是"长出来"的》工作坊并宣读论文;多次受邀为成都、西安、自贡文化馆、甘孜州九龙县幼儿园、成都温江幼儿园等单位教授奥尔夫课程。

云南基诺族乐器七科和布姑与奥尔夫音筒乐器的比较研究

● 尚永娜

【内容摘要】 本文探讨了奥尔夫教学法在基诺族音乐文化中的应用,特别是在七科和布姑这两种独特的乐器的教学中。首先介绍了七科和布姑的制作和演奏方式,然后讨论了奥尔夫教学法的特点和应用,以及如何将这种教学法融入到基诺族音乐教育中。作者还提出了自制乐器的可能性,以降低乐器的成本,让更多的学生有机会接触和学习音乐。最后,作者提出了一些关于音乐教育传承和本土乐器在中小学音乐课堂中应用的问题,以期进一步的研究和探索。

【关键词】 奥尔夫教学法,基诺族音乐文化,七科和布姑乐器、自制乐器,音乐教育传承

2014年7月,我们中国音乐学院2013级博士班一行16名同学前往云南昆明、大理、丽江、西双版纳等地进行了为期12天的田野采风之旅,各自从不同视角考察了云南基诺族民间艺人的音乐生活。其中,基诺族乐器七科和布姑引发了我的极大兴趣。一来是由于它们属于少数民族原生态乐器,二来我们观摩了乐器的整个制作过程,并参与了合作演奏。这使我想起了奥尔夫教学法中常用乐器——音筒和音块,虽然与七科、布姑来自不同的国家和地域,有着不同的文化背景,但它们却在形制和功能方面有很多相似之处。

一、云南基诺族乐器七科和布姑

云南省西双版纳傣族自治州景洪市基诺山基诺族乡是中国唯一的基诺族聚居地。1949年新中国诞生时,3000多基诺族人仍处于原始社会末期向阶级社会过渡的农村公社阶段。1954年6月,党和政府派民族工作队进基诺山区,1957年2月成立"攸乐山区生产文化站",1958年建立基诺洛克公社,1979年被国务院正式确定为中国的第55个少数民族,是我国最后一个被认定的少数民族。目前基诺族人口约有2.2万人,是中国22个人口较少民族之一。

基诺山终年气候炎热、雨量充沛,原始森林中物产丰富,勤劳善良的基诺人在这里世代生息繁衍。在新中国刚成立的时候,基诺族还过着刀耕火种、刻木结绳记事、采集和狩猎为生的原始生活。如今他们已经整体脱贫,在奔小康的道路上快步前进。基诺山寨以巴坡自然村寨为依托,将基诺族浓郁的民族风情、历史文化、神秘的原始宗教文

化、古朴的生产生活方式、独具特色的基诺族民居、服饰及秀美的自然风光融为一体,展现给世人。

图1 基诺族艺人一家

图2 基诺族的音乐生活

7月8日,我们来到了西双版纳州景洪市,采访了在基诺山上居住的基诺族老艺人子母拉(音译,基诺族没有姓氏,用接龙方式子传父名,例如爷爷叫汽车,爸爸叫车轮,儿子叫轮胎,孙子叫胎儿……)。

图3 子母拉在制作乐器

图4 博士生们在采访录像

子母拉(同学们亲切地称其为"拉爷")带我们上基诺山,砍下了一根又高又直的竹子,然后用砍刀很快地将竹子砍成几节,经过削尖、挖孔,用他那双神奇的手,只花了不到一个小时的时间,就将一根长长的竹竿切砍成若干段,做出了七科和布姑各一套。

图 5　子母拉制作的七科和布姑 　　　　　　图 6　笔者与基诺族老阿妈合影

　　七科、布姑是基诺族独具特色的竹筒体鸣乐器。它完全依靠基诺人的听觉,在不断砍削调音中确定音高。七科和布姑的主要区别在于,七科由直径较细的竹子制成,带有半开放式的凹槽,而布姑是由直径较粗的竹子制成,在半切面上有一个丁字形的开口。它们的音响效果一个清脆嘹亮,一个厚重低沉。它们的音阶均为五声音阶(do、re、mi、sol、la)构成,是典型的中国传统音乐五声调式,令我们不禁感叹民间艺人的听力!

图 7、8　博士生们在子母拉的指导下演奏七科和布姑

　　在基诺族原始狩猎响器基础上逐渐形成的基诺族竹鸣乐器,到今天仍保留着节奏性和带有节奏型高音背景的"旋律性"演奏形式,通过节拍、节奏、调式、旋律分析可确定其所具备的乐器的初级音乐属性。这类乐器在生产生活功能的基础之上逐渐形成了传递信号、娱

乐和祭祀等多重功能,而其在演奏场域中的原始性、空间性,演奏形式上的协作性、多样性又充分体现其独特的音乐传播价值。①

二、奥尔夫教学法中的音筒乐器

奥尔夫音乐教育起源于德国,以培养学生具有健全人格和创造能力为主要目标,"诉诸感性,回归人本"为基本理念,具有"综合性、创造性、参与性、本土性、简约性"等特点,常采用生动活泼、丰富多样的教学形式,被称为"适合于 0 至 100 岁的音乐教学法",深得世界各国儿童及社会各阶层人士的欢迎,因而在许多国家得以广泛应用。

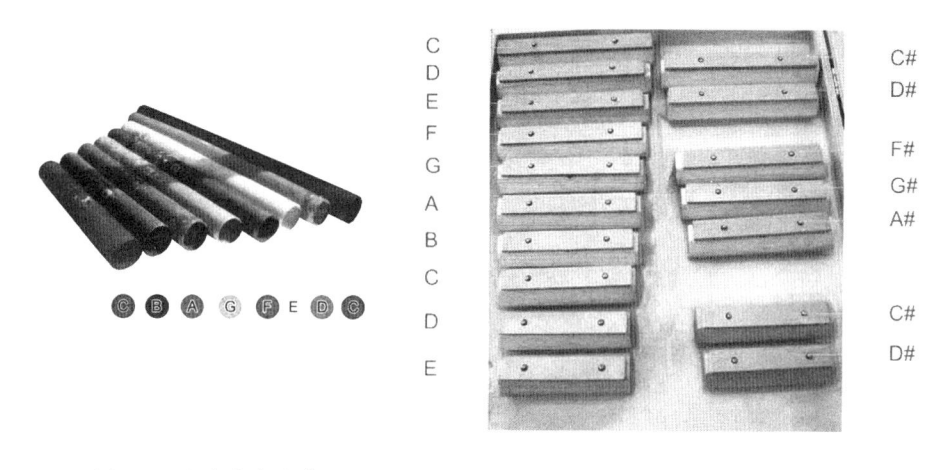

图 9　一组奥尔夫音筒　　图 10　一组奥尔夫音块(图片来源于网络)

奥尔夫音乐教育体系不同于世界上其他几种音乐教学法的显著特征是,它有全套奥尔夫打击乐器,分为有音高的音条乐器、音筒和音块,以及无音高的小型打击乐器两大类。其中音筒乐器由长短不同的筒状塑料短棒制成,全套音筒由完整的八个音构成(CDEFGABC'),学生手持音筒,可以在身体任何一个部位敲击,会发出不同的音高,同时也可以敲击地板发出声音。音筒可以演奏音阶和旋律,也可以组合成各种节奏、音程、和弦等。因其色彩鲜艳,有时还可以作为积木玩具供幼儿搭建"房子"。音块又称为"音砖",是由木块作为手柄,上面钉上钢片、并以音阶形式排练而成。根据幼儿音乐教学需要,现在也有一些七彩的音砖被设计出来,而八音按钟则做成了各种可爱造型,更受孩子们喜爱。

---

① 杨琛:《基诺族竹鸣乐器的音乐传播形式研究》,《音乐传播》,2015 年,第 2 期。

图 11　奥尔夫八音音砖　　　　图 12　奥尔夫八音按钟（图片来源于网络）

目前市面上所用的音筒乐器、八音按钟、奥尔夫八音砖的价格在二百元左右，专业音乐院校用的音块需要上千元，这对于城市学校来说也是价值不菲的，更不用说广大农村学校了。如何把这些乐器的成本降下来，让更多的教师用得起、让孩子们玩得起，是我们一直在思考的问题，而这次七科和布姑乐器考察之旅给了我一些启发：我们完全可以在乡野之间带领学生撷取素材、自制乐器。

三、七科和布姑的演奏与教学

据了解，七科和布姑与基诺人的生活紧密相连。基诺族人民在虔诚倾听大自然声音的同时，发现了竹筒也能发出美妙旋律，于是就用七个竹筒做成了基诺族独有的两种乐器。原始社会末期，上山狩猎是基诺族的主要生产方式。当基诺人打到猎物时就会根据猎物的大小敲打七科和布姑向寨子里的人通报，而寨子里的人们听到七科和布姑敲响时都会纷纷欣喜地走出家门，迎接凯旋的狩猎勇士们。

老艺人子母拉做好乐器后就开始指挥我们玩奏乐器。我们五个人为一组，每人拿着竹片敲击一个竹筒，但敲击的是不同的节奏型。例如，五个声部的节奏型分别为：

```
A.  XXXX  XXXX  XXXX  XXXX ‖
B.  X O X O X O X O ‖
C.  O X O X O X O X ‖
D.  X X X   X X X   ‖
E.  O X X O O X X O ‖
    ……
```

谱例 1

在子母拉的指导下,我们都快乐地敲击着,时而合奏,时而轮流即兴。其中带音高的演奏为:

```
A. 1 1 1 1   1 1 1 1   1 1 1 1   1 1 1 1 ‖
B. 2 0       2 0       2 0       2 0     ‖
C. 0 3       0 3       0 3       0 3     ‖
D. 5 5   5           5 5   5             ‖
E. 0 6   6 0       0 6   6 0             ‖
……
```

谱例 2

这种音乐演奏即兴性比较强,没有明显的曲式结构,毕竟一个竹筒只能演奏一个乐音,在单调的乐音之下,形成几个声部的叠加,却也构成了多声部的合作效果。由于我们整天在城市里、在音乐学院里、在因特网上享受过太多的音乐盛宴,因此对这种山乡之音的整体感觉是比较单调的。但是,对于勤劳朴实的基诺人民来说,能在大山间听到这种不同于自然声响的"创作音乐",已然是精神享受了。

四、奥尔夫音筒乐器教学案例

教学内容:演奏与歌唱《我们大家跳起来》

教学目标:

1. 让学生学会用音筒演奏音阶、旋律、节奏与和弦,并为歌曲作和弦伴奏。
2. 让学生学会运用多种队形进行演奏,边奏边唱。
3. 让学生通过此曲学会为其他歌曲进行和弦伴奏。

教学过程:

1. 每人持一个音筒,八人一组合作演奏上行、下行音阶;
2. 由老师指挥练习演奏 I 级(1—3—5)、IV 级(4—6—$\dot{1}$)、V 级(5—7—$\dot{2}$)和弦音;
3. 附《我们大家跳起来》简谱谱例;
4. 音筒回旋曲《我们大家跳起来》;

曲式结构: A B A C A

A 部:齐唱加和弦伴奏;

B 部:每个音演奏一个节奏型;

A 部:齐唱加和弦伴奏;

C 部:即兴乱打;

A 部:齐唱加和弦伴奏。

排列队形1：半圆形

```
                    FFFF    GGGG
             EEEE                    AAAA
         DDDD                            BBBB
     CCCC                                    CCCC
```

图 13    图 14

排列队形2：梯形

```
              C D E F G A B C
              C D E F G A B C
              C D E F G A B C
              C D E F G A B C
               CDEFGABC
```

图 15

值得我们欣慰和探索的是，在中国民间，尤其是广大少数民族地区，这种"原本性"乐器无处不在，其中一些乐器的确与奥尔夫乐器有很多相似之处。比如新疆的达扑与奥尔夫手鼓；中国戏曲中的梆子、民族乐队中的木鱼与奥尔夫方响；中国鼓与西洋大、小军鼓……那么，当我们借鉴奥尔夫教学法融入中国的中小学音乐课堂时，是否可以鼓励学生就地取材、自制乐器呢？答案是肯定的，就连世界唯一的奥尔夫学院（位于奥地利萨尔茨堡），也专门开设了自制乐器课程。而在我国，赵洪啸老师的自制乐器大学慕课每年都有数千人选课学习，这无论对于城市还是广大农村的中小学音乐课堂来说，都具有很大的启示意义。

博士班集体赴云南音乐采风之旅，不仅让我感受到了中国民族音乐文化的丰富多彩、博大精深，也亲历了在偏远地区从事田野工作的艰苦，体会到了走进少数民族生活和音乐文化并获得新知的喜悦。面对民族民间音乐，不仅仅有震撼和敬畏，更应该深入思考：我们应以怎样的态度看待民间音乐？怎样去向民间艺人学习？民族音乐文化在民间和学校要如何传承下来？如何将"七科"与"布姑"这些本土乐器运用到当地中小学音乐课堂中去？这些都是有待于我们继续探索和研究的重要议题。

参考文献

[1] 许洪帅. 我国中小学音乐教育器乐教学发展研究 [D]. 首都师范大学，2007.

[2] 李妲娜、修海林、尹爱青编著.《奥尔夫音乐教育思想与实践》[M]. 上海教育出版社，2002年版.

[3] 许洪帅. 我国中小学音乐教育器乐教学发展研究 [D]. 首都师范大学，2007.

[4] 徐何珊，杜玉亭. 论基诺族传统狩猎文化与原生器乐七音竹筒 [J]. 内蒙古大学艺术学院学报，2015,12(04):26-30.

[5] 杨琛. 基诺族竹鸣乐器的音乐传播形式研究 [J]. 音乐传播，2015(02):38-46.

[6] 孙兴娟. 新课程背景下的竹制打击乐器课堂教学可行性研究 [D]. 福建师范大学，2013.

[7] 欧阳园香. 试论云南少数民族特有民族乐器的研究价值 [J]. 民族音乐，2012(06):30-31.

[8] 白珍，张世均. 基诺族民族文化传承的现状调查与分析 [J]. 西南民族大学学报（人文社科版），2009,30(08):19-22.

[9] 杨荣. 基诺族音乐 [J]. 云岭歌声，2004(03):53-56.

[10] 董秉常. 基诺族民间音乐概述 [J]. 音乐探索. 四川音乐学院学报，1986(04):54-59. DOI:10.15929/j.cnki.1004-2172.1986.04.011.

云南少数民族歌舞乐资源的教学开发
——佤族儿歌《卷叶子》音乐律动教学研究

● 王 妤 刘金丽

【内容摘要】 少数民族音乐多为群体创作,具有集体性;其传播方式具有口头性,音乐曲调在传承过程中不断变化,难以用乐谱的方式进行固化传播。文章基于应用民族音乐学与音乐教育学的跨学科交叉研究,以佤族儿歌《卷叶子》为教学案例,采用音乐律动教学方式,进行音乐课堂教学设计。探寻民族音乐文化的学校课堂教学新路径,以期培养学生多元文化观,使少数民族音乐得以更好地持续性发展。本文的教学案例设计思路为民族音乐资源的课堂教学开发提供了新的思路。

【关键词】 少数民族,歌舞乐,教学法,佤族,律动教学

引 言

2021年11月2日,教育部网站发布拟认定全国1885所学校为第三批全国中小学中华优秀传统文化传承学校。云南65所入围,其中以民族民间歌舞音乐为传承项目的学校32所。这些以民族民间歌舞音乐为传承项目的学校,既有少数民族聚集地学校,也有以汉族为主要生源的城市学校。民族优秀音乐文化自觉性日益增强,音乐教师既是教育者,也是传承者,学校音乐教师自身对于"双重音乐能力"提出了要求。在教学法研究的本土化进程中,民族民间歌舞音乐资源进入音乐课堂成为民族民间歌舞音乐进校园的新路径。

一、应用民族音乐学和教学法

(一) 应用民族音乐学

应用民族音乐学研究方法是民族音乐学学科中出现的一种新的学科研究方法。张伯瑜老师通过译著、论文、学术讲座等方式将国外应用民族音乐学的理论发展与实践情况介绍到国内。应用民族音乐学成为学术热点,引起了民族音乐学界的关注。应用民族音乐学的历史、定义、研究领域、发展现状等论题在张伯瑜老师的研究成果[①]中均有阐述,笔者在此不做赘述。

应用民族音乐学强调的学科交叉研究的方法,为实际问题的解决提供方法与策略。立足民族音乐学与教育学的学科,因解决少数民族音乐教学问题逐渐得到关注。

---

① 张伯瑜:《西方应用民族音乐学理论与实践》,《何为应用民族音乐学?》,《应用民族音乐学——实践与思考》。

(二) 音乐教学法中的原本性音乐与动作教育理念

原本性音乐教育（Elementare Musikpaedagogik），也被译为"元素性音乐教育"，其教育理念主要来源于德国音乐家、音乐教育家奥尔夫。在之后的传播发展中与瑞士达尔克罗兹音乐教学法、匈牙利柯达伊音乐教学法进一步融合。"原本性音乐与动作"教育倡导学生主动积极地参与音乐教学活动；在音乐教学活动中学生不仅仅是听众，更是参与者参与其中，教学原理体现在重视综合性，鼓励即兴性，具有参与性，表达感性[①]；将节奏作为载体，通过语言、舞蹈、动作等元素结合在一起，作为一种原本性音乐教育理念，每个人都能够参与其中并体验原本性音乐。"原本性音乐"是回归自然、回归本身、以一种简单的、纯粹的方式，能够使每个人都能参与并能够理解。"原本性"音乐不是一种固定的方法，而是一种理念，通过这样的途径，能够使参与者自然地表露自己的感受、情感，将节奏与语言、舞蹈、动作的结合，提升学生的音乐素质，从而使学生更好地感受音乐，理解音乐，享受音乐。由于这种以人为本，适用于开端的，强调主动参与，以游戏化、情景化教学，对综合艺术进行融合的教育理念所具有的人类学意义，使得它在民族民间音乐传承与课堂音乐教学之间构建起除了音乐之外的民族音乐文化空间，在运用这种教学理念中，使民族民间音乐的歌舞乐文化得以立体地展现。

二、佤族儿歌《卷叶子》的音乐律动课堂教学

(一) 佤族音乐文化

佤族，一个能歌善舞的民族，在历经漫长的社会生活的同时也创造了特点鲜明、形式各样、功能各异的佤族传统音乐文化，日常生活、娱乐消遣、生产劳作、祭祀活动。有歌的地方就有舞。在一些重大的祭祀活动中尤被彰显，佤族人常常举寨歌舞，通宵达旦。佤族传统音乐文化具有丰富的文化内涵，独具特色的文化功能使其在佤族的传统生活中发挥着重要的作用，从而占有重要的地位。无论是从种类上还是数量上来看，无不令人叹为观止，其内容涵盖了佤族人民生活的方方面面。佤族音乐不仅本身所具有音乐审美价值，而且在内容上也独具文化内涵。同时，佤族也是歌舞之乡，是民族艺术的瑰宝。其题材广泛、内容丰富、风格各异、色彩鲜明。佤族人民有独到的生产生活方式，与其相适应的是较为简单淳朴的社会意识，所以呈现出具有原始性、独立性和全民性的舞蹈特性。在佤族人看来，世界上是存在鬼神的，万物生灵都有鬼神附体，自然界不可解释的自然现象均是鬼神造化而来的，万物有灵论在佤族人民身上体现得淋漓尽致，所以常常在民俗活动中进行。佤族人民热爱劳动，过去与外界隔绝，农事劳动体力强度较大，在从事各种生产活动中特别是在集体劳动中统一行动而创作音乐，内容包含一些生产经验和农作物生产节令安排以此来晓示后代，具

---

① 王丽新：《奥尔夫音乐教学法的本土化研究》（博士论文），东北师范大学，2012年。

有即兴性。不仅如此,佤族人民在男女之间表达爱意、婚礼庆典、贺新房等一些活动上都会有音乐,并配一些简单的舞蹈动作。

儿歌是儿童最早接触的文学样式。狭义地来看,通过歌唱可以传授儿童知识,启迪儿童智慧,培养其良好道德情操,同时也是认识自然、掌握生活知识和学习做人道理的重要载体。广义地来看,儿歌是传统文化的重要组成部分,是传承民族精神的重要纽带,是了解民族文化的重要窗口,对保存本民族独有的记忆具有重要的价值。儿童歌曲内容简单易懂,大多以生活知识为题材,不仅曲调动听,歌词也具有趣味性,短小轻巧,朗朗上口,多半于游戏活动时演唱,在此同时可培养儿童的语言、空间方位、社会社交、身体的协调能力和音乐能力,合乎儿童身心发展规律,能够促进人的全面发展。

《卷叶子》收录于《云南地方艺术集成·志》西盟佤族民间舞蹈,是一首来自西盟中课乡中课大寨的玩调。据书中记载,这首玩调是佤族儿童在玩耍时唱、跳的游戏歌曲,用佤语演唱,演唱的内容描述了芭蕉树的形态。这样的游戏歌曲是来自孩子的歌曲,有歌唱有律动也有游戏,非常适合进行教学设计。本文《卷叶子》的歌词、曲调、游戏方式均按照文献记载,运用教学法在教学目标和教学过程进行了设计。

(二)《卷叶子》作品分析

卷叶子

谱例1

1. 歌词:第一段歌词"芭蕉树层层皮,连树连根卷一起",描绘了芭蕉树的形态;第二段歌词"卷呀卷 紧相连,千层万层一条心",充分反映佤族人民友好往来,团结友爱的风格特点,从而以此来教育后代。

2. 节拍节奏:此曲是二拍子由慢渐快的跳跃式佤族少儿歌舞,整首曲子节奏完全相同,以八分音符和四分音符为节奏特点。

3. 调式调性:调式调性统一,为羽调式,音调简练,调式音阶以 mi、sol、la 贯穿整首曲子,用叠音的手法强调曲调中的主要音,达到鲜明统一的调式效果的同时也便于儿童歌唱。

4. 结构:结构规整,每句两小节,各句结尾均相同,是对称方整的单乐段少儿歌曲。

5. 游戏形式:众舞伴手拉手站成一排或弧形,两脚"小八字步",目视前方,根据音乐结构随着节拍旋律在右端排头人带领下,众双腿屈膝逆时针方向每拍两次的跳跃围环,接着似螺旋往里转,展现出一副"芭蕉树的层层皮,连树连根卷一起"的形态。随后在最末尾一人的带领下,边跳边解开螺旋,在另一方又卷成同样的形状,跳法与第一乐句相同。以此为游戏形式来进行律动。

(三)音乐律动教学的方法

体态律动是瑞士音乐教育家达尔克罗兹的音乐教学方法的重要组成部分,是一种有音乐伴奏的身体运动。这种身体的运动不仅仅是由音乐伴奏所产生的,最重要的是在受到音乐启发时,能够用身体动作来加以解释音乐,从动作当中体验出音乐要素的存在,使身体的动作更富有乐感,同时能够将音乐转化为体态动作表达出来。在《义务教育音乐课程标准》(2011年版)的中小学音乐律动中,其内容包括"感受与欣赏"中的律动,即从音乐情绪与情感角度出发,通过音乐情绪的不同,能够用各种不同的形式做出体态反应或多种形式的表现;从音乐形式与体裁的角度出发,对不同音乐能够通过律动或打击乐做出不同的反应。其二是"表现"中的律动,即从综合性艺术表演角度出发,不仅能够根据音乐用身体做动作,还能够与他人合作进行音乐游戏、歌舞表演,创作简单的表演情境、律动等活动的综合性艺术表演;从识读乐谱的角度出发,通过对简单节奏符号的认识,能够用声音、语言、身体动作来表现简单的节奏。其三是"创造"中的律动,即能够即兴根据不同音乐要素做出各种不同形式的创编活动。

音乐律动的教学价值首先在于为学习音乐而动,一切音乐学习的前提在于身体的参与,在音乐学习中身体参与比眼睛观察或大脑思考更有成效。其次是为促进身心合一而动,唤醒人天生所具有的节奏本能,能够把音乐的情感体验转化为具体的动作、节奏和声音正是音乐律动的目的所在。通过节奏等训练来增强学生身体的灵活性、感受力和表现力,才能使学生的感情更加细腻敏锐,使学生身心得到统一发展,从而促进学生全面发展。

(四)《卷叶子》音乐律动教学案例设计思路

教学设计思路分为以下五步[①]:

1. 确立主题(通常为音乐要素性主题)

在佤族音乐中,可分为民歌、民间歌舞音乐、民间器乐三种体裁。但是歌舞更具代表性,既有歌又有舞,其中少儿歌舞歌词短小轻巧,朗朗上口,且多人游戏活动时演唱,学生不仅容易接受,而且课堂呈现效果更具丰富性。

2. 确定能够反映该主题的素材(即兴演奏、创作、现有作品)

少数民族孩子能歌善舞,地域环境让他们获得了这些偶然的经验。但是服务现在的教育或者没有这些偶然经验的学生,是需要训练的。所以需要寻求最原始的表达"节奏"来进行教授,在掌握节奏的基础上进行创作与即兴表演。

---

① 崔学荣:《微格教学》,高等教育出版社,2020年。

3. 主题特征与身体动作的联系

选择《卷叶子》[①]这首佤族少儿歌舞,通过对本体分析,需掌握本曲的节拍、节奏、音高、曲式、意境想象等。所以需要充分调动学生的听觉、视觉、动觉等各种感官来进行律动表现,将音乐要素通过游戏让学生层层递进,由浅入深地将知识点一步一步接受并呈现出最后想要的作品。

4. 音乐要素与音乐情感的联系(充分体验这种联系)

在学习音乐的过程中,情感体验是贯穿始终的,每一句都应该让学生看见文化、唱出文化、律动出文化、说出文化等。

5. 个性化表达与创造

学生情感体验后所表达的方式是个性化的,所以我们应该多给予学生自我表达的空间,最终学生呈现出的作品也是独具特色的。

完整过程应包含主动地聆听、深度地感受、充分地想象、自由地表达。

(五)《卷叶子》教学案例

1. 教学目标

(1) 律动活动:感受八分音符和四分音符节奏特点;

(2) 律动创编和合作;

(3) 歌唱学习:熟悉 mi、sol、la 的音高与音程度数关系;

(4) 歌唱创编与合作。

2. 方法提示

在下面的《卷叶子》活动中孩子们通过时间和空间的练习,通过多感官学习音乐作品。这是一种具有创造性与综合性的,培养人的原本性的音乐教育方式。

3. 教具

白纸、笔、图片、钢琴、播放器

4. 教学过程

(1) 律动活动

老师给孩子们歌唱《卷叶子》,随后提问大家从音乐中听到了什么?(芭蕉树、皮、树、根)老师展示芭蕉树图片(见图1),通过聆听和观察觉得它们之间是怎样的?(卷在一起)

[①] 《云南地方艺术集成·志》,西盟佤族民间舞蹈,国际文化出版公司,1989年。

图 1

邀请学生将线条画在图纸上。

为了使学生感受并能够掌握基本节奏,让学生随着音乐原地跺脚,并且在最后一个四分音符"mi"拍手,再次练习时将拍手换为学生自己喜欢的动作。

在熟悉节奏的同时,为了能够让学生更清晰音乐结构,老师歌唱或弹奏音乐,学生进行空间和时间探索。音乐开始时进行位移,到四分音符的时候停止脚步并做出自己喜欢的动作,第一句音乐结束时回到自己原来的位置。

(2)律动创编和合作

学生根据之前所画出的线条图(见图2)进行律动创编,老师提问"哪位同学想做芭蕉树心?"将此同学安排在右边排头,音乐开始时在排头带领下似螺旋往里转。第一句结束。

老师语言引导学生第二句"卷呀卷,紧相连,千层万层一条心",大家觉得和上一句有什么不同?(卷更紧了,见图3)

邀请同学画出与之前相区别的线条图并再次律动。第二句结束。

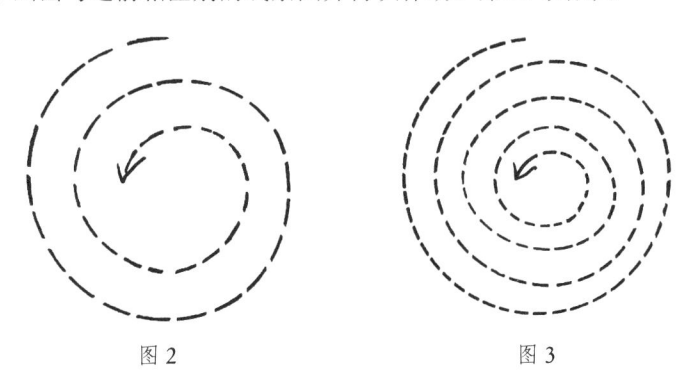

图 2   图 3

老师提问"大家可以在一边解开螺旋的同时另一边再卷起来吗?"学生画出线条图,最末端学生解开螺旋,在另一方又卷成同样形状(如图4)。

图 4

学生可以将音乐与动作很好地结合后,播放整首音乐进行律动。

(3) 歌唱学习

老师展示图片,并提问学生这些芭蕉树有什么不同。(由高到低进行排列,见图 5)

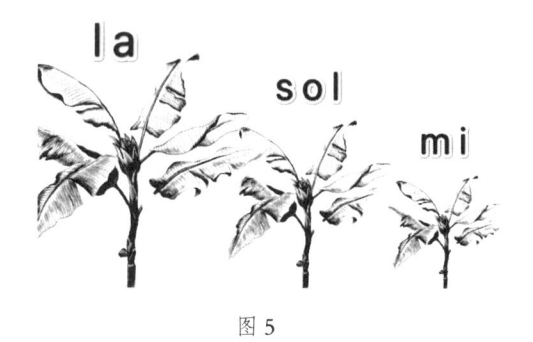

图 5

老师告诉学生。其实它们都是有名字的,最高的叫"la",接下来稍矮的叫"sol",最矮的叫"mi",接下来我们扮演一下芭蕉树吧。

学生分三组,一组同学唱"la",一组同学唱"sol",一组同学唱"mi"。每组同学名字不同,所以他们发出的声音有所不同。老师弹琴让每组学生知道自己的音高,并提问大家发现了什么?(声音也是由高到低)老师紧接着告诉学生"这就叫做音高"。

经过音高练习,老师带领学生挑战有难度的。

A. 老师展示第 1 小节谱例 | 6 6 5 6 | 邀请小组合作(la 组和 sol 组);

B. 老师展示第 2 小节谱例 | 5 3 3 | 邀请小组合作(sol 组和 mi 组);

C. 老师展示第 3-4 小节谱例 | 6 3 5 6 | 5 3 3 | 三组共同合作歌唱;

D. 最后进行整首歌曲歌唱。

随后角色互换进行合作歌唱,让每一组学生都尝试唱每一个音。学生每个音的音高掌握之后,带入歌词进行歌唱。

为了让学生歌唱时更好地表达情感,对学生进行音乐要素解读,从歌词中可以得知是越卷越紧,这里的越来越紧可以与音乐的快慢进行连接。因为是少儿歌舞,在音乐快慢的变化中,要求学生用跳跃的方式向内卷并要求学生有感情地再次歌唱。学生能够很好地表达情感后为增加学生的学习兴趣,引导学生加入佤语。

学生分两组，一组用汉语唱第1、3小节，另一组用佤语唱第2、4小节。（辣伟伟、永泥泥、辣毁毁、永怜怜）

（4）歌唱创编与合作

老师请学生闭眼，将带有音符的卡片随意放在学生身后，然后寻找同类伙伴，最后学生会分两组，一组学生卡片上为 | 6 5 | 3 - |（歌词对应芭蕉树），另一组学生图片上是完整的旋律，学生合作歌唱，形成固定音型双声部合唱方式，并且进行角色互换多次演唱。（见附录二：简洁性音乐教案）

佤族游戏歌曲《卷叶子》来源于民族民间音乐，是佤族儿童对其生活环境的感知，是发自内心的表达，展现了人类音乐从物质文化到精神文化的创造过程。音乐教师可以灵活运用音乐素材，以实现音乐技能、认知能力、情感与人格塑造的音乐教学目标。

结　语

曹军老师《民族音乐学作用于中国音乐教育的相关思考》[①]一文，提出了音乐教育系课程设置的构想和措施，提出"将民间艺人引入校园"对于少数民族音乐传承和加强学生"乡土"音乐感知的重要性。2005年，笔者就读的云南大学就已经开始将民间艺人"请进来"路径的探索，但至今未形成课程体系，民间艺人的校园传承一旦脱离了音乐文化生态环境，对于学习主体——学生停留于体验与欣赏层面，难以达到"双重乐感"培养的教学目的。笔者在进行音乐教学法理论学习与实践教学后，发现奥尔夫关于原本性音乐的论述与云南少数民族音乐的"原生态"有着某种联系，有待今后进一步探讨。奥尔夫的观点受到民族音乐学的影响在《奥尔夫教学法的理论与实践》一书的绪论中也得到了充分证实[②]。奥尔夫乐器组中的各类打击乐器也来自世界各国的民间，其"原本性"音乐教学理念、教学内容、课堂组织方式早已具备类音乐人类学的意义。这就不难理解奥尔夫在其论述中谈到这个理论。由此笔者认为音乐教师"走出去"向民间艺人学习，培养教师的"双重音乐能力"，而后通过民族音乐学与音乐教学法的学科交叉研究，在音乐课堂中构建音乐文化空间，将少数民族歌舞乐转化为适合学校音乐课堂教学课程是少数民族音乐可持续发展的路径。本文上述教案的素材来自民间集成记载资料，经由教学目标的确定、教学方案的设计使其创生更为生动的音乐课堂教学，为少数民族音乐资源的课堂教学开发提供了新的思路。

[①] 曹军：《民族音乐学作用于中国音乐教育的相关思考——应用民族音乐学与当代中国音乐教育及教育课程》，中国音乐，2012年。

[②] 奥尔夫在其早期两篇论文中都对民族音乐学家库尔特·萨克斯《比较音乐学》进行了引述，迈克尔·库格勒认为奥尔夫思想来源除了受到布雷梅等心理学家关于儿童音乐发展观点的影响外，还受到民族音乐学的影响。参见芭芭拉·哈泽尔巴赫主编，刘沛译：《奥尔夫教学法的理论与实践》绪论第5页至第7页。

参考文献

[1] 西方应用民族音乐学理论与实践 [M]. 中央音乐学院出版社 2018.

[2] 张伯瑜. 何为应用民族音乐学？ [J]. 音乐艺术（上海音乐学院学报），2017(02):18-28.

[3] 张伯瑜. 应用民族音乐学——实践与思考 [J]. 中国音乐学，2010(03):89-95.

[4] 曹军. 民族音乐学作用于中国音乐教育的相关思考——应用民族音乐学与当代中国音乐教育及教育课程 [J]. 中国音乐，2012.

[5] 王丽新. 奥尔夫音乐教学法的本土化研究 [D]. 东北师范大学，2012.13.

[6] 崔学荣. 微格教学 [M]. 北京：高等教育出版社，2020.10.

[7] 云南地方艺术集成·志,《西盟佤族民间舞蹈》[M]. 北京：国际文化出版公司，1989,146.

[8] ［德］芭芭拉·哈泽尔巴赫主编、刘沛译. 奥尔夫教学法的理论与实践（第1卷）[M]. 中央音乐学院出版社，2014.12.

作者简介

王妤，女，汉，中共党员，1982年8月生，云南个旧人，毕业于云南大学少数民族艺术专业，硕士研究生。2008年任教于云南艺术学院文华学院，副教授。主要研究方向：音乐教育、少数民族艺术。

参与国家教育部课题《云南少数民族影视资源的产业化开发》，主持云南省教育厅项目两项《云南民族音乐节奏训练与身体律动教学研究》、《云南少数民族歌舞音乐元素与体态律动的融合教学研究》，参与省级科研项目7项，公开发表论文10余篇。

刘金丽，女，汉，1997年12月30日生，籍贯山西省晋中市，云南艺术学院文华学院2021届本科毕业生。

附录一：音乐与律动作品总谱

卷叶子

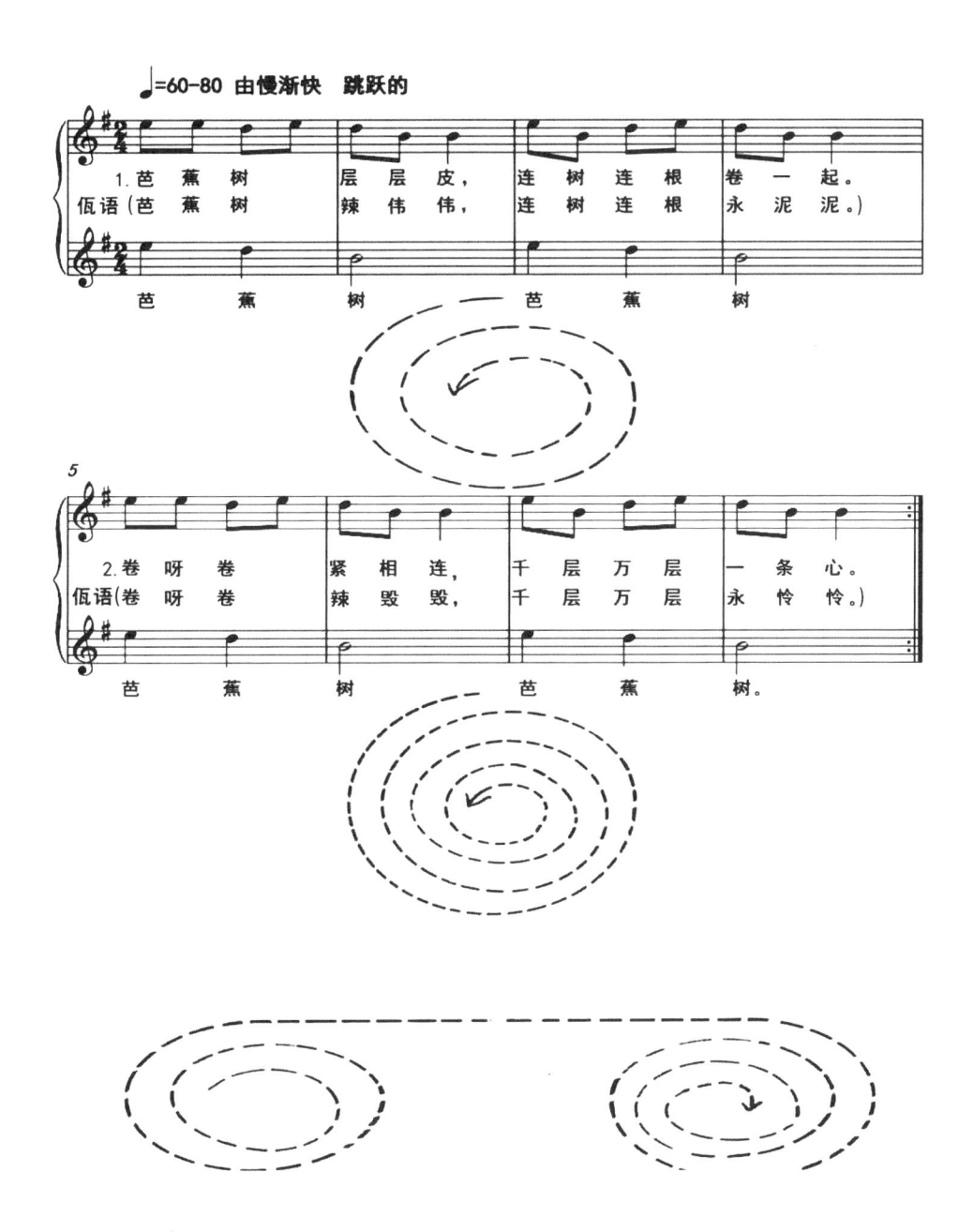

♩=60-80 由慢渐快 跳跃的

1. 芭 蕉 树　　层 层 皮，　连 树 连 根　卷 一 起。
佤语(芭 蕉 树　　辣 伟 伟，　连 树 连 根　永 泥 泥。)

芭　蕉　　树　　　芭　蕉　　树

2. 卷 呀 卷　　紧 相 连，　千 层 万 层　一 条 心。
佤语(卷 呀 卷　　辣 毁 毁，　千 层 万 层　永 怜 怜。)

芭　蕉　　树　　　芭　蕉　　树。

附录二：简洁性音乐教案

音乐元素	教学教材	教学过程	对应音乐元素
1. 四分音符、八分音符 2. 曲式结构 3. 动作创编 4. 歌唱学习 5. 歌唱创编合作	律动、歌唱活动：《卷叶子》	1. 律动活动：《卷叶子》 请孩子们聆听音乐并回答老师问题。 请孩子们随音乐跺脚、拍手，学习掌握四分音符和八分音符的节奏型。 随着音乐让孩子们探索音乐的时间与空间来清晰曲式结构。 根据所画音乐线条图随音乐进行律动创编合作。 2. 歌唱学习：《卷叶子》 老师展示图片引导学生学习 la、sol、mi 三个音的音高。 分组利用图片引导学生进行歌唱合作完成歌曲。 通过歌词引导学生理解歌曲，从而有感情歌唱并加入低语。 通过游戏合作完成固定音型双声部合唱。	四分音符、八分音符 曲式结构 动作创编 la、sol、mi 音高 音程度数关系 歌唱学习 歌唱创编合作
教具 白纸 笔 图片 钢琴 播放器			
教学目标 1. 律动活动：感受八分音符和四分音符节奏特点。 2. 律动创编与合作。 3. 歌唱学习：熟悉 mi、sol、la 音程度数关系。 4. 歌唱创编与合作。			
评估			

表 1

第四部分
访谈实录

沃尔夫冈·哈特曼访谈
——见证历史：奥尔夫教学法在中国

● 华怡婷

  沃尔夫冈·哈特曼（Wolfgang Hartmann），1946 年出生于德国维尔茨堡。德国奥尔夫基金会前常务副主席、奥地利莫扎特音乐大学奥尔夫音乐学院教授、维也纳国立音乐大学教授、奥地利克拉根福特大学器乐教育系教授，全球知名奥尔夫教学法专家。哈特曼教授多年来从事儿童音乐教育教学方法的研究，任德国慕尼黑奥尔夫师范学校第一任校长，创办了奥地利克拉根福特大学的器乐教育系。现作为音乐教育和早期儿童音乐教育的专家在西班牙圣塞巴斯蒂安音乐学院任教。

  奥尔夫音乐教育体系自 20 世纪 80 年代末传入我国以来，深受音乐教育界各层人士的欢迎。从历史发展的角度来看，教学法的引入是我国音乐教育学科建立的一个契机；如果不是当年西方教学法的引入，我们很难想象中国音乐教育的现状。通过对西方教学法的研究，我们开始慢慢认识到西方在音乐教育学科建设上的全貌，是与我国 20 世纪 80 年代音乐教育那种无序的状态截然不同的，引发了我们对这个学科的自觉意识。因此，可以说我国音乐教育的改革与奥尔夫音乐教育体系在我国的发展密不可分。在 21 世纪的今天，我国音乐教育市场呈现多元化，各类音乐教育体系相继进入我国，但奥尔夫音乐教育体系自始至终都是流传范围最广，影响最深的音乐教育体系之一，这其中必然有它发展的优势所在。作为一个教育体系，它的传播离不开站在教育一线的教师们，沃夫冈·哈特曼教授就是其中之一。

  1988 年暑假，哈特曼教授和曼努艾拉·魏德迈尔（Mannuela Weidmer）、彼得·库巴斯（Peter Cubasch）两位教授一起，受邀在北京开设了为期两周的暑期班。从此之后，哈特曼教授就频繁地代表奥尔夫基金会来我国讲课。1998 年至 2005 年，他更是保持了一年至少一次来华开课的记录，足以称得上是来华讲课最频繁的奥尔夫教师之一，这也为他积累了超高的人气。如今，虽然他已不是奥尔夫基金会主席，但作为奥尔夫教学法的"代言人"，他依然活跃在中国音乐教育的大舞台上。

一、结缘奥尔夫

  Q：每次都觉得不管是大朋友还是小朋友，在上您的课的过程中始终都很快乐。所以一直很好奇，像您这样一位站在音乐教育一线的教授，当年是不是和现在的大多数孩子一样，从小在父母的监督之下"被迫"学习音乐？

A：在我的脑海中那是一段愉快的时光，我的父母对我们照顾得很好（我有个哥哥），但是同样也给了我们很多自由而不是控制着我们所做的每一件事。我要解释的唯一一件事是，我的父母对于我在音乐方面的兴趣发现得比较晚。

Q：您不是从小学习音乐的？

A：怎么说呢？我出生于第二次世界大战之后（1946年），人们有很多其他的问题要考虑，所以很少考虑对孩子的音乐教育这一方面的问题。因此，我的父母也没有在意我在音乐上的兴趣。我会跟着收音机唱所有的音乐，尤其是一些播放流行歌曲（pop songs）的频道，我听了有五年。我父母不相信我真的喜欢音乐的原因是因为比我大六岁的哥哥，当他进中学的时候我父母让他学了小提琴。但是，这是不幸的，在短短一年以后他就放弃了这个乐器。因此，很明显的，我的父母在对他们的儿子进行音乐教育这一方面失去了信心，他们不想在我身上重复这个失败的经历。

但是，当我进入中学的时候我在我家的阁楼上发现了小提琴，然后我要求在学校上小提琴课。我进步很大，但是整个课程的质量很低，因为有五个人在一组一起上课。我生活的地方没有专门的音乐学校，就是那种学生可以跟专业的老师学习乐器的学校。也没有人建议我父母替我找一个更好的音乐老师。回头想想，这很奇怪，因为我12岁的时候对音乐的兴趣已经很明显了。我一个人去音乐会，买有关音乐和音乐家的书；我会自己买一些音乐理论的书，但是没有找到相对成熟的书籍，能够根据我的兴趣把我带上专业轨道的。我请求我的父母给我买一架钢琴，那时我14岁，我的请求成功了（那时我的父母"觉醒"了）。他们为我找了一位很好的钢琴老师，开始她不想教我，因为她从来没有接受过我那个年纪的初学者。所以她要求有一个试验期。但是我特别地积极，我学得很快，两年我就有了很大的进步。钢琴可以说是转移了我所有的兴趣，导致我有点忽视我的小提琴了。

Q：不管怎么说，您从初中开始才在老师的教育下学习音乐，这太让人惊讶了！是不是也证明了一句话——"兴趣，是最好的老师？"

A：是的！这也正是我一直在我的教学过程中努力的。我希望我的学生在我的课上能够快乐地、主动地学到他们应该掌握的知识，而不是硬塞给他们的，这样效果不好，即使当时学会了他们也会很快忘记，因为他们没有用心来学。但是你知道，要真正做到这点很难。一个好的教师首先应该努力让学生爱上你的这门课，让他们有了积极的学习状态，才能事半功倍，而绝对不应该是强迫的。

Q：真的是这样，对老师有很高的要求啊！那之后呢？您应该真正走上了专业的音乐学习道路了吧？

A：在我16岁的时候，我的父母终于让我转学到了一所专门针对音乐的中学。我的音乐老师演奏小提琴并且还指导我们学校的乐队。所以他再次鼓励我学习小提琴。我喜欢作为乐队中的独奏者来表演维瓦尔第和巴赫的协奏曲。我很享受在学校的那段时光,但是缺点在于,我总是游走在小提琴和钢琴之间,所以很难获得一个更高层面上的技术水平。这个不能完全专注于一样乐器的问题在我16岁的时候开始变得更糟糕,因为我在16岁时开始在教堂合奏组演奏长号。在18岁的时候我终于在一个音乐学校开始上小提琴课,但是我觉得我没有准备好研究音乐。我学了初级和中等学校的教育学,然后成为一个老师,当然我始终都对给学生上音乐课最有兴趣。在我的空余时间我还指挥了几个合唱队。

Q:那是什么样的机会,让您从一个普通的音乐教师变成专业的奥尔夫教学法专家的呢?

A:最大的改变是在我进入了位于萨尔茨堡的奥尔夫学院。因为卡尔·奥尔夫是巴伐利亚的作曲家,巴伐利亚州每年会有3份奖学金给比较杰出的音乐教师,让他们到萨尔茨堡的奥尔夫学院(奥地利)学习。我申请这份奖学金并且很幸运地得到了它。在这里我真的找到了我一直在寻找的,它让我找到了我自己。我1975年到1977年在这里学习。在这里我还找到了"我的老师"——赫尔曼·雷格纳(Hermann Regner),当时是奥尔夫协会的主席。

Q:据我了解,雷格纳教授应该算是发现到您的伯乐,他给您在奥尔夫音乐教育事业上提供了很多的帮助。

A:真的,他是我最要感谢的人。我们的认识也算缘分。我知道他的名字是在巴伐利亚广播节目中,因为他是音乐教育计划的创始人。我在之前那些学校教学过程中用他的这些计划,我很吃惊地知道,奥尔夫协会的主管和我在广播中所熟知的是同一个人。所以我向他自我推荐,并告诉他我很欣赏他的广播节目,我还想跟他学习更多的东西。他很高兴,因为他的工作很繁忙,所以他提议我去帮他做广播上的工作,分析音乐并且在图书馆调查文学背景方面的资料。所以我们接触变得越来越密切。在一年多以后,他鼓励我写我自己的教学计划用于广播站。这是很成功的,让我在将近20年里在巴伐利亚广播电台有了一百多个教学计划。让我真的感到骄傲的是,多年以前卡尔·奥尔夫(Carl Orff)和均特·凯特曼(Gunild Keetman)也是通过这样一个广播站,开始了奥尔夫教学法的传播。

我和雷格纳的接触始终都没有停止,他给了我的职业生涯很多鼓舞。我和中国的接触也是源自他,1988年他叫我到北京开设暑期班,并且是负责较难的课程。在1999年他任命我为奥尔夫基金会的成员之一,当他从奥尔夫基金会执行主席的职位退休之后,他让我做他的继承者,这一职位我从2003年做到了2007年。

二、情系中国

1. 初次结缘

Q：您第一次来中国是1988年，还记得当时的情况吗？

A：当时是在奥尔夫基金会的资助下，由中国音乐家协会音乐教育委员会与首都师大音乐系联合主办的奥尔夫师资培训班。由我和曼努艾拉·魏德迈尔、彼得·库巴斯三个人到北京讲学，为期一周左右。要说情况，其实因为那不是第一次有奥尔夫教师来中国给你们讲课，加上廖乃雄先生一直都在做奥尔夫音乐教育理念的推广工作，所以大家不是一无所知地来听课，都是对奥尔夫有所了解，并有一定兴趣的人才报名来听课的。但是要说这次上课的效果，你应该比我清楚，因为我们上完课就回去了。（一阵笑声）不过要说有趣，我记得在讲课的时候让大家做游戏，男女生都会很害羞，不肯在一个组里做游戏，我不知道为什么会这样，我在上面又唱又跳时下面只有人笑，却没有人跟我做，瞬间让我觉得自己像个杂耍演员。哈哈！但现在不一样了，大家很放得开，很大方地做游戏。还有就是越来越多的学生开始说英语了，这让我的上课节奏明显可以加快很多，而且像你一样，大家都讲得很好。

Q：谢谢！我之前采访过一些那次来听课的学员，他们现在有些已经成为我国奥尔夫音乐教学法推广的主力。除了对奥尔夫教学过程中的游戏性、学生的主体性等印象深刻以外，他们对奥尔夫教师在课程内容上的编排技能叹为观止。如交响乐曲的欣赏，声部繁多的器乐合奏，结构较庞大的乐曲创作和演奏，即兴作曲和舞蹈，音乐舞台剧的完整演出等等，这些内容的教学，在他们看来似乎在初高中都难以进行。但是，你们做到了。

A：是的。从孩子这个层面开始，不是把要求提得很高，而是根据孩子的特点施教，培养他们的音乐个性。这听上去很理论化，我们从音乐元素出发，让孩子感兴趣，让他们达到我们的标准，这就是奥尔夫的目的。以一种开放的心态来接受本国和他民族的音乐文化、舞蹈、语言、动作等都很重要。我们音乐学院也教专业学生这样学习，如巴赫的创意曲、前奏曲等，我们常把现实分成音乐的世界和不是音乐的世界。奥尔夫思想就是认为每个人都有音乐的能力，都应有机会享受音乐的美。

是的，只要会对教材进行分解，由浅入深，从简短浅易的素材入手，然后采用重复、叠加等简单的方法，通过正确科学的教学步骤，使音乐素材得以不断地加长、加厚、加难，不知不觉中学生们就能拾级而上了。最终学生们可以消化、展现给我们的作品的难度往往超出我们的想象。这不能不说是奥尔夫教学法的一大特色。

事隔10年之后，也就是1998年，哈特曼教授作为奥尔夫教师代表，在上海音乐学院音乐教育系为专升本和本科二年级的学生分别开课，从八个方面具体详细地介绍了奥尔夫音乐教育体系，除了从理论角度出发，介绍了奥尔夫历史、奥尔夫教学法的原理和发展以外，这两次讲座最大的亮点就在于哈特曼教授用实际的课例，告诉学员们如何真正把奥尔夫教学法运用于乐器教学、启发性教学以及如何把音乐与绘画、舞蹈等各类教学融合到一起等问题，实战性的课堂模式给我国的音乐教育者带来了很多启示。

同年3月24日,贺绿汀院长接见了哈特曼教授,在会谈中哈特曼教授说道:"奥尔夫基金会对贵院很感兴趣,希望今后能进一步发展关系。每个国家都要结合自己的文化来吸收奥尔夫的精华,我很赞赏贵院广泛接触世界各国经验的做法,不是盲目接受,而是有选择。我给贵院上课是我的方法,你们可以有你们的方法。教师没有选择,那么再好的体系也没有用。"

从哈特曼教授简单直白的言语中,我们感受到了他对奥尔夫精神的推崇,看到了当时他对在我国推广奥尔夫音乐教育体系的认可以及美好愿望。也正因为如此,当贺绿汀院长在提出我院想继续请德国专家来上课,长期合作,希望能有出国访德的机会,并且能出版相关的奥尔夫教材等要求时,哈特曼教授表示一定会全力配合。

2. 深入合作

1999年,也就是哈特曼教授刚刚加入奥尔夫基金会的这一年,在廖乃雄先生的努力下,上海音乐学院音乐教育系江明惇教授、王少华老师一行人得以赴德参观考察。在此过程中,双方讨论了合作问题。如果说在1999年之前,邀请专家来我国讲学都是零碎的,那么这次合作的目的就是希望能有一个全面的、连续的专家组来讲学,开办奥尔夫培训班,让更多的人全面地了解奥尔夫体系,建立长期合作关系。除此之外,江院长和廖乃雄先生进一步提出,希望我国能有更多的师生赴德听课考察。可见,奥尔夫音乐教育体系作为一种新兴的教育理念,在当时的上海音乐学院得到了很大重视,也正是因为学院领导的重视,奥尔夫音乐教育体系才有了正式在我国发展传播的平台。

在这次考察活动中,哈特曼教授作为德方代表,像导游一样地陪同给我院代表留下了深刻的印象,"和气、善解人意、聪明"是大家对他的评价。可能因为1998年在中国的愉快合作,除了规定的行程,在奥尔夫学校听了从幼儿园到成人的教学过程后,哈特曼更是热情地带大家到了他位于山上的家中做客。也正是因为这次机会,我院的老师们和哈特曼教授彼此更进一步地了解,为他之后结下与中国的缘分,频繁地到我国开课埋下了伏笔。

此次活动之后,上海音乐学院与奥尔夫基金会签订了为期四年的协议,协议中明确指出:在合作的四年里,奥尔夫基金会每年都将派一名教师到我院授课;我院每年都能有名额去奥尔夫学院进修学习。可以说,这次协议为我院刚成立的音乐教育系创造了良好的机会,也为哈特曼教授正式走上中国音乐教育的大舞台提供了良好的平台。

Q:我查看了相关资料,发现您从2000年开始,几乎每年都会来中国讲课,有时甚至一年两次,是什么原因让你愿意放弃那么多陪家人朋友的时间,到世界各地讲课呢?在我看来,这是份很辛苦的工作。

A:首先我要说,我是工作狂,没人逼我,完全都是我自愿的,因为太热爱这份工作,所以我停不下来,真的是乐在其中。其次呢,我觉得我和中国很有缘,你知道我到世界各地讲课,最愿意来的还是中国,我喜欢中国人的热情好客,像你的老师余丹红,还有北京的李妲娜等等,每次我来他们都把我招待得非常好,我好像爱吃你们中国的所有东西!实在很美味!还有,当然也是最重要的一点,我喜欢你们中国的认真好学,每次过来教的可能是不一样的人,但唯一不变的是他们上课的那种专注,我能感受到他们对奥尔夫教学法的渴求。这也让我越来越有压力,逼着我去创作很多的课例来展现给大家,我很怕我创作的速度跟不上你们学习的速度。(笑……)

Q:您的工作可以说是桥梁性的,您把奥尔夫带到了中国,让很多中国人知道了奥尔夫,可以说,您改变了很多人的人生。因为很多人通过你才真正了解学习了奥尔夫,然后开始从事新的工作。

A:呵呵!这个对我来说只能用猜想的,因为我到这儿来讲课,两周、三周……这之后我就走了,不知道这些学生后来是怎么发展的,因为很少有人会告诉我这些。但是也有人会偶尔写信给我。我记得有一个南京艺术学院就有一位老师,经常跟我写信联系。然而其他的我只能猜。他们的人生可能有所改变,但是我真的不知道,我觉得你们可能比我更了解,因为你们一直都在中国!

Q:这么多年下来,从你的角度,能感受到中国音乐教育的变化吗?

A:变化一定有,但具体怎么变的我很难说。因为我每次来都只是讲课,最多就是我来了,看一节课这样子,说:"哦!现在你们是这样上课的!"我不知道你们进步了多少,因为我很少有机会观察。去年10月我在北京,我看了他们是怎么教奥尔夫的,当然他们还有很多地方需要改进,还不是很完善的。但我至少知道他们现在是怎么使用奥尔夫的了,有很好的平台和想法,有进步的空间。要说变化我只能说说学生的变化。最大的改变就是开放了很多,从开始的害羞拘谨,到现在的大方配合。还有就是越来越多的学员来听课,不再仅仅是单纯的复制了,他们开始有了自己的思考,提出很多很好的问题,这是我很开心看到的。有疑问说明他们在动脑筋消化吸收了。那么我相信这样的学员在之后自己的教学过程中一定能做得很好。

Q:是的,因为大多数人没有机会出国学习,所以大家都很珍惜专家来国内给我们上课的机会,应该都想着抓住时机向您请教的。不过,虽然有像您这样的专家常常来给我们讲课,但是我觉得师资缺乏还是我们的一个重要问题。

A:能问一下平时你们由谁来教教学法这门课吗?

Q:我们学校是陈蓉。

A:陈蓉当然做得很好,但是她主要是集中于舞蹈律动那一块,我发现你们有很齐全的奥尔夫乐器,但为什么你们很少去用呢?我想你们同样需要有专门可以辅导使用奥尔夫乐器的老师。

Q：那面对这样的问题，你觉得我们应该怎么解决呢？去萨尔茨堡进修吗？

A：当然，这是最好的，还可以去美国等地。但有一个问题，就是出去学习通常花费都很贵，所以很少有人能全部读下来。除此之外，我觉得实践机会很重要。好的老师绝对不是一天成就的，一定是经过千百次实践的积累才能变得成熟，因为把学到的东西转换成自己的东西，再去教授给别人，这必须要有一个时间过程。我想，你们现在可以提供给一位老师成长的实践平台还是太少了。

Q：看来我们在多办培训班请专家过来为我们讲课的同时，也应该更多地提供我们自己的老师之间实践交流的平台。

A：是的，你知道奥尔夫体系本来就有它的开放性，没有既定的教材可以照搬。每一位奥尔夫教师的教学，实际上都是他个人对奥尔夫教育理念的一种理解和诠释，所以我有我的风格，别的老师有别的老师的风格，你们在吸收各种风格的同时也应该形成自己的风格，就像陈蓉那样。

回顾历史，2000 年以来，上海音乐学院和中央音乐学院分别作为南北奥尔夫音乐教育体系发展的中心，吸引了全国各地的音乐教师前来进修学习。可以说，在这一时期，哈特曼教授工作的很大重心都在中国，他作为奥尔夫基金会的代表，为奥尔夫音乐教育体系进入中国作出了巨大贡献。也正是这样高频率的开课，为哈特曼教授在中国积累了超高的人气，不仅仅是上海、北京，还有南京、广州、深圳，所到之处几乎都是场场爆满。更多时候，他几乎成了奥尔夫音乐教育体系在中国宣传的一张活名片。

第一档有关奥尔夫教学法的节目在 1948 年 9 月 15 日播出。

采访者简介

华怡婷，2009 年获上海音乐学院音乐教育系学士学位；2012 年获上海音乐学院音乐教育硕士学位，师从余丹红教授。现任无锡市小鹏舞蹈艺术培训学校校长。

2006 年至 2009 年，在上海市乌南幼儿园实践奥尔夫教学，追踪指定实验班从小班到大班的音乐课程，证明运用奥尔夫理念可以带给孩子们更好的音乐综合素养。2009 年至 2011 年，多次担任前国际奥尔夫基金会主席沃尔夫冈·哈特曼教授来华授课的陪同翻译，采访稿《见证历史——奥尔夫教学法在中国》发表于《中国音乐教育年鉴 2010》。硕士毕业论文《哈特曼与中国音乐教育二十年》，以奥尔夫教师哈特曼教授为例，研究其个人与中国音乐教育之间的关系，填补了这一研究领域的空白。2012 年起在无锡太湖学院音乐系担任教学法、乐理、视唱练耳等公共课讲师，并担任"金宝贝"等早教机构的课程顾问。2017 年至今，担任无锡市小鹏舞蹈艺术培训学校校长，作为无锡市优秀校外培训组织代表，始终致力于社会艺术教育的普及与推广。

廖乃雄访谈
——关于奥尔夫教学法的几个观点

● 余丹红

Q：您如何看待奥尔夫本人对自己的定位？他是否认为自己主要是一位作曲家？以作曲家身份出发的教育家，是否对音乐教育的理解更为深刻？

A：据我所知，奥尔夫和柯达伊都不把自己分裂为两个人：作曲家和音乐教育家；这二者在他们身上根本是浑然一体、密不可分而平行并存的。世称的"奥尔夫风格"，原指他的音乐创作风格质朴无华、独树一帜，而这和他基于元素性的音乐教育理念，不正体现着是在不同领域上滋生的同一体吗？！奥尔夫是地道的南德巴伐利亚人，不仅以巴伐利亚的方言和民歌作为其语言与音乐的母语，而且在生活习性和趣味上也具有浓郁的乡土气，曾一再扬言：自幼听父亲家中那位老保姆用巴伐利亚方言说民间故事，仅其声响、音调即已美妙绝伦；这也正是奥尔夫历来强调语言自身即系音乐的明证。他在《学校音乐教材》中写的许多歌曲，让人难以区分哪些是民歌童谣，哪些是他的创作。纳粹期间曾有友人劝他移民去美国，他表示自己不熟悉英语，只熟悉巴伐利亚本土的语言与音乐，不能离去。同样，柯达伊收集、研究匈牙利民间音乐的思想、成就与风格体制，和他的音乐教育理念之间，不也存在着一条显著的精神与艺术的平行线吗？！

Q：您通过在德国与奥尔夫的交往，他个人对您最富有启发的部分是什么？

A：我和奥尔夫的"交往"应当从70年代中算起，那是一种同样深刻的精神交往：我因参与全国性的欧洲音乐史编写组来到北京，常去音乐家协会内部藏书中挖掘资料，无意中发现一张捷克音乐家赠送的唱片：奥尔夫的《卡尔米纳·布拉纳》，并附有介绍和拉丁文唱词的德译文。这位作曲家和这部作品的名字，对于当时的我们都全然陌生。我听后深深被打动，并向全组同仁介绍。想不到1980年冬有缘被派赴西德考察，得以拜访奥尔夫本人，从而和他结下不解之缘，无论我是否在德。他对我的启发一言难尽，如今回顾起来受影响至深的，可首推为：从人学和哲学的视野审视音乐教育，虽然奥尔夫并未直接使用这两个名词，而实际上却理当如此归结，如他的名言是："音乐教育是人的教化"[①]，"音乐始于人自身，教学也应当如此……人们不应当走向音乐，而是音乐应当自己进入"。[②] 他在临终前三年的一次采访中还说："你们去看看我们的那些教学计划，那里可以看到'教学大纲'以及一些了不起的东西，可是忘却了孩子和音乐。这就像在日本也没有了音乐一样：如果成百个孩

---

① 出自德国的吕本（H. J. Rüben）教授1963年7月21日采访奥尔夫的谈话录。
② 奥尔夫：《关于对儿童和业余爱好者进行音乐教育的想法》，《音乐》，1932年6月，669页。

子同时在拉提琴,而每个人的呼吸是不同的。如果我不能为我而呼吸,我就只能机械地做动作,而音乐必须要呼吸。"①

Q:回国之后,您推广奥尔夫教学法的主要途径是什么?有什么特殊的契机,加速了对教学法的推广?

A:1981 年起,我开始在国内介绍奥尔夫的音乐教育理念与体系,并撰写短文发表。1982—1984 年再度赴德回国后,前后在上海等十来个城市讲演,并播放奥尔夫作品与教材的录音。1985 年起,我前后两次在上海举办为期数周或数月的奥尔夫音乐师资培训班,学员来自全国各地。我将选编、中文译配奥尔夫的《学校音乐教材》印发给学员,还翻译了凯特曼的《奥尔夫儿童音乐教学法初步》和奥尔夫的《节奏练习》出版。1986 年暑假期间,我应郑州教育局邀请,为 300 名幼儿园教师举办为期数周的奥尔夫音乐教师培训班。1985 年起,在老院长贺绿汀恩师大力支持下,和北京音乐家协会李姐娜女士和上海教育局郁文武先生配合下,我们先后邀请了德奥美的奥尔夫教师前来我国各地举办讲习班。第一位来访的西柏林奥尔夫小学音乐教师施耐德尔夫人,还由贺老亲自接见并宴请。她不仅前后两次来上海、南京、广州、西安等地办班,还携带了好几套奥尔夫乐器赠送各地,播种下我国第一批奥尔夫音乐教学和奥尔夫乐器的种子。她返德后特地绘制中国地图悬挂家中,标出来自中国各地学员的地点。此后前来的各国奥尔夫教师也各尽所能地发挥了重大的作用,从而使奥尔夫教学得以在我国逐步推广。1986 年后,我们还和西柏林学校音乐协会签订合约,进行中小学音乐师资为期一学期的分批互换、对应交流,先后有数十名教师和音乐教研员等前往西柏林,同时也应奥尔夫协会和萨尔茨堡的奥尔夫学院邀请,前往南德和萨尔茨堡奥尔夫学院参观、听课与交流。80 年代我在德期间曾两次应邀,分别为德国的奥尔夫协会和奥尔夫基金会举办讲演,讲述在中国开展奥尔夫音乐教育的过程和经历。以上仅系我们和奥尔夫协会与奥尔夫学院在 80 年代的交流,此后的交流更是有所加强。

Q:您觉得奥尔夫教学法与中国音乐教学中的对接情况如何?有没有水土不服?

A:奥尔夫音乐教育的对象偏重于儿童,基于元素性的音乐教育原理,主张大力采用以本民族为主的民歌童谣,并首先采用五声音阶的调式;这些理念和做法都特别适合于中国,所以根本谈不上有"水土不服"的可能,因为它的本质即非进口货,除非是自行误解或篡改。

奥尔夫体系尤其适合于中国,有着灵犀一点的相通与亲和,能针对中国国民音乐和儿童音乐教育许多传习的弊病谋取疗效,如对强制的排除、被动的改制、本能的发挥、主动积极性的调动和创造性、即兴性的激励等。当然,这些都需要具备明确的意识与具体的作为,并经历长期实践与探索、尝试与改进、渐进与根除。

---

① 见《我从不想赶时髦》,列文斯基(W. E. Lewinski)采访作曲家奥尔夫,《普通日报》,美因茨(Mainz),1979 年。

Q：您认为在高等院校教师教育专业中开设奥尔夫教学法课程的重要性以及成效如何？

A：开设这一课程有利于比较借鉴、开阔视野、促进思索、激发探索、加强实践、取长补短、提升效益等不一而足，至于成效如何当然难以一概而论，而只能取决于各自的条件、可能和素质、作为。

Q：您认为奥尔夫的原本性概念的核心是什么？

A："原本性"一词的原文是 elemntar，这一意译的译名源自家父青主：50 年代每当我遇到翻译难题，总会写信求教于家父，是他建议我将此词译为"原本性"。因为此词虽源自"元素"（Element），但也有回归其始源的含义。所以，我在此后许多译文中都曾沿用"原本性"这一意译词，正如奥尔夫所言："原本性的拉丁文是 elementarius，意即'属于基本元素的，原始素材的，原始起点的，适合于开端的'……"① "我想以全部力量来宣扬一种元素性的音乐，重新追溯源头。"② 从事音乐教育理应探本穷源，即"重新追溯源头"③，首先在于追寻与剖析音乐与教育构成的元素，但"原本根本不是原始"④，而仅意味着追溯其构成的基本元素。为此，当需要强调音乐构成的元素时，需直译为"元素性"，如节奏是音乐构成的重要元素之一，节奏教学则是一项重要的元素性（而非原本性）音乐教学。我编著的《元素性音乐教育学》书名，不可能改称为《原本性音乐教育学》，因为那里探究的是音乐构成的各项元素，作为音乐教育—教学的基础。首先在教育领域创用"元素性"这一用语的，是瑞士教育家裴斯塔洛奇。奥尔夫是在他的基础上加以发挥，移用于音乐教育而发扬光大的。所以，为了追溯并认识对象的构成基因时，理应直译为"元素性"，而不能意译为"原本性"；反之，在强调其根源以探本穷源时，则可意译为"原本性"。

至于奥尔夫创建的元素性音乐教育 - 教学及其理念，首先需学习他对这一命题的全部阐述，并结合他的音乐教育理念与实践深入探究。例如："元素性永远是一个基础，它是不受时间限制的"，"元素性意味着属于诸种元素的、根本材料的、最早开始的、适合于作为开端的……元素性的音乐绝不单是（后于概念的）音乐，而是和语言与动作结合在一起的，它是一种人们必须自己去做的音乐，人们不作为听者，而作为参与唱—奏者涉及其中。"⑤

Q：您认为成为一名合格的奥尔夫教师需要具备哪些基本素质？

A：我认为主要在于两点：1. 具有合格的音乐素养；2. 对奥尔夫元素性音乐教育体系

---

① 《卡尔·奥尔夫和他的创作》，第三卷，277 页。
② 飞向月球是元素性的，对最源头的追溯，马丁·孔茨（Martin Konz）采访作曲家奥尔夫，《新音乐报》，1975 年 4/5 月。
③ 奥尔夫语。
④ 沃尔夫冈·塞弗尔特（Wolfgang Seifert）：《一切在于精神》，1970 年奥尔夫 75 岁生日时，应西德广播电台邀请进行的谈话录。
⑤ 《奥尔夫的学校音乐教材在世界各国》纪录片前言。

及其理念具有较全面、正确、深入的感受、感知、感悟与认知,并能进行具体的实践与教学,包括唱、奏、动作、表演、即兴、编写等。

Q:您认为中国当下的奥尔夫教育推广情况如何?下一步继续发展的方向是什么?
A:我认为总的说来是好的,但参差不齐,而发展的方向首先在于师资培养和提高。

Q:在来访的德国音乐教育专家中,曾有人提出:奥尔夫教学法是20世纪中叶的概念,具有历史价值,对今天的音乐教育并没有直接的现实意义。对这个观点您怎么看?
A:我认为:持此等见解者理应首先去重温奥尔夫一系列的话:

"所有我的理念,关于元素性的音乐教育的理念,并不是新的,我注定的和所能做到的,是把这些古老的、不朽的理念,从今天的观点出发,重新地说出来,并着手去实现它们。所以,我不觉得自己是什么新的东西的创造者,而是一个把旧有的财富继续传下去的人,就像一个接力赛跑者,他把火炬在古老的火种上点燃后,一直带向今天。我的后继者们同样注定也有这样的命运,因为如果一个理念保持有生命力,它也就不会随着它的生命而告终。保持活着意味着自我演变,随着时间并通过时间而演变;充满希望、永远激动人心的,正在于此。"[①]

"一切现代的东西都将受时间的制约而变得不现代。"

"和时代紧密联系的东西失落了,而精神的力量却保持永存。"

"在一切之中,我所着意的不在于音乐,而在于精神的探索。"

"但凡是赶时髦的、一切可能做的作业,都必定会衰落。一切'时新'的东西,为时间所决定都会不时新。原本性的东西却以它的没有时间性,在全世界各处得到理解。所以,走遍全世界的,不是我为表明一种理念所写的《学校音乐教材》,而是那个理念本身。原本性的东西是有生殖力的,它使我感到幸福,所以我决定要抓住这个有生殖力的火星,诉诸人们身上原本性的东西,并唤醒使人们精神上结合在一起的东西。"[②]

Q:您认为奥尔夫教学法在中国可能遇到的最大的困难是什么?
A:最大的困难在于缺乏全面、深刻的理念认知和理想的、足够多的师资队伍,以及对强制的认可或过分容忍。

Q:从音乐教育学的角度而言,教学法是整个教学体系中的一个环节,它将教学目标课程内容传递给学生。从这个意义而言,教学方法的重要性是否体现在其特征与课程内容与教学目标需具有高度匹配度?奥尔夫教学法是否存在教学短板?比如在音乐历史的学习方面?

---

① 奥尔夫于1963年在奥地利萨尔茨堡的"奥尔夫学院"建校三周年大会上的演说。
② 《卡尔·奥尔夫和他的创作》,第三卷,277页。

A：我一向反感"教学法"这一用语，至少认为不适合用于奥尔夫，因为关键不在于"法"：方法仅系一种手段，倘若本质与水准存在问题，任何方式方法也难以补救。我翻译出版凯特曼的书名《奥尔夫儿童音乐教学法初步》，并非出自我本人。

奥尔夫教学的主要目的在于"扎根"——扎音乐之根，换言之，即打下扎实、良好的音乐基础，正如奥尔夫所言："在失去了根的时代，扎根者具有冲力。"[①]此言值得人们深思！尤其针对失去了根的某时某地者。奥尔夫教学针对的主要对象是儿童；也正因如此，奥尔夫将这一音乐教学冠之以"元素性"一词，而他一再强调：继此之后，理应转向正规地学习一种乐器，而绝非仅停留于元素性。

采访者简介

见第 19 页。

---

① 孔斯坦廷（Konstantin Prinz von Bayern）：《卡尔·奥尔夫》，见肯德勒（Kindler）：《伟大的名字》，慕尼黑，1956 年，373 页。

李妲娜访谈
——星海音乐学院音乐教育专业研究生的培养及课程模式

● 何　璐

　　李妲娜，音乐教育家。1941年出生在缅甸仰光，原籍广东台山。中共党员。1966年毕业于中央音乐学院管弦系小提琴专业，1973年至1978年在中央广播乐团任小提琴演奏员；1978年至1997年先后在中国音乐家协会"理论创作委员会""表演艺术委员会""音乐教育委员会"任秘书、常务副主任等职，在音乐教育委员会期间，曾在李凌、赵沨等领导下组织了七届"全国国民音乐教育改革研讨会"。1988年起组建中国音乐家协会奥尔夫专业委员会并任会长，组织各类师资培训班数十期，并担任主讲教师，其中包括十七届为期一年的培训班，培养学员数千人次。1989年至今曾多次率团赴德国、奥地利、美国、澳大利亚、加拿大等国考察音乐教育和参加国际研讨会，并在会上作教学展示。2000年参加《国家艺术教育课程标准》研制及实践活动，近年来还在四川、广西等地的"国培班"授课。有《走向未来的音乐教育》《奥尔夫音乐教育思想与实践》等著作（合著），发表论文数十篇。曾任星海音乐学院硕士生导师，以及中央音乐学院继续部、中国音乐学院校外名师讲座、北京联合大学师范学院、广东外语艺术职业学院等高校的客座教授，现任中国音乐家协会奥尔夫专业委员会会长。

　　2012年暑假，笔者就"星海音乐学院音乐教育专业研究生培养"等师资培养的相关问题对李妲娜老师进行了一次采访。我们的谈话是在李老师的书房中进行的。在本次访谈中，李妲娜老师重点介绍了自2006年至2012年以来星海音乐学院音乐教育专业研究生课程的建构和设置、特色和实施，以及我国目前音乐教师的培养等相关问题。

　　作为李妲娜老师培养的第一届研究生，在与老师的访谈中，我似乎又重温了一遍研究生阶段的学习时光。本来只是预备了一些问题，但在听了老师的谈话以后便情不自禁地谈起了自己为什么选择考星海音乐学院的研究生，以及研究生三年以来的收获和体会。于是我们的访谈从开始的半结构性访谈模式转变成之后的非结构性的、开放性的访谈模式，访谈的内容从星海音乐学院音乐教育专业研究生的课程模式，追溯到星海音乐学院音乐教育研究生的考试模式。以下是我们访谈记述，在此分享给大家，希望能给关心音乐教育专业研究生培养的老师们和同学们提供一些借鉴。

　　Q：您认为作为一个合格的音乐教师需要具备什么素养？
　　A：第一，要有事业心、责任感，要意识到自己的职业的价值，当然必须有爱心，因为教育是育人的职业，针对的是人。
　　第二，要有音乐感觉、要爱音乐，技能技巧不是第一位的，没有感觉怎么去教音乐呢，要有一种热情、要投入，对艺术要敏感，不能麻木。

第三，要有比较好的音乐文化素养，作为一个好的教师，素养越高越好。我父亲曾经说过："有的人搞了一辈子音乐可能都没入门。"对音乐真正的把握和理解，并不是你学了就能真懂，如果学了很多知识和技能技巧，或是支离破碎，或是堆积起来的，那有何意义？技能技巧也是有"魂"的，如果没有"魂"，那就是一盘散沙，没有任何价值。在这点上，我指的是对很多东西要真正把握它的核心。很多人认为会识谱、会唱几首歌就叫懂音乐了，这些素养对一个音乐教师来说是远远不够的，要包括在音乐上、音乐文化上、教育理论上的素养。

第四，要有很好的观察、交流、沟通，以及表达的能力。很多人满腹经纶却无法表达，只能自己感受，就不符合教师的要求。教师最重要的就是要有教学方法，把握教学方法的灵魂，在这点上，像沈湘、林耀基等很多老师很容易就能把你教会，这里面有方法的问题。当然，作为一个合格的教师还必须具备很多素养，但是我觉得这是个基础。

Q：您培养研究生的课程是怎样设置和建构的？

A：2001年至2006年我在中央音乐学院继续教育学院教本科的教学法课，这使我积累了一些教学经验，那时每个星期带三个班，每个班每星期四个课时，后来还增加了选修课，每年都搞结业汇报演出。这六年我觉得我得到了特别好的锻炼，从学生身上学到很多东西。

第一，成立导师组。从2006年开始星海音乐学院请我去带研究生的课程，当时我们的设想就是："要培养出有理论基础的实践型人才。"我自己虽然学了一些教学法，无论是音乐学、还是教育理论，我都不擅长，再一个我是学表演专业的，特别是音乐分析，也欠缺很多，所以我就建议能否组织一个导师组。后来我在全国推荐了两个人，一个是刘沛，他在课程论、教育学、音乐心理学等方面非常擅长，特别是他在西北大学时学的是学前教育的硕士课程，后来在哥伦比亚大学时学的是课程论，我觉得在音乐教育界有他这样深厚功底的人不多见。再一个就是我觉得我们既然是音乐教育，就必须在音乐学、音乐理论方面要找一个顶尖级的人来，那么就请了管建华，他在我们国家音乐学方面是一个非常关注国际前沿发展趋势的人。这个对于我们音乐教育的学生来说，会使他们在整个的理论上站在比较高的层次上。当然，我们还需要一个音乐分析方面的专家，正好蔡乔中博士在星海音乐学院，后来由我们四人形成了导师组。现在教委非常重视导师组这种模式，很多学科向前发展的时候，都是一些边缘学科的综合，有的学科已经旧了，它要突破，就必须跟别的学科进行结合，导师组能够弥补单一学科的不足和缺陷，这样的话，它就有可能更快地培养出比较前沿的、新的人才，所以我们成立了这样一个组合。在这一组合中，管建华老师主要负责音乐教育学、音乐人类学等课程，如当代音乐教育文化学、后现代音乐教育学等；刘沛老师主要负责音乐心理学方面的课程，如音乐心理学导论、教育研究方法；蔡乔中老师主要负责音乐分析方面的课程；李妲娜老师主要负责奥尔夫音乐教学法、教案写作、课例创编等实操性课程。

其次，在音乐基础课程方面，蔡乔中作为研究生部的主任，他认为作为一个研究生，不论是什么专业，在知识结构与在音乐上必须具备一些基本的素养。这对于我们音乐教育专业很重要。他给学生开设了音乐人类学、多元文化、音乐史学、音乐分析学,以及指挥、打击乐等表演课程。现在音乐学院的音乐教育专业还有很多表演方面的课程,像中央音乐学院、上海音乐学院。但是,大多数学校的研究生都不涉及表演方面的课程了。

第三,在教学法课程方面,我们以培养实操型的人才为主,我们一定要培养出既能上讲台,又有一定的理论水平的研究生。因为我们看到我国近十年的研究生培养是有这个问题的,很多研究生只会写论文,但是不会上课,搞音乐教育怎么能不会上课?实际上,音乐教育是一个实操性很强的实践性学科,音乐教育理论是需要人去研究的。说实话,在世界上,包括美国,也只有少量的、纯粹的理论家,但是这些人一定是从实操出来的,他也一定是会表演、会上课的,只是比较侧重于理论研究,大量的音乐教育专业应该是实践性、实操性的。此外,我觉得音乐是一种表演艺术,离开了表演,离开了"做乐",怎么能更好地理解音乐?所以,我们的目标就是要让学生既能上讲台,又能上舞台;既有理论水平,又有研究水平。当然,很多人讲培养一个人才要有好的生源,的确,好的生源可以培养出很高层次的人才。但我认为,如果你的理念和方法是新的,即使学生基础差一些,素质不是那么高,也可以很快站到前列去。所以,对于研究生的培养,我有一个很重要的想法,就是你要激励学生成为最好,当然我也有信心,因为我们用的是最新的理念和方法,所以可以使他们在很短的时间里处于一个很高的起点。

从2006年到现在,我们已经毕业了四届了……

Q:这些课程有什么样的特色?

A:我们的课程主要有以下几个特点:

我花了将近三十年的时间在研究奥尔夫,在了解了国际上最重要的音乐教育体系之后,经过比较,我选择了奥尔夫为"桥"来进行实操性教师的培养。

第一个特点:实习课

我们课程的第一个特点就是大量的教学实践。目前在很多发达国家研究生的实习量是很大的,比如德国,它要求研究生在毕业前必须有一年半的实习,没有实习,你就拿不到教师证,就不能考试。奥尔夫学院第一年是见习,之后从第二年开始大量的实习。作为一个教师没有大量的实践,很难成为一个合格的教师。所以,我们现在是这样,首先是见习、观摩教学,第二是实操,第三是实习,针对大学、中学、小学、幼儿园进行教学实践。我们的目的,第一就是让学生了解何为教育?何为教学?纸上谈兵是没有用的。第二就是要以人为本,要了解教育对象。这个了解不是书面上的,也不是偶尔去上几次课,而是长时间、非常仔细地去观察、揣摩和沟通。第三就是大量地积累教学经验。人是活的,教学是活的,要看怎么去组织。我觉得教学研究的就是教学过程,你要有教学铺垫,有时候一个小的教学环节乱套了,就砸了。在大量的实习中,增加学生的责任感,增加学生的教学能力。这些东西对他们的锻炼是非常大的。我们的学生经常要去农村,常常要很早就爬起来,我们还要跟孩子们住在一起、生活在一起,这些对于他们走向社会非常有好处。所以,我们的学生走向社会的适应性还是比较强的,不至于一点都不会教。

第二个特点:理论与讨论课

首先,学生必须阅读大量的书目,了解人类学、教育学、心理学、哲学等最前沿理念和信息,并学会怎么去读书。

第一,刘沛和管建华的理论课程。他们每学期都会把音乐教育理论、课程论等国际上最新的理论讲给学生。比如,刘沛2012年来讲课时,带的就是《音乐教育原理》(2010年版本),他不讲已经有的东西,他就讲这本书中增加了什么,管建华来讲的音乐人类学、世界音乐等,或像他最近讲的"身体、空间"等,这些问题在哲学界都是最新的、最受关注的热点话题,更是我们奥尔夫教学法的理论问题。如"音乐人类学对以往的欧洲中心论带来了很大的冲击,使我们完全换了个新的视角看待世界"。他们的讲座的最大特点就是信息量大且新,这促使学生学会怎么去了解理论,怎么去读书。

第二,有关奥尔夫教育理念的讨论。奥尔夫曾说:"走遍世界的不是我的教材而是理念。"因此,我们必须与时俱进,我们总能结合国际上教育学、课程论等领域中最新的理论,对奥尔夫进行学习和探讨,如创造性、综合性、范例法等。这些都是教育界的热点问题,也都是奥尔夫的教育理念。我们每个星期都有这样的一个讨论课,每个同学都要准备。

第三,有关教学法的讨论。主要是关注达尔克罗兹、柯达伊教学法,特别是近几年的教学法,比如布鲁纳发现教学法、范例法等。

第四,备课与讨论。首先让学生学习、梳理、模仿外国专家的课,但是你必须整理出自己的教案,然后从备课到上课,再到集体的评课。在这个过程中,大家互相学习、互相帮助,除了能够深化学生的理论,还能锻炼他们的口才。

第三个特点:以奥尔夫教学法为"桥",吸收国外前沿的教学法理论。

为什么我要以奥尔夫教学法为主呢?因为,在音乐教育委员会期间的十年里,我去了解国际上的各种教学法,发现奥尔夫教学法紧跟时代,非常新,如它的综合性、创造性、参与性等理念都很前沿。

第一,综合性。21世纪全世界综合,这也是后现代教育的理念,边缘学科林立的情况下,世界的认知已经从过去的形而上转变为一种综合的、统一的、融合的思维方式。在这样的情况下怎么去综合,是所有在探讨教育改革中大家都关注的课题。奥尔夫从1924年开始,就在探索学科边缘的综合,比如动作、语言、音乐的结合,之后他又走在世界前沿,在国际研讨会,我们发现奥尔夫教学法的综合性让你眼前一亮,哦,还可以这样!特别是音乐和美术怎么结合,这本来是一个非常难的题目,但是在奥尔夫领域,早就有一大批人在探索。

第二,创造性。1999第三届全国会议提出:"以创新和实践为宗旨的教育理念。"当时把对创造性能力的关注度提得特别高。那么,哪种教学法的创造性最突出呢?恰恰是奥尔夫,奥尔夫教学法探索的就是怎么能够培养一个学生的创造能力。他所谓的创造性不是把基本功学好了,然后去作曲、去创造,而是让你的认知从探索开始,从即兴开始,奥尔夫教学法提供了一整套创造性教学的手段。

第三,开放性。奥尔夫教学法与时俱进,是一种开拓性、开创性的教法,正如他自己所说:"吸纳百川、流向大海。"它永远在行进中,永远在变化中;它没有固定的模式,所以在这点上它非常符合现代的教育理念。

第四,参与性。过去我们把音乐课叫做唱歌课,这是一种参与,但这个"参与"比较狭窄,特别是国际上"实践音乐教育哲学"的理念提出来以后,就强调音乐是"做"的,所以曾经我们讨论过奥尔夫教学的灵魂是什么。现在的中小学有了多媒体,我们就看音乐、听音乐,不"做乐",原来还唱唱歌,现在连唱都不唱了。当然"做音乐"不仅仅是唱歌,现在更进一步提到动作,"动作是认知的重要手段,动作是人生命的体现,动作是建立人自尊的最有效手段"。怎么让所有的人都参与进来,有疾病的、残疾的、小孩等等,这些最新的理念,它都给你提供了很丰富的手段。我觉得奥尔夫的"参与性"在各种教学法中最为突出,它强调诉诸感性,而不是理性地说音乐,所以我们怎样从说、看,或者仅仅是听,到"做乐",才能使所有的音乐教学更靠近奥尔夫的"原本性"理念,即"以人为本",他的综合性、创造性、参与性、开拓性全是从"人本"出发。

所以我们的第三个特点就是选择一个音乐教学法为"桥"来操作。我不是空说,而是有大量的实践,现在很多人都不实践。怎么去实践?我觉得你一定要找准这个"桥",这个"桥"特别关键,能使你和国际接轨,而且你一定要选择最新的,眼光要高、要远,它将使你不会落伍。奥尔夫教学法看似简单,要挖深、搞透、弄通也是很不容易的,很多老师是教教学法的,一说奥尔夫,知道;一说柯达伊,也知道。但是,你把哪个真正搞透了、弄通了,你能操作多少?能给学生多少东西?我为什么以奥尔夫教学法为桥,一门深入,就是要把它弄透、弄通,俗话说"一通百通",你把这个东西搞通了,再去学习别的东西也能扎实一点。廖乃雄先生曾说:"奥尔夫一看就会、一做就错。"我们不能纸上谈兵,很多人拿着那本奥尔夫教学法的书念几段就叫教奥尔夫了,这个不行,奥尔夫教学法必须通过大量的实践、体验、反复的实操才行。我们的学生至少有100—500个课时的实践,甚至还要更多,这种实践使学生真正具有了教学的组织能力和教学过程的把握能力,以及他们跟学生的互动、观察和表演等能力都得到提高。

Q:这些课程具体是如何实施的呢?

A:我们具体是这样实施的:

研一:见习。

第一,看课。如看我和你师姐上课。

第二,读书、听讲座、讨论。

第三,补课。学习奥尔夫教学的独特的技能,像声势、音条、打击乐、竖笛、律动等。

第四,音乐文化课。这一点要特别感谢蔡乔中主任,他有超前的眼光,为学生开设了中外音乐史、现代作曲技术理论、室内乐、音乐人类学、指挥、外语等基础课,大量地学习音乐文化。

第五，提高音乐技能。除了理论，还要大力提高演唱、演奏等音乐表演能力。

第六，多听音乐会。说实在，现在学习音乐教育专业的很多研究生都不注重听音乐会了，其实这一点很重要。

第七，走向社会。主要是让学生通过见习，了解学生、了解学校，锻炼学生走向社会的能力。让学生去幼儿园实习，一开始很多学生不太理解。其实幼儿时期是学习音乐的最佳时期、关键时期，所有人都必须要关注这个时期，而且教幼儿，不能说音乐、看音乐，那你应该怎么去教？必须有方法，这对他们是个很大的锻炼。

研二：实习、组织考试、听理论讲座、准备毕业论文和毕业音乐会。

第一，每学期都要给本科生，或中小学、幼儿园学生上课。我们采用集体备课、上课、评课的方式，而且所有的课都有录像，之后大家都可以看录像总结自己的教学。他们都会到广外艺等固定的实习点去进行大量的实习，学生不仅要学会上课，还要学会与学生相处，组织各种活动。

第二，组织本科生考试，这种考试是奥尔夫课的教学展示，对于每一个学生来说都是终生难忘的，这也是奥尔夫教学法的理念，音乐教育是要上舞台的。我们从2006年到现在一共做了六届演出，如2007级的《和谐》、2008级的《东游记》等。在此过程中，全部由学生自己组织，不仅提高了他们的教学能力，还锻炼了他们创编、设计、策划、表演等各方面能力。此外，还要帮本科生设计结业考试中的微型课，以及修改毕业论文。高班的要学会辅导低班的学生，如研三的要负责辅导研二和研一的同学，而且教学不只是教音乐，有时候还包括处理学生之间的矛盾、处理学生的心理问题，这些方面对学生的锻炼很大。

第三，听理论讲座。到研二的时候刘沛和管建华的讲座就很深了，有时候学生都有点怕他们，因为要读的书太多，要掌握的太多了。或许有些学生只是看了书目，书的内容没看多少，但无论如何他们了解了前沿的理念，起码他知道还有这样的书、有这样的理论观念。

第四，准备自己的毕业论文和毕业音乐会。

第五，增加了音乐表演选修课。这一点也是很多学校没有的，很多学校一到研究生就不唱歌了，也不演奏了，就只是读书、写论文或做调查，但我认为音乐教育不光是教育，是要包括表演、组织等能力的。没有教学实践和音乐表演能力的学习和锻炼是不合理的，我们的学生一个学期就组织本科生搞一台音乐会。

研三：上学期主要是实习、带队、辅导低年级研究生备课、上课，然后是举行毕业音乐会和教学展示会，这是别的学校没有的，展示了我们上舞台、上讲台的能力。尤其是最后的创编节目和创编课例，这是奥尔夫教学法灵魂的东西，学生不是只会拿一个教材死板地去教，而是要会创编课例。下学期，撰写论文、准备论文答辩。有些学校规定不许学生当私教，但我非常鼓励学生到社会上去教课，不仅能半工半读，还是一个实践的过程，在音乐领域里你教得越多，就越能促进你自身的学习，使你在走入这个社会时拥有更宽的视野，但是影响学习也不行。我会告诉他们："赚钱不是目的，应该珍视这个锻炼的机会。"

李老师一直都说得非常投入，突然间她似乎觉察到了我想说些什么，便问我："你想说些什么？"我说："我觉得自己又回顾了一遍，又重新读了三年。"其实我一直都在回忆，也一直都在思考，思绪万千，只觉得时间过得太快了，一眨眼我就毕业三年了，而李老师也已经在"星海"进行了六年的研究生培养工作。

A：关于教师培养我想谈几点体会：

第一，我认为我们在高师，培养实操型的人才太欠缺了。现在能够教这种实操型的教师太少太少了。

第二，作为一个培养教师的教师，你必须不停地读书、学习，参加培训、参加国际会议、学习很多新的东西；你的知识要不断地更新，不断地向前，否则就会耽误孩子。

第三，教师的责任是育人，我觉得教师的起点不重要，也许交给你的学生的素质不够理想，但是，关键是你能否在他原来的基础上，用最短的时间、最快的速度提高他。要思考作为老师你有没有新的方法、新的理念能使他迅速提高。此外，作为育人的老师，你不能责怪学生。所以我反复强调，要激励学生，有的学生一开始都不敢讲话，讨论时不敢发言，后来变得滔滔不绝。他们现在的工作都很出色，上起课来游刃有余，这是大量的实践把他们练出来了，要不断地要求学生。

第四，尽量把眼光放在最前沿的发展趋势上，不断地注意前沿的学科领域。比如我在三年前注意到脑科学，那么我很快把脑科学引到奥尔夫教学法里来；比如现在又有"动作教学"，使自己和学生都站得高，虽然只有短短的三年，但是他们不容易落伍。

Q：这是个基础和种子。

A：但是这个基础一定要高。你要想让他们不落伍，你就要给他们前沿的东西。

第五，紧跟需求。一方面我要把眼光放在最新的领域，也许这些东西现在还时兴不了，但是没关系，从某种意义上讲我这些年是孤军奋战，各高校谁也不搞。另一方面我要紧跟市场，要了解市场需要什么？使学生走入社会能够有一个比较强的适应能力，比较好地发挥作用。如有些学生到理工科大学工作，奥尔夫教学法是没有门槛儿的，照样可以把学校的艺术课搞得有声有色，让他们知道音乐还可以这样教。有些学生认为上研究生就是为了去高校工作，但是我要告诉学生目前的实际情况，期望值不要太高。我们要鼓励学生在平凡的岗位上做到行行出状元，能不能做到最优秀？怎么样在自己的基础上突破、上进？

第六，严师出高徒。第一是严格，学生经常说跟我上课是炼狱，很辛苦。我要求确实很严，因为我觉得你的一生就这么短的时间，你要在这里打下一个很好的基础，所以我要对你负责任。有些学生一进来基础很弱，但是我要激励学生。如我们招了一个男生，他会吹葫芦丝，但其他方面对于奥尔夫教学法来讲确实差距很大。后来我让他研究"凯特曼的竖笛教法"，我教他怎么用凯特曼的方法来教竖笛：从一个手指开始即兴、开始多声，然后从首调进入固定调，根本不从读谱开始，就是听。他的毕业论文就是《从竖笛教学的入门谈奥尔夫教学法》，我后来还让他用竖笛吹协奏曲。他如果朝这方面发展，那就将会在全国拔尖，因为他起码是用奥尔夫的方法教竖笛。有些人也许基础较低，但可以找到自己的突破点，这就是奥尔夫教学法,它既可以综合,又可以让每个人找到自己的长处和突破点去成长。比如说李奕,她原来是不动脑子的,当她把拉班、芭芭拉等的文章翻译出来以后,理论上提高一大块。像李妍,她就喜欢教小孩,那你就别把她逼到别的领域。像沙玫,她就找准了自己的突破口,搞幼教。行行出状元,在很多人心目中,总是不能落到实处,就是你怎么去寻找你的价值所在,你人生的突破点,使你在芸芸众生中冒出尖来。所以,我的严师出高徒的方针就是激励和选择,关键是每个人如何去突破自己。

第七,建立师生团队。学生虽然毕业了,但师生可以成为一个团队,大家一起再学习、再提高,使音乐教育的团队不断有新的力量,不断去成长。研究生阶段只是一个起步、开始,毕业是另外一个启程。所以我的学生毕业以后我们还保持密切的关系,比如广东的学生比较多,我们就组成一个广东中心,捏成一个拳头,发挥作用,使这种新的教育理念、新的教学法更好地去普及。我们团结在一起,互相补充、互相学习,我觉得对每个人的发展都更有利。

好了,你还有什么补充?

Q:那您进一步对研究生的培养还有没有什么新的想法?

A:我七十多岁了,家里的老公和婆婆都需要我照顾,所以我不可能像以前那样带研究生了,好在已经有人可以接班了。再者,北京也是一个非常重要的基地,比如我到北京,我就搞读书会,感兴趣的学生都可以来听我的课。哪怕我个别教学,录像或书都可以分享。我们也办班,如果我准备培养他,上我的班不用交学费,我希望慢慢地培养更多的接班人。

这种培养方式在"星海"不知是否会延续下去,但是我希望他们能按照这个路子继续走下去。这六年我做了这样一些事情,我之所以把它录制下来,也请大家批评指教,同时也是想把我这几年的实践介绍给大家,为我们的研究生培养起一点促进作用。因为我认为我们现在的研究生培养有问题,书单不够宽、不够前沿,书目不够多,实践就更少了,这样的话无论对孩子们,还是我们的事业都是不够的。

我不知道我今天讲的有没有价值,我也知道对于很多学校来说这样做可能是有难处的。正如我一开始所讲,我们缺乏这样的教师,太缺了。作为一个实操型的教师,他本身的音乐素养涉及面应该很宽,而这正是我们这些年音乐院校在培养研究生方面最缺的。

Q:先说考试的要求,很多学校考试就不符合一个教师教育专业的要求,考进去的时候,参加考试的那些科目就不可能选拔出一个好的老师。所以,我们实际上在考星海音乐学院的时候,从考试就已经改革了,我们这一次探讨重点的是研究生的课程设置和特点,以及怎么建构等问题。其实我个人觉得,我当时选择去考"星海",它对我最大的吸引力就是:我认为它是真正在招一个合格的音乐老师,除了国家统考的英语、政治、中西音乐史、和声曲式以外,还要考合唱指挥、声乐、舞蹈、乐器演奏、即兴表演,然后要准备一个说课,这就六项内容,此外还要考三个小时的现场论文和三个小时的教育理论。从一进来,我们的起步就是高的,就是综合的,就是非常前沿的。如果这个考试不是这样考的,我可能不会选择

"星海"。因为在本科的时候,我虽然读的是音乐教育专业,但实际上是以表演专业的要求在学习,一直在学习演唱、演奏,对音乐教育没有一个非常清晰的概念。虽然我也做过老师,但对什么是前沿的教学法?什么是育人?了解得非常少;也不是特别热爱这个职业,对它没有一个正确的价值观,还是在上本科的时候接触了您的奥尔夫教学法课,才使我对音乐教育这个领域重新燃起了兴趣和信心,放弃了自己最喜欢的表演专业,去参加了这个考试。因为这个考试的科目是非常非常吸引我的(首先,我觉得自己很适合这样的考试,它可以把我之前所学的演唱、演奏、舞蹈等所有的专业才能都用上。其次当我最初接触奥尔夫这门课时,心里就想,如果以后能用奥尔夫的方法教学,那我还愿意继续当老师)。如果不是因为这样的考试,我可能没有缘分去"星海"接受三年的教育。

现在觉得三年的学习对我最大的收获就是整个人的改变,从个性、知识结构、技能等各个方面,还有潜能的发掘,包括心理品质的提高,交际、表达,不光是会学习、会工作、会组织,会跟不同年龄段的人去交朋友,向别人去学习。这种过程是在表演专业的学习当中很难体会的一个教育的过程,这是我自己重新成长的一个过程,人格、人性,首先是慢慢地打开,然后是慢慢地完善。现在毕业了,就觉得这个基础对我来说是一个,正如奥尔夫所说:"这是一个人性的唤醒。"我的感觉、我的直觉、我的灵性,在学习的过程中使我重新回归了,重新找到了自己(原本心灵中最闪光、最有灵性、最真实的东西),认识到自己的优势与缺点,我这一生应该如何快乐地、有兴趣地去发展自己,然后把自己的快乐、自己的音乐、自己对生命的感悟、对职业的这种热爱,分享给自己的学生,分享给其他的老师。我觉得这是一颗种子,在我的内心深处慢慢地发芽,现在才刚刚开始发芽,也许到您这个年龄的时候才会开花。

A:不是开花,那是一个成才的过程,是一棵参天大树,我想那个时候不是你一个人了……

Q:感觉三年过得很辛苦,没有时间回忆,没有时间休息,觉得很累,有时候觉得也有点像是"机器"在转的感觉。但是在您的要求之下,或者是如他们所说的这种"炼狱""激励"甚至"强迫"之下,是有一些同学一开始压力很大,很被动,也觉得自己达不到,都不知道自己应该干什么,这个也抓一下,那个也抓一下,但是我觉得只要你试着坚持一段时间,你将会形成一个良性的循环。正如戈登所说:"孩子是需要同化的,从同化逐渐到模仿、再到融合推演,有创造力和想象力,能够去做一些丰富的事情。"做老师也一样,我们也需要一个同化的过程,一个熏染的过程。而这个过程,作为第一届毕业生,我感觉得到的是四位老师对我们的影响、熏陶和感染,等到我们下一届,其实他们得到的会更多,不仅得到老师的,然后是我们的,还有同学们的。这个团体越大,熏染和熏陶的影响就会更大,力量也会更大,效果也会更加显著,所以后面的同学是在逐渐完善中进来的,所以收获比我们更大。

三年的学习,我觉得是跟所有的同学一起成长,它起到的作用,不是一个简单的学位,一个硕士学习的一个过程,而使我深刻地体会到奥尔夫说的:"音乐只是我通向人类心灵的一个手段。"这是我毕业以后,尤其是看到索菲亚、麦努艾拉等专家上课的过程,我深刻地感受到我自己在学习奥尔夫的理念,包括通过奥尔夫去接触更多的前沿的人类学、脑科学、音乐学、心理学等学科的信息和理论,对真正的教育,就是奥尔夫所说的:"他所有的基础和所有的灵魂都来自'人本主义'的理解。"为什么奥尔夫教学法可以不断地更新,不断地可以与其他学科相连接,就是因为他把孩子、把被教育者看作是一个人来培养的,老师和学生之间是心灵的互动和交流,不像我们传统的教育,把学生作为一个"客体"来对待,没有这种人性与人性交流感觉。所以,在这个过程中,我整个人从身心、性格包括各个方面是一点点在提高、在完善、在深化。我现在不担心,因为我觉得通过这个学习使我有了幸福感,因为它已经成为我的一种生活中很重要的一个方面,如同一种生活方式,我从中感受到快乐。

A:非常感谢你的补充,可能我们的同学都有一些更多的体会,我讲的可能还挂一漏万,也许通过这个总结,我们会慢慢地在研究生培养上应该走一个什么路子,找到一些更好的方式,我希望星海音乐学院音乐教育专业的研究生培养能够越走越宽广、越走越好!

老师的眼神时而闪烁着泪花、时而流露出忧患,光芒四射、至诚恳切、孜孜以求!

大约一个多小时以后,我们的访谈在充满希望的谈笑声中结束了,但我知道这并不是真正的结束,如果我们继续讨论,李老师会一直滔滔不绝地讲给我听,或许是在吃饭的时候,或许是在走路的时候,或许是在上课的时候,或许是在打电话的时候……此时,我还清晰地记得我刚刚到"星海"的第一天,当时李老师要求我和黄沙玫同学提前五天到广州,我们是在广州外语艺术学院培训了五天师资才去"星海"报到的。李老师跟我们一样,拖着大大的箱子住进了大学城,进入了一个很多人还不太了解奥尔夫教学法的"城市",开始了自己新的工作和人生旅途。她就是这样一个老师,一个尽自己最大的力量,抓住一切可以抓住的机会,不惜付出一切去培养和锻炼我们的一位含辛茹苦的好导师、好妈妈。

采访者简介

见第 212 页。

余丹红访谈
——奥尔夫教学法：法无定法

● 林尹茜

余丹红，上海音乐学院教授，1999年获音乐学系西方音乐史方向博士学位（全日制），也是"上音"培养的第一位女性博士。曾任上海音乐学院音乐教育系主任（2002-2018），博士研究生导师。现任上海音乐学院图书馆馆长。上海领军人才（2021）。中国教学学会理事（2023）、中国教育学会音乐分会副理事长（2019）、中国音乐家协会奥尔夫专委会会长（2021）、国际音乐教育协会理事（2020）。

图1　李妲娜与余丹红

缘起"奥尔夫教学法"

Q：相信大家对"奥尔夫教学法"都有所耳闻，但你了解它的实质内容吗？今天，就由余丹红教授来给大家介绍"奥尔夫教学法"。

A：奥尔夫教学法（Orff-Schulwerk）是以20世纪德国著名作曲家卡尔·奥尔夫（Karl Orff）命名的著名教学法，英文也称Orff Approach，是一种广泛应用于普通学校的音乐教学理念与课程。

图2　卡尔·奥尔夫

作为作曲家的奥尔夫，他以深厚的音乐创作功力和深刻的文化理解为基础，提出他的"原本性"音乐教育概念，从人本主义立场出发，在音乐课中不仅给予儿童丰厚多元的音乐体验，还给予儿童天性以自然生长的广阔空间——这种充满了人性光辉的音乐教育思想与实践，在全世界范围得到了欢迎并推广。

Q：余教授最初是如何与这一先进而独特的教学法结下机缘的呢？

A：上海音乐学院在我国的奥尔夫教育推广进程中有着十分重要的历史地位。早在20世纪80年代，我院廖乃雄教授作为洪堡学者到德国学习音乐学理论，期间结识了卡尔·奥尔夫，并对他的教学法产生浓厚兴趣。

图3　廖乃雄教授

回国后廖先生致力于奥尔夫教学法的推广，他引进的教学理念对那个时代的上海基础教育产生了深远影响，获得了许多令全国同行瞩目的教学成果，直接推动上海基础教育站在那个时代的最前列。

我本人接触奥尔夫教学法,源于江明惇老院长的指引。1997年,江院长创立音乐教育系并兼任系主任,使我院自1927年以来的教师教育专业得以再次延续。廖乃雄先生为音乐教育系推荐了德国奥尔夫基金会的教学大使沃尔夫冈·哈特曼(Wolfgang Hartmann,他后来担任奥尔夫基金会负责人),计划他在四年里每年来我院讲学一个月。

我1999年从音乐学系博士毕业,到音乐教育系的第一份重要工作就是做哈特曼的课堂翻译。由于跨专业的缘故,我要求哈特曼先给我讲一遍第二天上课的内容,我自己理解之后,再正式进课堂给学生们翻译。通过这种方式,我在长达一个月的教学活动中,得到了奥尔夫教学法

图4 余丹红教授在奥尔夫学院

最纯正的启蒙,也与哈特曼建立了持久的友谊。2000年,在廖乃雄先生的引荐下,江院长委派我和当时在读学生叶思敏一起到慕尼黑参加奥尔夫基金会资助的学习活动,后来在奥尔夫学院的暑期班获得了证书。

奥尔夫教学法在"上音"

Q:那么这一教学法对余教授在上海音乐学院教育历程有什么影响?

A:也就是上述这部分经历,是我从事音乐教育学科建设的重要基础,使我从一开始就能站在国际化平台上,观察并思考音乐教育的目的、课程架构模式与方法、评估与反馈,并如何形成良性运动闭环。

在上海音乐学院音乐教育专业的课程设置中,教学法处于专业主干课程群中的重要位置。通过20多年的学科建设,目前奥尔夫教学法是比较成熟而富有成效的课程,深得学生喜爱。好的教学法,形式生动、音乐性强、直指人心,奥尔夫教学法就具备这种魅力。另外,奥尔夫教学法还有强大的适应性,可突破地域、文化背景的屏障,而迅速融入当地的文化环境中,这能给予每一位富有创意的奥尔夫教师以施展个人才华的空间。

相比较那些沉闷保守的课堂教学,奥尔夫教学法无疑具有鲜活而富有朝气的风格,这也就是为何在全国各省市从幼儿园到高校都能普遍开设奥尔夫课程,在经过几十年的推广发展后,目前仍有方兴未艾之势。

音乐教育的普及与展望

Q：接棒李妲娜会长，余教授对奥尔夫教学法未来的发展有什么期望？

A：我与李妲娜会长相识于2000年的德国。我们共同参加了奥尔夫学院的学术研讨会，并观看了教师声势（Sound Gesture）表演音乐会。那是一场精彩绝伦的表演，奥尔夫学院的教师们展示了十分精湛的技能，令人叹为观止。从那时起，我与李老师长期保持学术联系，我们彼此交流奥尔夫教学法在中国的发展、音乐教育的学科建设等问题的看法，共同参与国内、国际重要学术会议。李老师是思维活跃且自由奔放的人，她对新知识的接纳，对晚辈的激励，对事业的投入，都堪称业界楷模。

中国音协奥尔夫专委会在李妲娜老师的领导下，取得了令人瞩目的成就。在我国，奥尔夫教学法在各级各类学校中的普及程度极高。这一点，也归功于李老师几十年持之以恒的努力推广。在未来，上海音乐学院必然应该是奥尔夫教学法继续推广的平台之一，同时借助高校的研究优势，与国际奥尔夫组织的合作将进一步深入，以期在科研方面有进一步的斩获。

Q：担任会长后，余教授在"上音"教学方面接下来有什么计划和目标？对学科未来发展有何构建？

A：在我的概念中，上海音乐学院是学术交融的汇聚地，奥尔夫教学法在此地有良好的学术基础，并有继续获得新发展的可能性，完全可以在音乐教育的社会服务方面发挥更大的作用。

Q：除教学外，余教授近期还参与了哪些工作或者社会活动？

A：教学是我最热衷的工作之一。除上课之外，最近比较关注音乐教育服务社会问题，并进行深入实践。首先是作为上海音乐学院部署下的长三角文化教育一体化活动之一，我在台州学院的"名家工作室"今年取得了实质性进展。在基础调研、教材建设与科研等方面都有具体成果呈现。我主编的高中音乐教材和中等职业学校音乐教材已经持续做了多期教师培训，今年还会继续多期培训工作，如果情况允许，会践约赴青海、重庆等地。另外，为内蒙古教育厅举行的音乐教育教师、学生专业技能比赛做了全面技术支持工作，并与内蒙古各高校音乐教育专业之间建立了良好的互动关系。

> 奋战音乐教育的二十余年里
> 余教授集教学、研究、实践于一身
> 开展了"上音"音乐教育多样化课程
> 进一步推动了学科进程
> 对中国音乐教育产生深远影响

在最后，余教授还给对音乐教育有浓厚兴趣的学生提一些学习建议：

"音乐教育学科的学习是一个漫长的过程。音乐教育是交叉学科，内容庞大疆域广阔，每一部分都可独立运作并自成体系，同时又与其他领域间产生重要相关性。因而，对于年轻的学生而言，博览群书是必经之路。

如果说音乐教育还有一些重要的特征，首先，音乐教育的特质是由音乐的特质所决定的。优秀的音乐教育者需要坚实的音乐基础。其次，奥尔夫教学法是好方法，值得大家关注与学习。就音乐教学法的终极境界而言，法无定法。"

采访者简介

林尹茜，毕业于上海音乐学院音乐学系。在校期间担任党委宣传部海上音讯社社长，负责团队运营、管理工作，同时兼任文案部门创意写作，担任实习编辑，支持学校各类新媒体工作行程推文。带领团队创作推送作品，浏览量最高达 6.5 万；个人写作文章浏览量最高达 2.8 万。2019 年获学生观剧团优秀成员称号，2020 年获校党委宣传部学生记者团年度最佳作品奖——原创奖、年度优秀记者、年度最佳作品奖——人气奖。2021 年参编"十四五"职业教育国家规划教材——中等职业学校教材《艺术——音乐欣赏与实践》。

陈蓉访谈
——一位年轻的奥尔夫教师的思想与经历

● 陈佩芸

图1 陈蓉与陈佩芸(从左至右)

第一部分:回望学习与成长历程

Q1:陈蓉老师您好!非常荣幸您愿意接受我的采访。您对音乐教学法的精彩呈现,吸引大量师生对教学法产生兴趣,我就是其中之一。那先从您少时的学习经历开始今天的访谈。您是如何走上音乐和舞蹈的学习道路?

A:我是从普通高中参加高考进入大学的,原是理工科物理班的学生。音乐和舞蹈与其他普通同学一样是作为兴趣进行学习的。父母对于我在艺术上的学习一直以来是比较支持,当然他们希望我能进行常规的文化课学习后,再进入音乐专业类大学。我很小的时候参加过小荧星艺术团,选拔到舞蹈学校,但父母希望我能够参加高考圆他们的大学梦。而且,我的文化课成绩向来还不错,可以进入优秀的综合类大学,但最后我还是选择了我喜欢的上海音乐学院。

小时候功课压力只要不是很大,父母对于我学习舞蹈或音乐都不是特别反对,所以舞蹈音乐一直没落下。我非常感谢两位老师,一位是舞蹈学校的老师,还有我们上音附小的老师。这两位老师在教学过程中给予我性质上属于业余学习,但技术上按照专业学习的教育。我的钢琴老师认为我可以继续文化课的学习,直至高考再选择自己喜欢的专业,我觉得她是对的。我以前就读的中学是上海十大名校之一,学校有个特色,凡是就读这个中学的学生一定会学习两门外国语言,要么英语加德语,要么英语加法语,当时我选择了德语。

所以我到音乐学院本二的时候去奥尔夫学院学习,仰赖于我有德语基础。去的时候是2002年,中国留学生很少。当时,从普通班进阶高阶班的时候,老师在我们亚洲学生中选拔,最后剩下的几个人专业上都差不多。到面试环节,问我们各位还有什么优势,后来我说我的语言没有问题,但是除我之外其他七个人只会说英语。所以我就一直很感谢中学的母校给了我语言上的优势,包括后来去德国或瑞士,至少在日常交流上没有太大问题。

而且,教学法相较于器乐演奏有一个很大的区别在于它比较多维。不管达尔克罗兹、柯达伊还是奥尔夫,首先音乐基础肯定得好,接着在身体运动上有明显要求,如身体协调、姿势舒展,这也是我有优势的地方,毕竟有舞蹈基础。这方面可能跟其他老师或者同行有一些不同。再有就是语言方面的优势,出国交流问题都不大。所以雨露均沾的话,对我来说学习音乐教学法是比较适合的。

Q2:那当初您为什么选择音乐教育专业?

A:如果要考作曲专业或表演专业,我会去考附中而不会到大学才做选择。1999年,我考上音乐学院时还没有音乐剧系。换而言之,如果当年有音乐剧系我肯定报考,因为舞蹈和音乐都是我的强项,对于舞蹈上的热爱我可以通过音乐剧表现出来,但2002年我本科快毕业时音乐剧系才刚刚建立。如果考作曲系,我觉得自己不属于创造性人才。现在我会为自己的课作曲、创作作品,也有自己的专辑,但我不属于高产型作者,所以也没想过作曲系。我对其他专业资质不足或兴趣不大。那时也没有艺管、音工、数媒等专业,换到现在我有可能考这些专业。音乐教育其实是两个学科,一个是音乐学科,一个是教育学科。1999年,音教系虽然才成立一年,但我相信音教专业未来会有硕士和博士的学习机会。

Q3:沃尔夫冈·哈特曼教授(Wolfgang Hartmann)自1998年之后每年在"上音"音乐教育系开设奥尔夫教学法专家讲座。在您入校后,初期接触到音乐教学法时是怎样的学习状态?

A:首先,我觉得上课形式挺有趣。以参与性的活动方式为主,在实践中学习对音乐的体验和表达。我的性格相对来说比较活泼,在课堂上需要做示范时我的配合度比较高。后来,廖乃雄老师和哈特曼将我推荐到奥尔夫基金会,前往奥尔夫学院进行较为长期的学习,促成了2002年3月18日的第一次访学。访学期间,一切都安排得比较妥当,加上有奥尔夫基金会的经费资助,老哈基本上全程都在照顾我。记得那时老哈去讲课,会到宿舍接我一块去。

我觉得那是一次很好的机会,让我有幸见到了赫尔曼·雷格纳教授(Hermann Regner)。他原先随奥尔夫学习作曲,也是奥尔夫终身的一位合作伙伴。他于2008年去世,2002年是我唯一一次见到他。现在想起有些遗憾的是,我只见过他一次但没有合影留念。当时,老哈带我去奥尔夫家中与奥尔夫夫人见面。那次在他家后花园举办酒会,老哈帮我引荐认识了赫尔曼·雷格纳教授。我记得他问我的第一个问题是:你成年了吗?当时我心想我看起来有那么小吗？不过有可能老外看中国人本来就显小，而且那时我才20岁，他有可能吃不准我的年纪。他还开玩笑说老哈在这儿是我的监护人。现在挺遗憾的是，我们只见过一面我却没有留下什么纪念。

其实，在去奥尔夫学院之前，同班中有很多专业水平不错的同学，但教学法相对来说需要音乐、舞蹈、器乐和语言都比较全面的学生，同时个性上相对活泼，愿意表达。音乐教学法教师需要在课堂上有较强的应变能力，哪里有问题能马上想到办法去解决，而不仅仅是提出问题。

Q4-1：访学期间您觉得最大的收获是什么？

A：我觉得经过这么多次出国，2002年那次应该是我人生的一个转折点。因为2006年和2014年去访学时，欧洲的学院愿意接纳我都是因为2002年那批老师们的推荐。当时我非常有幸能遇到学院里最顶尖的那一批奥尔夫教师。2006年之后，他们都陆陆续续退休或去到其他国家任教。也就是那批老师带给了我教学法上最纯正的引导，包括原奥尔夫学院院长芭芭拉·哈泽尔巴赫教授（Barbara Haselbach），这些现在只能在书上见到的人当时都还在学校教课。2006年和2014年，我向基金会申请资助都是那些老师给我写的推荐信。

因此，2002年我最大的收获是结识到那么多优秀的奥尔夫教师，很多朋友包括老哈都说我太幸运了。

另外，让我印象特别深的就是老一辈奥尔夫教师的职业态度。我记得当时我有两天没去上课，然后我的老师来寝室看我，还问我的房东。他说他担心我怎么了？是心情不好还是生病了？生病了我知道在哪里看医生吗？当时我的内心就觉得特别温暖。按理说，缺勤两天的学生，老师们只需负责教学就可以，并不需要照顾我的生活起居，但那些老师不管在学习还是生活上都给我非常恳切的关怀，这给我留下了深刻的印象。之后，我从二十几岁到三十几岁在国内慢慢崭露头角，有时我的老师们被邀请到新加坡或澳门等地讲课，他们没空时就会问我的档期，给我推荐很多平台。他们很高兴看到20年来我的一路成长。

除了老师们，2002年在奥尔夫学院的那些同学现在也都成为奥尔夫学院的教授，成为行业内的顶梁柱。他们的年龄比我稍大一点，当时我在班上年龄最小。我记得那时跟他们一块儿做作业、排练、演出、社会实践，现在他们也都成为德奥非常有名的教学法专家。所以现在德奥美中青年奥尔夫教师在当时我们都是同学，大家发展得都很好。在当时能从中国派去学习的人凤毛麟角，因此我也算是中国奥尔夫教学的代表人物之一。2008年之后，奥尔夫学院开放国际班（International Course）使用英语教学，不用再过德语这关，这使全球各地的人都报名参加，中国学者也就越来越多。后来，中国奥尔夫学会陆续邀请很多国际专家来讲学，基本上都是我做翻译。翻译真的是非常能够提升自己的一个渠道。第一，注意力需要高度集中。第二，不仅要翻译字面意思还需清楚表达背后的内涵，所以后来很多外教，包括美国教授来华都很欣赏我的翻译。

Q4-2：访学期间，有哪些方面打破了您原有的认知？

A：首先，他们的上课形式和国内不太一样。虽然在老哈的课上我已经接触到没有桌椅，师生围坐成圈的形式，而且，我在出发前心理也早有准备。但过去后发现，他们大部分课程都没有课桌，光脚上课席地而坐是很自然的事情，让身体随时处在松弛自由的状态。国内的课堂更倾向于坐姿端正，所以从身体美学的意义上来说，国内外在"解放身体"的视角上不太一样。

其次，教师在教学素材的选择上以个人喜好为优先。国外教师可以基于个人的音乐偏好自行选择素材来进行教学，目的是保证实现其教学目标。如，我特别喜欢的律动老师Christa Cooga教授痴迷于巴赫作品，她的音乐活动就只采用巴赫的作品去设计，她曾说："巴赫是一切音乐作品的开端。"而国内教师在音乐素材的选择上可能就没有那么随性。

另外，从国外教师的身上可以看出他们对这份职业的热爱。他们除了自身的音乐基础不错，还喜欢二度创作。就像我现在制作一些音乐作品时会发现，老的音乐材料可以通过二度创作透出新的时代感。比如，《送别》这首歌的创作背景是送别知交好友，通常对情感的处理都很悲伤，但我觉得在当今时代演唱《送别》可以以这种积极的祝福情怀去演绎（陈老师分享了改编的版本音频将送别的情怀唱出欢畅洒脱的别样风情）。我们的老师也可以选用经典的老素材，就像《小燕子》《上学歌》都可以通过二度创作来实现时代感，让孩子们喜欢听，喜欢唱。对于音乐教育来说这很重要。

Q5：2006年您作为第一位在美国奥尔夫音乐研究年会上讲课的中国教师，并举办"奥尔夫教学法在中国"与"中国民间舞蹈"专题工作坊。这场工作坊是不是您在国际舞台上的首秀？有哪些难忘的回忆？

A：2006年那场在美国算是我的国际工作坊首秀。那次让我印象最深的就是美国人对中国的音乐和舞蹈文化很感兴趣。美国是一个很有趣的国家，因为他们言论自由，你会很清楚地知道哪些人喜欢你，哪些人不喜欢你。当时，对中国文化感兴趣的人是占大多数的，活动的第二三天还听到有人在会场哼唱我们民歌的旋律。我们表演结束后很多人来问旋律这样记写对不对；事实上中国民歌不能用西方的十二音律体系去记谱，所以我只能给他们去形容怎么记更贴合中国民歌的旋律。美国人还有一点我觉得挺好，他们不会以"龄"取人，不会认为你年轻就一定肤浅，年长就一定稳重。2006年我只有24岁而且我是中国人，在那边上课并没有老外会因为我年龄小而产生偏见或不尊重，所以在学习上他们对年龄是很有包容度的。

Q6：您以身作则推动音乐教学法在中国的传播，从扎实学习到引领发展的过程中，您觉得有哪些付出非常值得？

A：我没有觉得有所谓的付出，就像你这里问哪些付出是值得的，只是因为我在做我喜欢的事情。我很享受每一次的教学过程，很享受每一个教学课堂，很期待每一次与学生间的互动,而不是刻意为了宣传或为了名利,也不是为了完成任务。我确实挺喜欢教学的。以前刘靖之和孙维权这两位老先生对我的评价,我现在回忆起来心里都觉得挺温暖。孙老师他看过我上课,每一次他见到我都说:"小朋友们(本科生)都很喜欢你的课呀。"他说:"不过啊,教书你是真喜欢。"他知道我是喜欢做教学这件事儿,所以当你觉得挺喜欢这件事情的时候就没有辛苦一说了。

对于引领行业的社会责任感,正是因为到了一定年纪才会去反思。二十几岁的时候是不会反思为了哪种具体的社会担当而进行教学的。二十多岁的人只会专注于纯粹的喜好。就像有些人他喜欢表演,喜欢灯光下的感觉。我也喜欢舞台,只不过我的舞台可能在课堂里。我很喜欢看到学生在课堂中很投入的状态。我做师资培训的时候,老师们非常开心地一起唱歌律动,会让我觉着他们沉浸在我的课堂里,而且他们投入时的状态很美。所以我觉得年龄大了越会觉得身上的担子重了。二十几岁没有人对你有要求,三十几岁别人对你有要求了,四十岁的时候从上到下都告诉你是中流砥柱。"越大的能量会带来越大的责任。"

第二部分:音乐教学法的应用与吸收

Q7:奥尔夫教学法在我国流传范围很广,您觉得国内对奥尔夫教学法的应用相较于国外存在哪些差距?

A:我觉得最大的问题在于师资鱼龙混杂,没有监管机制这是最根本的问题。并且有些老师并非具有奥尔夫的教学精神;比如,相当一部分的人听了我两天的课就给别人进行师资培训,这类人确实存在将奥尔夫教学法进行过度的商业化运营。没有教师资格证的限制,人人都可以说自己是奥尔夫专家。有些人没有对奥尔夫的思想进行深入的理解就急不可待牟取利益,深搬硬套国外的课例,甚至出现音乐专业本体的错误。这类老师对奥尔夫的教学内容、教学精神、教学原则和教学法的灵魂都非常模糊,却在教奥尔夫。哪怕有的老师跟着我的视频每句话都背下来,上课的效果也是不一样的,因为他并不理解我设计这一个环节的意义,不明白我使用这一个教具的原因,不清楚我说这一句话的态度。尤其像音乐这种抽象的听觉艺术,不明晰这些设计意图是无法上好课的。百年树人,没有扎实的功底和日积月累沉淀下的经验是无法成为一个优秀的音乐教师的。

现在愿意真正沉下心去学习几年的老师是少数,都希望立竿见影。这种学习态度跟我们 1990 年代末那会确实有些不一样。那时我们有机会就到处听课接受培训,不懂的地方就再去请教。我们并不会上个礼拜听课,这个礼拜就去教学,这么做我心里没底气。以前都说艺高人胆大,但现在艺不高的人胆子却很大。所以目前师资水平的问题我不持乐观态度。

Q8：奥尔夫教学法是没有既定教材可以照搬。比如像廖乃雄教授精选卡尔·奥尔夫原著《学校音乐教材》内容编译的《为儿童的音乐》教材里都是谱例，需要教师自主转化内容，并且花大量时间打磨语言、环节等等。能概述一下您是如何建构一节音乐课吗？

A：这个问题足够写一本儿书了，就是怎么去设计课程。这需要从教学对象是什么年龄段、课时多久、课程性质是什么、如何选材、如何选择教学工具等。这个问题我觉得有点太大，做师资培训两三天都讲不清楚。就是拿到一系列素材怎么把它创编成课程，好比说我拿到一个题目怎么作曲。这种问题属于实践应用性的内容需要点对点去回答。就像很多老师问："陈老师，你为什么可以选出那么多生冷但很好听的作品？"这就是需要大量地听，在图书馆里泡着，听到合适的音乐作品拿支笔把灵感写下来，下功夫积累的事情。

Q9-1：您的教学经历从幼儿园、中小学、高中到大学，每个学段都积累了一线教学经验、四个不同年龄段的学生各有特征。起初，可能大部分学生会不习惯奥尔夫课程中的表达方式，您是如何帮助大家逐步适应呢？

A：首先，一般在我的课堂上不太会出现这种情况，三五分钟就可以破冰。我觉得跟老师的状态很有关系。如果这个老师很拘谨很尴尬，给他50分钟都破不了冰。我认为，作为教学法老师首先你要觉得这是很自然的事情，你的身体状态和心理状态要表现得很自然。并不是说有什么特殊的手段和方法，而是老师自身的感染力能感染到他的学生。一个好的演奏家要花多久能够让观众去聆听他的作品？好的演奏家刚开始演奏就能吸引观众。很多学生给孩子们上课，不知道手放哪，话该怎么讲，总是问我孩子们不配合怎么办，但是问题实质上是出在老师的身上，孩子们感觉你和他们的内心距离比较远或者老师的状态没有准备好。

还有些老师上体态律动课学生不愿意跟着做，一个个原地站着非常拘谨，问我怎么让学生解放身体。我说，先不谈学生为什么不跟着，先来看看老师的示范，老师本身的体态不够放松、不够优美，那么学生的配合程度也就大打折扣。如果说换成金星老师在教室里，哪怕只是一分钟也足够吸引你。因为你觉得她的动作很美，情感很真切，学生期待自己也能成为像她那样舞蹈的人，自然而然就会被引领、被感动。所以，必须先解决老师自己身上的问题。而且，有些老师擅长律动有些不擅长，但每个老师都可以规避自己身上的问题。如果不擅长，那么第一可以选择比较简单的动作；第二可以少使用体态律动这种方法。就跟奥尔夫教学方法中竖笛相当重要，我承认我不会，我可以选择其他乐器，这并不耽误成为一个奥尔夫老师。所以，老师可以选择其他方法扬长避短。

Q9-2：如果我们感受到美，就会自然被吸引，愿意去跟随。

A：对。我有个非常好的学生，她的音色很好，平时在教室清唱歌曲都自带共鸣，在录音棚里都不需要修音，这就是上帝给她的一件非常好的乐器。然后她给学生唱歌，学生们鸦雀无声，因为好听，学生们学唱也很起劲。老师有感染力学生就会被引领，但如果老师破自己的冰需要很长时间，那么学生就需要更长时间。

Q10-1：在师资培训过程中您接触到大量的一线教师，您觉得中小学教师在学习教学法时存在哪些误区？

A：我觉得老师们对"洋为中用"这件事情不够了解。我们用别人的教学方法，用的不是别人的素材。很多老师觉得我上课的素材很有趣，但他的教材里没有这个素材就认为此方法不能用。素材和方法本身就是两回事。比如，奥尔夫解决四分音符和八分音符的问题用到图谱法，那么学校教材里任何一首和四分音符、八分音符有关的作品你都可以用图谱法去教学，与教材中的作品和我上课所使用的这首作品是否一致没有直接关联。我们应该关注的是我在教授这首作品时使用的是什么方法，解决的是什么问题，那么我们可以在教材中找到类似的素材使用同一种方法。这就是国外教学法应用到中国教材中非常司空见惯的问题，我们的老师一直混淆教学内容和教学方法。

又如，奥尔夫教学法在解决合唱时用固定节奏型，我知道这个工具之后可以根据教材里的素材进行设计。比如，《乃哟乃》的旋律，我用奥尔夫方法的固定节奏型（Ostinato）给它写一个低音伴奏：

<u>**1 1 1 1**</u> | <u>**1 1 1 5**</u> | <u>**1 1 1 1**</u> | <u>**1 1 1 5**</u> | 乃 哟 乃 | 乃 哟 嗨 | 乃 乃 哟 | 乃 哟 嗨 |

唱 起 歌 来 | 乃 哟 乃 | 乃 哟 嗨 |

这就是将固定节奏型运用到我国中小学教材里最简单的例子。有一次我设计以色列的摇篮曲活动，老师们问怎么跟中小学教材结合在一起。以色列摇篮曲解决的是四三拍、八六拍的问题，那我们的教材里凡有四三拍、八六拍的歌曲就可以直接套用我的方法，而不是总纠结以色列摇篮曲没有在教材里。我们应该通过奥尔夫课例去关注采用摇篮曲去感受四三拍的教学过程和教学手段，必须明确内容和方法之间的差别。

所以，问题在于学习教学法时是否能提炼，是否能明白使用的是什么教学工具，解决什么问题而不是在纠结使用的内容。就像老师们说古德金的课使用大量的爵士乐，这在我国中小学课堂中似乎不能使用，古德金的课确实用到很多爵士乐作品，但这是他的音乐喜好和文化背景，就跟前面说德国老师喜欢用巴赫的作品进行教学一样。我们要学的是他通过爵士作品解决音阶、节奏、旋律这些音乐本体问题的方法，而不是在计较爵士乐不适合中国的孩子。

Q10-2：可能老师们觉得我还需要怎么转化呢？

A：但转化是老师应该具备的能力，你是教育者而不是教书匠。

Q11：您自2009年起便出版多部著作，有学术理论类，有实践操作类，您觉得在教学实践中，理论的帮助体现在哪里？

A：从教学对象来说你要看针对什么人群。如果针对小朋友，理论只要我自己知道就可以。如果是大学生我就得告诉他实践本身的意义是什么。理论对实践起着关键的带领作用，但我个人认为教学法是实践要大于理论的。针对教学法的学习，如果你只知道理论，意义不大，因为脱离实践，仍然不知道如何进入课堂。我认为是实践先行，用实践去检验真理。如果理论先行，这对于实践的指导是有限的，而且教学法本身就偏应用实践类。就拿20世纪三大欧洲教学法来说，达尔克罗兹、柯达伊、奥尔夫都是实践先行的。比如，奥尔夫的原本性如何在教学中得以体现，原本性对于我在实践中的指导意义在于每节课必须围绕音乐元素本身，因为这是原本性的第一个含义。这指导我在教学时不能脱离音乐元素，尤其是小年龄段的孩子，教学容易变成纯粹玩游戏。诸如此类的指导性只能是带领实践并且在实践中反思。

Q12-1：在教学法课程中，教师已不属于传统意义上的知识传授者，更像是活动环节的领导者和组织者，您觉得教学法课程中师生是怎样的关系？

A：我觉得老师作为课堂的引领者是必要的，不是说老师主导课堂就不能以学生为中心，这两者不矛盾。但现在许多老师上课提问虽是为激发学生思考互动，但并没有以学生为中心。比如给中小学生听德彪西的《大海》，听完后老师请同学们谈有什么感触，这个问题就很难回答。学生听一遍就能感受吗？这造成学生在形容感受时容易形成套路，这个同学说旋律很优美，那个同学说我感觉很悲伤，好像感受就两种不是优美就是悲伤。如果是我给四年级学生上课，我会这样问："现在请同学们来欣赏一首音乐作品，在听这首音乐作品的过程中，请你闭上眼睛，听完后能不能告诉我你眼前是什么色彩？或者你能看到什么样的景象？有什么画面出现？"像这些问题学生听完一遍他们是能够描述出来的。如果听完马上问感受到什么，对于四年级的孩子来说这是非常抽象的概念。比较理想的提法是："你想象到了什么？联想到了什么？"第一产生画面感，然后才是感受。所以像这种问题就没有"以学生为中心"，容易造成孩子们在表达时产生套路式的答案。所以，我认为好的教学是真的要站在学生的角度去设问，但很多老师设问不设答，问题仍然以自己为中心，他认为自己心里有答案这个问题就有效，他不站在学生的角度考虑初次聆听时学生能否获得他预想的答案。

老师作为引领者是要站在学生的角度去引领，能够知道他们可以做些什么，知道他们什么地方是困难的，知道他们遇到困难时我又怎么去解决，这个很重要。如果我教《野蜂飞舞》这首曲子，上课时我肯定不会把这四个字讲出来。我会问："听到这首曲子你眼前出现什么样的情境？你想到了什么？或者什么样的色彩？"如果学生告诉我觉得像苍蝇，那可以的，他不一定要猜到这是野蜂。但是你问他有什么感受，学生需要从具象思维转到抽象思维还要想着怎么组织语言表达出来，这就产生一个引领不当的问题。老师需要在目标的设立、环节的设计、难易程度的把握等环节都得站在学生的角度。"以学生为中心"这句话提得非常好，可这么多年真正做到的人并不多。一节课的成功与否永远掌握在老师手里，只是形式和方法不同而已。

Q12-2：学习教学法并不只为课堂变的有趣，更需要思考内容对学生的教育意义，特别是引导时的细节。

A：这关系到老师自身的审美问题。比方说，奥尔夫教学方法里非常招人喜爱的声势，我曾看过老师在教红歌时也要往里面加声势。如果从审美的角度去想：一首气势宏伟的红歌加上拍胸口、跺脚的动作是否合适……音乐是审美艺术，美感第一，方法需要考虑合适与否。我觉得杜威说得非常好："以学生为中心"、"以活动为中心"、"以经验为中心"。一堂音乐课的质量一定取决于这节课最后是否真的实现美感目标。老师需要通过自身的审美品位有选择性地采用方法，而不是学了方法都必须用上。有些曲子加了声势显得有趣，但破坏美感就舍本逐末了。

第三部分：对教学法领域的当下看法与未来展望

Q13-1：2022年4月22日我国颁布义务教育阶段新课标，艺术领域将音乐、美术、舞蹈、戏剧、影视等教学内容整合为一个"艺术课程标准"。在跨学科的目标下，您觉得音乐教学未来的发展路径是怎样的？

A：我觉得跨学科这个提法非常好，可是对老师的要求太高。如果从根本上解决，需要在培养师资时就是跨学科的。

Q13-2：您觉得跨学科有哪些难度？

A：我觉得术业有专攻。我在写博士论文的时候做过跨学科研究，去看过一些舞蹈学科的博士论文。比如，在北京舞蹈学院的博士论文中讨论音乐时就发现会有非常基础的音乐学科问题，如调性。转到音乐学科来看，讲到达尔克罗兹就会讲到拉班，讲到拉班会涉及舞蹈学的知识领域，但音乐生在这方面的知识也比较薄弱，像这种知识就是跨学科研究。我认为教师至少要对那一个领域有广泛了解，才能真正意义上融汇到自己的主干学科里。如果只知道皮毛是不够的，尤其像技能类学科，如舞蹈、戏剧和绘画。所以这个提法我个人认为非常好，但我觉得实现起来可能需要几代人的努力。

而且跨学科如果只接触皮毛，就像刚才举的例子，仅仅根据百度词条是不妥当的。如果我自己不了解这个概念，尤其是在我陌生的领域，我更不能轻易下定论去教给学生。而且，对于这几种欧洲的音乐教学法其实已经跨了学科，可能国外他们从小的教育或者在半个世纪之前，他们的教育已经是这样，他们的老师有能力驾驭，但我们的老师未必。所以，如果只是概念层面的跨学科，我觉得只能做到粗浅的综合，但如果要达到技术层面的跨学科，那真的很难做到。

Q14：您对高校音乐教学法的课程设置有什么看法？

A：高校音乐教学法的课程设置现在处于百花齐放的状态。据我了解，绝大多数高校还是以理论为主。我觉得若想改变课程设置，前提条件是得有足够的师资。像我们"上音"本科的教学法覆盖大二大三两整年然后大四去实习。我们不应该直接对课程构架提出疑问，而要从根本上解决师资的问题。没有师资力量去支撑，单讲课程设置就是一个空中楼阁。尽管现在去国外学习的人有很多但好的还是少数，尤其是技能类学科，需要唱得好、跳得好、演得好、还要具备做老师的天资，这种人真的比较少。能力强的老师很容易写出课程设置，但课程设置得再好没有老师去教这更是个问题。

Q15-1：您对音乐核心素养的内涵有哪些看法？

A：如果只能选择一个最核心的，我认为最重要的是审美。我实在很难接受缺失审美的人在教音乐，就像一个人的思想理念有问题可是他在教哲学。音乐教育是审美教育，我觉得雷默提得太对了。音乐是抽象的听觉艺术，没有审美的老师对听觉美是无感的，他听不出色彩，听不出和声好坏，听不出版本间的音色差别，每个乐团指挥对他来说都是一样的，我认为没有审美品位的音乐老师是不行的。

Q15-2：那审美品位的形成过程是怎样的？

A：第一个很重要就是教育，他在学生时期，他的老师和学校有没有培养审美能力。第二个和自身从小到大的家庭氛围、社会氛围有关。第三个我觉得审美能力与生俱来。你会发觉有些国家的人普遍有很高的审美品位，像俄罗斯在疫情期间经济下滑，但是有两个行业一直支撑，你完全想不到这两个行业：第一个是文娱演出行业，他们每周的音乐厅人员仍然满座；第二个是花店，面包都没得吃了他们还想着要省钱去买花儿，那这个民族的审美怎么可能不好呢？这跟他们的教育和氛围都有关。如果老师有审美，那就有教好审美的可能，如果老师没有审美，那连教审美的可能性都没有。

Q15-3：如果审美能力再往下分，可以具体到哪些内容？

A：我觉得往下分就是技能类的能力。对于普通学校我觉得一味追求技能性不太重要。而且一个人会听音乐，他一定具备某种技能性，比如说他的耳朵好，对调性有感觉，他可能说不出那是中古调式。所以我挺吃惊很多家长一味要孩子去学习乐器，这么美的一种活动到最后家长和孩子都很痛苦。有时家长本身也缺乏审美，他只知道 mi 不要弹成 fa，但对什么样的 mi 才是美的 mi 则没有感觉。所以我觉得会欣赏很重要，你欣赏小提琴曲的美不一定要会拉小提。包括我自己喜欢绘画这种视觉艺术，虽然我不怎么会画，但我懂得如何去区分不同的画派，去区别水粉还是水彩。我觉得你可以不会画，但你要学会欣赏。

Q16：目前我国处在引进国外音乐教学法的状态，对于未来建立中国音乐教学法体系的可能性您觉得是怎样的？

A：我觉得我是个比较保守的人，这跟我的个性有关。我的想法是把借鉴别人的长处学明白就很好了。我能够做的是把"洋为中用"这件事给它做好，真正做到本土化。建立一个新的音乐教学法，你必须是有所突破，是前人都没有的。奥尔夫、达尔克罗兹、柯达伊三个人都不雷同，包括后面的戈登教学法、美国综合乐感教学法，他们都有自己的突破点是别人没有而不是借鉴来的。所以我觉得能做到"洋为中用"，把国外的可借鉴之处转化成真正可以适用在中国这片土壤当中就已经不错了。我当然希望有可能提出我们自己的教学法体系，但实现起来可能需要蛮长时间。

对于教育，我最大的期望就是希望我们所有的音乐老师是真正热爱音乐。一旦他热爱这份工作，我前面说的所有问题都会迎刃而解。比如"以学生为中心"、审美问题、教学方法的使用上，问题出在我们老师对这份职业的热爱程度。一个人凡是热爱这件事，他一定会花时间去研究，到最后的提升就不是一星半点了。所以我最大的希望是我们每个音乐老师都能从内心热爱这门艺术。我的期望可能很小，非常保守很谨慎，但如果这一点期望能够实现的话，那我们中国的音乐教育将会上一个很大的台阶。经过这么多年的交流，我也遇到过真的很热爱音乐的老师，他可以为了一个音乐作品废寝忘食，但这只占一小部分。

此外，老师不仅仅需要热爱音乐，他还需要热爱学生，热爱教师这份职业，他不怕麻烦或者他就爱讲课。这跟演员一样，有些演员就是冲着名利去的，有些演员他就热爱舞台，不让上台他就坐立不安，好演员绝大多数都是这样。那么好的老师也是一样，就是爱教喜欢教。当然，社会上的音乐普及也是可以去推动的，家庭、学校、社会"三位一体"一点点去推动，我觉得未来是能够让我们国家的审美意识达到满意的程度。我们作为老师，主观态度很关键，所以才说我唯一的希望就是期望我们的老师热爱这份职业，你热爱了才会对这份职业有追求，才能把音乐教好。

从访谈中，我们看到了陈蓉老师性格中的那份率性与真诚，从中也能深刻体会到陈老师对音乐和教育的热忱。虽然陈老师轻描淡写地谈到一路的成长是在享受过程，没有觉得所谓的付出，但在我们面前这位每每让人沉浸其美、每每让人过目难忘、每每让人惊喜感动、每每让人喜欢和信服的老师，她的教学智慧与成果又是经历过多少个日夜琢磨、多少晚沉浸思考、多少遍反复操练、多少次的推翻重设。陈老师对于研究音乐教学法的严谨态度，正如从前的诗人在锻炼作品时常呕心沥血，"一笔一画也不肯苟且的严肃气质"。

陈老师说："我喜欢舞台，只不过我的舞台是在课堂上。"自奥尔夫教学法引进中国四十年来，音乐课堂逐渐变成师生共建的创意舞台。在前辈们的指引和陈蓉老师及同仁们的共同努力下，为这个舞台带来了广泛的群众基础。这场"演出"无需门票，由每一位成员参与共建；这场"演出"没有散场，不断迎来对音乐审美有高要求的听众；这场"演出"效益无穷，在玩中学，在乐中提升音乐素养成为可能；这场"演出"更是影响深远，朝向立德树人的使命，发挥音乐教育的美育光辉。

采访者简介

陈佩芸,女,安徽芜湖人,上海音乐学院2022级音乐教学论方向硕士研究生,师从余丹红教授。本科毕业于南京艺术学院音乐学院音乐学(师范)专业。

米侯·胡拉汗访谈
——立足本土需自信、兼容并包创未来[①]

● 任 恺

  美国宾夕法尼亚州米勒斯维尔大学音乐学院院长米侯·胡拉汗（Micheal Houlahan）教授是全球范围内著名的柯达伊教学法专家，在美国主要教授柯达伊教学法、音乐理论和视唱练耳，早年在英国和爱尔兰的圣三一音乐学院获得钢琴演奏奖学金，并攻读学位。他还就读于匈牙利李斯特音乐学院、柯达伊音乐教育学院和美国柯达伊中心，获得音乐学博士和柯达伊研究毕业文凭。胡拉汉教授的文章曾在欧美许多著名音乐杂志发表，他和菲利普·塔卡（Philip Tacka）博士合著了《当今的柯达伊——小学音乐教育的教学方法》《声音的想象》《佐尔坦·柯达伊：一个研究指南》等，其中，《当今的柯达伊——小学音乐教育的教学方法》是美国高等音乐院校教授柯达伊教学法的通用教材，亦是音乐教育工作者广泛阅读的经典书目。他还为《新格罗夫音乐与音乐家辞典》撰写了"柯达伊"的词条。此外，胡拉汉教授还在世界各地演讲，阐述他对柯达伊教学法研究的见解。

  2017年9月10日至12日，胡拉汗院长来到中国，应邀参加由中国音乐学院主办的全球音乐院校校长交流季活动。为期三天的交流季是全球范围内首次音乐院校交流活动，来自美国、英国、澳大利亚等16个国家的30余位世界一流音乐学院院长围绕"音乐学派对人类文明的贡献""音乐教育全球化发展趋势""音乐文化是世界和平的使者"三个论题展开深入研讨。2017年9月13日和15日下午，胡拉汉教授为中国音乐学院音乐教育系的师生开设了两场讲座，畅谈柯达伊教学法在当今全球化背景下的发展，介绍柯达伊教学法的理论进展和实践动态。借此机会，胡拉汉教授接受了笔者的专访，深入地探讨了柯达伊教学法如何更好地融入音乐课堂，并给予中国音乐教育工作者一些宝贵的建议。

关于胡拉汗的音乐教育哲学观

  Q：您的音乐教育哲学观是什么？
  A：在我看来，每个孩子都可以投入音乐之中，而不仅仅是职业音乐家的工作。在这个过程中，歌唱是基础，需建立高质量的教学曲目库。我认为音乐的类型只有两种：好的音乐和不够好的音乐，因此必须精挑细选。此外，需基于研究产生教学导向，并应用于教学，这十分重要。我认为，"从声音到符号"的过程是音乐教学的主线，而教学工具则是相对的。

[①] 本文原载于《中国音乐教育》期刊2017年第11期。

不同的教学技术、方法需加以整合。在乐器的选择上,我主张采用传统的乐器、奥尔夫乐器和基于新技术的乐器,开展创造性的律动活动,开创具有创新性的教学过程。

关于使用音乐教学法的最佳方式及策略

Q:任何音乐教师在课堂中总会采取特定的音乐教学方法,或将不同的教学法融合在一起,那么,今天的教师在音乐课堂中采用音乐教学法进行教学时,最佳的方式及策略是什么?

A:在我看来,不同的教学法存在不同的强点和价值。埃德温·戈登的学习理论非常重要,虽略显复杂,但戈登教会了音乐教师如何开展"从声音到符号"的教学,其价值在于,为我们思考这类问题提供了路径;奥尔夫教学法发展了学生的创造力,提供了丰富且多样的演奏乐器的机会,从而使音乐课堂变得妙趣横生;柯达伊教学法在提高学生的音乐读写能力方面作用巨大;而达尔克罗兹体态律动体系将律动引入课堂……

我在思考你提出的问题时,我们必须退回到第一步,我们究竟在课堂中试图教会学生什么?我们希望学生能成为伟大的音乐家,那么,他们就得能够优美地演奏乐曲、动听地演唱歌曲,当然,演奏的乐器也可能是奥尔夫乐器。同时,他们势必要接触大量的曲目,不同风格的曲目。

此外,当学生面对这些曲目时,也得学会读谱。柯达伊教学法利用科尔文手势和符号,有助于促进有效读谱行为的产生。戈登提供了从耳朵到声音再到符号的学习模式来适应学习的需要,使得音乐学习成为有序化的过程。

最后,任何音乐课堂教学,律动必然涉入其中。因此,一节完整的音乐课是以上提到的种种具体教学法的融合,如果我们在音乐课堂中只用奥尔夫教学法,那么课程的导向必然集中于演奏乐器和创造性过程;如果我们按照旧式的柯达伊教学法,那么课堂就会聚焦于音乐的读与写;如果我们仅用戈登的学习理论来统领课堂,那么学生就难以接触到足够丰富的曲目和展开多彩的音乐创造。此外,音乐教学的目标需与表演、曲目、批判性思维、即兴和聆听等方面密切关联。最重要的是,作为一名音乐教师,时刻都需着眼于发展学生的综合音乐素养和才能。需要强调的是,课堂中教学内容,即"学生学习什么样的曲目"是重中之重,这是音乐课堂教学安身立命的基础。

关于课堂教学曲目的选择

Q:教师在音乐课堂中往往会选择不同的曲目,融合在一起进行教学,在此过程中,音乐教师应该秉持什么样的理念和做法?

A：是的，多元化的曲目选择必不可少，但必须考虑学生的年龄。幼儿园的孩子需要教唱一些短小而美妙的民歌片段，因为其他音乐对于孩子来说太过复杂。孩子需要花费数年之久的时间来学会如何富有音乐性地歌唱，也许到了小学四年级，他们便可能已经掌握了如何富有音乐性地进行歌唱。那么，问题就来了：什么样的曲目对于这个阶段孩子的课堂音乐教学是合适的？是演唱本国的民歌？抑或演唱其他国家的民歌？还是演唱专门为孩子创作的音乐？乃至于演唱流行音乐。当然，如果演唱流行音乐，那么就必须考虑到音域问题，即音域不能太宽。我的建议是在音乐课的开场热身和导入时，可以考虑让孩子跟随流行音乐进行律动。

Q：您在教学中一般选择什么样的曲目用于儿童音乐教学？

A：当我们考虑音乐曲目时，大多选择本土民歌、外来民歌、艺术歌曲、流行音乐，我觉得流行音乐的演唱对于学生而言太过复杂，因此经常放在音乐课的导入部分。因为当流行音乐用于简单的演奏和律动时十分有效，爵士音乐也是如此。当然，采用古典音乐亦未尝不可。例如，在中学的学生，音乐课堂上可以使用流行音乐，同时，在美国使用百老汇音乐也很常见，对于中学的孩子而言，百老汇音乐是个挺不错的选择。

当然，对于任何年龄阶段的孩子，关于艺术音乐知识的教授应当在课堂教学中占据更重要的地位。在学生年纪尚小时，可以演唱短小的古典音乐片段，随着年龄的增长，他们应当去接触完整的艺术音乐作品，去演唱、去欣赏。例如，当我教授音乐理论课，涉及古典音乐时，我会使用莫扎特的《魔笛》，让学生演唱咏叹调、分析音乐，因为这是学习古典音乐风格的二重唱的好机会。

关于如何理解"从声音到符号"的教学导向

Q：据我所知，提倡"非正式学习"的露西·格林（Lucy Green）和研究学习顺序的埃德温·戈登（Edwin Gordon）等著名学者都十分强调"听"的重要性，而您也提出"从声音到符号"的教学导向，那么，如何深入理解从"声音到符号"作为音乐课堂教学的基础？

A：露西·格林研究了人们如何学习流行音乐，并如何通过合作，共同学习流行音乐。她强调的是学习中的"听"，并认为学习流行音乐的方法应当应用到中小学的音乐教学中。戈登遇到的挑战是，他所关注的音乐学习中的旋律型、节奏型，并没有与音乐学习曲目结合在一起，如果在课堂上谈及上述内容，音乐课则无疑是机械的和偏重技术的。

而我感兴趣的是，如何以音乐的方式教会学生音乐，并使之成为音乐家。露西·格林可能是对的，学生参与、学习及课堂中的其他行为，决定了每一个学生在音乐课堂中都需要一个学习的过程，他们需要一个模型，去理解他们的学习如何在特定的情境中发生。比如，当我教孩子一段音乐时，会从声音到符号，教师先唱出来，了解和这段音乐有关的信息，然后再给学生一些术语，所以学生采取和他们从其他人身上学习流行音乐相同的方式来学习课堂中教授的音乐——这就是不同，我希望给学生提供过程和模型。

另一个特别重要的事情是发展"听想"（audiation）的技巧，你在我的讲座上也看到了，我老问学生诸如"一共有几拍"、"你听到了什么拍子"等问题，我为什么不直接打在屏幕上，告诉大家所有的答案？为什么要浪费时间？其实，我每次问学生"你听到了什么？"，这便是诉诸对"听想"——一种思考声音的能力的培养，这也是成为出色音乐家的关键标准。

关于通过"耳朵"教授音乐还是通过乐谱、符号教授音乐

Q：在中国音乐教育的历史上，口传心授的模式是通过耳朵教授音乐的有效方式，但今天的音乐教师不是太在意这种传统方法，而更愿意通过乐谱、符号教授音乐，您怎么看？

A：我想知道的是，学生怎么看待这种方式？也许孩子会告诉你，这种方式并不是太令人享受。教师不仅是教师，教师的本质是要改变学生，学生如果在课堂上不开心，学生如果并不享受音乐，他们就不会去音乐厅听音乐会，我们希望他们有朝一日成为音乐会听众，我们希望他们享受音乐。所有音乐教学法的终极目的是使学生收获快乐，但必须通过"音乐的方式"让学生收获快乐。

关于音乐读写能力的教授

Q：您如何教授音乐的读与写？

A：这方面的具体内容在《当今的柯达伊》一书有详细的展开。我们发展了一个模型，叫做"胡拉汉—卡塔"模型，用于课程的学习和教学。如果你深入这个模型，你会发现，我在教学中强调发展孩子动觉，比如打拍，在空中画出旋律线；在听觉方面，帮助学生聆听并描述音乐的新元素；在视觉方面，让学生根据音乐画出自己的图画。而后，我们将音乐变成节奏音节或视唱练习的音节。对于节奏而言，总是采取念节奏音节并数数的办法。

如果孩子要发展听写技能，过程通常是他们在琴上弹，然后记下来，我的经验是，一些学生可以记下来，另外一些则记不下来。如果我让学生听写旋律，我会先让他们哼唱旋律，跟随旋律中的节奏打拍，通过节奏音节演唱旋律，用视唱练习的音阶演唱旋律，然后去记谱。我发展这个模型就是要帮助孩子提升音乐读写能力。还有，在我的想法中，孩子一周一次音乐课时是不够的，每周应有不止一次的音乐课。

关于音乐教师所应掌握的技能

Q：您认为，音乐教师应该掌握的技能是什么？

A：首先我们得知道什么是音乐家？音乐家是表演者、文化遗产的管理者，具有批判性的思考者，具有创造性的人，见多识广的音乐聆听者等等。音乐教师首先必须是出色的音乐家，他们需要掌握高超的演奏技巧，比如掌握好的歌唱技巧，演奏一手好琴，他们还需会演奏一些全球化乐器，比如非洲鼓，还需要会演奏奥尔夫乐器，这很重要。

音乐教师还需要掌握大量关于音乐曲目的知识，他们得知道，面对不同年级的学生应该选择哪些合适的曲目供学生学习。具备音乐家素养的教师，可以流畅读写乐谱，由此，他们可以将这些技巧教给孩子。好的音乐教师还需有较强的音乐即兴能力，并能保证所有这些即兴技巧都可以教授给学生。

关于如何看待柯达伊教学法的"当今"与"过去"

Q：您的著作《当今的柯达伊——小学音乐教育的研究方法》的中文版已经面世，书名提到了"当今"的概念，我想知道这个"当今"和"过去"有何区别？

A：当柯达伊本人面对"什么样的人是好的音乐家"这个问题时，他会说，好的音乐家必须受过良好的音乐训练，手、耳、脑、心缺一不可。一双发展良好的手可以演奏钢琴或担任指挥；好的耳朵可以洞悉音乐；好的头脑可用以分析音乐理论，并在头脑中听到音乐；好的心灵则对应了如何体味音乐中的情绪。然而，当我在看待"什么样的人是好的音乐家"时，实际上并不会帮助我设计发展上述能力的音乐课程，所以我和塔卡博士合作。塔卡是一位出色的音乐家，他是一位演奏家，通晓大量音乐曲目，是个有批判性的思考者，具有即兴能力，并是一位出色的音乐听众。

所谓的"当今的柯达伊"，在于我为小学每个年级开发了音乐课程，课程有明确的目标，学生需演奏乐器、演唱、律动，接触到大量曲目，无论是民歌、艺术歌曲、流行音乐还是其他风格的音乐。为了发展学生的批判性思维，我要教授一些特定的节奏、旋律，以及每个年级所应教授的艺术音乐的概念；对于即兴而言，我就要考虑哪些是应当教给孩子们的即兴技术；在成为音乐的听众这件事上，无论是艺术、流行歌曲还是新近创作的音乐，孩子在每个不同的年级势必需欣赏不同的音乐，每个年级的课程都建立在前一级课程的基础上，我发展这些课程的过程中，就要做课程计划。

如果你在《当今的柯达伊》一书上看到这些课程计划，比如十六分音符的教学时，就会发现有五种不同的课程计划，那并不是全部，只是课程的一小部分。在任何课程计划的教学实施中，演奏是课程中最难的部分，在每一课中，孩子们演唱不同的曲目；在每一课中，发展学生独唱或二声部演唱的能力；在每一课中，学生都会涉及读、写、即兴等学习内容。我们发展上述所有的音乐素养,使学生成为全球化的音乐家,这便是与过去柯达伊教学法的区别。

在柯达伊传统中,使用"ta-ta-titi-ta"的节奏音节,而我改变为"ta-ta-tadi-ta"。这是在节奏音节上的巨大变化,从而对课堂教学产生了一系列影响。将流行音乐纳入课程教学曲目也是变化之一。还存在的变化是,将奥尔夫乐器纳入到课堂教学中,并展示奥尔夫乐器在课堂中应用,比如从八分音符到十六分音符的教学中,在一些非洲鼓伴奏下演唱民歌,再加入达尔克罗兹体态律动,辅以奥尔夫乐器伴奏。这与柯达伊的传统大相径庭。

如果柯达伊现在回来,来到这样的课堂,他会说,天哪,这些才是真正的音乐家该做的,看看你们所发展的所有技巧。因为,他会感兴趣的是,孩子是否能富有音乐性地演唱,他们是否在创造真实的音乐。问题永远是在教学之中,去厘清技术的教学更重要还是艺术的教学更重要? 有时,也许你是个出色的钢琴教师,但在教学中太过倚重技术,而在演奏领域,艺术的教学十分重要。教师首先得是艺术家,学生才能是艺术家。我们在这聊柯达伊教学法的"过去"与"当下",柯达伊教学法的"明日"已经在我的脑海中浮现,那就是培养 21 世纪全球化的音乐家,那是柯达伊教学法的明天。也许我们可以写本书——《今日柯达伊现在即将走向明日柯达伊》(笑)。

关于柯达伊教学法在实践中的问题

Q:美国有很多音乐教师在课堂中使用柯达伊教学法,是否存在一些问题? 您有何建议?

A:存在两个问题,问题一在于,当你在音乐课堂使用柯达伊教学法时,你首先就得是个出色的音乐家,比如在匈牙利,音乐教师在二年级音乐课上已开始教授孩子大调的歌曲,并让其学习平行小调读谱。今天,美国教师也在做着同样的事情。如果教师不是出色的音乐家,音乐课对于孩子来说就会很乏味。在我和我的合作研究者塔卡博士提出的模式中,致力于培养全球化的音乐家,而不仅是隶属于本地的音乐家。

传统柯达伊课堂的缺失在于,对于幼儿园的音乐教育缺乏具体的方法、缺乏高级的律动活动、缺乏流行音乐的涉入、缺乏学习理论的支持、缺少奥尔夫乐器的介入、缺乏基于研究的关于如何教授音乐的文献。

我的建议是:在教学中采取"从声音到符号"的导向,建立"学与教"的模型,建立综合课程连接课程计划和评价,以及发表更多的研究发现来支撑教学。

关于给中国音乐教师的建议

Q：请给中国的音乐教师，尤其是使用柯达伊教学法的音乐教师一些建议

A：在描述这个问题之前，我想说的更重要的问题是，你如何能把演奏者、作曲家、音乐教育家、艺术管理部门的管理者汇聚一堂、各司其职，明确自己的角色，坐在一起，来促进中国音乐教育的发展，那是多么好的一件事情！对于中国的音乐教育工作者，也应当发展自己的音乐教育哲学，你们对于课堂中学生的愿景是什么？在我和卡塔提出的概念中，我们应当把学生培养成为21世纪全球化的音乐家。其实，你们已经完成了其中相对困难的部分。我去往世界不同的国家讲学时，我告诉他们，一定要使用民间音乐，有些人认为民间音乐过时了，而在中国，你们已经收录了大量的民族民间音乐，你们也有了许多受过良好训练的音乐教师，他（她）们歌声优美，在我看来是很好的音乐家。最难的这些必要的条件你们已经具备。

我的具体建议是：中国的音乐教师需要采取本土化的思维来思考问题。选择最好的民间音乐、古典音乐、流行音乐素材，用于课堂教学。使用流行音乐用作身体的热身，与民间歌曲、古典音乐曲目的教学结合在一起。研究一种学习顺序，用于发展歌唱，并与教学曲目紧密结合。采取"从声音到符号"的路径，发展一种基于大量曲目和音乐知识、能够开发音乐素养的课程。

同时，开发有序化的器乐教学，包括奥尔夫乐器，与曲目的教学和音乐素养紧密结合，考虑使用节奏音节的相关系统（takadimi）和首调唱名法（这特别向像中国在教授民间音乐时的体系，因此容易实现）。此外，音乐教学基本使用五线谱，但节奏的阅读必须使用节奏音节，并同时数数，旋律的阅读使用视唱练习的音阶、唱名和音级数字。

最后，将富有创造性的律动融入每一节音乐课，在教授音乐即兴时，总是需模仿已经历经分析的课堂教学曲目的风格。

结　语

在本次访谈录即将成稿之时，胡拉汉教授已经回到大洋彼岸的美国。在短短几日内，胡拉汉教授与笔者多次互通电邮，畅谈他此次中国之行的收获，发表关于明日柯达伊教学法应该如何发展的妙想，并期望未来以中国为个案，探索柯达伊教学法的全球化发展，并与中国学者一起合作，开展研究，为中国音乐教育贡献绵薄之力。胡拉汉教授强调，全球化是大势所趋，也是他所期望培养的音乐家的标志性特征。但诉诸全球化不能忘记本土化，文化自信才是音乐教学发展的安身立命之本。不同的音乐具有相似性，音乐和音乐教育的全球化融合正是基于这种相似性，从熟悉的本土音乐文化素材中展开教学，歌唱为先、耳朵先行。同时，课堂的一切策略都需以研究为基础。这些洞见恰与笔者当下思考的"具有世界品质，兼具中国气质"的中国创新性音乐教学体系建设的初衷不谋而合。

中国，有着优秀而丰厚的传统音乐文化积淀，对这些素材加以合理的利用、改造，自然地融入音乐课堂，是未来中国音乐课堂教学活动开展的逻辑起点。胡拉汉教授虽是柯达伊教学法的专家，但他的音乐教学理论和实践早已打破了诸教学法之间"一门一派""一池一地"的门户界限，而是立足于培养什么样的人，贯注于关注学生的学习体验，寄望于实现音乐教学的有效性和长效性。对于音乐素材的选择，虽秉持坚守民族性的本土音乐的根基，但对于流行音乐等素材亦采取兼容并包的态度，物尽其用、各取所长。但在追求教学方法的科学性和有效性上，却严谨地遵循一切以研究为基础的执着。由此，中国未来音乐教学创新的前提，在笔者看来，必须明确目标，融合已有的有效方法，而最大的创新，或许首先源自对传统的坚守，对优秀民族音乐文化底蕴的发掘。追求心中有法而手中无法，看似无招但实则有招的境界，这既是中国传统心性哲学所神往的至高境地，亦是音乐教育突破常规，尝试多元融合、创新发展的不二法门！

采访者简介

见第 34 页。